大学与现代中国 ◎ 主编 朱庆葆

善玲 著

国民政府对海外留学生的救助

(1937—1946)

南京大学出版社

图书在版编目(CIP)数据

国民政府对海外留学生的救助：1937—1946 / 魏善玲著. — 南京：南京大学出版社，2022.3
（大学与现代中国 / 朱庆葆主编）
ISBN 978-7-305-25014-9

Ⅰ. ①国… Ⅱ. ①魏… Ⅲ. ①国民政府－留学教育－教育史－1937—1946 Ⅳ. ①G649.29

中国版本图书馆 CIP 数据核字(2021)第 193754 号

出版发行	南京大学出版社		
社　　址	南京市汉口路22号	邮　编	210093
出 版 人	金鑫荣		

丛 书 名　大学与现代中国
书　　名　**国民政府对海外留学生的救助(1937—1946)**
著　　者　魏善玲
责任编辑　张倩倩
责任校对　郑晓宾

照　　排　南京南琳图文制作有限公司
印　　刷　南京百花彩色印刷广告制作有限责任公司
开　　本　718×1000　1/16　印张 25　字数 336 千
版　　次　2022 年 3 月第 1 版　2022 年 3 月第 1 次印刷
ISBN　978-7-305-25014-9
定　　价　88.00 元

网址：http://www.njupco.com
官方微博：http://weibo.com/njupco
官方微信号：njupress
销售咨询热线：(025) 83594756

* 版权所有，侵权必究
* 凡购买南大版图书，如有印装质量问题，请与所购
　图书销售部门联系调换

序 言

朱庆葆

现代意义上的大学起源于欧洲。19世纪以来,随着西方文明在全球范围内的帝国主义化和殖民化,大学在全世界迅速扩展。著名的比较高等教育学者许美德将这一进程称为"欧洲大学的凯旋"[①]。是否是"凯旋"姑且不论,但大学的扩展给世界各国带来了深远的影响。

(一)

中国传统意义上的高等教育机构源远流长。远者如起源于汉代的太学,鼎盛时期东汉太学生多达三万;近者如宋元以来的书院,讲学之风兴盛,一时蔚为风气。但现代大学在中国的出现,至今不过百余年的历史,梅贻琦便曾指出:"近日中国之大学教育,溯其源流,实自西洋移植而来。"[②]作为一种新兴的组织机构,中国大学自诞生之日便受到社会各界的关注。在现代中国波澜壮阔的变迁历程中,大学以及活跃于大学场域的社会群体,对中国的历史进步和社会发展产生了广泛且深远的影响。这种影响不仅表现在教育、学术和文化领域,而且触及政治的更替、民族的救亡和广泛意义上的社会变革。

首先,大学是推动中国学术独立和文化重建的中心。从根本上

---

① [加]许美德:《中国大学:1895—1995 一个文化冲突的世纪》,许洁英译,教育科学出版社2000年版,第32页。

② 梅贻琦:《中国人的教育》,中国工人出版社2013年版,第12页。

来说,大学是由学者组成的学术性组织,并以知识的生产和传播为本职。蔡元培说:"大学者,研究高深学问者也"。① 强调的就是大学以学术为本位的组织特征。近代以来,在现代西方学术和文化冲击下,中国传统的知识体系和价值观念分崩离析,如何构建现代中国的学术和知识体系,推动中华的文化重建,是大学不可替代的历史责任。罗家伦在就任清华大学校长时说:"要国家在国际间有独立自由平等的地位,必须中国的学术在国际间也有独立自由平等。"②并把追求学术独立作为新清华的使命。胡适在1915年留学美国时也说:"中国欲保全固有之文明而创造新文明,非有国家的大学不可。"学术独立和文化重建,是百余年来大学孜孜以求的理想。③

其次,大学成为新兴知识分子汇聚的舞台和社会流动的新阶梯。随着科举的废除和现代学校体系的建立,大学这种新兴的学术机构成为城市知识分子安身立命的新场域。知识阶层在从传统的"士人"向现代知识分子的转变中,学术成为一门职业,使他们在大学找到了施展抱负的舞台,并致力于构建"学术社会"的努力。而对于有着数千年以读书为进身之阶传统的中国社会,"上大学"也成为各个阶层谋求改变社会地位、实现人生理想的重要途径。大学成为社会晋升阶梯中至关重要的一环。

再次,大学是政治变革的先导者和国家建设的担负者。大学还深度介入到现代中国的政治变革和国家建设之中。大学对政治和社会有着敏锐的洞察,并有着致力于国家政治建构的时代担当,屡屡成为政治变革的先导力量。正所谓"政治一日不入正轨,学子之心一日不能安宁"④,大学因其特殊地位和知识阶层汇聚的特征,成为近代政党鼓吹主义、发展组织、吸纳成员的重要场域。使得每一次政治变

---

① 高平叔编:《蔡元培全集》第3卷,中华书局1984年版,第5页。
② 罗家伦先生文存编辑委员会:《罗家伦先生文存》第5册,台北"国史馆"1988年版,第18页。
③ 姜义华编:《胡适学术文集(教育)》,中华书局1998年版,第23页。
④ 刘伯明:《论学风》,《学衡》第16期,1923年。

动,都在大学有着相应的呈现。同时大学作为国家培育人才之地,又是国家建设的砥柱中流。如何服务于国家战略目标,应对政府的意志和需求,也深刻体现在大学的知识生产和人才培育之中。

最后,大学是推动中华民族救亡和复兴的先驱力量。在20世纪上半叶国难深重的时代环境中,大学体现出了沉毅的勇气和担当的精神,成为民族救亡的先驱。这不仅仅体现于五四运动、"一二·九"运动这些重大的爱国事件,也表现为大学为推动中华民族学术独立所做的不懈努力。而在当前中华民族实现伟大复兴的历史进程中,作为现代社会的"轴心机构",大学是时代的引领者,也是社会进步最为重要的推动力量。

(二)

由此看来,现代中国的大学早已不再是那种潜心于学术创获的"象牙之塔",其"担负"是如此沉重,乃至难以承受。这也使得人人都在评论大学,但在如此错综复杂的矛盾纠缠中难得要领。

在大学与外界复杂的互动中,大学与国家、大学与政府的关系尤为引人注目。虽然在民国时期曾存在为数不少的私立大学(包括教会大学),但公立大学是现代中国大学的主体。在这种制度环境下,大学受国家政治变动和政策变化的影响更为直接、显著;而大学对外界政治的反应和参与也显得积极且主动,卷入的程度也更为深切。大学与国家、大学与政府的关系对于理解学术与政治、知识与权力在现代中国大学场域的运作和交互影响提供了很好的视角。

在现代中国,大学是培养国家精英和社会栋梁之所,对于国家的发展和社会的变革有着重要的影响。曾任中央大学校长的罗家伦说过:"后十年国家的时事就是现在大学教育的反映,现在的大学教育好,将来的情形也就会好,现在的大学教育坏,将来的情形也就会坏。"①国家的命运和大学教育的得失成败密切相关。现代中国社会的精英阶层来自于大学,他们在大学中接受的知识训练、选择的政治立场和养成的文化主张,都深刻关系到国家和社会未来的发展方向。

国家和政府对大学的影响则显得直接且强烈。现代中国的大学是国家教育系统的组成部分,被纳入现代民族国家建构的进程,紧密服务于国家现代化建设和民族性知识生产的需要。国家意志和政府需求深刻影响着,乃至主导着大学的知识生产和传播。大学生产什么样的知识,怎样生产知识,培养何种人才,都紧密围绕国家的目标展开。这既有权力对知识的引导,也有大学对国家需求的主动适应。急国家之所急,想政府之所想,所谓"与民族共命运、与时代同步伐",大学与民族国家的建构紧密结合在一起。

国家对大学的影响还突出体现在意识形态上的控制。无论是清末的忠君尊孔,还是国民政府时期的三民主义教育,抑或是此后的无产阶级专政,政府都把大学视为灌输主流意识形态、加强思想文化统治的主要场域。通过引导、规范乃至钳制大学的知识生产和传播,国家意志和党派观念对于大学学术自由和创造性的知识生产都造成了不同程度的影响。

(三)

基于上述理解,我们组织编写了这套"大学与现代中国"丛书。从宏观上来讲,该丛书的主旨有两个。

第一,以大学作为观察和认识现代中国社会变化的一个重要的着力点。著名教育学家弗莱克斯纳曾说过,大学"是时代的表现",它"处于特定时代总的社会结构之中而不是之外"②。大学不是抽象的概念、结构和组织,大学是它所置身的社会环境的体现。对于大学的

---

① 中国第二历史档案馆编:《中华民国史档案资料汇编》,第5辑第1编,教育(一),江苏古籍出版社,1994年,第287页。
② [美]亚伯拉罕·弗莱克斯纳:《现代大学论——美英德大学研究》,徐辉、陈晓菲译,浙江教育出版社2001年版,第1页。

研究不能局限于大学本身,而要把它置于周遭复杂的社会、政治、文化环境之中,来展示大学对于更为广阔的历史发展和社会变迁的影响。现代中国的社会精英阶层绝大部分都在大学接受教育,他们的知识结构、政治主张、文化立场在很大程度上都是在大学中形成。通过培育社会的精英阶层,大学对于现代中国的历史发展和社会变迁产生了广泛而深远的影响。对中国社会变化的理解,难以绕开大学。不理解大学,不理解大学培养的社会精英,不理解大学在知识生产、社会流动、政治变革和社会变迁中的作用和影响,就很难对现代中国的历史发展和社会变动给予深层次的阐释和解读。

第二,为探索具有中国特色的大学建设道路提供鉴戒。当前,建设具有中国特色、体现民族文化的大学和高等教育体系已经成为国家的意志。这既需要有国际视野,学习西方国家的先进的办学经验;同时更需要有本土情怀,继承现代中国大学发展历程中积累的丰厚历史遗产。作为一种西方文明的产物,大学要植根中国大地,才能生根成长、枝繁叶茂。如何形成自身的大学理念、大学模式和学术文化传统,如何处理大学与国家、大学与社会的关系,近代以来的中国大学有着卓有成效的探索,并积累了很多经验,当然也有教训。这些在今天都需要给予认真的反思和总结,并根据时代环境的变化加以采择。

英国教育家阿什比曾说过:"任何类型的大学都是遗传与环境的产物。"[1]所遗传的是大学对于知识创获和文化传承的一贯责任,而面对的则是变动的历史环境和互异的文化土壤。希望"大学与现代中国"丛书能以大学作为切入点,加深对于现代中国的理解,加深对于大学的理解,加深对于现代中国大学的理解。

---

[1] 杨东平编:《大学二十讲》,天津人民出版社,2009年,第274页。

目 录

绪 论 …………………………………………………………… 1
  一、选题缘起 ………………………………………………… 1
  二、学术史回顾 ……………………………………………… 3
  三、创新之处 ………………………………………………… 25
  四、研究方法与思路 ………………………………………… 26

第一章 全面抗战时期中国留学教育的基本状况 …………… 28
  第一节 全面抗战之前中国留学教育的繁荣局面 ………… 28
    一、国民政府对留学教育的规划与调整 ………………… 28
    二、留学教育呈现的良好态势 …………………………… 38
  第二节 日本全面侵华对中国留学教育的严重冲击 ……… 50
    一、高等教育遭受重创 …………………………………… 51
    二、留学生派遣陷入低谷 ………………………………… 58
    三、海外留学生陆续归国 ………………………………… 64
  第三节 战时中国海外留学生面临的灾难处境 …………… 68
    一、留学经费困难 ………………………………………… 69
    二、安全缺少保障 ………………………………………… 81
    三、归国交通不畅 ………………………………………… 86

第二章 国民政府留学政策的调整及救助方案的颁行 ……… 90
  第一节 全面抗战时期国民政府的统制留学政策 ………… 90
    一、全面抗战初期的严格限制留学政策 ………………… 90

二、太平洋战争爆发后留学政策的再调整 …………… 99
　第二节　海外留学生救济方案的颁布与修订 …………… 106
　　一、对海外留学生的调查统计 …………………………… 107
　　二、海外留学生救济方案的出台 ………………………… 113
　第三节　归国留学生安置方案的相继出台 ……………… 121
　　一、颁布回国留学生登记办法 …………………………… 122
　　二、制颁回国留学生服务简则 …………………………… 125

第三章　国民政府对海外留学生的救济 …………………… 129
　第一节　海外留学生救济的机构与流程 ………………… 129
　　一、驻外使馆兼管海外留学生事务 ……………………… 129
　　二、一般救济流程与紧急救济 …………………………… 135
　第二节　海外留学生救济费的批拨 ……………………… 144
　　一、欧战爆发后紧急拨款救济 …………………………… 145
　　二、太平洋战争爆发后借款救济 ………………………… 151
　　三、抗战胜利前后加强救济力度 ………………………… 155
　第三节　海外留学生救济费的分发 ……………………… 161
　　一、救济费的审核十分严格 ……………………………… 162
　　二、旅费与生活费同时发放 ……………………………… 168
　　三、签署收据是领取救济费必经程序 …………………… 186

第四章　国民政府接运海外留学生归国 …………………… 191
　第一节　为回国留学生发放旅费 ………………………… 191
　　一、留学生回国旅费缺乏 ………………………………… 192
　　二、留学生回国旅费的批拨与分发 ……………………… 195
　第二节　为回国留学生联系交通工具 …………………… 206
　　一、战时交通工具紧缺 …………………………………… 206
　　二、联系交通工具概况 …………………………………… 209
　第三节　为回国留学生联系接洽人员 …………………… 216
　　一、派员在留学国接洽留学生 …………………………… 216
　　二、派员在回国途中接洽留学生 ………………………… 222

第五章　国民政府对归国留学生的安置 …… 229
第一节　调查留学生回国服务志愿 …… 229
一、调查海外留学生的服务志愿 …… 229
二、调查已归国留学生的服务志愿 …… 235
第二节　为归国留学生推荐就业 …… 240
一、教育部向中央各部门推荐 …… 240
二、经济部等部门向所属机关推荐 …… 246
三、驻外使馆向国内各部门推荐 …… 255
四、其他部门、团体和个人的推荐 …… 258
第三节　安置归国留学生的概况 …… 261
一、安置的程序 …… 261
二、安置的经费 …… 264
三、安置的人数 …… 266
四、安置的职业 …… 271

第六章　国民政府救助海外留学生之得失评析 …… 278
第一节　国民政府对留学人才的重视 …… 278
一、国民政府重视留学人才之表现 …… 278
二、国民政府重视留学人才之原因 …… 282
第二节　大批海外留学生获得救济并归国服务 …… 288
一、大批海外留学生获得救济 …… 288
二、大批海外留学精英归国服务 …… 292
第三节　救助过程中存在的诸多问题 …… 308
一、全盘规划不够细密 …… 308
二、过程协调力度不够 …… 313

结　语 …… 329

附　件 …… 333

参考文献 …… 351

索　引 …… 378

后　记 …… 383

绪　论

一、选题缘起

抗日战争问题是一个值得认真研究的重大课题，尤其是全面抗战时期，国共两党再次合作，打破日军三个月灭亡中国的美梦，从而最终战胜日本强敌，创造了历史奇迹，其中有许多经验教训值得认真总结。经济基础决定上层建筑，正是基于此，日本发动全面侵华战争后，既疯狂地掠夺我国的资源财富，又对我国的经济和教育进行残酷地破坏，就是欲从根源上破坏中国的经济发展，阻断中国培养人才之路。"现代战争是参战国整个民族知识的比赛和科学的测验。"[①]国力的竞争，说到底就是人才的竞争。日军发动全面侵华战争后，国民政府坚持抗战建国方针，被迫迁都重庆，在敌强我弱、经济和教育都遭到重创的情况下，苦撑待变，勉力维持高等教育的发展，就是期望于抗战中完成建国工作，使培养人才之路不至于因战争而遭到彻底破坏。

留学教育是高等教育的重要组成部分，也是培育精英人才的一个重要途径。全面抗战时期国民政府迫于财政压力而实行限制留学政策，致使出国留学教育陷入低谷。而全面抗战之前，每年仅从国民政府领有留学证书出国留学的就有千余人，在日军全面侵华后仍有大批留学生滞留海外。在国内日军侵华不久，国外欧战与太平洋战争又相继爆发，海外留学生不仅缺乏经费，而且安全没有保障，归国也困难重重，既"居不易"且"行路难"。对于这些未能及时归国而出现各种困难的海外留学生，国民政府作为留学生派遣的政权主体，在

[①]　金以林：《近代中国大学研究》，中央文献出版社2000版，第251页。

外汇十分紧张、财政非常困难的形势下要不要对其进行救助？抗战建国对人才的需求及海外留学精英遭遇的困难处境与国内战争对财政的压力矛盾交织在一起，是全力施救还是有限制地施救？是给其生活费让其继续留学还是给其旅费让其回国？对于归国留学生是让其自生自灭还是对其进行适当安置？所有这些问题都现实地摆在面前。对于国民政府来说，如何解决这些问题需要认真规划、努力实施，而对于研究者来说，分析其举措的因果得失也具有现实意义。

目前学术界对于留学教育的研究，虽然成果很多，但主要集中于留学政策和留学管理的分析及对归国留学生的社会贡献研究，而对于留学生真正在国外的留学、生活情况以及留学生归国后政府对其安置情况进行研究的并不多。就全面抗战时期国民政府的留学教育来看，因这一时期国民政府总体上实行限制留学政策，派遣留学生的人数较少，这使大多数人产生国民政府对留学教育不够重视的意识，因而学术界对这一时期留学教育的研究不仅少，而且多集中于对留学生的派遣和留学政策的研究，而对于全面抗战时期国民政府救助海外留学生的研究涉及较少。事实上，全面抗战时期，国民政府不仅在出国留学生的选拔和派遣方面做了不少努力，而且在对海外留学人才的保护方面也做了大量工作。国民政府不仅对海外留学生进行积极施救，而且还设法将其接运归国，并安置其学业和工作，使得大批海外留学生获得救济并归国服务，为当时的中国建设和其后的社会发展做出了重要贡献。这与世人眼中的全面抗战时期国民政府对留学教育的态度有较大反差，对这一时期留学教育的研究也有一定的影响。学术界虽在不同的留学研究专著中对全面抗战时期国民政府救助海外留学生的研究都有所涉及，但总的来说，因史料占有较少而研究的既不全面也不深刻。所以笔者不揣浅陋，力图通过梳理全面抗战时期国民政府救助海外留学生的相关史料，钩沉国民政府对海外留学生的救济、接运海外留学生归国以及对归国留学生的安置等历史概况，再现全面抗战时期国民政府对于留学人才的态度、对于留学教育的管理举措，并从中总结其历史意义及存在的问题，以期对当前的留学教育有所裨益。

二、学术史回顾

本书研究的主要内容,是关于全面抗战时期国民政府对于海外留学生的救济、接运海外留学生归国及对其安置方面的研究,所涉及研究领域除了全面抗战时期国民政府的出国留学教育之外,还涉及部分全面抗战之前及抗战胜利之后的留学史内容,聚焦1937—1946这一历史时段。在此主要对民国时期,尤其是全面抗战时期的留学史料、留学研究专著以及有关学术论文进行回顾和分析。

(一) 有关民国时期留学教育的史料汇编

近百年来有关中国留学史的研究大致经历了两个发展阶段:第一阶段,从1920年代至1970年代。这一时期将留学生群体作为研究近代中国独特视角的比较少,其中舒新城的《近代中国留学史》(中华书局1927年版)、《中国近代教育史料》(中华书局1933年版,4册),容闳著、徐善释译的《西学东渐记》(上海商务印书馆1934年版)等具有史料性质的专著,其内容主要集中在清末和全面抗战之前。在1949年后至70年代末相当长时间段内,大陆学者对此问题的研究几近空白。而这一时期台湾地区林子勋著的《中国留学教育史(一八四七至一九七五年)》(华冈出版有限公司1976年版),是关于留学生研究在沉寂多年后的一个新发展。此专著全书共分五章,叙述我国120多年来留学教育的重要史实,"书中取材多属原始资料,发前人之所未发。不独为研究我国留学史及近代史之重要参考,且可供我海内外学人、学生之浏览,借以明了我国留学之掌故,全书取精用宏,极具学术价值"[①]。此专著涉及全面抗战时期的留学史料较多,比如第三章"民国十六年至民国三十八年我国的留学教育"第八节"抗战期间的留学教育"是本书研究不可多得的留学史料参考。

第二阶段,1980年代以后,即新时期对留学史的研究。新时期

---

① 林子勋:《中国留学教育史(一八四七至一九七五年)》,(台北)华冈出版有限公司1976年版,版权页。

有关留学教育的史料编纂及相关论著如雨后春笋，日见其多。其中在留学史料的编纂与整理方面的成果主要包括如下一些专著：

刘真主编、王焕琛编著的《留学教育：中国留学教育史料》（台北："国立"编译馆1980年版）共5册，其中第四分册涵括国民政府的全部留学史料，尤其是第十五章"抗战时期之留学教育"，包括国民政府留学政策的变化、对海外留学生的救济以及对归国留学生的管理等内容，为本书的写作提供了丰厚的史料基础。林清芬编的《抗战时期我国留学教育史料》（台北："国史馆"1994—1999年版）共6册，是与全面抗战时期留学教育密切相关的史料汇编。全面抗战时期虽然各省选拔派遣的留学生不多，但对于全面抗战之前就已派遣出国的这些留学生，多少都有救济需求。有关各省对海外留学生的救济史料，对于本书的写作也弥足珍贵。另外，专门的留学史料汇编，如陈学恂、田正平主编的《中国近代教育史资料汇编·留学教育》（上海教育出版社1991年版）、李滔主编的《中华留学教育史录》（高等教育出版社2005年版）、陈元晖主编的《中国近代教育史资料汇编·留学教育》（上海教育出版社2007年版）等，都有不少全面抗战时期的留学史料，其中也有一些关于国民政府救济海外留学生的史料。

此外，还有一些文献史料，比如罗家伦主编的《革命文献》第54—56辑（台北：兴台印刷厂1971、1983年版），秦孝仪主编的《中华民国重要史料初编——对日抗战时期》第三编（台北："中央"文物供应社1981年版），教育部教育年鉴编纂委员会编的《第二次中国教育年鉴》（台北：文海出版社1986年版），中国第二历史档案馆编的《中华民国史档案资料汇编》第三、四、五辑（江苏古籍出版社1994年版、1997年版），张思敬等主编的《国立西南联合大学史料3·教学、科研卷》（云南教育出版社1998年版），璩鑫圭、唐良炎编的《中国近代教育史资料汇编·学制演变》（上海教育出版社1991年版），周棉主编的《中国留学生大辞典》（南京大学出版社1999年版），朱有瓛主编的《中国近代学制史料》（华东师范大学出版社1987年版），陈学恂主编的《中国近代教育史教学参考资料》（人民教育出版社1987年版），宋恩荣、章咸主编的《中华民国教育法规选编（1912—1949）》（江苏教育出版社1990年版），其中都收藏着大量的抗战时期留学史料。这些相关的留学史料，为本人的研究提供了丰富的史料基础，是本书写作的重要史料来源。

在外国文献中，FRUS（The Foreign Relations of the United States），即《美国对外关系文件集》①，是一套著名的美中关系史史料集，其中关于太平洋战争爆发后的内容，包括diplomatic papers, 1942. China; diplomatic papers, 1943. China; diplomatic papers, 1944. China Volume Ⅵ (1944); diplomatic papers, 1945. The Far East, China Volume Ⅶ (1945)等，涉及美中文化关系的部分，有一些关于美国政府对滞留美国的中国留学生的救济内容，以及国民政府对留美学生的救济内容。美国最负盛名的中国问题观察家、历史学家费正清1942年来华，任美国国务院文化关系司对华关系处文官和美国驻华大使特别助理。其妻子费慰梅（Wilma Canon Fairbank）是著名汉学家，曾随费正清一同来到中国，她在全面抗战时期曾任美国驻华大使馆文化参赞，对于中美互派教授及中美两国政府对于留美学生的救济情况比较了解，返回美国后，费慰梅坚持研究和写作，在1976年出版了《美国对华的文化试验，1942—1949》（America's Cultural Experiment in China 1942-1949）②，该专著对于研究全面抗战时期的留学史有重要的史料价值。另外，杜卫华著的《柏林大学的中国留学生名单（1898—1949）》③（The List of Chinese Students in the Berlin University 1898-1949）对于了解全面抗战时期的留德学生情况也具有重要的史料价值。上述这些外国文献史料，为本书

---

① The Foreign Relations of the United States, Washington: GPO, 1956.
② Wilma Fairbank, America's Cultural Experiment in China 1942-1949, Cultural Relations Program of the U. S. Department of State: Historical Studies: Number 1, Bureau of Educational and Cultural Affairs of U. S. Department of State, Washington, D. C., 1976.
③ Weihua DU. The List of Chinese Students in the Berlin University 1898-1949, mbvberlin mensch und buch verlag/2012.

写作打开了视野,提供了另一种研究视角。

(二) 有关民国时期留学教育的研究专著

1. 宏观留学史研究专著

进入新时期以来,有众多学者基于对更完整史料的掌握与新的科学研究方法的尝试,从宏观的角度重新审视近百年来的留学大潮及其对近代社会产生的重大影响,开拓出新的留学研究领域,涌现了大批可圈可点的留学史研究著作,其中对于全面抗战时期国民政府留学教育研究比较多,主要有以下一些著作:

王奇生著的《中国留学生的历史轨迹(1872—1949)》(湖北教育出版社 1992 年版)是近代留学史研究领域成果较早的一本学术专著,全书分上、下两篇,上篇以留美、留欧、留日及留学政策,留学生群体的结构为研究布局,下篇主要论述留学生对近代中国社会的影响,包括政治、军事、社会、思想、教育、学术、文学等方面。该专著以留学地区为切入点,其中第一章"百年留美的历程"中的第七至第十二部分,尤其是第七、八、九部分,研究全面抗战前后的留美学生状况,对本人研究全面抗战时期的留美学生状况及国民政府对留美学生的政策情况提供了很大帮助;第二章"负笈欧洲的历史"中第九、第十部分,关于留学德国、英国的研究,对于本人研究全面抗战时期的留德、留英学生情况有很大帮助;第四章"留学政策的演变"第九部分和第十部分"出国统考",从总体上论述了全面抗战时期国民政府留学政策的变化及留学生的派遣概况,对于本书的写作有许多启示之处。该留学专著对中国留学生在各个地区的状况、各个时期政权主体的留学政策、归国留学生的社会贡献等方面都有详细分析,但在本人重点研究的两个部分,即 1937—1946 年国民政府对海外留学生的救济及归国安置方面,涉及的非常少。王奇生著的另一本留学专著,即《留学与救国——抗战时期海外学人群像》[①]以 14 年抗战时期为研究

---

① 王奇生:《留学与救国——抗战时期海外学人群像》,广西师范大学出版社 1995 年版。

时间节点,将留欧、留美、留日学生在海外留学与回归救国的爱国行为作为研究线索,研究中心在于留学生的爱国行为,此外还包括伪政权的留学教育以及留学生与华侨的比较等内容。此留学专著中一些事例和观点也为本书的写作提供了借鉴。

  谢长法著的《中国留学教育史》,探讨自洋务运动时期至1949年以前留学教育跌宕起伏的发展历程。该专著按照历史发展的顺序,全面考察并深入分析了中国近代留学教育的兴起、发展和演变过程,揭示了留学教育在各个时期的不同发展特点,并旁及留学生在教育领域的活动及其对中国教育近代化发展所起的作用。该专著特别是对学术界研究较为薄弱的民国时期的留学教育进行了深入探讨,从而全方位地展示了中国近代留学教育的历史嬗变。无论是对近代以来的整体留学史还是对本人研究的重点时期——全面抗战时期的留学教育都有很大帮助,尤其是第五、六两章有关全面抗战前后的国民政府的留学教育,对本书的写作帮助尤多。其中第六章第一节"抗战时期的留学教育"[①],对国民政府在抗战时期的留学政策、对海外留学生的救济方面做了详细论述,对归国留学生的安置方面也有涉及,为本研究的重点内容,即全面抗战时期国民政府对海外留学生的救济与归国安置有很大的帮助与启示。

  另外,还有两本通史性留学专著对全面抗战时期国民政府的留学教育涉及比较多,一本是李喜所先生主编的《中国留学通史》,其中元青教授等著的《中国留学通史·民国卷》[②],主要包括三个部分,即上编《北洋政府统治时期的留学教育》、中编《南京国民政府时期的留学教育》、下编《民国时期的留学生与中国社会》,对本书写作启示较多的是中编,尤其是中编的第七章"抗战时期的留学教育(1937—1945)"受益较多。关于抗战初期的归国潮、国民政府留学政策的演变、国民政府留学生的派遣、抗战时期海外学子的状况、抗战时期国

[①] 谢长法:《中国留学教育史》,山西教育出版社2006年版,第170—183页。
[②] 李喜所主编:《中国留学通史》,广东教育出版社2010年版。

民政府留学教育的特点等内容，不仅为本书的写作提供一些史料的参考，其理论观点也有许多值得借鉴之处。

二是章开沅、余子侠两位先生主编的《中国人留学史》①上、下册。此留学史专著从总的来看是以时间为顺序，上册将清末（1895—1911）、民国前期（1912—1927）、民国后期（1927—1949）作为三个大的时间段来研究。下册主要论述1949年后的留学史，包括共和国初期（1949—1972）、改革开放时期（1972—2000）、21世纪以来的留学行动以及台港澳地区的留学变迁史。各时间段内的留学史又包含国别史（地区史）的研究。其中上册第四章将整个南京国民政府时期（1927—1949）放在一个时间段来论述，主要包括南京政府的留学管理、抗战之前的留日高潮、抗战前后的留美热流、抗战前后的留欧曲径、日伪治领的留日教育这几个方面。除了从整体上描述南京政府时期的留学管理之外，其他几个章节主要从留学地区的角度来论述。全面抗战时期的留学教育成为整个国民政府时期留学教育一条线上的一个重要节点。以一个政权的始末作为一个整体来研究，有助于从整体上分析其政策的变化。南京政府留学政策的变化、具体的选派方式、对海外留学生的管理、对归国留学生的管理等内容，都对本书的写作提供了许多有价值的史料，其中一些理论观点也对本书的写作有一定的启示作用。

此外，冉春著的《留学教育管理嬗变》②，主要从政府对留学教育的管理角度来论述的，此书作为余子侠先生主编的《中外教育交流研究丛书》之一，其写作体例与余子侠先生主编的《中国人留学史》非常相似，也将抗战时期的留学教育放在整个南京国民政府时期来整体论述。该专著对南京国民政府时期的留学教育管理着墨较多，从第二章至第六章都是论述南京国民政府对留学教育的管理，包括留学政策、留学生的选派、对海外留学生的管理及对归国留学生的管理

---

① 章开沅、余子侠主编：《中国人留学史》上下册，社会科学文献出版社2013年版。
② 冉春：《留学教育管理嬗变》，山东教育出版社2010年版。

等。虽然时间跨度较长,但对本书研究全面抗战时期国民政府对海外留学生的救济与归国安置有很多启发之处。

除了上述各留学研究专著对全面抗战时期国民政府的留学教育有较多涉及之外,李喜所、刘集林等著的《近代中国的留美教育》[①],刘晓琴著的《中国近代留英教育史》[②]虽然都从一个留学国家的角度来研究留学生,但英国和美国是全面抗战时期中国留学生留学最多的国家,也是滞留海外留学生人数较多的国家,所以这两本专著研究的内容,对于本人研究全面抗战时期乃至战后国民政府对海外留学生的救济与归国安置方面的研究也有许多启示。

另外,黄新宪著的《中国留学教育的历史反思》(四川教育出版社1991年版),吴霓著的《留学与中国社会的发展——中国留学教育的历史与发展研究》(广西人民出版社2004年版),程新国著的《庚款留学百年》(东方出版中心2005年版),这些留学史研究专著多从宏观视角来审视近百年的留学教育,其中也不乏对全面抗战时期的留学教育研究,对于本书的写作也有一定的帮助。

2. 区域留学史研究专著

除了对留学史进行整体的研究之外,还有许多学者针对留学生在国外的分布以及国内某一地区的留学史进行区域研究。从整体上来看,主要分为对留日、留美、留欧学生群体的研究。

(1) 关于留日学生的研究专著

对于留日学生的研究,因清末及民国时期我国留日学生非常多,无论对日本还是对中国都产生了较大影响,所以,不仅中国学者研究中国留日学生,而且,日本学者研究中国留日学生甚至超过中国学者。日本学者对留日运动进行的专门研究,代表人物有实藤惠秀、永井算巳、细野浩二、阿部洋等。实藤惠秀早在1939年就出版《中国人留学日本史稿》,1960年以《中国留日学生史之研究》获日本国家颁

---

① 李喜所、刘集林等著:《近代中国的留美教育》,天津古籍出版社2000年版。
② 刘晓琴:《中国近代留英教育史》,南开大学出版社2005年版。

授文学博士学位,同年出版《中国人留学日本史》,该书资料丰富,论述范围广且所涉年代完整。阿部洋的专著《中国的近代教育和明治日本》较系统地探讨了近代留日学生运动及日本对中国教育改革的影响①。此外,还有河路由佳等编的《戦時体制下の農業教育と中国留学生》(東京農林統計協会2003年版),大里浩秋、孙安石编的《中国人日本留学史研究の現階段》(東京御茶の水書房二〇〇二年版)、《留学生派遣から見た近代日中関係史》(東京御茶の水書房2009年版)、《近现代中日留学生史研究新动态》(上海人民出版社2014年版)。国内关于中国留日学生的研究专著,其焦点多数都集中在清末,因清末留日大潮对近代中国社会的冲击、影响甚大,所以学界的关注点也多集中在清末时期。比如尚小明著的《留日学生与清末新政》(江西教育出版社2003年版),黄福庆著的《清末留日学生》(台湾"中央研究院"近代史研究所1975年版)等。也有专门研究中国留日学生的通史,比如沈殿成主编的《中国人留学日本百年史1896—1996》(辽宁教育出版社1997年版)上、下两册,全书分5篇15章,关于全面抗战时期留日学生的研究涉及较多,是研究抗战时期留日学生的重要参考资料,对于本书的写作具用重要的史料价值。

(2) 关于留美学生的研究专著

对于中国留美教育的研究,美籍学者的研究成果斐然。现任美国纽约市圣若望大学亚洲研究所所长、历史学兼亚洲学及亚美学教授的李又宁先生是美国研究华美族的专家,她曾主编出版了两部有关中国人留学美国的专著,即《华族留美史:150年的学习与成就》与《留美八十年》②,对华人留美史的研究做出了重要贡献。美国密歇根州立大学学者史黛西·比勒在中国留美学生这一研究领域有较多的

---

① [日]阿部洋:《中国的近代教育和明治日本》,[日]东京福村出版株式会社1990年版。
② [美]李又宁:《华族留美史:150年的学习与成就》,(美国)纽约天外出版社1999年版;《留美八十年》,纽约天外出版社1999年版。

研究成果,其研究专著《中国留美学生史》①从中国第一批留美幼童开始叙述,梳理并勾勒出了从 19 世纪后半叶开始的中国学生留学美国的历史过程,关注的主体主要聚焦于 1909 年至 1930 年代抵达美国的"第二渡"留学生群体,也回顾了中美两国在 1978 年后出现的"第三渡"留学大潮。从该书中可以看出百年来三代中国留学海外的知识分子,为实现中国的现代化做出了艰苦的努力。国内对于民国时期留美教育的研究也较多,其中尤其是南开大学的留学史研究团队的研究成果较为突出。李喜所、刘集林等著的《近代中国的留美教育》②是国内第一部系统全面研究近代中国留美教育的学术专著,该书重点研究自容闳赴美留学至新中国成立前百年间近代中国留美教育,使读者便于从宏观上掌握留美生的历史脉络,该书探讨了留美生的内部结构及在近百年的中国社会变革中所产生的影响,并总结留美教育的成败得失及留美生与中国近代化的客观联系。其中第三章专门讨论"国民政府时期的留美教育",并将留美教育划分为六阶段,全面抗战时期也是留美教育的一个重要时段。该书是阶段评述、专题研究、个案剖析互相结合的典范,其研究方法对于本书的写作有借鉴意义。彭小舟著的《近代留美学生与中美教育交流研究》③,从宏观上论述 1840—1949 年间的中国留美教育,考察了在美就读的中国留学生的群体概况,分析了归国留美生群体的规模及其地位,并讨论了归国留美生的主要影响,包括美国教育思想的传播、与教育界的交往、中美教育交流、与新教大学的发展。全面抗战时期,海外留学人数以留美为最多,上述这些留美研究专著无疑是研究这一时期国民政府留学教育的重要参考资料。

(3) 关于留欧学生的研究专著

近代以来,留欧学生虽没有形成留日、留美那样大潮,但也赓续

---

① [美]史黛西·比勒:《中国留美学生史》,张艳译,生活·读书·新知三联书店 2010 年版。
② 李喜所等:《近代中国的留美教育》,天津古籍出版社 2000 年版。
③ 彭小舟:《近代留美学生与中美教育交流研究》,人民出版社 2010 年版。

不绝,而且因欧洲许多国家科技文化发达,中国留学生分散在各个不同国家,甚至因国内外形势的变化而产生忽多忽少的现象,对这些中国留学生的研究也呈现多种状况。中国留欧学生较多的国家主要集中在苏联、英国、法国、德国等国。对于民国时期留苏教育的研究,国内研究的学术专著主要有台湾学者孙耀文著的《风雨五载——莫斯科中山大学始末》(台湾"中央"编译出版社1996年版),"中华民国"留俄同学会编著的《60年来中国留俄同学之风霜踔厉》(台湾"中华图书出版社"1988年版),郝世昌、李亚晨著的《留苏教育史稿》(黑龙江教育出版社2001年版)。国外有美国学者盛岳著、奚博铨与丁则勤译的《莫斯科中山大学与中国革命》(东方出版社2004年版)。对于留英教育的研究,南开学者刘晓琴是最早系统研究留英学生的学者,其研究专著《中国近代留英教育史》[①],以时间来纵向划分留英教育史的三个阶段,包括晚清留英教育、北洋政府时期留英教育、南京国民政府时期留英教育。对于留法教育的研究多数都与勤工俭学有关,国内有关专著中,张洪祥、王永祥著的《留法勤工俭学运动简史》[②],简单论述留法教育中的勤工俭学运动史,其他专门研究留法教育的专著很少见。法国学者关于中国留法勤工俭学的研究,主要有法国人王枫初(Nora Wang)所著的《移民与政治:中国留法勤工俭学生(1919—1925)》[③]。对近代以来留德教育的研究,国内学者中以叶隽研究留德学人的成果最为显著,其研究专著主要包括《现代学术视野中的留德学人》《另外一种西学——中国现代留德学人及其对德国文化的接受》《主体的变迁——从德国传教士到留德学人群》[④]等。在德语世界有关中国留德学人群体的相关研究,较早以专著形式出版

---

① 刘晓琴:《中国近代留英教育史》,南开大学出版社2005年版。
② 张洪祥、王永祥:《留法勤工俭学运动简史》,黑龙江人民出版社1982年版。
③ [法]王枫初(Nora Wang):《移民与政治:中国留法勤工俭学生(1919—1925)》,安延等人译,北京大学出版社2016年版。
④ 叶隽:《现代学术视野中的留德学人》,同济大学出版社2004年版;《另外一种西学——中国现代留德学人及其对德国文化的接受》,北京大学出版社2005年版;《主体的变迁——从德国传教士到留德学人群》,上海外语教育出版社2008年版。

的是韩尼胥(Thomas Harnisch)的《在德国的中国留学生：1860—1945年间在德国的历史及影响》[①]，该书不仅对留德学人进行整体研究，也选择乔冠华、季羡林、冯至作为个案进行深入系统的剖析，更重要的是对留德学人在军事、行政、教育、医学、工程、地理、数学、物理、化学、生物与林业、人文学科等方面所取得的成就进行了全面系统的分析。孟虹(Hong Meng)的博士论文《中国人留学德国(1861—2001)：中国现代化框架下的国际留学例释》[②]从教育学的视角，对1861—2001年间的中国人留学德国的历史做了梳理，并阐述了中国人留学德国的意义、融入德国的过程以及留德经历的影响。这是唯一一本比较全面系统的有关中国人留德史的专著。余德美(Dagmar Yu-Dembski)的《柏林的中国人》[③]以散文的形式写出了自19世纪以来中国人在柏林的生活情况，其中自然也涉及在柏林的中国留学生。

对于留欧各国学生的研究，虽不乏专著，但对于全面抗战时期国民政府派遣的留欧学生的现状呈现得并不多，关于国民政府对海外留学生的救济与归国安置研究的更是少见，只能从个别留欧学人身上窥豹一斑。

3. 有关留学生群体的研究专著

留学生既是西学东渐的产物，也是东西方文化交流的重要媒介和桥梁，更是传输西方先进科学文化、加快中国社会发展的栋梁。基于此认识，进入新时期以来，学界对留学生群体的研究逐渐增多起来。比如，李喜所著的《近代中国的留学生》，汪一驹著、梅寅生译的《中国知识分子与西方——留学生与近代中国(1872—1949)》，田正平著的《留学生与中国教育近代化》，李喜所著的《近代留学生与中外

[①] [德]韩尼胥：《在德国的中国留学生：1860—1945年间在德国的历史及影响》，德国汉堡1999年版。

[②] [德]孟虹：《中国人留学德国(1861—2001)：中国现代化框架下的国际留学例释》，德国法兰克福2005年版。

[③] Dagmar Yu-Dembski: *Chinesen in Berlin*, Berlin, 2007。

文化》①等。

  在此要特别指出的是,江苏师范大学留学生与近代中国研究中心,在留学生与中国社会发展这个重大课题研究中取得了重要的成绩,其研究成果包括:周棉主编的《留学生与中国的社会发展》(一)(二),安宇、周棉主编的《留学生与中外文化交流》,李喜所、周棉主编的《留学生与中外文化》,姜新著的《江苏留学史稿》,周棉等著的《中国留学生论》②。这些研究成果多从留学生的角度对近代以来留学生与中外文化交流、留学生与近代中国社会发展做了新的概括、总结和分析,从不同方面阐释了留学生群体对中国现代化的创造性贡献。其中,周棉教授从 1989 年开始,对近代以来留学生与中国现代化的关系进行了深入持久的研究,主持教育部重大项目"留学生与民国社会发展"和国家重大项目"民国时期留学史料的整理与研究""中国第一档案馆清代留学档案整理与研究"。其成果为留学史研究提供了很大方便。其部分研究成果《留学生群体与民国社会发展》入选2016年度《国家哲学社会科学成果文库》,更为有关研究者提供了参照。

  上述这些研究成果多从留学生与近代中国社会发展的角度来论述留学生群体的特殊贡献,这对本书的写作也提供了一些启示,不仅要重视留学史料的整理,更要注重其对社会发展的影响研究。全面抗战时期国民政府对于海外留学生的救济与归国安置,其深远影响就是回国后为中国的社会发展做出了重要贡献。上述对于留学生及其社会贡献的研究,为本书的写作提供了新的视角。

---

  ① 李喜所:《近代中国的留学生》,人民出版社 1987 年版;汪一驹:《中国知识分子与西方——留学生与近代中国(1872—1949)》,梅寅生译,久大文化股份有限公司 1991 年版,田正平:《留学生与中国教育近代化》,广东教育出版社 1996 年版;李喜所:《近代留学生与中外文化》,天津教育出版社 2006 年版。

  ② 周棉主编:《留学生与中国的社会发展(一)》,中国矿业大学出版社 1997 年版;安宇、周棉主编:《留学生与中外文化交流》,南京大学出版社 2000 年版;李喜所、周棉主编:《留学生与中外文化》,南开大学出版社 2005 年版;姜新:《江苏留学史稿》,吉林人民出版社 2006 年版;周棉主编:《留学生与中国的社会发展(二)》,吉林人民出版社 2008 年版;周棉等著:《中国留学生论》,南京大学出版社 2012 年版。

(三) 有关民国时期留学研究的学术论文

近代以来,随着留学活动的不断扩展,留学教育在东西方文化交流中的作用日益显著,尤其是留学归国学子在晚清和民国时期的政治舞台上发挥了重要作用,因而学界对于留学活动、留学生群体研究的也日益增多。从总的来看,对于晚清、民国初期及全面抗战前后的留学教育研究的较多,由于全面抗战时期留学教育处于低谷期,学界对这一时期国民政府留学教育的研究成果并不显著。

1. 以抗战时期留学史为研究中心的学术论文

相对于其他时期而言,以全面抗战时期国民政府的出国留学教育为研究中心的论文并不多,其中有三篇论文对其论述较多,即王春南的《抗战期间出国留学管理》[①],主要论述全面抗战时期国民政府的留学政策、对国外留学生的救济及留学经费管理、对国外留学生学业生活管理和思想控制;孔繁岭的《抗战时期的中国留学教育》[②],研究内容包括抗战爆发后的回国潮、留学政策的变化、留学国别及其概况、海外留学生活等方面;易青的《抗战时期南京政府留学生派遣工作述评》[③],主要论述抗战时期南京政府留学派遣政策的演变、派遣途径以及留学生派遣的特点。这三篇文章从留学政策、留学生的派遣到海外留学生救济等方面,涉及全面抗战时期国民政府的留学教育的比较多,但由于学术期刊论文篇幅所限,对于全面抗战时期国民政府留学教育的研究只是浅尝辄止,谈不上深入和翔实,但其研究内容为本人的进一步深入研究提供了史实基础和新的视野。另外,于诗诗的硕士论文《抗战时期大后方出国留学生群体研究——以国民政府教育部派遣为中心》[④],主要研究出国留学生群体结构特征,虽与本书的研究视角不同,但也为本书的写作开拓了学术视野。

---

① 王春南:《抗战期间出国留学管理》,《学海》1997年第2期。
② 孔繁岭:《抗战时期的中国留学教育》,《抗日战争研究》2005年第3期。
③ 易青:《抗战时期南京政府留学生派遣工作述评》,《求索》2002年第2期。
④ 于诗诗:《抗战时期大后方出国留学生群体研究——以国民政府教育部派遣为中心》,西南大学硕士论文,2013年。

全面抗战时期国民政府将地方留学选派权收归中央，但处于西南边陲的广西和云南顶住中央政府压力仍然继续选派，研究全面抗战时期省费留学的，主要有周棉、李冲合写的《抗战时期广西公费留学研究》，刘豪的《民国时期云南留美教育研究》，温梁华的《云南的留学教育(续)》，和丽琨、李艳的《云南留美预备班档案史料选编》[①]等。他们的研究成果对于研究全面抗战时期的省费留学教育有重要的参考价值，也有利于从整体上了解国民政府的留学政策。

另外，曲铁华、薛冰的《民国时期留学教育政策的特征及现实启示——基于政策文本的分析》[②]从留学政策角度来研究民国时期的留学教育，其中涉及全面抗战时期的留学政策，对本书的写作也有一定的启示。

上述各留学史研究专著，对于全面抗战时期的国民政府留学教育，有的从整体角度去论述，有的从某一个地区、某一个点去呈现；有的从宏观角度，有的从微观角度；有的着墨较多，有的稍有涉及。虽然不能给予全面而翔实的论述，呈现的只是表面或一个部分，但也可以从中发现一些问题，为本人的进一步深入研究提供了广阔的视野和新的视角。

2. 研究区域留学史的学术论文

民国时期，中国留学生主要流向日本、美国和欧洲的英、法、德、苏等地区，学界很多学术论文以某留学区域作为重点来进行研究，其中有些研究成果与全面抗战时期国民政府的留学教育关系不大，也有些研究成果与全面抗战时期国民政府的留学教育关系密切，从中多少可以发现一些国民政府救济和安置海外留学生的痕迹，有助于笔者了解更多的留学史料，参阅更多的留学观点，开拓学术视野，对

---

① 周棉、李冲：《抗战时期广西公费留学研究》，《民国档案》2010年第1期；刘豪：《民国时期云南留美教育研究》，云南师范大学硕士论文，2013年；温梁华：《云南的留学教育(续)》，《大理师专学报》1996年第3期；和丽琨、李艳：《云南留美预备班档案史料选编》，《云南档案》2014年第1期。

② 曲铁华、薛冰：《民国时期留学教育政策的特征及现实启示——基于政策文本的分析》，《河北师范大学学报(教育科学版)》2016年第1期。

本书的写作不无裨益。

（1）对于留日学生的研究

对留日活动和留学生群体研究较多的是徐志民，他尤其聚焦抗战时期(1931—1945)日本有关中国留日学生的政策，如《近代日本政府对伪蒙疆政权留日学生政策探微》《抗战时期日本对蒙疆地区留日学生政策述论》《抗日战争与近代中日关系——留日学生研究评析》《抗日战争与沦陷区研究——抗日战争时期日本对中国沦陷区留日学生政策概述》《九一八事变后日本政府对中华民国留日学生政策述论》《日本政府的庚款补给中国留日学生政策研究》《九一八事变后日本政府对中国留日学生监控政策述略》《日本的中国留日学生政策(1937—1945)》《甲午战后中国留日热潮的日本因素》《敌国留学——抗战时期在日中国留学生的生活实态》《接受留学与日本国益——近代日本的中国留学生接受策》《满铁与留日教育——以南满中学堂为例》《二战时期日本在东南亚招募的"南方特别留学生"》[①]。从2008年到2017年，徐志民每年都有关于留日教育的研究成果，从不同的视角、层面对中国的留日教育，尤其是日本对中国留日学生的政策进行解读剖析，对于了解全面抗战时期留日学生的现状有重要帮助，也为本书研究全面抗战时期国民政府对留日学生的救济与归国安置开拓了学术视野。此外，还有许多学者对留日学生的派遣人数、在日本学习情况、归国后的社会贡献以及社会评价等各方面进行系统研究，

---

① 徐志民：《近代日本政府对伪蒙疆政权留日学生政策探微》，《抗日战争研究》2008年第2期；《抗战时期日本对蒙疆地区留日学生政策述论》，《内蒙古师范大学学报（哲社版）》，2009年第5期；《抗日战争与近代中日关系——留日学生研究评析》，《抗日战争研究》2009年第1期；《抗日战争与沦陷区研究——抗日战争时期日本对中国沦陷区留日学生政策概述》，《抗日战争研究》2010年第1期；《九一八事变后日本政府对中华民国留日学生政策述论》，《抗日战争研究》2011年第3期；《日本政府的庚款补给中国留日学生政策研究》，《抗日战争研究》2012年第3期；《九一八事变后日本政府对中国留日学生监控政策述略》，《抗战史料研究》2012年第1辑；《日本的中国留日学生政策(1937—1945)》，《历史研究》2013年第3期；《甲午战后中国留日热潮的日本因素》，《江苏师范大学学报》2014年第4期；《敌国留学——抗战时期在日中国留学生的生活实态》，《近代史研究》2015年第5期；《接受留学与日本国益——近代日本的中国留学生接受策》，《江苏师范大学学报》2016年第6期；《二战时期日本在东南亚招募的"南方特别留学生"》，《世界历史》2017年第6期。

比如,周一川的《近代中国留日学生人数考辨》,何扬鸣的《论浙江留日学生》,小岛淑男的《中国留日学生的归国运动》,夏应元的《中国留日学生问题与日本大陆政策》,易古、杨艺的《论留日学生对中国近代化的作用》,李喜所的《甲午战后50年间留日学生的日本观及其影响》①。上述有关留日学生和留日活动的研究,虽不是以全面抗战时期为研究中心,但或多或少都涉及一些全面抗战时期的留日学生状况,对于本书的研究有很大帮助。

(2) 对于留美学生的研究

对于留美学生、留美运动的研究更是洋洋大观,在此仅列数例与抗战时期留学教育相关的学术论文。庚款留学是留美教育中一个重要组成部分,而庚款留美又与清华大学有不可切割的渊源。黄新宪的《略论清华学校在中国留学史上的地位和作用》,金富军的《1949年前清华大学资助留学生类型考察》《清华大学留美公费生考试制度考察》,梁碧莹的《"庚款兴学"与中国留美学生》②,从不同视角论述清华大学与庚款留学及中国留美生之间的关系。有学者从整体上考察留美学生群体,如徐曼的《近代留美生留学特点考》,林辉的《近代中国留美学生群体研究》③等。留美学生不仅学业优秀,而且归国后在中国近代社会发展的舞台上发挥了重要作用,对于他们所做的社会贡献进行研究的非常多,如元青的《民国时期的留美学生与中美文化交流》,元青、马良玉的《20世纪上半期留美学生与中国文化的对外

---

① 周一川:《近代中国留日学生人数考辨》,《文史哲》2008年第2期;何扬鸣:《论浙江留日学生》,《浙江学刊》1998年第3期;小岛淑男:《中国留日学生的归国运动》,《中山大学学报论丛》1992年第5期;夏应元:《中国留日学生问题与日本大陆政策》,《日本研究》1988年第1期;易古、杨艺:《论留日学生对中国近代化的作用》,《日本学刊》1992年第2期;李喜所:《甲午战后50年间留日学生的日本观及其影响》,《社会科学研究》1997年第1期。

② 黄新宪:《略论清华学校在中国留学史上的地位和作用》,《河南师范大学学报(哲社版)》1987年第4期;金富军:《1949年前清华大学资助留学生类型考察》,《江苏师范大学学报(哲社版)》2015年第1期;金富军:《清华大学留美公费生考试制度考察》,《清华大学学报(哲社版)》2015年第3期;梁碧莹:《"庚款兴学"与中国留美学生》,《贵州社会科学》1991年第12期。

③ 徐曼:《近代留美生留学特点考》,《内蒙古大学学报(人文社科版)》2003年第2期;林辉:《近代中国留美学生群体研究》,《当代青年研究》2003年第5期。

传播》[1],等等。从留学生的博士论文可以看出留学生所关注的社会问题。近年来,以元青教授为核心的南开大学留学生研究学者群体,对留美博士的论文开展了详细的分析,其中元青教授一人就对此问题发表多篇论文:比如《民国时期留美生中国问题研究缘起——以博士论文选题为中心的考察》《民国时期留美生中国社会问题研究旨趣与影响——来自留美生社会学、人类学博士论文的考察》《民国时期留美生的中国历史研究与美国汉学——以博士论文为中心的考察》《民国时期留美生中国政治问题研究的海外评价——以留美生博士论文为中心的考察》《民国时期留美生中国教育问题研究缘起与学术特征——以留美生博士论文为中心的考察》《民国时期留美生的中国哲学问题研究及其海外影响——基于留美生博士论文的考察》《民国时期留美生中国法律问题研究的海外影响——以留美生博士论文为中心的考察》[2]。此外,张连义、肖玥、王金龙等人[3]也对留美学生博士论文进行了研究。

(3) 对于留欧学生的研究

留欧学生主要集中在英国、法国、德国、苏联等国家。学界对于留欧学生的研究成果也比较多,但对于民国时期,尤其是全面抗战时

---

[1] 元青:《民国时期的留美学生与中美文化交流》,《南开学报》2000年第5期;元青、马良玉:《20世纪上半期留美学生与中国文化的对外传播》,《南开学报哲学社会科学版》2012年第4期。

[2] 元青:《民国时期留美生中国问题研究缘起——以博士论文选题为中心的考察》,《南开学报》2015年第5期;《民国时期留美生中国社会问题研究旨趣与影响——来自留美生社会学、人类学博士论文的考察》,《天津师范大学学报》2015年第6期;《民国时期留美生的中国历史研究与美国汉学——以博士论文为中心的考察》,《广东社会科学》2015年第6期;《民国时期留美生中国政治问题研究的海外评价——以留美生博士论文为中心的考察》,《华侨华人历史研究》2016年第4期;《民国时期留美生中国教育问题研究缘起与学术特征——以留美生博士论文为中心的考察》,《天津师范大学学报》2017年第2期;《民国时期留美生的中国哲学问题研究及其海外影响——基于留美生博士论文的考察》,《长白学刊》2017年第3期;《民国时期留美生中国法律问题研究的海外影响——以留美生博士论文为中心的考察》,《安徽史学》2017年第4期。

[3] 张连义:《民国时期留美博士对中美关系的研究》,《史学月刊》2017年第3期;肖玥、邹进文:《中国近代对外贸易思想研究——基于留美生博士论文的考察》,《中国经济史研究》2018年第2期;王金龙:《"墙外开花墙外香":近代留美生留美期间的中国经济问题研究——以其博士论文为中心的考察》,《东吴学术》2018年第2期。

期国民政府留学教育的研究成果并不多。

对于民国时期留英学生的研究,有不少学者从留英学生群体的社会贡献角度来进行研究,比如元青的《民国时期的留英学生与中英科技交流》,于萍的《民国时期留英教育对中国高等教育近代化的影响研究》,元青、潘崇的《中国文化走出去的一段经历——以20世纪上半期中国留英学生为中心的考察》,李鸾芳的《英国庚子赔款对民国高等教育的资助及启示》,熊亦周的《略论英国对近代中国高等教育影响之限度——以留学教育为切入点》,赖继年的《留英生与当代中国》[1]等。这些文章从不同角度论述了民国时期留英教育、留英学生群体对于中外文交流、中国现代化的影响、贡献。

对于留法学生的研究,多集中于民国初期的留法勤工俭学运动,或研究其兴起原因,或研究其事件影响[2],还有一些研究留法勤工俭学生对中国马克思主义传播的贡献[3]。留法勤工俭学运动的形成与发展,与一些著名人物的大力推动是分不开的,所以对他们的研究也非常多,仅对李石曾的研究就有多篇论文,如:何光全、强苑莹、张涛的《李石曾与中国近代留法勤工俭学运动》,常华的《李石曾:中法文化交流的先驱》,叶隽的《李石曾留法教育活动的文化政治意义》,赵

---

[1] 元青:《民国时期的留英学生与中英科技交流》,《历史教学》1997年第8期;于萍:《民国时期留英教育对中国高等教育近代化的影响研究》,东北师范大学2008年硕士论文;元青、潘崇:《中国文化走出去的一段经历——以20世纪上半期中国留英学生为中心的考察》,《社会科学战线》2013年第4期;李鸾芳:《英国庚子赔款对民国高等教育的资助及启示》,苏州大学硕士论文,2016年;熊亦周:《略论英国对近代中国高等教育影响之限度——以留学教育为切入点》,《湖北师范学院学报(哲学社会科学版)》2016年第4期;赖继年:《留英生与当代中国》,南开大学博士论文,2012年。

[2] 林如莲、宛钧:《赴法勤工俭学运动的兴起》,《高校马克思主义理论研究》2016年第2期;王兰顺:《留法勤工俭学运动与中法大学》,《北京档案》2014年第2期;葛夫平:《法国政府与留法勤工俭学运动》,《社会科学研究》2009年第5期;汤倩、王雷涛:《留法勤工俭学运动对中西文化的影响》,《保定学院学报》2013年第6期;高春霞、赵颖霞:《留法勤工俭学运动与中法文化交流》,《海峡教育研究》2015年第4期。

[3] 周谷平、孙秀玲:《留法勤工俭学生与马克思主义教育思想的导入》,《教育研究》2005年12月;汶生瑞:《留法群体对马克思主义的传播及中国化的探索》,《内蒙古农业大学学报(社会科学版)》2011年第6期。

颖霞的《李石曾与留法勤工俭学运动》[1]等。还有多篇论文研究勤工俭学运动中的吴稚晖、吴玉章、蔡元培等著名人物。另外,对一些曾经参加留法勤工俭学运动的中共著名的人物,如李富春、邓小平、周恩来、李大钊进行研究的也比较多[2]。法国作为艺术的天堂,在美术、音乐方面有所造诣的艺术家,比如徐悲鸿、冼星海等人曾赴法学习,也有一些学者对他们进行研究[3]。除却留法勤工俭学运动相关的研究之外,葛夫平还研究了民国时期法国退还庚款兴学之事[4],苗丹国还对当代的留学教育进行了研究[5]。总的来看,对于全面抗战时期留法学生的研究并不多见。

对于民国时期留德学生研究较多的是叶隽。在 2000—2002 年,他在《德语学习》《德国研究》刊物上发表了多篇《留德学人与德国》的系列随笔,通过王光祈、季羡林、乔冠华、马君武、蔡元培、陈寅恪等个案,来探讨留德学人借鉴德国文化资源对中国现代学术转型所做出的杰出贡献,并分析中国人留学德国史研究的状况[6]。此外,元青主

---

[1] 何光全、强苑莹、张涛:《李石曾与中国近代留法勤工俭学运动》,《当代继续教育》2015 年第 2 期;常华:《李石曾:中法文化交流的先驱》,《中关村》2014 年第 5 期;叶隽:《李石曾留法教育活动的文化政治意义》,《法国研究》2010 年第 1 期;赵颖霞:《李石曾与留法勤工俭学运动》,《教育评论》2009 年第 3 期。

[2] 肖光文:《留法勤工俭学运动中的李富春》,《炎黄春秋》2017 年第 1 期;胡瑛:《留法勤工俭学运动与邓小平》,《文史杂志》2004 年第 4 期;王世儒:《李大钊与留法勤工俭学运动》,《北京党史》2009 年第 6 期;许丽英:《周恩来在留法勤工俭学期间对传播马克思主义的贡献》,《湖南师范大学社会科学学报》2007 年第 3 期。

[3] 菲利普·杰奎琳:《历史与记忆之间:巴黎国立高等美术学院档案照亮徐悲鸿留法历程(1919—1927)》,《美术》2016 年第 3 期;李涛:《浅谈冼星海留法期间的师承关系》,《邢台学院学报》2012 年第 1 期。

[4] 葛夫平:《法国退还庚款与兴学——中法教育基金委员会研究》,《近代史研究》2011 年第 2 期。

[5] 苗丹国:《中法关系及赴法留学人员基本情况和主要数据》,《世界教育信息》2016 年第 13 期。

[6] 叶隽:《留德学人与德国》(一)(二),《德语学习》2000 年第 2、3 期;《〈留德学人与德国〉系列随笔——王光祈》,《德语学习》2000 年第 4 期;《〈留德学人与德国〉系列随笔——季羡林》,《德语学习》2001 年第 1 期;《〈留德学人与德国〉系列随笔——马君武》,《德语学习》2001 年第 4 期;《〈留德学人与德国〉系列随笔——乔冠华》,《德语学习》2001 年第 5 期;《近代留德学人与北大清华》,《德国研究》2002 年第 2 期;《中国人留学德国史研究情况之进展》,《德国研究》2002 年第 4 期。

代学科的创建和学术体系的形成》①等,都是从整体上论述留学生群体与学科创建的关系。还有不少学者专门从某个学科的角度进行阐述留学生对学科创建的贡献,比如周棉就专门论述了留学生与中国现代哲学学科的创建之间的关联②。另外,陈新华从社会学、许玉花从气象学、徐玲从考古学、李广超从教育学、陈瑞霞从数学③等学科方面,阐述留学生群体对某学科的社会贡献。留学生群体与学科发展的关系,只是留学生社会贡献的一部分,归国留学生对政治、军事、经济、科技、文化、教育各个方面的贡献都很突出,研究成果也比较多。比如,关于留学生群体对中国军事发展的贡献,除了王建明的《留学生与近代中国军事航空研究》、李团结的《中国留德学生与军事近代化》④学术论文之外,还有一些学术专著呈现,在此不赘。

  上述有关民国时期留学教育的学术论文,或从整体研究,或从个案研究,或以纵向历史脉络进行分析,或以横向联系进行分析,无论从留学历史背景还是对留学事件、人物的分析上,都为本书写作提供了史料基础和研究方法的启示。

  综上所述,已有的研究成果,包括留学史料汇编、留学研究专著和学术论文,不论是从宏观方面还是从微观方面,无论是在留学史料的细节方面,还是对一些重要事件的理论观点方面,都为本人的进一步研究奠定了坚实的基础。上述研究成果,对于全面抗战时期国民政府的留学教育研究,不一而同。对于本书的研究重点,即1937—

---

① 李喜所:《留学生与中国现代学科群的构建》,《河北学刊》2003年第6期;徐曼:《留美生与中国近代自然科学学科的建立和发展》,《学术论坛》2005年第4期;周棉、赵惠霞:《留学生与中国现代学科的创建和学术体系的形成》,《文化研究》2014年第4期。

② 周棉:《留学生与中国现代哲学学科的创建》,《天津师范大学学报(社会科学版)》,2011年第6期。

③ 陈新华:《留美生与20世纪二三十年代的中国社会学》,《社会科学研究》2003年第2期;许玉花:《近代气象学留学生群体研究》,南京信息工程大学硕士论文,2017年;徐玲:《留学生与西方考古学知识在中国的传播》,《徐州师范大学学报(哲学社会科学版)》,2010年第4期;李广超:《留学生与西方教育学书籍的译介》,《教育评论》2009年第1期;陈瑞霞:《留学生与中国晚近数学制度文化的发展》,山西大学硕士论文,2008年。

④ 王建明:《留学生与近代中国军事航空研究》,南开大学博士论文,2012年;李团结:《中国留德学生与军事近代化》,安徽师范大学硕士论文,2015年。

1945年间国民政府对海外留学生的救济与归国安置方面的研究,有的涉及多一些,有的涉及少一些,但都为本人的进一步研究开阔了视野,增加了史料基础。从总体上来看,国内外关于全面抗战时期国民政府留学教育的研究已有一定的成果,一些留学通史专著、学术论文都对这一时期留学教育的研究有所涉及,但通过对这些研究成果进行梳理可以发现,专门以此为研究专题的还并不多见,也就是说仍有许多值得研究的空间。

三、创新之处

本专著的创新之处主要表现在以下三点:

第一,在研究视角方面有所突破。留学政策是推动留学教育发展的重要因素,而留学生的选拔、派遣更是中央政府政策实施的重要体现。多年来,学界对于留学政策、留学生的派遣关注有余,而对海外留学生的管理以及归国后的就业安置研究不足。特别对处于全面抗战这一特殊历史时期中国留学生的救济与安置问题的研究更显薄弱。本书主要研究全面抗战时期国民政府对海外留学生的救济,接运海外留学生归国及对归国的留学生安置等内容。着眼点不在于国内,而在于仍在海外的留学生的救济与即将归国的留学生的安置方面,研究视角与前人有别。

第二,运用大量的原始档案史料。历史学作为实证科学,其文献资料的基础性作用至关重要。随着中国第二历史档案馆许多档案史料的逐步开放,笔者从其中搜集到大量的关于全面抗战时期国民政府留学教育的档案史料,包括国民政府教育部、经济部、行政院、财政部、中央设计局、军政部等各部门档案,包括中央各部之间的往来文件、中央各部与留学生个人的信函往来,还包括国民政府与外国政府之间关于留学问题的信件往来,以及一些留学的数据统计。从台湾"国史馆"也获得了一部分抗战时期的留学史料。这些丰富的原始资料对于深入研究抗战时期国民政府的留学教育有着重要作用。此外,笔者还搜集了许多留学名人回忆录,充分利用《申报》《教育公报》《中央日报》等当时重要的报刊资料及留学教育史料汇编,使本书的写作建立在翔实可靠的史料基础之上。

第三,在研究内容方面有较大的拓展。本书首先简要分析日军侵华和第二次世界大战给中国造成的灾难性破坏,尤其是对国内高等教育及国外留学生的严重影响。重点论述全面抗战时期国民政府对海外留学生救济方案的制定与实施情况,接运留学各国学生回国情况,归国留学生的安置方案的出台及其回国后的就业安置情况,系统深入地展示这一时期国民政府因应时事对留学管理政策的及时调整和尽力落实。最后总结国民政府留学政策的实施对留学生回国服务、推动中国经济社会发展的重大意义。对于全面抗战时期国民政府对海外留学生的救济与归国安置研究,目前学术界虽有涉及,但成果不多,本书的研究成果是对抗战时期留学教育研究的重要补充。

四、研究方法与思路

1. 研究方法

本书的研究方法主要运用历史学的文献研究法、历史比较法、归纳法以及借鉴社会学的统计方法。

文献法:首先通过电子文献和纸质文献,广泛搜集现有的相关研究成果,包括留学专著和学术论文,然后再按图索骥,搜集相关的档案史料、文史资料、报纸、回忆录、工具书等。最后将这些留学史料分类归存,取其精华,按需取舍。

历史比较法:有比较才可见优劣,在本书的写作过程中,经常用到历史比较法,将全面抗战时期派遣的留学生与全面抗战之前派遣的留学生经济情况进行对比,将公费留学生与自费留学生经济情况进行对比,将不同留学地区的留学生进行对比,将档案史料与书刊史料进行对比,等等。

归纳统计法:在本书的写作过程中,将会涉及对留学生的出国人数、留学学科、留学经费、获得学历、归国服务等各方面的统计,通过大批数据统计,可以直观具体地呈现这一时期国民政府对海外留学生的救济与归国安置情况。

2. 研究思路

本书的研究涉及国民政府在国内外战争的时代背景下留学政策的变化,海外留学生的现状及归国现状,国民政府对海外各国的中国留学生的救济情况,国民政府接运海外留学生的归国情况,国民政府对归国留学生的就业推荐和工作安置情况,及其呈现的特点、意义和存在的问题等方面。基于上述这些研究的核心内容,撰写本书主要沿着如下研究如路进行:

首先是搜集整理有关全面抗战时期的留学史料。通过梳理前人的研究成果,了解学界的研究现状,初步确定研究方向,然后集中查找相关方面的留学史料,如中国第二历史档案馆、台湾"国史馆"等地档案文献,以及留学名人回忆录、战时报刊新闻资料等。

其次,确定研究框架。通过搜集整理留学史料,并将其归类取舍,确定如下研究框架:全面抗战时期中国留学教育的基本状况——国民政府对战时留学政策的调整——国民政府对海外留学生的救济——国民政府接运海外留学生归国——国民政府对归国留学生的安置——历史意义及存在问题分析。

最后,对细节的论证和研究。通过对国内外战争的时代背景及海外留学生的现状进行分析,论证国民政府留学政策变化的原因及其结果、影响,对国民政府海外留学生救济方案的分析及国民政府对海外各个地区中国留学生的救济情况进行具体论述;对国民政府制定的有关归国留学生的安置方案进行分析,并对国民政府接运海外留学生归国情况及对其安置与任用情况进行具体论证。最后,总结其历史意义及存在问题。

第一章
全面抗战时期中国留学教育的基本状况

全面抗战之前的十年，中国留学教育总体上处于繁荣发展的局面。1937年7月日军发动全面侵华战争后，中国的经济和高等教育都遭到严重破坏，对留学教育也产生了重要影响，不仅国内留学生的派遣陷入低谷，而且滞留海外的留学生也面临着灾难性的处境。

第一节　全面抗战之前中国留学教育的繁荣局面

全面抗战之前的十年（1927—1937），虽然国内外有许多不稳定的因素，但总体来看，国民党政权在形式上统一了全国，南京国民政府在吸取以往留学教育的教训之后，制定详细的留学法规，不断加强对留学生的管理。这一时期，留学生的派遣多途并举，留学人数较多而且质量较高，留学教育总体上处于规范有序的状态。

一、国民政府对留学教育的规划与调整

1927年国民政府定都南京以后，针对北京政府时期在留学教育方面的缺失和当时国情发展的需要，在留学教育方面颁布了一系列法规，对留学政策进行调整与规划，使其规范化与制度化，这使得留学教育在全面抗战之前的十年得到了较好的发展。

1. 提高出国留学生的资格标准

1932年,教育部部长朱家骅指出:"由于向来留学漫无限制,不仅大学毕业可留学,即中学毕业亦得任其自由出国,年龄无限制,资格无限制,而所习学科更无限制,结果出国只是受普通教育,而非往国外研究专门学术。"①有鉴于此,国民政府首先对留学资格做出了相应调整。

其一,提高学历和资历标准。

国民政府建立政权不久即开始对留学资格进行限定,在资格标准上起点较高,主要是规范学历和资历。1928年5月,国民政府在大学院组织召开的第一次全国教育会议上议定了《公费派出留学案》,其中规定公费留学资格为"大学教授在校继续服务至五年以上,经大学院审察合格者"或"已得学士学位,经留学考试合格者"②。从1928年9月到1929年9月,大学院及教育部先后三次对北京政府颁发的《发给留学生证书规程》进行修订,除了仍要求公自费生出国留学都必须领取留学证书外,对自费生的留学资格做了进一步限制。1924年7月北京政府颁发的《发给留学生证书规程》,规定自费留学资格为"中学以上学校毕业"或"办理教育事业二年以上者",而1928年9月13日大学院颁布的《发给留学生证书规程》,则要求自费生出国必须是"高级中学以上学校毕业者"或"办理教育事业二年以上者";1929年2月4日教育部公布的《修正发给留学生证书规程》,规定自费生必须为"高级中学以上学校毕业"或"中等学校毕业并办理教育事业二年以上者"③;1929年9月25日改订公布的《修正发给留学证书规程》,规定自费生必须是"高级中学以上毕业者"或"旧制中等学校毕业,并曾任教育或技术职务两年以上具有成绩者"④。可见,所定

---

① 朱家骅:《九个月来教育部整理全国教育之说明》,《教育部公报》第四卷49、50期,1932年12月。
② 中华民国大学院编:《全国教育会议报告乙编》,上海商务印书馆1928年版,第444页。
③ 商务印书馆编:《中华民国现行法规大全》,上海商务印书馆1934年版,第987页。
④ 教育部:《教育法令汇编》,教育部1933年发行,第747页。

标准逐步提高,由中学提高到高级中学毕业或具有一定教育资历的人。1932年11月,教育部部长朱家骅特别指出:"对于公费留学,须严其派遣,确定大学或专科毕业曾经服务具有成绩及大学优良助教两种资格为派遣标准,其所习学科亦必须限定。各省派遣者并须经过本部复试,以严取择。至于私费留学,至少须有专科或大学毕业资格,俾使程度提高,如此留学教育方可渐符研究专门学术以改进本国文化之本旨。"①可见,公费、自费生的留学资格标准又有提高。1933年4月29日,教育部公布了《国外留学规程》,6月30日又对之进行了修正。修正后的《国外留学规程》规定公费生的招考资格为:"国内外公立或已立案之私立专科以上学校毕业,并曾任与所学专业有关之技术职务二年以上者",或"国内外公立或已立案之私立专科以上学校毕业后曾继续研究所学专业二年以上,著有价值之专著或其他成绩者",或"国内外公立或已立案之私立大专院校毕业,成绩优良者";自费生出国则必须为"公费或已立案之私立专科以上学校毕业者",或"公立或已立案之私立高级职业学校毕业者,并曾在国内任技术职务二年以上者"。② 可见,所定资格较之此前又有进一步限制,由"高级中学以上毕业"变为"专科以上学校毕业",并在技术职务上有了更高要求。

其二,提高语言要求。

1930年2月11日,教育部颁布训令,特别对公费留学生提高语言要求:"查留学各国学生,往往于到达留学国后,补习该国语文,耗费时间,殊为可惜。此后派遣公费留学生,不论采取何种考验方法,对于留学国语言文字,务须严加考试,以阅读、写作、会话及听讲均无窒碍为及格,庶免补习费时徒耗公费。"③4月15日至23日,教育部

---

① 朱家骅:《九个月来教育部整理全国教育之说明》,《教育部公报》第四卷第49、50期,1932年12月。
② 宋恩荣等主编:《中华民国教育法规选编》,江苏教育出版社1990年版,第654—656页。
③ 国民政府教育部:《教育法令汇编》,国民政府教育部1933年发行,第750页。

部长蒋梦麟在南京主持召开第二次全国教育会议,此次会议制订的《改进高等教育计划》,对公费和自费留学生都提出了语言要求:"公费派遣国外留学生,应以国立、省立及已立案大学或专校教员与学术、实业、行政机关服务人员,继续任职各若干年,对于专门学术确有相当贡献,并通习各该留学国语文,经考试或审查合格的为限";"自费留学生,在国外预备言语文字很不经济,教育部应规定自费留学生于请领留学证书时,须经各留学国言语文字的考试,不合格者不给证书"①。依此次会议关于留学生派遣的精神,是年 7 月 28 日,教育部再次对自费留学加以限制,"自费留学生于请领留学证书时,须经各留学国言语文字考试,不合格者不给证书"②,并要求国立各大学应尽可能增设各国语文预备班,以供自费留学生预备各国语言文字,如果中央经济充裕,也应开设留学预备学校,供自费留学生预备语文。

其三,对自费留学生提高经济要求。

由于公费留学名额有限,竞争激烈,而且限制较多,而申请自费留学手续简便,又不受名额限制,只要财力允许,具备最基本的条件即可成行,因而自费留学生往往要比公费生多很多。鉴于以往自费留学生因筹款不足,到国外后经常发生经济困难,以至于荒怠学业甚至做出有损国体的行为,国民政府对自费留学生也提高了经济要求。1933 年教育部公布的《国外留学规程》特别规定:"自费留学经费,须依照附表保证书说明栏内所举约数筹备。"③因此,自费留学生欲出国留学,必须向教育部提交存款证明。例如留学生梁绍曾就在中国银行北平支行存款"日金二千二百二十元二毛二分,作赴日留学费用按月支取",请中国银行北平支行"出具存款证明书以便呈请教育部发给留学证书"④;刘兆桢也在中国银行北平支行"存有国币一千七百元

---

① 教育部:《改进高等教育计划》,《教育公报》第 2 卷第 30 期,1930 年 7 月。
② 国民政府教育部:《限制自费留学》,《教育益闻》第 2 卷第 3 册,1930 年 9 月。
③ 宋恩荣等主编:《中华民国教育法规选编》,江苏教育出版社 1990 年版,第 656 页。
④ 《梁绍曾致中国银行北平支行的函及中国银行北平支行的复函》(1934 年 7 月 31 日),北京市档案馆藏,档号:J031 - 001 - 00055 - 00042。

专为赴日留学费用",并请中国银行北平支行出具存款证明书[①]。应教育部的要求,北平市社会局要求留学生将留学存款证明文件送交其审核再核转教育部[②]。除要求一次性筹足留学经费外,还要求请国内殷实商号或有固定职业能负责该生经济和行为者作担保人。此规定虽然限制了一大批有志青年出国勤工俭学,但客观上有助于出国留学生解除经济上的后顾之忧,对其专心向学有积极作用。

2. 在学科上加以限制,以理工科为主

对于留学生来说,选修文科类专业更容易获得学位,因而不少留学生选修文、史、法、哲等文科类,甚至有留学生弃理从文的现象。南京政权建立以后,社会舆论呼吁重视理工科教育,"科学救国"成为众多归国留学生提倡的一种救国方案。国民政府从国家建设需要考虑,在留学政策的制定方面也逐渐偏向了理工科。1929年1月16日,教育部颁布训令,特令各大学区、教育厅"当兹训政伊始,建设事业经纬万端,实用人材尤为需要。此后各省区选派留学,务于理工两科特加注意,并严加考试"[③]。为促使留学生重视理工科,国民政府在留学教育的法令中采取限制和奖励两种措施。1930年第二次全国教育会议上通过的《改进高等教育计划》,规定"以后选派留学生应注重自然科学及应用科学等,以应国内建设的需要,并储备专科学校及大学理农工医等学院的师资。公费留学生应视国内建设上特殊需要,斟酌派遣,每次属于理农工(包括建筑)医药的,至少应占全额十分之七。自费留学生得依本人志愿,肄习任何学科,但学理农工医药教育的,应尽先叙补公费或津贴"[④]。在1933年教育部公布的《国外留学规程》中,又对公费生有特别规定:"各省市考选派赴国外研究专

[①] 《刘兆桢致中国银行北平支行的函及中国银行北平支行的复函与存款证明书》(1935年4月5日),北京市档案馆藏,档号:J031-001-00055-00077。
[②] 《北平市社会局关于奉教育部令将留学存款证明文件送本局再核转给程慎之函》(1934年8月28日),北京市档案馆藏,档号:J002-003-00165-0008。
[③] 国民政府教育部:《为通令选派留学应注重理工二科并应将派遣规程呈部备核由》,《教育部公报》第1卷第2期,1929年2月。
[④] 国民政府教育部:《改进高等教育计划》,《教育公报》第2卷第30期,1930年7月。

门学术者,应注重理、农、工、医等专科。"①可见,不仅偏重实类学科,而且对研习实类学科的留学生还有补助。

3. 以地方选送留学生为重心,中央以监督和指导为主

国民政府定都南京以后,虽然在形式上统一了全国,但要实现对全国各地真正意义上的统治还有一定的困难。在留学生的选送上也是心有余而力不足。因而国民政府吸取以前留学教育的教训,并根据国情的需要,确定了留学生的选送以省派为重心、中央以监督和指导为主的留学政策。在南京政府建立初期,由于中央统一的留学法规尚未出台,所以公费留学生的派遣以各省为主。进入1930年代以后,中央政府在留学教育方面既给各省市一定的自主权,也对其进行一定的限制和指导。如,"各省市应就其留学教育经费项下设留学奖学金,以鼓励其本省、市留学自费生之成绩优良者。""研究科目种类,公费名额、留学国别、年限及经费状况等,须由各省市依其地方情形之需要及所研究科目之性质,于每届招生前详为规定,呈部核准施行。""出国及回国川资,由各省市视留学国路程及其他情形规定之。川资及学费发给手续,由各省市规定,但出国时须预给三个月学费。""各省市于每公费生出国时,应拨存其留学国管理留学机关准金一千元,以供灾害、救济、疾病治疗等意外之用,其详细办法由各省市规定之。"此外,对边远地区还采取了优待措施,如"距京辽远或有其他特殊情形之省市,得由主管教育行政机关呈部核准,就初试所在地由部派员或指定机关举行复试"②。

为了指导、规范本省的公费留学生派遣,不少省份根据大学院或教育部的《发给留学证书规程》,并结合本省具体情况订有本省的留学法规及各种相关的管理文件。比如1931年福建省教育厅分别制

---

① 宋恩荣等主编:《中华民国教育法规选编》,江苏教育出版社1990年版,第653页。
② 宋恩荣等主编:《中华民国教育法规选编》,江苏教育出版社1990年版,第653—658页。

定《国外公费留学生实习规程》①和《选派国外公费留学生给费办法》②,1934年又制定了《福建省选派公费留学生规程》及《留学国外闽省自费生奖学金规程》,并获得教育部的核准③;1937年又制颁了《1937年度选派国外公费留学生办法》④。其他各省,如安徽省也制定了《国外留学生规程》,浙江省公布了《派遣留学办法大纲》。自1933年留学规程颁布后,各省积极整顿留学教育,清还过去积欠的留学费用,并根据各省情况制订留学计划,举办留学考试。教育部为强化中央政权,1935年3月,教育部训令各省市,"一九三五年各省如举行国外留学生考试应于三月底以前将招考简章呈送本部核定"⑤。虽然有些省份的留学生考选并没有正常化,但总体而言,1930年代是省级留学教育的复苏阶段。

  需要指出的是,大学院和教育部在此期间并不直接担负选派留学生的重任,而是多起监督和指导作用。1931年4月2日,教育部应全国工商会议希望"现在留学生中,或以后选派学生出洋留学于毕业后,请驻在国各公使介绍该国著名工厂就目前所需要科目,如机电、化冶、纺织等,选择一科,实习两年,然后回国效用"的提议,明令各省拟订留学欧美专科以上学校毕业生实习规程⑥。此命令可算这一时期教育部遥控指导留学教育的重要举措。1931年4月2日,教育部给福建省教育厅发去"关于留学欧美专科以上学校毕业实习规程的

---

① 《福建省教育厅呈教育部关于国外公费留学生实习规程》(1931年12月7日),福建省教育厅档案,福建省档案馆藏,档号:0002-001-000004-0009。

② 《选派国外公费留学生给费办法》(1931年8月25日),福建省教育厅档案,福建省档案馆藏,档号:0002-001-000002-0036。

③ 《教育部关于准核福建省选派公费留学生规程及留学国外闽省自费生奖学金规程的训令》(1934年2月8日),福建省档案馆藏,档号:0002-001-000001-0164。

④ 《1937年度选派国外公费留学生办法》(1937年),福建省教育厅档案,福建省档案馆藏,档号:0002-003-001419-0059。

⑤ 《教育部关于一九三五年各省如举行国外留学生考试应于三月底以前将招考简章呈送本部核定给北平市政府社会局的训令》(1935年3月4日),北平市政府社会局档案,北京市档案馆藏,档号:J002-003-00274-0066。

⑥ 国民政府教育部:《教育法令汇编》,教育部1933年发行,第754页。

训令"①。之后,不少省份遵照这一命令并依照本省欧美留学生的实际情况,拟定了有关留学生实习规程。虽然教育部没有直接派遣留学生,但国民政府为了加强留学教育并规范其发展,一直对留学教育加以指导。由于各地考选的学生必须送教育部审查,合格后才能派遣出国,实际上各省的留学教育也纳入了统一的留学教育轨道。

4. 加强和完善对留学生的管理

国民政府定都南京后,对留学生的考选派遣与管理都十分重视,并颁布了许多法令,其中较为完备的是 1933 年公布施行的《国外留学规程》。该规程分五章,共 46 条,有关国外留学事项的规定非常具体。除了对留学资格、留学科目等有明确的规定外,对已通过留学考试的留学生管理也规定得十分具体,比如在留学证书方面特别规定,通过考试的留学生必须领取留学证书才能出国,未领留学证书径赴国外留学者,将会受到诸多制裁:"一、不得以留学生名义请领护照,二、不得请求管理留学机关介绍入学,三、不得呈请奖学金补助,四、回国时呈验毕业证书不予登记。"为严格执行留学证书制度,教育部逐一给各单位发去训令,比如教育部训令北平市社会局"赴日留学自费生于出国前必须领留学证书"②,北平社会局又给私立各大学学院发去训令"奉教育部令,拟自费赴日本留学各生务必于出国前必须领留学证书"③。在层层施压下,许多留学生主动请求主管部门发给留学证书,比如,哈尔滨工业大学毕业生刘政因④、东北大学毕业生阚家

---

① 《教育部关于留学欧美专科以上学校毕业实习规程的给福建省教育厅的训令》(1931 年 4 月 2 日),福建省教育厅档案,福建省档案馆藏,档号:0002-001-000004-0005。

② 《教育部关于赴日留学自费生于出国前必须领留学证书给北平市社会局的训令》(1936 年 10 月 28 日),北平社会局档案,北京市档案馆藏,档号:J002-003-00165-0081。

③ 《北平市社会局关于奉教育部令拟自费赴日本留学各生务必于出国前领留学证书给私立各大学学院的训令》(1934 年 2 月 22 日),北平市社会局档案,北京市档案馆藏,档号:J002-003-00275-0001。

④ 《北平市政府社会局关于哈尔滨工业大学毕业生刘政因呈请发给留学美国证书等情给教育部的呈及教育部的指令》(1935 年 3 月 18 日),北平社会局档案,北京市档案馆藏,档号:J002-003-00274-0077。

楠①向北平社会局呈请发给留学美国证书,程慎之②、司徒辉③等人主动向北平社会局呈请发给留日证书。

《国外留学规程》规定,公自费生必须定期呈报留学期间的成绩,公费生于每学期开学前,须将上学期的经历及研究成绩连同主任教授的证明文件,呈请管理留学机关证明,并须分别呈教育部及各省市审查备案;自费生每学期须将上学期的经历及研究成绩,连同主任教授证明文件呈请管理留学机关审核后转教育部备案,一学期不报者,管理留学机关应予以警告,两学期不报者,取消其留学资格,并勒令回国。鉴于教育部的要求,各省教育厅要求本省留学生严格执行,例如,1933年11月,安徽留德学生鲍训钟就主动"呈报二十二年六至九月份及学期学业报告表"④;1935年11月,安徽省教育厅分别致函驻各国公使馆,函请转饬各国"安徽学生呈送成绩单"⑤,1936年4月,安徽省教育厅又分别致函驻德大使馆及驻比公使馆,"函请转饬留德及留比公费生及奖金生限期补报学业报告表"⑥,不久驻德大使馆将"留德安徽学生学业报告表论文等件"函送给安徽省教育经费委

---

① 《北平市政府社会局关于东北大学毕业生阙家楠请求发给自费赴美国留学证书一事给北平市政府的呈及北平市政府的指令》(1935年3月18日—1935年4月6日),北平社会局档案,北京市档案馆藏。档号:J002-003-00274-0109。

② 《程慎之关于呈请发给赴日留学证书给北平市社会局的呈》(1933年12月20日),北平社会局档案,北京市档案馆藏,档号:J002-003-00165-0030。

③ 《司徒辉关于请求转呈教育部发给赴美留学证明书给北平市政府社会局的呈》(1934年10月5日),北平社会局档案,北京市档案馆藏,档号:J002-003-00274-0039。

④ 《安徽省教育厅关于留德学生鲍训钟呈报二十二年六至九月份及学期学业报告表准予存查的批》(1933年11月22日),安徽省教育厅档案,安徽省档案馆藏,档号:L001-002-0176-008。

⑤ 《安徽省教育厅关于函请转饬留美等地安徽学生呈送成绩单问题给驻各国公使馆的公函》(1935年11月1日),安徽省教育厅档案,安徽省档案馆藏,档号:L001-002-0168-027。

⑥ 《安徽省教育厅关于函请转饬留德及留比公费生及奖金生限期补报学业报告表问题给驻德大使馆及驻比公使馆的公函》(1936年4月13日),安徽省教育厅档案,安徽省档案馆藏,档号:L001-002-0168-029。

会①，再转给安徽省教育厅存查。

《国外留学规程》规定，自费生有特别成绩者，得请留学学校及管理留学机关证明，径将特别成绩连同证明文件、学历及最近四寸半身相片二张呈送各本省市审查，暨教育部审定认可者，得享受各本省市奖学金补助。留德学生李立聪就因学业成绩优秀而获得本省的奖学金。1936年10月，安徽省教育厅令省费留学生李立聪报送1935年度成绩证明书②。1937年李立聪获安徽省奖学金，但因战争的因素，李立聪获得的奖学金至1944年才有结果③。留学期间，如遇留学生生病或家庭出现重大变故，必须请假方能回国。

《国外留学规程》规定，公自费留学生毕业后回国必须对其证件进行登记："毕业回国后两个月内，须将毕业证书或其他证明文件，连同最后学期之成绩……呈部办理登记"；对于留学生的分配使用，不论公费生还是自费生都应在回国后，"于两个月内将毕业证书送教育部审查登记"，"各省市派遣的公费生应在两个月内到各省市政府报到，如本省市需要其服务时，至少须依照其留学年限在本省服务，违者得追还其以前所领一切费用，其详细办法由各本省市定之"④。

《国外留学规程》从出国前的准备，到出国后的学习、生活、思想管理再到归国后的登记、服务都做了明确管理规定，可谓十分详尽。从1928年5月制定《公费派出留学案》到1933年颁布《国外留学规程》，在较短的时间内，国民政府初步实现了对留学教育的调整与规

---

① 《安徽省教育厅关于教育经费委员会转送驻德大使馆函送留德安徽学生学业报告表论文等件准予存查的公函》（1936年5月1日），安徽省档案馆藏，档号：L001-002-0172-001。
② 《安徽省教育厅关于留德学生李立聪仍应报送二十四年度成绩证明书等件的批》1936年10月26日，安徽省教育厅档案，档号：L001-002(1)-1648-012，安徽省档案馆藏。
③ 《安徽省教育厅关于留德学生李立聪奖学金发放问题的批》（1944年7月3日），安徽省教育厅档案，安徽省档案馆藏，档号：L001-002(1)-1648-005。注：李立聪，安徽芜湖人，1936年夏以安徽省费赴德留学，入慕尼黑大学，1937考获安徽省奖学金转入慕尼黑工业大学专修化学，1941年获博士学位，1945年11月返国。
④ 《国外留学规程》1933年4月29日教育部公布，南京市档案馆藏，档号：1001-001-1883。

划,从而为国家培养各种高级人才奠定了基础。可以说,全面抗战之前的十年是中国留学教育逐步走向规范化、制度化的十年。虽然国民政府在留学教育方面还有许多偏颇之处,但总的来说,上述留学政策的调整与规划,确实使中国的留学教育迈上了一个新台阶,对此后相当长一段时期内的留学教育都有积极影响。国民政府对留学政策的调整与规划,从根本上说是为了体现和落实"三民主义"的教育宗旨和巩固政权的需要;而当时人才、资金的缺乏以及管理混乱等现实也需要对其进行调整与规划;另外,众多留学生出身的政府官员在其中也起了促进作用。这些调整与规划,有利于提高留学质量,扭转了当时文理不平衡的留学状态;也有利于调动地方政府的积极性,使我国的留学管理措施逐步趋向合理和完善,并迎来了全面抗战之前留学教育的繁荣局面。

二、留学教育呈现的良好态势

全面抗战之前的十年,国民政府不断调整和完善留学政策,使留学教育总体上呈现出良好的发展态势,从留学生的派遣途径、留学国家、留学人数、留学质量等各方面来看,这一时期中国的留学教育呈现出繁荣发展的良好局面。

1. 留学生派遣多途并举

南京国民政府建立之后,无论是国防建设还是经济发展都急需各种专业人才。但全面抗战之前的十年,国内外有许多不稳定因素,国民政府为缓解中央财政压力,在公费留学教育方面不得不将选派权下放给中央各机关及地方各省,但也不断加强对其监督和管理,使之逐渐处于规范有序的状态。这一时期,公、自费留学多途并举,除自费留学之外,公费留学主要包括党员留学、庚款留学、军事留学、省派留学、部派留学等多种类型。

(1) 党员留学

国民政府定都南京以后,坚持"以党治国"的方针,实行"党化"教育。为培养"党治"人才,国民党先后派遣几批近百名党员出国留学。1928年12月国民党第二届第189次中央常会通过《失学革命青年救济规程》,规定"本党党员入党满三年以上,奋斗确有成绩,身体健全,绝无嗜好而无力就学者……呈请中央执行委员会详加考核,分别补助学费入国内相当学校,或派往国外留学"①。根据国民党中央民众训练部档案统计,从1930年至1933年,由国民党中央派遣和补助的留学生在各留学国中现有人数有115人(派遣95人,补助20人)②。这些党员留学生多数为国内外高校毕业生,从事过国民党党务工作,年龄在20—35岁之间,留学专业多为政治、经济、法律等科。为加强对这些党员留学生的管理,国民党中央训练部还专门成立了"中央派遣留学生管理委员会",制定了《中央派遣留学生管理章程》,并具体办理党员留学生的考选事宜。这些党员留学生在国外除了学习之外,还肩负政治宣传的特殊使命。

（2）庚款留学

美国利用退还庚款的余额来培养中国留美学生的做法带来了积极影响,使获得庚子赔款的其他各国纷纷效仿美国。1930年代,美、英、法、比、日等国都有将部分庚款用于中国留学教育之举。美国在1924年决定将庚款的全部余款退还中国,但1929年美国发生经济危机,1930—1932年庚款留美活动暂停。从1933年开始又续派庚款留美生,至1937年共举行五届留学考试,录取115人。同时,从1934年起还用部分庚款来奖励有成就的研究人员出国深造,1936年曾补助华罗庚等23人出国留学;中英两国政府在1930年达成协议,将庚子赔款退还部分用于借充整理建设中国铁路及其他生产事业之用,以其息金用于教育文化事业。1933年中英庚款董事会举行第一次

---

① 《失学革命青年救济规程》,国民党中央执行委员会档案,中国第二历史档案馆藏,全宗号:七一一(4),案卷号:95。

② 中国第二历史档案馆编:《中华民国史档案资料汇编》第五辑 第一编 教育(一),江苏古籍出版社1994年版,第380页;冉春详细核定,从1929年3月到1931年7月,共派出94名,见冉春著《留学教育管理的嬗变》(山东教育出版社2010年版)第58页;王奇生引用国民党中央民众训练部档案(档案号:722——1418),计1929—1931年共派遣127人,见《中国留学生的历史轨迹》(湖北教育出版社1992年版)第154页;元青等著《中国留学通史(民国卷)》(广东教育出版社2010年版)第196页指出,国民党于1934年还派出了54名党员留学生。

考试,录取9人,1934年第二次考试录取26人,1935年第三次考试录取24人,1936年第四次考试录取20人。在全面抗战之前共考选录取79名庚款留英生①;中法两国虽在1921年就达成协议,将庚款退还部分小额用来办理中国的教育事业,但直到1925年才在北京成立中法教育基金会,1937年5月才举行第一届留法公费生考试,录取了甲种公费生钱三强、吴新谋、魏英邦3人,乙种公费生陈定民、钟盛标2人。与其他国家相比,中法教育基金会不仅选派留学生时间迟,而且派遣人数少;比利时政府决定将退还庚款的25%用于中国教育事业,1927年中比庚款委员会在上海成立,1929年7月中比庚款委员会开始招考留比学生,此次共录取20名。据中比友谊会调查,1930—1931年中比庚款补助留学生人数达85人②。1932年,中比两国政府协定,将此项庚款设立64个公费留学比利时名额,以考试的办法选拔;日本在1923年第46届国会上通过了《对华文化事业特别会计法案》,决定退还部分庚款,以补给中国留日学生的学费、生活费和各项留学教育事业。但日本将中国留学生分为一般补给生、选拔留学生和特选留学生三种,每种留学生获得的补助金额不同,比如,选拔留学生每月发给学费70元,一般补给生每月资助70元,而特选留学生每月资助80至150元。从1929年到1936年,日本利用庚款补助中国留日学生,据不完全统计,一般补给生有881名,选拔留学生有921名,特选留学生有69名③。全面抗战以后,日本补助的留日学生基本上全是伪政权派遣的留日学生。从上述几个国家来看,有不少学生获得庚款补助而出国留学,或已在国外留学的留学生获得庚款补助。

(3) 军事留学

南京国民政府建立以后,为提高军队素质,增强军队实力,非常

---

① 刘晓琴:《中国近代留英教育史》,南开大学出版社2005年版,第359页。
② 刘真主编,王焕琛编著:《留学教育:中国留学教育史料》第四册,台北:"国立"编译馆1980年版,第1984—1990页。
③ 徐志民:《日本政府的庚款补给中国留日学生政策研究》,《抗日战争研究》2012年第3期。注:缺1934年数据。

重视军事留学生的派遣。在陆军留学方面，1927年11月，黄埔军校历届毕业生32人集体赴日留学①。1930年2月，负责陆军留学的训练总监部从中央陆军军官学校6期毕业生中选派44名赴英、法、德、美等国留学②。1930年7月，训练总监部从各军事机关和师团考选11名军事留学生赴日留学③。1930年9月和12月又陆续派出三批留日生共82名。在1930年以前，陆军留学一直以留日为多，日本士官学校是中国军事留学生的集中之所。"九一八"事变后，中日关系日趋恶化，留日陆军学生逐渐减少，据不完全统计，1911—1931年间，毕业于日本士官学校的中国留学生达769人，而1931—1937年间，此校中国毕业生仅有119人④。大规模派遣留日受阻后，国民政府将留学国家转向欧美地区。但因提高留学标准，派遣人数不多，1932年派出3名，1934年派出10名，1935年考试正取3名，备取5名⑤。

海军留学生主要由海军部负责考选派遣，从1928—1937年共派遣海军留学生90名⑥，其中留英60名，留美4名，留意6名，留德12名，留日8名。海军留学之所以赓续不断，与海军部部长陈绍宽的积极推动和大力支持是分不开的。航空留学生的派遣在清末就已开始了，民国前期，广东空军和东北空军在派遣留学生方面成绩卓著。南京国民政府建立后，航空留学生的派遣多以个别的、零散的方式进行。比如，1930年国民政府派遣孙桐岗、林馥生赴德国学习飞行技术，三年后，他们自驾飞机长途飞行返国，成为航空史上一件美谈之事。1934年国民政府航空委员会委托教育部招考赴意大利学习航空工程技术人员，共录取25名，皆公费留学意大利。全面抗战开始

---

① 《蒋介石昨送黄埔学生赴日》，《申报》1927年11月12日，第14版。
② 《中央军校留学预备班讯》，《中央日报》1930年2月7日，第3版。
③ 《训练总监部考取留日军官今日放洋》，《中央日报》1930年7月31日，第3版。
④ 田久川：《日本陆军士官学校与该校中国留学生》，《辽宁师院学报》1982年第2期。
⑤ 《训练总监部留学考试揭晓》，《中央日报》1935年1月31日，第4版。
⑥ 冉春：《留学教育管理的嬗变》，山东教育出版社2010年版，第67页。

后,他们大多数被召回国,分配到中意合办的第二飞机制造厂工作[①]。

(4) 省派留学

南京政府初期仍沿袭民国前期各省自主选派留学生的惯例。以1933年颁布的《国外留学规程》为分界线,在1927—1932年,各省派遣留学生在选派规模、经费定额、学科选择等方面都拥有相当大的自主性和灵活性,只需在中央教育行政机构象征性地备案即可。1933年后,虽然各省仍然负责本省出国留学生的考选和派遣,但在某些方面明显受到制约。比如,各省初试录取的留学生必须经教育部复试通过后才能放洋;教育部将以往报部"备案"的各省留学简章改为"核夺",修正与部颁《规程》不合部分。1934年7月,教育部举行了第一届各省市考选国外公费留学生的复试,对安徽、江西、河南、湖北四省考送的初试合格者49名进行复试后,核准录取了26名,连同山东、江苏、广东、山西、湖南五省呈核免予复试的26名,共录取52名。但教育部这种采用初试和复试的两级考试形式未能很好地坚持下去,1934年后,各省在考选留学生时,一般只将考生初试的试卷和证件等报送教育部核准,即可派送学生出国留学了。据不完全统计,1927—1932年至少有179名省派留学生被派遣出国,1933—1937年各省考选录取160多名留学生准备出洋[②]。

从整体上看,国民政府对各省选派留学生的监管力度在逐渐加强。全面抗战之前,国民政府的留学教育以地方留学为重心,政府以宏观调控为主。1933年国民政府颁布的《国外留学规程》主要是针对各省市而制定的,虽然给予各省市选派留学生的各种权力,但是在放权的同时也施加一些限制,做一些导向性的指导,意图逐渐将留学生的选派权统一到中央政府来。

(5) 中央各部派遣留学

在全面抗战之前,教育部组织规模较大的留学生考选工作,一是

---

① 王宏基:《公费留学意大利学习航空工程的25人概况》,《航空史研究》1994年第1期。

② 冉春:《留学教育管理的嬗变》,山东教育出版社2010年版,第84、88—89页。

东北留学生考试。"九一八"事变后，大批东北籍青年涌入关内，教育部专门成立"东北青年教育救济处"，除将部分尚未大学毕业者插入高校相当年级继续学习外，还专门设置了少量公费留学名额。教育部将《东北青年救济处招考东北留学欧美公费简章》颁发至各大学①，东北失学青年报考踊跃，从1933—1937年每年考选3名，共选派12名东北籍留学生出国留学，此举既安抚了东北失学青年，也向世界昭示了中国对东北地区的教育主权。二是留欧机械工程生考试。1934年10月，教育部在中央大学举行留欧机械工程生考试，生源多来源于上海交大、同济大学、中央大学、东北大学、南开大学，最终共录取25名②。除此之外，教育部还组织一些名额较少的留学生考试工作，比如1935年组织的波兰教育部赠予中国的留学津贴生考试。除了教育部之外，中央其他一些机关，如铁道部、内政部、交通部、中央研究院等也分别组织了一些名目各异、规模不等的留学考试。

（6）自费留学

南京国民政府时期，虽然公费留学多途并举，但与自费留学人数相比仍然差距很远。从1929—1936年公自费留学生的总数来看，自费生6471人，公费生696人③，自费生是公费生的9倍多。从几个主要留学国家来看，各国公自费留学生的比例情况也有较大差别。从1929—1936年，日本的公自费生比例是2∶100，法国的公自费生比例约是5∶100，德国的公自费生比例是19∶100，美国的公自费生比例是22∶100，英国的公自费比例是55∶100④。可见日、法两国自费生远比其他国家要多，而这两个国家共同之处是生活费用低廉，这应该是自费生多趋向这两国的重要原因。相比之下，留英不但费用很

---

① 《教育部东北青年教育救济处招考东北留学欧美公费生简章》(1934年)，山东省档案馆藏，档号：J109-04-0204-004。
② 《教育部录取留欧工程生揭晓》，《中央日报》1934年10月10日，第4版。
③ 根据《中华民国史档案资料汇编》第五辑　第一编　教育（一），第394—395页数据统计。
④ 根据《中华民国史档案资料汇编》第五辑　第一编　教育（一），第394—395页资料统计。

高,而且入学限制较严,所以自费留英者相对较少。南京国民政府建立后,为提高留学质量,曾对自费留学生加以种种限制,不仅提高其留学资格,而且必须呈缴留学计划,提交保证书,提前筹备好留学经费,出国前必须领取留学证书,等等。但限制很多,遵照者却不多。"创办伊始,登记人数寥寥无几,而日本政府对学生入境居住,亦不需要护照,留学证书更属可有可无,因此,登记办法虽经颁行,然实际上并未获得预期的效果。"[①]"一般自费出国者不拿教育部的证书,当时出国是从上海或香港乘外国船离境,不经政府管理。"[②]可见,虽然政府制定各种法规,但自费留学者总能找到不经政府管制而出国留学的途径,所以自费留学人数居高不下。

全面抗战之前,国民政府的出国留学教育,无论是公费还是自费,无论是中央各部还是地方各省,选派单位政出多门,具有一定的灵活性和自主性,但总体上还是在中央政府的监管之下规范有序进行的。

2. 留学国家远涉欧亚非美

根据统计资料,南京国民政府前期留学生派遣国除了欧美日一些发达国家,非洲的埃及和亚洲的印度、安南、爪哇、菲律宾等一些发展中国家也有派遣,已远涉欧、亚、非、美,1929—1936年中国学生在各留学国人数情况,具体见下表:

表1-1　1929—1936年中国留学生在各留学国人数统计

国家	日本	美国	法国	德国	英国	比利时	加拿大	意大利
留学生数	3 434	1 633	685	539	528	186	74	23
国家	奥地利	瑞士	菲律宾	埃及	丹麦	荷兰	印度	其他国
留学生数	16	10	12	10	6	3	3	3

资料来源:中国第二历史档案馆编:《中华民国史档案资料汇编》第五辑第一编　教育(一),江苏古籍出版社1994年版,第394—395页。

---

① 郑世兴:《中国现代教育史》,三民书局1981年版,第251页。
② [美]马祖圣编著:《历年出国/回国科技人员总览(1840—1949)》,社会科学文献出版社2007年版,第196页。

从上表可以看出，日、美、欧发达国家仍是出国留学生的首选，毕竟出国留学是为了学习最先进的科学文化知识。其中，日本、美国和欧洲的法国、德国、英国、比利时等发达国家，中国留学生人数较多，而留日人数更是遥遥领先，从 1929 年到 1936 年，8 年间留日人数约占全部留学生总数的 48%，几乎是留学其他国家人数的总和。表中数据是以领取留学证书来统计的，事实上，因为日本对留学生的限制比较松，因而留日人数远比国民政府教育部统计的要多得多。根据实藤惠秀提供的数据统计，1929—1936 年 8 年间留学日本人数有 22 925 人[①]，这与国民政府统计的数据相差较大，说明未领留学证书而留学者绝非少数。不受教育部留学资格的限制，再加上路近费省、文字相近等情况，导致一部分不够留学资格而想留学者都争相留学日本，这是日本自清末至全面抗战前一直居于留学各国之首的重要原因。留日人数如此之多，在日军发动全面侵华战争之后，他们不愿在敌国忍辱偷生，只好弃学归国。而他们在短时间内大批归国，也必然对战时国民政府产生不小的冲击。留学其他国家的中国留学生，在全面抗战爆发后，若不能及时归国而滞留海外，则国内经济来源断绝，再加上国外爆发第二次世界大战，其困难处境是不难想象的。

3. 留学人数较多且质量较高

其一，留学人数较多。

全面抗战之前的十年，国民政府的留学教育处于相对稳定时期，除了"九一八"事变对留学教育的影响波动较大之外，其他各年的出国留学人数多在千名左右。根据民国时人史料的统计，1929—1936 年各年出国留学人数具体情况见表 1-2：

---

① ［日］实藤惠秀：《中国人留学日本史》，谭汝谦译，生活·读书·新知三联书店 1983 年版，第 446—449 页。

表 1-2　1929—1936 年各年留学人数表

年别	1929	1930	1931	1932	1933	1934	1935	1936
留学生数	1 657	1 019	450	576	620	919	1 032	894

资料来源：中国第二历史档案馆编：《中华民国史档案资料汇编》第五辑第一编　教育(一)，江苏古籍出版社 1994 年版，第 394—395 页。

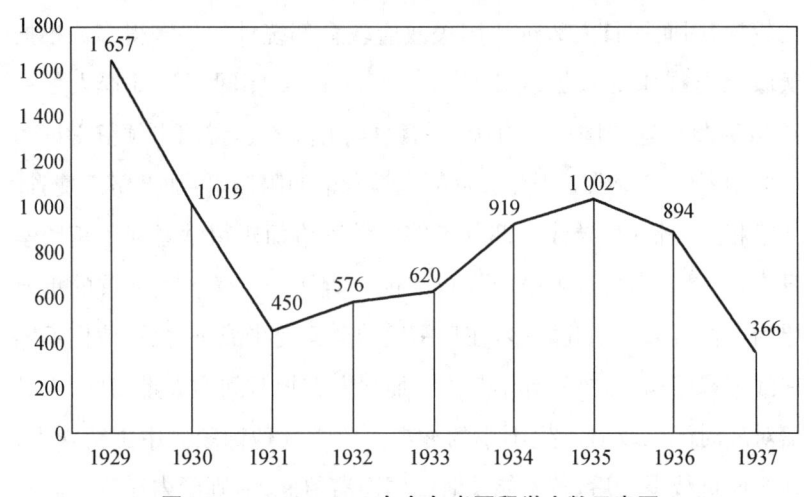

图 1-1　1929—1937 年各年出国留学生数示意图

表 1-1 中的数据来源，仅是国民政府教育部统计的领取留学证书的人数，事实上，当时未领取留学证书就出国留学的人不在少数。教育部统计的 1929—1936 年留日人数是 3 434 名，而根据日本学者实藤惠秀提供的数据统计，1929—1936 年留学日本人数则有 22 925 人，将近国民政府教育部统计人数的 7 倍。可以肯定的是，全面抗战之前，未领留学证书的中国留学生数目是相当可观的。与全面抗战初期每年不足百人相比，全面抗战之前的每年近千人出国留学，无疑是一副繁荣景象。

根据教育部统计的各年出国留学人数制成折线图可以看出，1929 年留学人数最多。这一方面与当时世界性的经济危机从美国爆发有很大关系，因为当时物价大幅度降低使得留学费用随之减少，即使中产家庭也能负担自费留学；另一方面，南京政府刚建立不久，北洋政府时期地方各省的留学章则基本得以沿袭下来，南京政府虽然零星颁布了一些留学法规，但在中央统一的留学法规出台之前，对留学生的限制较少，这为更多人出国留学提供了机会。而1931年留学人数之所以急剧下降，显然与"九一八"事变有关。中国留日人数向来位居列国之首，事变发生后，不但在日留学生大举归国，而且准备赴日留学者也放弃或滞留国内准备留学他国。再加上庚款留学停派，国内又发生了严重的经济危机，导致出国留学者急剧减少。这一时期国民政府不断加强对留学生的管理，1933年《国外留学规程》颁布后，留学教育逐步走上正轨，随之留学人数也不断上升，到1935年留学人数又恢复到千人以上。但1937年日军发动的"七七"事变，对国内外中国学生都产生了很大的冲击，出国留学人数又降至谷底。可见，影响出国留学教育的因素，除了政府的留学政策之外，国内外战争造成的冲击也非常大。

其二，留学质量明显提高。

全面抗战之前的十年，国民政府留学教育质量与过去相比有了明显提高。1934年《大公报》曾报道说："近年来关于留学生方面，有一个很好的现象，便是留学生在'质'上有极剧的改进。换言之，以前的留学生多是到外国去入大学本科，甚或中学，现在大批的学生，则多是一直入外国研究院，有的并已在国内有了两三年的专门研究，或数年实际经验，专为到海外求得登造成最后峰极的。"[①]留学质量的高低往往以获得学位多少作为衡量标准。仅以留美学生而言，据统计，1931—1936年间，中国留美学生中共有223人获得博士学位，396人获得硕士学位[②]。留学质量的提高主要归因于国民政府对留学资格的提高和对留学生管理的加强。"近年以来，教育部对于公费留学生之考选方法，已较前特别加严，研习之科目，大都事先与各派遣机关详细议定。自费生之出国，除提高资格外，各省大多数设有奖学金，

[①] 《赠别出国留学诸君》，《大公报》，1934年8月17日，第2版。
[②] 《我国留美学生获得学位学校统计》，《世界日报》1937年2月14日，转引自王奇生：《留学与救国：抗战时期海外学人群像》，广西师范大学出版社1995年版，第25页。

以补助成绩优良之自费生。留学生在国外须按期呈缴研究成绩,归国后,并须向教育部呈验证书,申请登记。凡此规定,留学生之管理,较前严格多矣。"①国民政府吸取以往对留学资格"漫无标准"和管理上放任自流的经验教训,取得了明显的效果。

留学质量有了明显提高的另一个明证,就是实类留学生所占比例不断提高,甚至在1933年后文实类留学生出现了逆转现象。在全面抗战之前,留学生所习科目,实类有增加的趋势,而文类则有减少的趋势。(见图1-2)

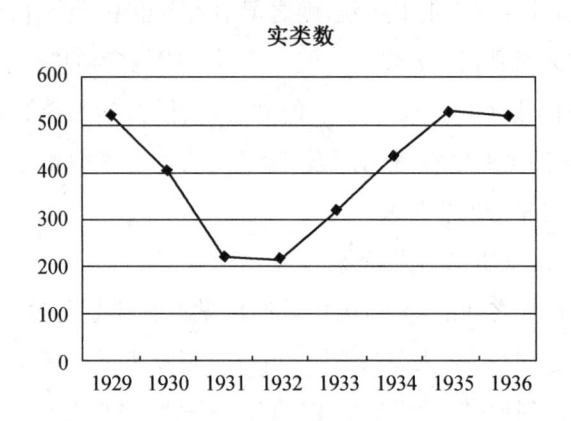

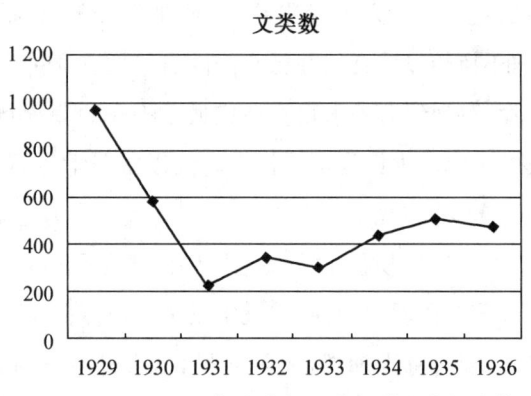

实类数

文类数

图1-2 1929—1936年实类与文类留学生人数趋势图

资料来源:根据《中华民国史档案资料汇编》第五辑 第一编 教育(一),第396—397页资料统计。

---

① 罗家伦主编:《革命文献》第56辑,台北:兴台印刷厂1971年版,第180页。

如果将1929—1936年实类留学生与文类留学生相对比的话,以100为基数,则可以看出,在1933年后出现实类留学生超过文类留学生的现象(见表1-3),这是该时期留学现象比较显著的特点。

表1-3　1929—1936年实类与文类留学生比例

年度	实类	文类	实类与文类之比
1929	518	971	53∶100
1930	400	572	70∶100
1931	220	221	100∶100
1932	213	342	62∶100
1933	317	301	105∶100
1934	431	428	101∶100
1935	526	506	103∶100
1936	520	463	112∶100

资料来源:根据《中华民国史档案资料汇编》第五辑　第一编　教育(一)第396—397页资料统计编制。

实类与文类留学生的比例,从1929年的53∶100提高到1936年的112∶100,其变化可谓不小。国民政府从国防和生产建设的需要出发,一直在强调实类人才的培养。黄建中在《三年来之中国高等教育》中说:"过去之高等教育,重量不重质,崇文不崇实,内容空虚,程度低落,遂致造就之人材不能与国家社会之需要相适应。自国府成立,锐意建设,颇感人材缺乏,对于高等教育,乃始提倡实用科学。"[1]实类与文类留学生的比例在自费生和公费生中表现不同,在公费生中实类留学生较多,而在自费生中文类留学生较多。在国民政府留学政策的导向下,公费生大多选修实类科目。从1934年统计的公费生所习科目来看,实类留学生占到87%,文类仅占13%[2],可见,国民政府在派遣公费生时对实用科学的重视。在自费生中,文类生

---

[1] 罗家伦主编:《革命文献》第55辑,台北:兴台印刷厂1983年版,第77页。
[2] 罗家伦主编:《革命文献》第55辑,1983年版,第83—84页。

远多于实类生,因为"自费生大多数是想获得一张文凭,而习文科则易得到"①。但受国民政府重视实类学科的留学政策影响,这种比例也有逐渐缩小的趋势。国民政府这种对实类学科的重视一直延续到全面抗战时期,且有过之而无不及。

综上所述,全面抗战之前的十年,国民政府通过对留学政策的规划与调整,逐步提高留学资格,不断强化实类学科,虽以地方各省留学为重心,但也不断加强对其管理和指导,使出国留学教育在规范有序的状态下进行。这一时期,留学生的派遣途径之多,留学国家范围之广,留学人数之多和留学质量提高之明显,无论是与之前的清末民初,还是与之后的全面抗战时期,均无法与之相比,国民政府的留学教育总体上呈现出繁荣发展的局面。这种良好的发展态势因日军发动全面侵华战争而遭到重创。全面抗战开始后,此前大量派遣的优秀留学生因国内军事战争的破坏而丧失经济来源,随着二战的爆发,海外留学生的处境越发困难。海外留学生或毅然弃学归国,或忍饥挨饿勉力求学。许多优秀学子在困境中挣扎,国民政府为国家未来发展计,必然要设法援助,或给予经济救助,让其继续完成学业,或将其接运归国,为其安置学业和工作。

第二节　日本全面侵华对中国留学教育的严重冲击

1937年7月,日本蓄意挑起侵华事件,导致中日之间持续进行了八年之久的军事战争,不仅使中国半壁江山沦陷,军民伤亡严重,财产损失巨大,而且给中国高等教育也造成了巨大的破坏。作为高等教育的一部分,出国留学教育也受到严重冲击,不仅国内留学生的派

---

① 李喜所、刘集林等:《近代中国的留美教育》,天津古籍出版社2000年版,第133页。

遭陷入低谷,而且远在国外的留学生也受到很大影响。

一、高等教育遭受重创

日本发动全面侵华战争后,平、津、京、沪等大片国土先后沦陷,教育事业也相继遭到敌寇的摧残。日本侵略军在军事进攻的同时,还对我国的高等院校等文化教育机构进行有计划、摧毁性的打击,不仅校舍、图书资料、教学设备及试验器材等教学硬件遭到严重破坏,而且迫使中国高校内迁,严重削弱了师资,影响了正常的教学秩序和国内高等人才的培养。

1. 校舍遭日军蓄意破坏

在战争全面爆发之前,我国的大学,无论是公立还是私立,绝大多数都集中在东南沿海和平、津等几个主要城市。据统计,全面抗战之前全国共有高等院校108所,仅平、津、沪三市就占了46所,在校学生占全国总数的2/3[①]。全国易受敌人攻击之区,多为教育文化中心。随着日军铁蹄的汹涌而至,平、津、沪地区相继失守。日寇所至,庐舍为墟,而学校与学术文化机关尤为敌人所嫉视,唯恐破坏不力。他们认为"中国所有的大学都是反日之地"[②],因而战火延及之处,高校、图书馆、博物馆等文化机构均成为日寇轰炸的目标。北平沦陷后,日军即开进北京大学、清华大学,北大的红楼一度成了日军的宪兵队队部,地下室被用作爱国志士的牢房。北大的图书、仪器和教具大量被毁,仅此一项损失即达六十万元之巨[③]。1937年7月29—30日,"两日来日机在天津投弹,惨炸各处,而全城视线,犹注意于八里台南开大学之烟火。缘日言因二十九日之轰炸,仅及二三处大楼,为全部毁灭计,乃于三十日下午三时许,日方派遣骑兵百余名,汽车数辆,满载煤油到处放火。秀山堂、思源堂(二大厦均为该校之课堂)、

---

① 金以林:《近代中国大学研究》,中央文献出版社2000年版,第226页。
② [美]易社强:《战争与革命中的西南联大》,饶佳荣译,九州出版社2012年版,第11页。
③ 顾毓琇:《抗战以来我国教育文化之损失》,《时事月报》第19卷第5期,1938年10月15日,第35页。

图书馆、教授宿舍及附近民房尽在烟火之中"①。南开大学被日军轰炸之后被焚烧成了焦土②。日军这种蓄意毁坏,其目的就是使我国文化教育没有复兴之日。

"八一三"事变后,南京和上海成为日军轰炸的重点,上海各大学损失尤为惨重。"国立同济大学,校址设在吴淞,沪战发生以后,敌空军迭加侦察,冀图破坏,但以集中应付闸北战事,初尚仅以军舰炮火间加轰击,迨此次敌方援军开到,企图在吴淞等地登陆,乃于战事失利之际,集中炮火轰击该校。二十八、九两日,竟日以飞机掷弹轰炸该校所有建筑,现几悉遭破坏。""查该校位置远在吴淞镇北,在军事上实非重要,即我军方面亦无利用该校作战之实事。敌军如此破坏,乃非有计划之阴谋,其谁能信?"③除了同济大学被炸毁之外,光华大学、上海法学院、商船学院、东南医学院全部被炸毁;暨南大学、大同大学、正风文学院局部被毁;沪江大学、音乐专科、市立体专校舍均被日军占领。上海商学院1935年刚刚建成的图书馆,书库藏书二万多册,主要馆舍被敌人炮火击中,除小部分重要图书于战前迁出,大部分书刊随楼毁于战火④。1937年8月15日,日军开始轰炸南京,中央大学图书馆和实验中学被炸。19日,日军再度轰炸南京,中大礼堂和牙医专科学校均遭到毁坏,七名校工遇难⑤。而中央大学被日本空军连续轰炸四次。

由于日军蓄意破坏,我国高等教育损失惨重。至1937年10月,被轰炸破坏之大学(北平学校不计在内)有23校。至1938年底,各大学的图书、设备、仪器损失大半,19校损失极大,18校无法续办,73

---

① 《日机继续轰炸南开》,《申报》1937年7月31日,第4版。
② 天津南开校史研究中心编著:《天津南开中学史》,人民出版社2015年版,第134页。
③ 《敌军蓄意破坏文化机关 同济大学被毁》,《申报》1937年9月3日,第1版。
④ 金以林:《近代中国大学研究》,中央文献出版社2000年版,第228页。
⑤ 南京大学编写组编:《南京大学史》,南京大学出版社1992年版,第153页。

校迁移后勉强上课①。据教育部公布的全国高等教育文化机关损失显示,从1937年7月到1938年10月,国民党统治地区高等学校108所,被破坏91所②。截至1938年12月底,"公私立专科以上学校之校舍、图书及设备,或焚或缺,损失大半。战前专科以上学校全国共一百零八所,十八阅月以来,十四校受极大之破坏,十七校无法续办,七十七校则迁移勉强上课"③。虽然各种统计有所差别,但从总体上来看,都说明了中国高校在战时遭到摧毁性的打击,这给以后高等教育的开展带来了灾难性的后果,不仅一些重要的硬件设施遭到破坏,而且大多数高校为保存实力继续开展教育工作,不得不辗转各地,多次内迁,成为流动性大学。

2. 高校被迫多次内迁

为保存高等教育的实力,使师生不致流散,国民政府被迫将一批重点高等学校迁往内地,并加以调整。在整个全面抗战期间,大学的内迁运动几乎从未间断。从1937年8月到1939年初,是日本侵略军的战略进攻阶段。东南沿海各大学中,除部分外国教会大学在英美等国的保护下得以存在,及少数大学就近迁入租界外,其余绝大多数高校或迁往西南,或迁往附近山区暂时维持。1940年下半年至1943年春,这一时期英美与日本关系日趋紧张,形势日益恶化,特别是太平洋战争爆发后,上海租界和香港等地沦入敌手,华南等地岌岌可危,许多教会大学和原迁入租界暂时避居华东、华南山区的高等院校,又陆续向西南大后方迁移。1944年至1945年,日军为打通大陆交通线,发动了豫湘桂战役和黔南战役,又使中国大片国土沦于敌手,原内迁分散在广西、云南、贵州等地的高校,被迫再次迁入四川境内。

---

① 高奇主编:《中国教育史研究·现代分卷》,华东师范大学出版社2009年版,第265页。
② 郭齐家:《中国教育史》(下卷),人民教育出版社2015年版,第608页。
③ 教育部高等教育司:《全国高等教育概况》1939年3月,杜元载主编:《革命文献》第56辑,台北:"中央"文物供应社1971年版,第70页。

西南联合大学是全面抗战时期内迁高校中实现联合办学的典范。平津沦陷后，国民政府教育部采取紧急措施，命平津两地的六所大学分别内迁到长沙、西安两地，组成长沙临时大学和西安临时大学。长沙临时大学是由北京大学、清华大学和南开大学组成。1937年8月在南京成立筹备委员会，以北大校长蒋梦麟、清华校长梅贻琦、南开校长张伯苓为筹委会常委，教育部长王世杰为主任委员。三校内迁工作进展顺利，10月25日正式开学，到校学生1 400余人，到校教师150余人。长沙临时大学在图书资料、仪器设备极端缺乏的情况下仅维持了一个学期的教学工作。1937年12月南京沦陷，日军自华北及长江一带步步进逼，还不断派出飞机对长沙进行轰炸，于是长沙临时大学又奉教育部之命迁往云南昆明。1938年2月中旬开始搬迁，学校制订了两路入滇计划：一路由校本部、女生及年老体弱的师生组成，经粤汉路至广州，取道香港至越南海防，而后经由滇越路进入云南；另一路则由身体强壮的教师和男生组成"湘粤黔滇旅行团"，徒步前往昆明。参加旅行团的师生共255人，这次旅程长达3 360华里，途经湘、黔、滇三省，历时68天之久[①]。可谓长途跋涉、颠沛流离。长沙临时大学迁到昆明后，正式更名为国立西南联合大学。

在华东地区，江浙及上海地区众多大学，由于缺乏统筹计划，在内迁中损失惨重。但位于国民政府首都南京的中央大学由于受到国民政府的偏爱，是战时大学内迁中损失最少、内迁最完整的一校。甚至连农学院牧场大批良种牲畜也被迁移到重庆。中央大学牧场工人在技师王酉亭的组织下，冒着敌人炮火，将这批来自欧美的良种牲畜以及教学必不可少的实验动物运出南京，途经苏、皖、豫、鄂四省，历经整整一年，于1938年11月在宜昌乘船抵达重庆。罗家伦校长在途中看到这批牲畜和运送牲畜的牧场职工时"感情振动得不可言状"[②]。

---

① 金以林：《近代中国大学研究》，中央文献出版社2000年版，第234—238页
② 罗家伦：《抗战时期中央大学的迁校》，《罗家伦先生文存》第8册，中国国民党党史委员会国史馆1989年版，第456页。

到1938年底,共有55所高等院校迁移和调整,并将私立大学如东北大学、厦门大学、湘雅医学院等改为国立以维持校务①。全面抗战时期,中国数十所高等学校同时在艰苦跋涉中大规模地南迁,这种情况在中外高等教育史上绝无仅有,它写下了中国广大知识分子誓与侵略者斗争到底的决心。但这种大规模的迁移,也势必对高等教育造成严重的损害。国民政府虽对内迁的各大学进行了支持和扶植,但总体看来,仍缺乏强有力的领导和长远周密的计划,基本上是让各高校自行设法,自筹搬迁,各奔东西,随遇而安,以致许多院校一迁再迁,颠沛流离,师生员工不断减少,图书仪器设备损失惨重。浙江大学在内迁中辗转数次,先从杭州迁往浙东建德,再迁江西吉安和泰和,三迁广西宜山,最后迁至贵州遵义,在两年三个月的时间里,五迁其居,跨越五省,行程五千余里。实可谓历尽了各种艰难困苦②。"迁校次数最多的是广东文理学院,由广州迁至广西梧州,再迁藤县,三迁融县,四迁广东乳源,五迁连县,六迁曲江,七迁回至藤县,八迁罗定。"③战时内迁的高校,主要分布在四川、云南、陕西、贵州四省。全国规模的高校内迁运动前后持续了八年之久,几乎与中华民族神圣的反侵略战争相始终,其规模之大、历时之久都是空前的。但这种大规模的迁移,对高校图书仪器的毁损是十分严重的,对高校师生也是一次严峻的考验。

3. 图书仪器毁损严重

由于国民政府在战争爆发前,对日本侵华战争的严重性、紧迫性和长期性估计不足,因而对全国高校的内迁工作未能及早布置,直至战火燃起才仓促准备,造成了许多重大损失。国民政府也承认,"当时平津京沪各地之机关学校,均以变起仓卒不及准备,其能将图书仪

---

① 高奇主编:《中国教育史研究 现代分卷》,华东师范大学出版社2009年版,第249页。
② 孙祥治:《抗战以来的国立浙江大学》,《教育杂志》第31卷第1号,1941年1月10日,第8页。
③ 陈立夫:《战时教育行政回忆》,台北:商务印书馆1973年版,第17页。

器设备择要转运内地者仅属少数,其余大部随校舍毁于炮火,损失之重,实难数计"①。内迁中损失最惨的要数山东大学,到重庆后,全校师生所剩无几,财产损失殆尽,损失总数高达361万余元。该校只好暂时并入中央大学。截至1938年底,仅内迁的国立18所高校的财产损失总计高达2 249万余元②。据统计,战火所造成的财产损失,包括校舍、图书仪器、教学设备等即达3 360余万元的惊人数额③。

在各大学损失中,以图书最甚。国立大学损失1 191 447册,省立学校损失104 950册,私立学校损失1 533 980册,总计达2 830 386册④,整个抗战时期损失藏书总数在1 000万册以上⑤。西北联合大学图书馆仅有2 000多册图书,师生平均每人只拥有1本图书。1938年4月,西迁至昆明的西南联合大学,其图书馆的中外文图书总数也只有48 000册⑥。据美国调查委员会1940年4月调查:"总计中日战争爆发以后,中国损失书籍达一千五百万册,其中若干为稀有之古版,以及手抄之古书。中国高等教育机关一〇八所中被迫停闭者达二十五所之多,可见日方蹂躏文化罪行之严重。"⑦

图书为高等院校最重要的教学资源,无论是教师还是学生,无论是教学还是科学研究,没有图书资料,即成无源之水,无本之木。全面抗战时期高等院校图书资料的大量毁损,对高等教学及科学研究

---

① 教育年鉴编纂委员会编:《第二次中国教育年鉴》第一编总述,台北:文海出版社1986年版,第11页。
② 《战区国立专科以上学校损失概况》,《教育通讯》第2卷第5期,重庆,1939年1月28日,第20页。
③ 顾毓琇:《抗战以来我国教育文化之损失》,《时事月报》第19卷第5期,1938年10月15日,第35页。
④ 《教部发表全国高等文化机关受敌军摧毁之下所蒙损失统计》,《中华图书馆协会会报》1939年13卷第6期,第13页。
⑤ 谢灼华主编:《中国图书史与中国图书馆史》,武汉大学图书情报学院1985年版,第375—376页。
⑥ 冯志:《抗战时期我国的图书及图书馆事业》,《四川图书馆学报》2006年第2期,第58页。
⑦ 《美国调查委员会关于日本在华文化侵略种种罪行的新闻一则》,中国第二历史档案馆编:《中华民国史档案资料汇编》第五辑 第二编 教育(一),江苏古籍出版社1997年版,第378页。

的危害是难以估量的。

4. 高校师资受到严峻考验

全面抗战时期,除了校舍、图书器材遭毁,受到严重影响的还有教师和学生。"卢沟桥事变"之前,全国各大学共有教师 7 560 人,职工 4 290 人,在校学生 41 900 余人,全面战争爆发后,受战乱影响的教职工约有 2 000 多人,学生则多达 2 万余人①。不仅人员有所减少,而且在全面抗战时期维持师资的经费也在减缩。全面抗战之前,由于政局比较稳定,国民政府把高等教育纳入国家建设的整体规划之中,高等教育经费基本上呈逐年递增趋势。日军发动全面侵华战争之后,高等教育经费受到战争的严重影响。自 1937 年 9 月起,国民政府对国立专科以上学校的拨款采取紧缩政策,按七成减发,且有一部分停发,有不少省立专科以上学校不得不停办。而私立专科以上学校,由于学生减少,其赖以生存的主要经费来源——学费自然也相应减少。各校教职员糊口都成问题,全面抗战前,教师保持着较高的生活水准,但 1943 年重庆教师的工资仅及战前的 17%,1945 年昆明大学教授的工资实值仅及 1937 年的 3%,绝大多数人在通货膨胀中开始赤贫化。至于办学条件的改善,当然更无从谈起了②。

中国的高等教育原本有固定而安静的教学场所、丰富而齐全的教学设备、稳定而足够的师资力量,但在日本发动全面侵华战争之后,不仅高校校舍、图书器材等教学设备受到严重毁损,而且师资力量也受到大大削弱,使整个高等教育秩序受到严重的干扰。高校是培养精英人才之所,原本我国高等教育就不甚发达,再经日本侵华战争的摧毁性打击,这无异于雪上加霜,对人才培养造成的影响是不可估量的。一方面,无论是抗战还是建国工作都需要大量的专业人才,另一方面,中国的高等教育又在抗战中遭受严重破坏。在人才严重

---

① 顾毓琇:《抗战以来我国教育文化之损失》,《时事月报》第 19 卷第 5 期,1938 年 10 月 15 日,第 34 页。

② 于述胜:《中国教育通史 中华民国卷(下)》,北京师范大学出版社 2013 年版,第 222 页。

缺乏而国内培育高等人才受阻的情况下,国民政府不得不对留学精英人才加以重视和保护。但在日本侵略者的军事打击下,国民政府的财力损耗巨大,为统筹财力抗战,国民政府又不得不紧缩教育开支,这无论是对国内的高等教育还是对出国留学教育都产生了非常不利的影响。

二、留学生派遣陷入低谷

日本发动全面侵华战争后,国民政府在内外交困的情况下实行严格限制留学政策,不仅严格限制留学生出国,也令海外留学生归国服务。太平洋战争爆发后,国际形势有所好转,国民政府对留学教育有所放宽。但从整个全面抗战时期来看,国民政府考选和派遣的留学生无论与全面抗战之前相比还是与抗战胜利之后相比都处于低谷期,也有学者称这一时期的留学运动处于"断裂期"。

1. 庚款留学生

全面抗战时期庚款留学生的派遣时断时续,派遣人数并不多。清华大学举行的庚款留美生的考选共举行两次,1940 年 8 月第五届庚款留学考试共录取 16 名,1943 年春举行的第六届庚款留学考试共录取 22 名,两次共录取 38 名[①];中英庚款董事会组织的留英考试,1937 年第五届共录取 25 名,1938 年第六届共录取 20 名,1939 年第七届共录取 24 名,1944 年第八届共录取 28 名,四次共派遣 97 名[②];中法教育基金会组织的庚款留法生的选派,不仅次数少,而且每次选派的人数也少。1937 年选派甲乙两种公费生共 5 名,1938 年选派甲种公费生 3 名,1939 年遴选乙种公费生 2 名。也就是说,中法教育基金会共遴选 10 名公费生。全面抗战期间(1937—1945 年)美、英、法三国共遴选庚款公费生 145 名。日本庚款主要补助伪政权的留日

---

① 刘真主编,王焕琛编著:《留学教育:中国留学教育史料》第四册,台北:"国立"编译馆 1980 年版,第 1907—1912 页。

② 刘真主编,王焕琛编著:《留学教育:中国留学教育史料》第四册,1980 年版,第 1921—1928 页;沈云龙主编:《第二次中国教育年鉴》,台北:文海出版社 1986 年版,总第 1576 页。

生,不在讨论之列,其他国家的庚款留学生基本没有派遣。

2. 中央各部派遣的留学生

这一时期,国民政府从集中全国财力、人力以统筹抗战的角度出发,对留学教育实行统制政策,将留学生的派遣权收归中央,奖学金留学生的派遣、交换留学生的派遣、实习生的派遣以及教授的出国交流、考察等,多由教育部来统一组织。奖学金主要是英美两国提供的,1943年英国文化协会奖学金选派9名研究生,再加一名研究教授,共10名;英国工业协会奖学金共选派31名实习生。1944年底针对英美奖学金而举行的公费留学考试共录取195名,再加上中华农学会奖学金14名,两者共取录209名。另外,国民政府主席林森奖学金共录取2名。如此,全面抗战时期以政府名义选派的奖学金留学生共有252名。抗战时期中印两国除了互派教授之外,还于1943年互派10名留学生。自1943至1945年,应美国国务院聘请由中国政府选派赴美讲学之教授,前后共17人。应英国文化协会聘请选派之教授5人,应聘派赴印度讲学之教授5人,均于1944年出国。各机关工作人员暨各大学教授,1945年赴美考察教育、农业、交通、经济等部门者共200人。① 此外,应约出国交流讲学或自备外汇出国研究者,1945年有130人②。1944年,美国国会通过在《租借法案》下拨款训练1 200名中国农工矿各项技术人员和1 000名海军学员。1 200名技术人员由国民党中央设计局负责选送,实际派出的只用600名,这从1944年8月12日行政院的训令中可知:"三十二年度派遣国外学习人员总数原定一千二百名,兹遵令剔除留学生六百名,其余应派遣之考察、研究、实习人员仍共为六百名。"③1945年4月,交通部又派出110人赴美实习铁道业务,他们俱为我国具有资历的高

---

① 《抗战期间的中国教育》,中国第二历史档案馆编:《中华民国史档案资料汇编》第五辑 第二编 教育(二),江苏古籍出版社1997年版,第343页。
② 教育年鉴编纂委员会编:《第二次中国教育年鉴》第六编,台北:文海出版社1986年版,第101页。
③ 中国第二历史档案馆编:《中华民国史档案资料汇编》第五辑 第二编 教育(一),江苏古籍出版社1997年版,第887页。

级技术人员①。这些实习生赴美接受短期训练,其目标在于实际经验而不在于学习研究。

3. 省派留学生

全面抗战时期,国民政府将省费留学生的派遣权收归中央,由教育部统一组织考选和派遣。但位于西南边陲的广西和云南两省,由于其地理位置的特殊性,主政官员为培育人才加强地方发展,顶住中央压力,最终广西陆续派出 45 名②,云南派出 40 名③,但终审也是由教育部派官员审核通过的。其他各省基本没有派遣留学生。

4. 军事留学生

军事留学生由军事委员会统一派遣,不通过教育部统一审核。军事留学生的选派,海军方面,1943 年军事委员会筹备处在上千名海军军官中挑选了 75 人,其中 50 人去美国,25 人去英国④;1944 年 11 月,曾留学英美学习舰船制造技术的马德骥在重庆组织中国海军造船人员赴美服务团,"亲自带领去美国纽约、费城、波士顿等地的海军造船厂学习新技术和考察海军装备建设"⑤,该团共有成员 25 人,包括著名的造船专家杨槱院士、潜艇建造专家王荣瑸都是该团成员之一;1945 年 1 月军事委员会选送 1 000 名海军学员派赴美国接受军事培训。陆军方面,军训部 1941 年度留美计划中有 11 名陆军员生赴美留学⑥;1944 年 12 月,军事委员会军训部拟具 1944 年度考选留美学员计划并呈军事委员会核示通过,该计划于本年度考选 148

---

① 章开沅、余子侠主编:《中国人留学史》上册,2010 年版,第 379 页。
② 周棉、李冲:《抗战时期广西公费留学研究》,《民国档案》2010 年第 1 期。
③ 《民国三十四年云南省选送留美公费学生一览表》,1945 年 6 月 30 日,云南省教育厅档案,云南省档案馆藏,档案号:1012-4-489。
④ 陆儒德编著:《抗日战争中的中国海军》,海洋出版社 2015 年版,第 51 页。
⑤ 《中国舰艇工业历史资料丛书》编辑部编纂:《中国近代舰艇工业史料集》,上海人民出版社 1994 年版,第 915 页。
⑥ 《军事委员会军训部关于开始考选 1941 年度留美学员致政治部公函》,1941 年 8 月 7 日,训步二璧字 5133 号,军事委员会政治部档案,中国第二历史档案馆藏,全宗号:八〇一,案卷号:507。

名学员留学美国①。空军方面,1941年美国总统罗斯福批准向中国提供500架飞机及有关人员的培训计划。从1941年开始,国民政府开始分批派遣原空军军官学校第12期至第16期学生到美国空军基地接受初、高级飞行训练。第一批49名,第二批50名,第三批130名,第四批41名,第五批56名,第六批45名,第七批69名②,七批次共派遣440名;1944年9月,航委会从成都空军机械学校第三期机特班选派学习领航轰炸、空勤通讯和空勤机械共75人,在空军少校左印金带领下赴美学习③。军事留学生由军事委员会单独考选,留学经费由军事委员会统一发放,不需要领取留学证书,所以一般都不在教育部备案。

5. 自费留学生

自1938年6月,国民政府开始实行限制留学政策,对公自费留学生都加以严格限制,从1938年到1941年基本没有自费生在教育部领取留学证书出国留学。自费生大批登记出国留学是在太平洋战争爆发后,在国民政府教育部档案中,从1941年到1943年有146个自费留学生名单④,他们领出国护照的时间多是在1942年至1943年9月。另据国民政府教育部人员总结和统计:"计卅二年一月至六月期间,经部核准出国留学者达228人,人数较前剧增。"⑤也就是说,仅从1943年1月到6月就有228人自费出国留学。1943年9月以后,国民政府规定所有自费生出国留学必须统一参加教育部组织的出国留学考试,1943年12月,教育部举行第一届自费留学考试,共录取

---

① 《国民政府军事委员会军训部代电》,训考璧字第零零一号,1944年12月14日,重庆卫戍总司令部档案,中国第二历史档案馆藏,全宗号:八〇一,案卷号:507。
② 王建明:《我国近代航空留学生派遣情况述评》,《徐州师范大学学报(哲学社会科学版)》2011年第3期。
③ 许志成:《赴美学习回忆——记第三批中轰炸机空勤机械士》,《航空史研究》1995年第4期。
④ 《留学生名册:自费留学生》,国民政府教育部档案,中国第二历史档案馆藏,全宗号:五,案卷号:15343。
⑤ 《教育部留学生考选委员会成立经过、组织概况及第一届自费留学考试工作人员名单》,国民政府教育部档案,中国第二历史档案馆藏,全宗号:五(2),案卷号:1392。

327名,他们多在1944年秋放洋。从留学国家来看,这些自费留学生主要集中在美国,还有少量留学印度、加拿大等国,留学欧洲的很少。

综合前述几种公自费留学生之数,除军事留学生之外,包括研究生、实习生和考察、交流讲学之教授共有1500多名。这些留学生在欧战爆发之前分布在欧、美、亚洲诸多国家,在欧战爆发之后,则主要集中在英、美两国。根据教育部颁发留学证书人数统计,1937—1945年出国留学人数国别见表1-4。

表1-4 1937—1945年度出国留学生留学国别表

年度	美	英	德	法	比	意	日	奥	加	菲	安南	印	共计
1937	201	37	52	14	4	1	49	2	3	2			366
1938	15	40	22	8	2				4	1	1		92
1939	39	26											65
1940	85	1											86
1941	54	3											57
1942	170	46										12	228
1943	358	1											359
1944	149	156											305
1945	2	1					5						8

资料来源:中国第二历史档案馆编:《中华民国史档案资料汇编》第五辑第二编 教育(一),江苏古籍出版社1997年版,第892—893页。

从上表可知,全面抗战期间领取留学证书出国者共1566人,留学国家以美国为最多,共1073人,占总数的68.5%;其次是英国,共311人,占总数的19.86%。两者占总数的88%。事实上全面抗战时期没领留学证书就出国留学的也大有人在,有人统计,1943—1945年派出留美学生分别为218人、270人、543人[①]。这与教育部登记在册的人数远不相符。

---

① 李剑平:《中国留学运动的历史考察》,《青岛大学师范学院学报》,1995年第2期。

从历史进程来看,全面抗战时期的留学人数确实处于历史的低谷。仅从教育部领取留学证书登记在册的人数来看,1929—1936年,8年间共登记7 228人,而1937年—1945年,8年间共登记1 566人,仅是全面抗战前8年的1/5。而在抗战胜利后1946年举行的公费生和自费生留学生考试,公费生共录取148人,自费生共录取1 216人。至1947年10月,已由教育部核准出国的第二届自费留学生共有1 163人[①],留学国家包括美、英、法、瑞士、瑞典、加拿大、荷兰、澳大利亚、比利时、墨西哥等国。可见,无论是从留学人数上还是从留学国家来看,战后再掀留学大潮,甚至超过全面抗战之前的留学人数。

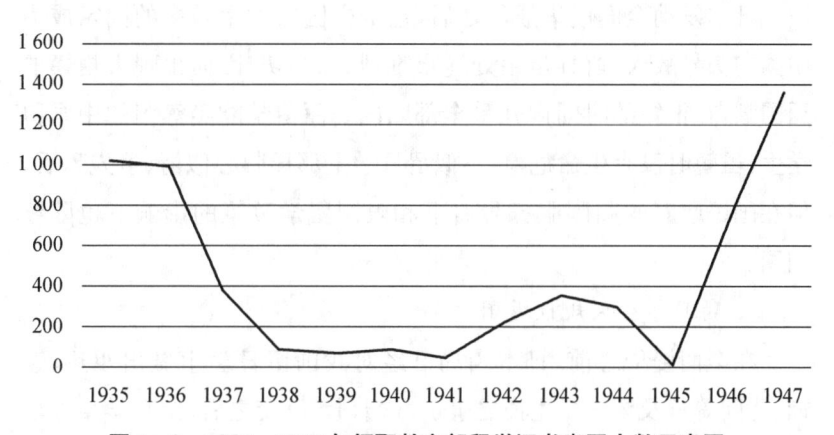

图 1 - 3　1935—1947 年领取教育部留学证书出国人数示意图

数据来源:中国第二历史档案馆编《中华民国史档案资料汇编》第五辑第二编　教育(一),江苏古籍出版社 1997 年版,第 891—893 页;谢长法著《中国留学教育史》,山西教育出版社 2006 年版,第 187—188 页。

仅以在国民政府教育部领取留学证书登记在册的留学人数为准制成的留学趋势图也可以看出,全面抗战时期留学运动处于低谷期。全面抗战时期国民政府派遣的留学生人数无论与全面抗战之前相比,还是与抗战胜利之后相比,都处于低谷期,这是日本侵华战争对

---

① 谢长法:《中国留学教育史》,山西教育出版社 2006 年版,第 188 页。

中国留学教育产生重大冲击的典型表现。

全面抗战时期国民政府派遣的留学生人数较少,其最大的后果就是造成人才的断层。尤其是高等教育师资,以前多是依靠留学归国人才,在全面抗战时期因留学人才的减少而出现青黄不接的现象。国内人才的严重缺乏,也使得国民政府特别珍惜和保护海外留学精英,因而更加积极地救济海外留学生和安置归国留学生。另外,全面抗战时期派遣的这些留学生,随着国内外形势的不断变化,他们将会在国外遇到各种不同困难,成为国民政府救济海外留学生的重要组成部分。

三、海外留学生陆续归国

日本发动全面侵华战争之后,这个中国留学生最多的国家成为中国的头号敌人,留日学生处境艰难,归国心切,因而出现大规模的返国潮,在很短的时间内几乎全部归国。而留学欧美等国的中国留学生,虽暂时没有生命危险,不似留日学生那样归心似箭、争先恐后,但在国民政府的归国服务号召下和限制留学政策的影响下也陆续归国。

1. 留日学生大规模返国

在全面侵华之前,日本当局已经对我国留日学生做出驱逐、逮捕、拷问等危及留学生生命之事了。"七七"事变之后,留日学生处境更加困难,为避免生命危险及为抗日服务,留日学生纷纷自发归国,《申报》《大公报》等著名时事报纸几乎每天都有相关报道。1937年7月15日,"我国留日学生因横遭日方摧残及不法拘捕,致不能安心求学,而陆续被迫返国,为数已多……大部份留日生均鉴于中日形势恶化,均乘暑期休假纷纷返国,其中留日学生百余人业于前日搭日邮长崎丸返国……日方自最近华北事件发生,对我留学生监视压制较前更严,最近并有同学两人又复为日警无故逮捕,施以酷刑,致额鼻各部均重伤,不久亦即将被押送返国"[①]。7月20日中午,"日船秩父丸

---

① 《我国留日学生归国百余人返抵沪》,《申报》1937年7月15日,第10版。

抵沪时,续有留日学生一百余名返国"①;"我国留日学生自卢沟桥事件严重化后,已先后分批自动归国",7月22日"邮上海丸抵沪,复有四十余人返国"②;7月27日"我国在日本留学生业已自动分批返国""昌兴公司日本皇后号到沪,载来一百余人,长崎丸复载来六十余名"③。时至8月,留日学生仍持续不断归国,但因船位关系,不能同时归国。8月2日《申报》载:"日本自大举侵华以来,我在日学生侨民,咸不胜愤懑,均争先归国,尤其留学生不愿再留日本。惟因船位关系,不克大批归来。前日下午四时二十五分,日邮长崎丸抵沪之时,复有一批留学生返国。"④归国留学生怀报救国之志,在爱国心的驱使下,他们在回国途中就举行救国大会,在他们的热情带动下,连船员工友都热烈参加救国大会,据8月9日《申报》报道:"我国留日学生283人,留美学生20余人及侨胞40余人,七日正午同乘亚洲皇后号轮返抵祖国,兹悉全体同人,曾于六日晚在该轮上召开救国大会,船员工友200余人亦热烈参加。"⑤"七七"事变一个月后,"留东学生近日已经归国者非常拥挤,而在日本尚未动身者人数犹多,均因船位无从购买未能成行,现正设法另乘他国轮船返沪"。8月9日"乘日轮到上海之留东学生,有俞鸿、傅廷楣、黄家宪、沈喜、谢刚、傅同德、叶树常等,共八十六名"⑥。先期回到国内的留日学生,在上海组织"留日同学抗敌救亡会",在上海码头欢迎归国的留日学生,"我国留日学生二百余人,留日华侨及留美学生共一百余人",于8月11日上午五时半"搭胡佛总统号轮到沪,于八时半渡浦抵新关码头,上海留日同学抗敌救亡会特派三十余人,手携国旗在码头欢迎"⑦。留日学

---

① 《留日学生请交涉释放被捕学生》,《申报》1937年7月21日,第14版。
② 《昨续有留日学生归国计四十余人》,《申报》1937年7月23日,第13版。
③ 《留日学生被日当局严检 昨来百六十人 黄一寰已释出》,《申报》1937年7月28日,第9版。
④ 《归国留学生谈东京疯狂态》,《申报》1937年8月2日,第14版。
⑤ 《亚洲皇后轮上举行救国大会》,《申报》1937年8月9日,第10版。
⑥ 《外部决派轮迎回侨胞饬招商局拨轮六艘 俟照会日方即出发》,《申报》1937年8月10日,第9版。
⑦ 《我留日学生侨胞二百余人昨返国》,《申报》1937年8月12日,第10版。

生在归国国过程中因出现运输船只不足、经济困难等状况,所以仍有一些学生滞留日本。9月中旬,国民政府又发出"撤离敌国,回国参战"的召回令,并采取措施协助留日学生归国。至9月下旬,据东京日方调查,在日华侨29 962名,事变后归国者16 903名,"内留学生约五千名,现剩三百名,惟待船归国者,尚有百余名留日学生被捕"①。至10月16日,驻日大使馆秘书黄伯度奉许大使之命回国,在接受中央社记者采访时说:"我国留学生在抗战以前达五千人左右,均陆续归国,现尚留在日本者只不过一百人,且多系华侨子弟,其经济拮据无力回籍学生,则由留学生监督处在教育部所发款项内酌给旅费,并由大使馆发给免费搭乘车船证,俾得提前回国。"②11月,"留日学生监督陈次溥向政府报告最近留学生归国情形,……留学生纷纷归国,现留日本者只数十人"③。可见,留日学生几乎全部归国了。

留日学生之所以争先恐后归国,既是受爱国之心的驱使,也是因日本留学环境的恶化。据记者采访归国留日学生,"七七"事变之后,"东京空气较前严重,一般日本民众犹如疯狂,报纸鼓吹失实扩大不一而足"④。"日方此次备战狂热已达空前,而此次对我国似亦颇呈恐惧之心,因东京方面空气紧张,故吾等均返祖国。"⑤"吾等在日,日本一般民众尚不如何注意,惟警事厅青年团及浪人则监视甚严。一以环境不良,一以怀念祖国,故均急欲归来。"⑥从"空气紧张""环境不良""怀念祖国"这些字眼,可以体会出当时留日学生的艰难处境和心情了。

5 000余留日学子,在日本发动全面侵华战争之后,因留日环境

---

① 《许大使力疾从公 留日侨胞备受虐待》,《申报》1937年9月26日,第5版。
② 《驻日大使馆秘书黄伯度昨抵沪》,《申报》1937年10月17日,第5版。
③ 《陈次溥抵京》,《申报》1937年11月4日,第4版。
④ 《归国留日学生谈东京疯狂态 日本少年慰问团》,《申报》1937年8月2日,第14版。
⑤ 《留日学生请交涉释放被捕学生》,《申报》1937年7月21日,第14版。
⑥ 《留日学生被日当局严检 昨来百六十人 黄一寰已释出》,《申报》1937年7月28日,第9版。

恶劣,再加上留日学生素有"留学不忘爱国"的传统,在短时间内几乎全部归国。如此大规模的返国潮,在世界历史上都是罕见的。归国的留日学生中,有的已完成学业,有的还正在求学过程中,所以需要政府给予救助。他们返国后,自发地组织留日学生回国服务登记,然后按照国民政府的安置要求,或者转入国内高校继续学习,或者经过统一训练后参加抗日服务工作。

2. 欧美留学生陆续归国

全面抗战之初,欧美地区的中国留学生,除了部分自行归国之外,也有不少留学生获得国民政府的旅费资助和行程安排,返国者络绎不绝。1937年7月15日《申报》报道:"昨昌兴公司邮船亚细亚皇后轮进口,载有由欧美回国王文才、高光斗、毛礼锐、马大浦、陈桢、童元羲、黄冀光、张为珂、彭乐善、孙令衔、杨西孟、潘锺秀、颜朴生、张青莲等十四人。各生抵埠后曾向寰球中国学生会总干事朱少屏处报告学历及旅况等情。"① 1938年底,仅一次同船归国的留德学生就有16人:"昨日北德邮船公司博士丹号抵港时,有学成归国之留学生杨树棠、齐熨等十余人,其中学矿冶、化学、机械、电机、教育、法律、军事者均有,彼等将转乘法邮赴海防,取道往昆明,参加抗战建国工作,为祖国效力",各人之姓名及学习科目如下:计杨树棠(矿冶)、史通(机器电工)、李松棠(机器电工)、孙祥鹏(化学)、齐熨(化学)、张广勋(步兵)、宋丕冬(教育)、刘纯侯(机器电工)、张正夏(机械)、许声潮(电机工程)、毛鹤年(电机工程)、章亚住(医科)、谭振雄(矿冶)、许帮友(机械)、朱光沐夫妇(法律)②。至1939年,欧美地区中国留学生归国者有2 000左右。

全面抗战之前,除了日本,美国是中国留学生最多的国家。据1937年4月《申报》对留美人数及所学科目进行统计,中国留美学生

---

① 《欧美留学生昨返国十四人》,《申报》1937年7月15日,第10版。
② 《技术人才留德学生十余人学成归国参加抗战》,《申报》1938年12月30日,第3版。

共为1 733人①。至1939年5月统计,留美学生减至1 163人②。可见,留美学生归国的有500余人。留美学生在返国途中乘船从太平洋上途经日本,所以有许多留日学生从日本上船与他们一起归国。同时,他们与留日同学一起,在回国的轮船上就开展爱国义举,开始筹划回国救国之事。总之,留美学生在全面抗战之初陆续归国的也不少。

总体而言,在全面抗战之初,留学欧美地区的中国留学生只有少部分归国服务。在全面抗战期间,国民政府号召留学生回国服务,并以颁布限制留学政策对海外留学生进行管理,部分学业完成的留学生陆续归国服务,而大多数欧美留学生因战争不断恶化,归国交通不便,在抗战胜利后才大规模返国。

日本发动全面侵华战争后,留日学生所处的留学环境十分恶劣,因而大规模返国,留学欧美等地区的中国留学生在国民政府的号召下也陆续归国。这些归国留学生或因时局处境恶劣而弃学归国,需要政府安置国内学校继续就读;有的留学生学业完成,在政府号召下归国服务,除了自行寻觅职业之外,还有一部分需要政府安排工作。面对蜂拥而至的归国留学生,国民政府也不得不考虑对其安置问题。

第三节 战时中国海外留学生面临的灾难处境

1937年7月日本发动全面侵华战争,1939年9月第二次世界大战又在欧洲爆发。因战争而滞留海外的中国留学生,再加上全面抗战时期派遣的部分留学生,他们在海外既"居不易"又"行路难",自费生经济来源断绝,公费生或停发生活费或长期拖延不发,再加上外汇缺乏,安全没有保障,归国又交通不畅,面临着进退维谷的灾难处境。

---

① 《我国留美学生千七百余人 学工程最多 学航空58人》,《申报》1937年4月7日,第6版。
② 《中国留美学生现况》,《教与学月刊》第4卷第6、7期,1939年9月。

一、留学经费困难

全面抗战时期滞留海外的中国留学生人数较多。根据国民政府教育部1938年初对国外留学生的统计："我国现时在国外留学之公自费生，约在二千五百人左右。美国最多，法、德、英、比等国次之，其约数如下：欧洲方面，英国三百余人，德国（连奥国）四百余人，法国六百余人，比国一百余人，意国十余人，瑞典十人以内，瑞士十人以内，丹麦十人以内，荷兰十人以内；美洲方面，美国一千余人，加拿大十人以内；其他各洲：埃及十人左右，菲律宾十余人（华侨子弟求学者未计入）。"[①] 在这批留学生中，有相当一部分人家乡已经沦陷。据统计，家庭来自平、津、冀、察、沪、苏、京、杭、晋等沦陷省市的留学生占总数的61.4%。他们学费来源多数断绝，除已有一部分学生陆续回国外，其留学国外之学生，生活发生困难者殆占多数[②]。可见，在全面抗战之初，我国在海外的留学生不仅人数多，而且分散在多个国家，因家乡沦陷而导致经济来源断绝从而出现严重的经济困难。缺乏经费是海外留学生遭遇的最主要困难，也是国民政府首要解决的救济任务。

1. 自费留学生经济来源断绝

全面抗战时期滞留海外的留学生，首先也是最严重的困难就是经费短缺。"七七"事变前就出国留学的留学生，尤其是家在沦陷区的自费生，他们一般按规定只提前准备好三个月的生活费，日本全面侵华三个月后，他们多数都经济来源断绝，出现严重的经济困难。比如留英学生邓树光，原是广州小康之家，但在广州沦陷后，经济来源断绝，借贷也难以维持生活，只好向国民政府请求救济，他在救济申请书中说："申请人全家处广州，民国二十七年秋末广州迅速沦为敌域，家人仓皇出走，家财损失十居七八，直接影响于申请人者至巨，然获幸得国内亲朋慷慨借助，不致学业停留，方能达到最后一学年之学

---

① 刘真主编，王焕琛编著：《留学教育：中国留学教育史料》第四册，1980年版，第2046页。
② 刘真主编，王焕琛编著：《留学教育：中国留学教育史料》第四册，1980年版，第2049页。

程",但是自1941年9月以来,"国内亲朋无法再作援助,膳宿之资强半仰给留英同学稍宽裕者借贷(两款二十英镑须早日偿还),益以申请人暂时作事之微薄薪水为弥补之计,而新欠大学学费三十余英镑则逮今(民国三十一年正月上旬)无从缴交,更以读书作事双兼,精神不能集中,时间亦不充足,故今年三月最后之试验,按照大学章程虽可赴考,然以准备势难满意,成功之数甚属渺茫"。若不能得到政府及时救济,"则卒业之事殊无望也"①。

1939年9月欧战爆发以后,"英法两国或国土沦丧,或炮火连天,许多高等学府或陷或毁,或停或迁,其本国学生大都奔赴前方,中国学生则被迫四处流浪"②。二战期间,法国沦陷较早,600余名留法学生在痛苦中煎熬。在祖国和留学国都处于沦陷的情况下,其内外交困的处境是可以想见的。《申报》报道说:"自德军占据巴黎后……中国留学生一百五十人尤形困苦,其中五十人由里昂中法大学照料,余一百人因国外汇款断绝异常拮据。"③

在全面抗战之前就自费留学的这部分留学生,大多数都因家庭经济供给断绝而出现严重的经济困难,他们在填写教育部的调查表时,多数都在"是否需要救济"一栏填写"需要"。以1939年留英学生填写的调查表为例,其中在1937年7月之前就出国留学的这部分留学生需求救济情况见下表:

---

① 《驻英大使馆关于留英学生邓树光申请救济致教育部函》(1942年1月13日),国民政府教育部档案,中国第二历史档案馆藏,全宗号:五,案卷号:15400。
② 王奇生:《抗日战争时期的留学生》,留学生丛书编委会编:《中国留学史萃》,中国友谊出版公司1992年版,第81页。
③ 《旅法华侨困苦异常》,《申报》1941年2月28日,第4版。

表 1-5　1939 年部分自费留英学生经济情形

姓名	出国年月	留学费用来源	费用是否已全部筹措	得何种机关补助	是否需要救济	如不能得救济能否继续研究
张杰谋	1932.09	父亲	否，因战事家父失业家产亦毁	未得	需要	当然不能继续研究
骆兆樑	1934.07	家长	否	否	需要	可能发生问题
茅于恭	1936.04	家人	战事起后靠所在厂给津贴以维持生活	曾领教部留学生救济金国币 600 元	如各厂仍给津贴则除回国旅费外不需救济	缩短在各厂期限，同时再加紧缩以期能继续研究
陈伯骥	1935.9	家庭	否	无	需要	不能
杨景煌	1936	家庭		否	非常紧急	不明
马润泽	1936.12	家庭	原由家庭每半年寄一次，广州沦陷后已久无音信	无	需要	不能
方心诰	1937.04	家庭	否	无	急切需要	不能
向玉生	1935.09	父	否	无	十分需要	绝对不可能
王馨迪	1936.08	家庭	中日战争爆发后平津一带陷落，经济遂全无把握	去秋曾得大部救济费国币 600 元	大部如不能继续酌于救济，盼能略汇小数为回国旅费	不能
戴镏龄	1936.07	家庭	自战争起后即未收到寄款	1938 年得教部 600 元救济费	拟请大部酌寄回国旅费若干	不能
杨克毅	1936.08	战前由家庭接济		得大学奖金一次，刻暂由大学月给 6 镑津贴	需要，回国路费亦无着	
揣怡然	1937.05	私人	因平京沦陷友人及内子均失业，留学费用无着	否	需要	不能

(续表)

姓名	出国年月	留学费用来源	费用是否全部筹措	得何种机关补助	是否需要救济	如不能得救济能否继续研究
陈尧圣	1936.07	家庭	因战争影响经济无着	无	需要	不能
胡德馨	1937.06	家庭供给,现已失陷来源断绝	原由家庭按月汇寄,现已停止	已得教育部救济费600元	需要救济完成所学	势必功亏一篑
蒋百幻	1936.08	家庭与亲人,自抗战以来亲友或死伤或疏散未再接济	未	学校准予缓缴学费	极需要,曾于去年8月填表请教部救济,迄今仍无消息,现债台高筑,欲归则无旅费	不能继续研究
王得胜	1937.06	私费	未	未定	需要救济	不能
顾培慕	1936.07	父	未	无	需要救济	不能

资料来源:根据国民政府教育部档案《国外学生调查表》[全宗号:五,案卷号:15349(2)]部分留学生所填内容整理。

注:表中内容摘自原表所填内容,笔者基本未作改动。

上述表中的这些留学生,在全面抗战之前多由家庭供给,战争开始后,多数都是因日本侵华导致家产遭毁,原由家庭供给经费,现经济来源断绝,若不能得到政府救济,则很难完成学业。

滞留海外的留学生,在经济困难的情况下,他们既向政府请求救济,也通过努力学习,凭优秀成绩向所在学校申请奖学金,或兼职工作以赚取生活费来维持生活。在德国求学10年的裘法祖在回忆中说,"到了1938年底,由于浙江也受到日寇铁蹄的蹂躏,我的经济来源中断了。幸而我的博士导师,著名的病理学家博斯特(M. Borst)教授对我的工作很赞赏,在他的推荐下,我获得了洪堡奖学金(每月150马克,共两年),这样才使我完成了学业,并在1939年底获得医学博士学位"①。除了裘法祖之外,留德的很多学生都靠战争期间的奖学金或兼职工作来维持生活。这从部分战后返国学生在调查表中所填的"在战争期内学费供给情形"一栏中可以明显看出来。

表1-6 部分留学生在战争期内学费供给情形

姓名	出国年月	在战争期内学费供给情形
程齐溟	1935.9	全额 wolf(伍尔福)奖学金及自己在研究院工作维持
孟照琳	1936	洪堡奖金;被医院聘为雇任医生;自开诊病所
段其燧	1937.9	1939年起国内无寄款,在德国达姆斯塔特工业大学任助教及请同事供以谋生
周誉侃	1936.8	1941年3月至1943年2月得洪堡奖学金2年,1943年3月至1945年4月任助教领薪
支秉彝	1934	曾任无线电厂之工程师及业城大学、马堡大学中文讲师所获之薪金以维持学费及生活费
严伟明	1935	在营伯厂任工程师所得工资
张禾瑞	1935	战争期内在汉堡大学任职
蔡笃恭	1934.9	多数由朋友帮助及领得德方一年补助金
马节	1935.9	前部借钱维持,后部一部分由印刷所接济
金经昌	1938.9	1940年曾得伍尔福奖金5月,1941年后生活完全由个人工作所入来维持
程其襄	1935.9	全赖各种奖学金维持,尤其是洪堡奖学金
谢福球	1937	一部分由伍尔福、汉堡奖学金资助,一部分由侨商借贷
李淑家	1935	在战争时期全靠自己在医院任职维持生活
冯修吉	1938.8	得德国宏博会每月津贴费150马克,共1年
刘诒娴	1936.10	洪堡奖学金,每月200马克
庄孝德	1936.9	1942年前系自费,1942年后以工作薪金生活
广敬贤	1933.9	一半是远东学会(柏林),一半是自己做夜工
庞文炳	1936	战争时期经济困难,多赖借贷过活

---

① 裘法祖:《在德求学十年的点滴回忆》,《旅德追忆——二十世纪几代中国留德学者回忆录》,商务印书馆2000年版,第201—209页。

(续表)

姓名	出国年月	在战争期内学费供给情形
裘法祖	1937.2	战争时内自己供给生活，医院中月薪每月份约500马克
冯维仁	1935	一部分由伍尔福及汉堡奖学金，一部分由侨商挪借
田之禾	1940.11	自1941年11月至1941年底止，每月接交通部津贴，自1942年起交通断绝消息不通，借款维持生活，并在1945年2月与5月间房屋两次被焚，衣服书籍均遭损失
刘德嘉	1935.11	依实习工资及日后薪金收入
黄照柏	1933.9	在工厂工作以自给

资料来源：根据《三十五年留欧返国学生登记表》(国民政府教育部档案，中国第二历史档案馆藏，全宗号：五，案卷号：15344)整理编制。

注：表中奖学金来源及工资薪金来源单位由原填表人所写，笔者未作改动。

从上述调查表可以看出，全面抗战时期部分留学生在海外为维持生活，多靠兼职工作、学业奖学金或借贷为生。国民政府从这些调查表中了解了海外留学生的处境，这种因国家发生战争而出现的困难使得政府有义务也有责任去施行救济。

2. 公费留学生经费拖欠严重

全面抗战时期派遣的公费留学生，总体而言留学经费相对充足。1938年初，国民政府教育部两次致函驻外使馆，令其调查海外留学生状况，根据1939年初驻英使馆返回的留英学生调查表可以发现，在"是否需要救济"的那一栏中，留英学生中凡是由中英庚款会、军训部、海军部、资源委员会、清华大学提供公费的留学生，基本上都不需要救济[1]。公费留学生出现经济困难的现象，多是由提供公费的机关没有及时将经费送达导致的。在此，以林森奖学金生韩维邦在国外遭遇的经济困难为例。

1937年2月11日是国民政府主席林森七十寿辰，国民政府官员欲出资为其祝寿，但一向严于律己的林森拒绝了官员们的"好意"，于

---

[1] 《国外学生调查表》(1939年)，国民政府教育部档案，中国第二历史档案馆藏，全宗号：五，案卷号：15349(2)。

是国民党中央第三十六次常会决议,拨林主席七秩寿辰纪念奖学基金20万元,以银行生息资助优秀学生出国留学,"奖学办法拟资助留学生二三名,以研究一造纸、二颜料、三炼钢、四军用化学等科目为范围"①。1938年11月初在重庆川东师范学校举行第一次"林森奖学金"公费留学考试,最后经考试委员会讨论,"决定录取成绩最优之韩维邦一名"②。此项奖学金设立的目的在于鼓励成绩优异的学生继续努力求学,帮助他们解决学费短缺等问题,但韩维邦于1939年5月赴美国麻省理工学院就读后,生活费经常不能按时发放,给其学业造成了严重困扰。1940年5月,韩维邦再次致呈国民政府主席,强调美国学校特别重视专业实习,而他如果留学经费不能及时汇到,则有可能丧失实习机会:"尤要者第四次公费,照章应于6月25日以前汇到,生极希望各机关能从早预备,不再误期,否则7月初将不能参加工厂实习班,或妨碍整个研习计划……"国民政府文官处将韩维邦的多次呈文转给教育部:"寿辰奖学金公费生韩维邦函呈,为二月间奉发之美金四百八十五元,大使馆至今未有收到通知,汇款费时出人意外。请即饬教育部将第三期短发之美金四百八十五元速赐电汇,及第四期应发之美金九百七十元依期在六月底以前汇发,俾得按步实行研读计划。"③教育部收到这一函文后,又"函情中央执行委员会秘书处发给公费,并函请财政部核给外汇,一俟复文到部即电汇转发"④。可是到6月20日,韩维邦在回信中说:"惟迄今又已二旬,大使馆仍未接到任何汇款,至感惆怅。窃生因公费一再延误,已困窘半年,暑期放假以来,此间其余中国同学均在暑校选课,而生则因学费无着只能闲住在校。在生个人为浪费光阴,就国家立场言则为浪费

---

① 《林主席寿辰纪念奖学金办法 二十万元存银行生息 资助学生赴国外研究》,《申报》1937年5月7日,第6版。
② 《林主席奖学金韩维邦膺选》,《申报》1938年11月23日,第4版。
③ 《国民政府文官处致教育部公函》(1940年5月10日),台湾"国史馆"藏,档号:001090520002171a。
④ 《国民政府教育部致国民政府文官处公函》(1940年6月10日),台湾"国史馆"藏,档号:001090520002174a。

金钱,且数月来膳食零用,端赖同学借款支持,迁延至今,实已无法再举私债,国内外交通又不知能否长久不变,中心惶恐,莫可名状。"①可见,因留学经费不能及时送达而严重地影响了他的学习和实习。奖学金留学生,按理说由奖学金提供经费,不应该出现发放钱款困难的状况,但这些钱款多由政府统一管理,分期发放,在抗战的困难时期,国民政府为严格控制海外留学生的费用,就经常会出现拖延、少发的现象。

对于公费留学生来说,重要的是能及时发放留学经费,因为有些地方政府或某些资助团体,也可能因战争因素而拖欠甚至停发留学经费。所以教育部收到的求救电报除了自费生以外还有许多公费生。如1938年5月1日,教育部收到由外交部转来的驻英使馆电报,"电催救济二月份所报公私费学生费用"②。公费留学生中依靠省费津贴的留英学生,无论是全面抗战之前出国留学的,还是全面抗战开始后出国留学的,因本省沦陷而无法收到本省津贴,出现各种经济困难。这从1939年初留英学生填写的调查表可以窥豹一斑(见表1-7)。

表1-7 1939年部分省费津贴生在国外经济情形

姓名	出国年月	留学费用来源	费用是否已全部筹措	得何种机关补助	是否需要救济	如不能得救济能否继续研究
邹豹君	1937.09	自费	已筹妥,惟自山东失陷后未能再汇兑	山东省津贴未能领到	现在预算需要180镑即足	现在尚能继续研究
李薰	1937.08	湖南教育厅	否	1938年得白朗毅奖章及奖金40镑	现湘省公费逾半年未到,殊感困难,请求救济	如不能得救济则需向学校或外人机关借贷,决定继续研究,不愿中途放弃

---

① 《寿辰奖学金生韩维邦致国民政府主席信》(1940年6月20日),台湾"国史馆"藏,档号:001090520002189a。
② 《外交部收转驻英使馆电文》(1938年5月1日),国民政府教育部档案,中国第二历史档案馆藏,全宗号:五,案卷号:15400。

(续表)

姓名	出国年月	留学费用来源	费用是否已全部筹措	得何种机关补助	是否需要救济	如不能得救济能否继续研究
卢森建	1936.10	广东省政府公费	省府公费仅发至1938年8月底,自广州失陷即无消息,现靠借贷维持		极需救济,返国前生活费需80镑旅费40镑,共约120镑	不能,预计1939年8月返国
刘福康	1935.09	广东省教育厅	自1938年7月起已停发	尚无指示办法	请求补助川资	不能
赵松鹤	1937.08	河南省政府	第一年学费已领到,第二年学费已请大使催数次至今仍无消息	河南省政府每年发国币300元,折合成英金汇寄到英国	屡次请大使馆催第二年学费,至今已7月还无消息,需要救济	如不能获得救济,学费与生活无法维持,不能继续研究
游春楸	1937.12	江西省教育厅	奉准筹措三年,但本年1月费尚未收到	无	不得已时再请求	只能维持短时间

资料来源:根据国民政府教育部档案《国外学生调查表》[中国第二历史档案馆藏,全宗号:五,案卷号:15349(2)]部分留学生所填内容整理。

注:此表中所有文字摘自原表内容,笔者基本未作改动。

上述山东、湖南、广东、河南、江西等省政府给予津贴的留英学生,均因本省沦陷而不能及时收到津贴,或停发,或没有任何消息,这给他们的生活、学习带来了较大的困难,多表示若不能获得政府救济,则不能继续学习、研究,可见战争对省费留学生的影响之大。

3. 外汇严重缺乏

海外留学生的生活费多来源于国内,而国内的货币要兑换成留学国货币则需要外汇证书,但日本发动全面侵华战争之后,国民政府在外汇方面出现严重困难。为节省外汇,减少资金外流,国民政府实行严格的限制留学政策,在外汇方面控制得非常严格。比如在1938年6月公布的《限制留学暂行办法》中规定:"现在国外留学生,领有留学证书，出国已满三年以上者，一律限令在本年九月以前回国，逾期不回国者，一律不发外汇证书"，"现在国外留学生，未领留学证书者，请求外汇时，教育部一律不予证明。其愿即行回国，经驻外各大公使馆证明属实者，得呈请教育部发给回国旅费外汇证明书"[①]。1939年4月修订公布的《修正限制留学暂行办法》又再次强调，"已令回国之留学生，逾期不回国者，一律不发外汇通知书"，已在国外之自费生，除"成绩优良而家庭确无力担负其费用者，得酌给救济费"外，"无论学习何种科目，一律不核给外汇"[②]。没有国民政府发给的外汇证书，即使他们手中有国币，也无法汇兑所需的货币，所以国民政府对外汇的严格控制，导致海外留学生的货币汇兑出现困难。

这一时期的自费留学生，在全面抗战初期，按照教育部《修正限制留学暂行办法》规定，在留学经费方面，自费留学生必须"得有国外奖学金或其他外汇补助费，足供留学期间全部费用"。1943年9月之后，所有自费留学生必须参加教育部的统一考试，自费留学生报名应考时，必须呈缴"留学费用证明书"，在自费留学生提供的保证书中，保证人必须承诺"所有该生留学期内应需经费及其他行为均由保证人负完全责任，如在留学期内发生经济困难问题时经国外留学管理机关报告国内教育主管机关通知保证人后，保证人立即筹款接济，所具保证书是实"，并签名盖章[③]。来保证该生在出国留学期间有充足的经费，不至于给政府带来麻烦。但事实上，留学生出国时能够保证充足的留学经费，但当时因外汇紧张，国民政府不能及时为留学生提供外汇证书，这又给海外留学生的货币汇兑带来了困难，从而影响在海外的学习和生活。

以1939年驻英使馆发给教育部的《国外学生调查表》为例（表

---

① 《限制留学暂行办法》(1938年6月)，国民政府教育部档案，中国第二历史档案馆藏，全宗号：五(2)，案卷号：1391。

② 《修正限制留学暂行办法》(1939年4月)，国民政府教育部档案，中国第二历史档案馆藏，全宗号：五(2)，案卷号：1391。

③ 《国外留学自费生派遣办法》，国民政府教育部档案，中国第二历史档案馆藏，全宗号：五(2)，案卷号：1391。

1-8)。该调查表中,无论是"七七"事变之前留学英国的,还是在"七七"事变爆发后留学英国的,自费留学生在填写"是否需要救济"一项,基本上都填"需要",而救济的内容,除了要求发给救济费之外,还有许多留学生填写"外汇证书",在此简列部分留学生的外汇需求情况,以兹说明。

表 1-8　1939 年部分留英学生需求外汇救济情形

姓名	出国年月	留学费用来源	费用是否已全部筹措	得何种机关补助	是否需要救济	如不能得救济能否继续研究
高德强	1936.10	母亲	是	无	需要,照中央汇价发给外汇书	如不能获得救济则不能继续研究
徐庆伯	1935.04	祖父	如能按中央银行挂牌价汇出则足以敷用	无	仅需发给外汇证书	颇为困难
徐寿伯	1935.04	祖父	如能按中央银行挂牌价汇出则足以敷用	无	仅需发给外汇证书	颇为困难
周覃彼	1936.09	父亲	否	无	需要	若政府不能资助务请速发特汇证书以便另行设法
胡泳洋	1936.10	自费	出国时费用已筹妥,然因金价暴涨颇感拮据	无	若得批准外汇申请书无需救济	勉强尚能维持
李华岳	1938.07	父亲	是	无	请购买外汇	是
吕德宽	1937.11	父亲	已照中央汇价筹措	无	需要救济,发给外汇证书,照中央汇价汇款	如不能领到外汇证书则不能继续研究
李鑫	1938.07	父亲	出国时筹足一年,现不知底细	无	需要	若不得外汇则不能继续工作
陈占祥	1938.08	父亲	已筹妥三年费用	无	若能购得外汇,三年费用足付全部所需	能

(续表)

姓名	出国年月	留学费用来源	费用是否已全部筹措	得何种机关补助	是否需要救济	如不能得救济能否继续研究
胡敬侃	1938.11	父亲	出国曾妥筹，今后成问题	得北英公司津贴，教部10月份救济600元	留比实习津贴盼给予资助	倘能领得外汇证书，应仍能继续研究
李裴	1937.09	家庭	未	无	已函家属设法救济，向教部申请给予外汇汇款	在短期内回国
华仲麟	1938.06	自费	尚未完全筹妥	无	需教财二部发给外汇证书	
姚乃康	1937.10	父亲	若按中央银行挂牌价汇英金够敷用	无	仅需发给外汇证书	如不能得外汇证则殊困难
蒯世京	1938.06	家庭	已将大部分国币筹措	实习工厂每周津贴30先令	如能将筹措国币换成外汇则不需要	倘前项不成则有问题
王祖荀	1937	大学奖学金	未定	今年大学奖金120镑	需要	请发外汇凭证
唐祖诒	1937.08	父亲	已由家庭筹措	无	目前暂无需救济	视汇兑率而定
王章树	1937.08	兄长	未曾	无	需要	很难
兰锡纯	1938.07	兄长	是，但必须得中央外汇证	霍尔氏旅行奖金发来回船票	需要	不能

资料来源：根据国民政府教育部档案《国外学生调查表》[中国第二历史档案馆藏，全宗号：五，案卷号：15349(2)]部分留学生所填内容整理编制。

注：表中文字基本摘自原表内容，笔者未作改动。

从上表可以看出，有不少留学生希望能获得政府的外汇证书以便及时将筹措的国币汇兑成英国货币，在当时外汇困难的情况下，这确实是多数自费留学生的共同难题。填具此表的时间多是1939年1月至4月,此时二战还没有爆发,可以想见,欧战爆发后,他们的经济需求会更多,货币汇兑的困难也会更严重。外汇缺乏则严重影响在海外的生活,这也是国民政府为何用不提供外汇来迫使海外留学生归国服务的重要原因。

二、安全缺少保障

"七七"事变前后,留日学生陷入"捕禁、拷问、侮辱及驱逐回国"的生命危险,二战在欧洲爆发后,留欧学生也因战争关系遭受被法西斯分子逮捕、被炮弹炸死的生命威胁。安全缺少保障成为海外留学生遭遇的另一种困境。

1. "七七"事变前后留日学生受到极大威胁

"七七"事变之前,日本即任意逮捕、拘禁、刑讯我国留日学生,已给其造成心理恐慌。1937年7月5日《申报》报道说:"我国留日学生叠受该国警视厅无理压迫,常大批捕禁拷问侮辱及驱逐回国,以致人人自危。"[①]东京各大学中国留学生同学会、各省同乡会及各留学文化团体等,因我国留日学生时受日本当局无故逮捕、横加压迫,致人心惶惶,无法向学,特推派代表返国,向中央当局及许大使请求救济,以便五千留日学子得安心求学。从返国代表叶文津向新闻界、文化界所做的报告中可知,留日学生非常惶恐不安:"留日学生在东京已具悠久历史,惟近年时有任意被捕、被逐事件发生,即以最近半年而言,二月中贸东新闻被封,张健冬等被其捕逐,月中有译文社魏猛克等被捕逐回,最近六月十二日又有世界编译社八人被捕,亦经分别逐回,除成批者外,其余陆续被逐回国者尚无统计。故在东京学生已感到极大威胁,特派本人返国向国内同胞报告实况,请求救济。"日本当局对我国留日学生无故摧残,其目的无非是"使东京留日学生不易满足求知之欲"。日本不但对于留学生的朋友来往、私人信件、团体活动,不惜利用各种非法手段来侦探,甚至私拆留学生的信件,私人留学生

---

① 《被日驱逐学生代表今日招待报界》,《申报》1937年7月5日,第14版。

的住室,偷翻留学生的文稿日记。日本"对于我们爱国学生即认为'反满抗日'分子,常私自加以侮辱,一旦捕去,一例被监禁刑讯,结果即加以'反满抗日',甚或加以赤化之罪名驱逐回国"。"世界编译社"在东京成立已有两年,平素研究各国学识,工作为编译及交换学问,6月12日忽遭日警事厅搜查,搜查结果一无所得,然而负责者卢耀武及杨宪吾、王孔昭、石宝瑚、赵圭璧、杨式毂、刘清贞、邓克强等即被分别逮捕,拘留至6月28日才分别逐回,"当被监禁时,均在密室审讯,且迄未有任何罪状披露。故此次被逐,全系该当局有计划之行动,然吾人只能黯然而返"①。

"七七"事变之后,留日学生的处境更加困难。据返国的留日学生报告,日本国内肆意曲解宣传"卢沟桥事变",导致日本一般民众对我国留日同学亦渐加恶感,警视厅对我留学生归国已严加审查。以前我国留日学生搭外国船只返国极为自由,现在返国则须予登记并严加盘诘,且须检查行李,若有三五人同行,则更遭其严密注意。"至于现留东京同学,自世界编译社杨宪吾被逮事件发生以来,对安全问题即发生恐慌。"被逮捕之黄一寰因系先烈黄兴之子,故对其积极营救业已释出,其余七人则仍杳无消息,留东同学的安全显已毫无保障。所以他们在派代表请求中央当局及许大使设法保护并营救现被禁锢的东京同学之外,"同时决定分批返国,效力国家"②。8月11日返国的留日学生在报告中说:"吾同学侨胞在日不能自由,有如囚犯,自卢沟桥事件发生,对留日同学等监视尤严,并多随便加以罪名逮捕入狱,滥用非刑,现下尚有许多同学为日警囚押未释,此外欲归不得之留日学生亦不少。"返日学生孙立园说:"我在日学生及侨胞多无安全保障,此次各同学返国,突有法政大学颜艳生、明治大学王一琴及法大石君,均在登轮之前被捕,此为本人等所知者,其他或尚有被捕

---

① 以上均出自《叶文津等报告　留日学生遭受摧残痛苦》,《申报》1937年7月6日,第13版。
② 《留日学生被日当局严检　昨来百六十人　黄一寰已释出》,《申报》1937年7月28日,第9版。

者,此事颇望各界予以注意援助。"①可见,无故被逮捕的留日学生不在少数。

时至1937年9月,就连"驻日大使馆全体工作人员有失却自由、被敌警监视"之危险,据日方调查,在日华侨29 962名,事变后归国者16 903名,"内留学生约五千名,现剩三百名,惟待船归国者,尚有百余名留日学生被捕""我留日同学未及归国者在此倍受虐待,全体留日生受东京警视厅无形监视,被认为有嫌疑者随时加以逮捕。据可靠统计,我留日学生之被捕者达一百余人,我使馆方面对于无辜被捕之学生曾向日方交涉,亦未见解放,各处亦有同样情形"②。"据某留学生谈,日方因痛恨我国知识分子,当彼等离日前曾加以毒打,内中有数同学竟因受刑过甚,致神经错乱不能言语。"③未能及时归国而被逮之留日学生,被关押、拘禁、毒打,甚至有因受刑过度而致神经错乱的,可见其境遇是十分悲惨的。

2. 其他国家的中国留学生也缺乏安全保障

在二战期间美国本土远离战火,所以留美的中国学生(主要是自费生)多是因国内经费来源断绝而出现经济困难,而留欧学生,则不仅存在国内经济来源断绝问题,而且还可能存在生命危险。德国在1939年3月出兵捷克,9月又出兵波兰,在欧洲挑起了第二次世界大战,至1940年7月,法国、荷兰、比利时、卢森堡、丹麦、挪威等国全都被德国征服,7月10日,德国又开始攻打英国,除了瑞士之外,整个西欧基本上都被卷进这场世界大战中。留欧学生身居战火之中,随时都有生命危险,安全毫无保障。

二战期间,无论是德国前期侵略别国,还是后期遭反法西斯国家围攻,身在其中的中国留学生都无安全感。在此以留德学人的回忆

---

① 《我留日学生侨胞二百余人昨返国　留美学生多人亦同船归来　登岸后高呼中华民国万岁》,《申报》1937年8月12日,第10版。
② 《许大使力疾从公留日侨胞备受虐待》,《申报》1937年9月26日,第5版。
③ 《旅日侨胞五百十四名乘新疆轮昨抵沪　粤闽籍今日乘原轮启程　据侨胞谈在日备尝痛苦》,《申报》1937年9月28日,第6版。

来见证当时留学生们所处的困境。1938—1945年留学德国的李国豪是获德国洪堡奖学金资助前往德国达姆斯塔特工业大学留学的。他在1938年9月赴德留学时,前来迎接他的同学段其燧劈头就说:"德国出兵捷克了,有些中国同学都跑了,你们还来?!""我顿时心慌意乱,不知如何是好。但是身上仅有一镑多钱,只得既来之则安之,听天由命了。"1939年9月1日德国进攻波兰,两天后英国和法国对德宣战,第二次世界大战爆发了,达城的中国留学生纷纷整装离德,有的回国,有的去瑞士。指导他论文的克教授对他说:"你的中国同乡都打算离开德国,你也可以回中国去,论文写好后再来德国答辩。"但是李国豪回忆说:"我囊中羞涩,寸步难行,眼看战争大祸临头,遥望抗日烽火连天的祖国,不禁喟然长叹。""幸好克教授要我从1940年元月起到教研室工作半天,既帮助他工作,又弥补我的生活费用。"正如他所感叹的留学艰辛:"战火纷飞,安饱奚有;大难不死,矢志不休。"①

有些公费留学生虽有留学经费,但战争期间各国统制经济,导致即使有钱也很难买到充足的食物。张维院士自1938年7月到德国,至1945年9月离境去瑞士,经历了整个二战。当他到达德国时,"德国已吞并了奥地利,占领了捷克,国内进入了半战争状态,重要的食品已实行配给制,凭票供应。黄油每人每周500克,这对于中国留学生还过得去。到后来,食品供应一年紧似一年,黄油渐渐减到了每周250克、125克乃至50克。到了1943—1944年,肉的供应减至每人每周50克,连塞牙缝都不够"。"从1945年初到5月德国投降,这几个月的日子最为困难,每人每周只能买到一个两公斤的深色面包,里面掺有大量的土豆粉。……加上没有什么油水,每天晚上10点,我的肠胃就咕噜咕噜地响,比闹钟都准。"盟军到来的时候,"这时候的

---

① 季羡林、李国豪、张维、裘法祖等著:《旅德追忆——二十世纪几代中国留德学者回忆录》,商务印书馆2000年版,第188—200页。

我,一米七的个儿体重只有 56 公斤"①。

除了挨饿,还有可能被炮弹炸死的危险。二战期间留居德国的季羡林,经常在日记中提及从头顶飞过的轰炸机声及炮声。张维院士在回忆中说,1943 年 11 月,大规模地轰炸开始了,轰炸常于半夜 12 点左右进行,英美往往出动 2000 架 4 个发动机的蓝卡德轰炸机(兰开斯特轰炸机),先由定位飞机投放照明弹,随后进行地毯式轰炸。"对于盟军的轰炸,我的心情是复杂的,既希望他们狠狠地轰炸纳粹,又盼望炸弹别掉在我们头上。同在柏林高工学力学专业的刘先志夫妇所住的楼房在一次空袭中被击中,塌下来的楼板将防空洞的几个出口全部堵死。地下室水管破裂,自来水大量涌出。电也断了,人们站在漆黑的地下室里,被满屋子的灰尘呛得喘不过气。水面不断地上升,先是没过脚面,然后涨到小腿,眼看面临灭顶之灾,地下室一片恐怖。幸好有一个防空员摸到了通往另一栋楼房地下室的临时隔墙,大家设法将它推倒,众人才算捡回了性命。刘先志夫妇吃了这回惊吓,再也不敢待在柏林,转学去了哥廷根大学。"张维院士说,类似的经历他也经历过一回:"1943 年 11 月的一个夜晚,柏林第一次受到轰炸,而且是 2000 架次飞机的轰炸……我们随着人流,跌跌撞撞地钻进了一个临地防空洞,咣咣的爆炸声震耳欲聋,防空洞摇摇欲坠。第二天在老孙家见报,说日前西十字路口站防空洞被直接命中,死伤甚多。一问才知道原来西十字路口站两头各有一个防空洞,我们钻的那一个侥幸没被炸着,真是命大呀!"②

与张维院士留德经历相似的是,在德国求学 10 年的裘法祖在二战期间也差点被炮弹炸死。裘法祖在回忆中说,他在德国博士毕业后,选择了慕尼黑大学教学医院,在施瓦宾(Schwabing)医院外科工作。师从布龙纳(H. Bronner)教授。1943 年德国开始溃败,慕尼黑

---

① 季羡林、李国豪、张维、裘法祖等著:《旅德追忆——二十世纪几代中国留德学者回忆录》,商务印书馆 2000 年版,第 174—187 页。
② 季羡林、李国豪、张维、裘法祖等著:《旅德追忆——二十世纪几代中国留德学者回忆录》,商务印书馆 2000 年版,第 174—187 页。

不时遭到轰炸。有一天上午,布龙纳教授做手术时,裘法祖任第一助手,恰在此时响起警报声,"美国飞机就在我们上空呼啸,爆炸声不绝于耳。当时,我直觉地感到会有危险,便力劝布龙纳教授暂停手术,连推带拉地将手术台和病人拖出手术室,我们刚一离开,一颗弹正好落在那里,好险呀!现在想来还冷汗直冒"。除了可能被炮弹炸死,还有可能被纳粹分子逮捕。有一次晚上,裘法祖与其德国妻子外出喝咖啡,当时德国已呈战败迹象,夜间实行灯火管制,"当我们走出咖啡馆时,从黑暗中突然伸出一只大手抓住我的右肩,并向我出示他的证件:秘密警察。我大吃一惊,即出示了我的证件:大学医院的外科医生。第二天又来人调查我,这一次又是我的恩师布龙纳教授保护了我,我仍然平安无事。以后,我便非常小心,不再和我的妻子公开在街上一起行走或乘车了"①。正常出行都有可能遭到逮捕,可见当时身居德国的留学生是何等的胆战心惊。

李国豪、张维、裘法祖的留德经历表明,除了饥饿之外,有被炸弹击中的危险,还有被纳粹分子抓捕的危险。张维和裘法祖两位院士都是在飞机轰炸下死里逃生的,还有一些运气不好的留学生就被炮弹炸死了。从留德同学会在致教育部的信件中可以看出,甚至有一些留德学生被炸死或病故在德国而不能归国:"查教育部第一次救济费于卅三年汇发,当时留德学生困处敌境,饱受艰辛,死者收埋乏资,生者衣物尽毁,流离转徙,朝不保夕,炸死病故者达十人,急待救济情况可以想见。"②经济困难尚可四处筹借艰难度日,但因身居参战国而遭受战火死伤,实在令人痛惜。所以国民政府尽量设法让这些留学生归国,或将其转移到中立国等安全地带。

三、归国交通不畅

中国的全面抗战又恰逢国际上第二次世界大战,在军事战争炮

---

① 裘法祖:《在德求学十年的点滴回忆》,《旅德追忆——二十世纪几代中国留德学者回忆录》,商务印书馆2000年版,第201—209页。
② 《留德同学会致教育部呈》(1949年10月11日),国民政府教育部档案,中国第二历史档案馆藏,全宗号:五,案卷号:15399。

火连天的形势下,法西斯国家为赢得战争的最后胜利,往往封锁陆、海、空交通要道,而且,在战争时期多数车、船、飞机都被军方征用,如此不仅交通不通畅,而且运输工具也大大减少,使得海外留学生欲回国则要历经千难万险,或者根本就无法回国而长期滞留海外。

"七七"事变发生后,我国大批留日学生欲回国因船位有限而受阻。1937年7月28日《申报》报道说:"神州社记者晤及昨日归国之同学阎君,探询我留学生在东京近况,据谈,我国在日留学生现尚有五百人,不久亦作归计,现以船位有限,致未能同时返国。"①8月2日《申报》刊文说:"日本自大举侵华以来,我在日学生侨民咸不胜愤懑,均争先归国,尤其留学生不愿再留日本。惟因船位关系,不克大批归来。"②8月10日《申报》再次报道:"留东学生近日已经归国者非常拥挤,而在日本尚未动身者人数犹多,均因船位无从购买未能成行,现正设法另乘他国轮船返沪。"③从这些报道可以明显地看出,留日学生急欲归国,却因船只较少而不能及时归国。全面抗战初期,日本担心中国留日学生会窥探日本作战机密而多不愿中国留学生居留日本,而且中日之间路近费省,所以绝大多数留学生都能在国民政府的救济下归国。

全面抗战时期滞留欧美等地区的中国留学生往往因交通问题而不能顺利归国。在二战爆发之前,这些地区的中国留学生因交通道路没有完全被封锁而能辗转回国。欧战爆发之后,一方面,海外留学生已经出现经济困难,而且又路远费多;另一方面,日、德法西斯在太平洋与大西洋、印度洋都封锁交通,不仅陆路、海路被封锁,而且空中运输也十分困难。其中,欧洲是二战最先爆发也是持续时间较长、战争非常激烈的地区,留学生即使想回国也十分困难。留法学生王志

---

① 《留日学生被日当局严检 昨来百六十人 黄一寰已释出》,《申报》1937年7月28日,第9版。
② 《归国留日学生谈东京疯狂态》,《申报》1937年8月2日,第14版。
③ 《外部决派轮迎回侨胞饬招商局拨轮六艘 俟照会日方即出发》,《申报》1937年8月10日,第9版。

民等在致经济部的呈文中说:"居法境,交通阻绝,致生等于学业完成后未能即日返国献身抗建工作。数年来被迫滞留法国,虽在各工厂实验室任职或实习,学识经验得以增进不辍,而楚才晋用实违国家培植青年之本意,为人作嫁尤非生等负笈留学之初衷,是以当法国被占据时期,每念及祖国艰危未尝不焦灼万分、寝食难安也。"[①]可见,他们在学业完成之后也想归国服务,但因"交通阻绝"而长期滞留海外。

  留学生大都不愿意在海外忍饥挨饿、备尝辛酸,很想归国却因交通不畅而被长期滞留国外。比如,蒋硕杰大学本科在日本念到第一年时,因"卢沟桥事变"只好束装返国,后又到英国政治经济学院(London School of Economics and Political Science)研究经济学,并获得该校哲学博士与经济学博士学位。据其回忆:"民国三十年念完大学部以后,受战事影响无法回国,轮船公司也不卖票,所有船只皆被政府征召运兵运粮,那时候根本没有飞机,有的话也是军用机。没有办法只好找事做,刚好利物浦的中国领事馆需要人帮忙,我申请到主事一职,这是馆内最低级的办事员,负责帮海员写文件,解决困难什么的。"[②]蒋硕杰是辛亥革命元老蒋作宾(原国民党内政部长、安徽省主席)第四子,利用其父亲之影响,可以在中国领事馆找到兼职,其他人就没有这么幸运了。

本章小结

  全面抗战之前的十年,国民政府留学教育总体上处于规范有序的发展态势,留学生的派遣多途并举,留学国家远涉欧亚非美,留学人数较多而且质量较高,但这种繁荣发展的局面因日本发动全面侵

---

  ① 《里昂中法大学学生王志民等致国民政府经济部呈》(1945年2月16日),国民政府经济部档案,中国第二历史档案馆藏,全宗号:四,案卷号:13702。
  ② 蒋硕杰:《蒋硕杰先生访问纪录》,台北:"中央研究院"近代史研究所1992年版,第11—35页。

华战争而遭到严重破坏。毫无疑问,日本侵华给中国造成了灾难性的后果,除了半壁江山沦陷以外,国民经济损失惨重,直接影响着海外留学生的经济来源;高等教育遭到蓄意破坏,严重扰乱了中国教育的正常秩序。抗战建国急需各式精英人才,而我国高等教育却遭受严重破坏,本应大量派遣留学生,却因经济困难、外汇紧张而不得不实行限制留学政策,国内留学生的派遣受到严重冲击,海外留学生也面临着灾难性的处境。留日学生因所处环境十分恶劣而大规模返国,欧美地区的中国留学生也在国民政府的号召下陆续归国。这些归国留学生或因学业未竟而弃学归国,或因民族大义而回国服务,均需政府安置。未能及时归国而滞留海外的中国留学生,在内外战争的形势下,不仅"居不易"而且"行路难":自费留学生经费来源断绝,而公费留学生经费拖欠严重;因外汇十分紧缺而导致货币汇兑出现困难;在烽火连天的形势下,海外留学生毫无生命保障;部分留学生欲归国服务却又因交通不便只能停滞不前。海外留学生所面临的灾难处境,无疑急需政府施以援手,或发给生活费让其继续学业,或发给旅费让其归国或转移到中立国。作为留学生派遣的政权主体,国民政府从保护本国子民和爱护精英人才的角度,也不得不对海外留学生施以援手。无论是从道义的方面还是从抗战建国对人才的需求而言,救助海外留学生都成为国民政府义不容辞的责任。

第二章
国民政府留学政策的调整及救助方案的颁行

全面抗战时期，国民政府坚持抗战建国方针，从全民族抗战的立场上，强调"国家至上"和"军事第一"，为统筹全国人力、财力，以达到"力量集中"的目的，对留学教育实行统制政策。除了随国内外形势变化对留学政策进行调整之外，在对海外留学生的救济与归国安置方面也颁布统一管理法规，由教育部统一实施管理。既有总体的留学指导思想，也制定了分类的实施方案。这些留学法规的颁布，为海外留学生的救济与归国安置提供了重要依据。

第一节 全面抗战时期国民政府的统制留学政策

全面抗战初期，国民政府在军事上节节失利，在财政经济上也出现严重困难。为统筹财力抗战，国民政府采取了严格限制的留学政策。太平洋战争爆发后，国际形势有所好转，国民政府从战后国家建设的需要出发，开始对留学教育有所放宽。国民政府对留学政策的调整，对国内留学生的派遣和对海外留学生的救助都产生了较大的影响。

一、全面抗战初期的严格限制留学政策

日本发动全面侵华战争之初，中国高等教育遭到严重破坏，社会上关于变更教育的议论呼声鼎沸,但国民政府坚持抗战建国的指导方针,为节省外汇、避免资金外流而实行严格的限制留学政策,在严格限制留学生出国的同时,也令海外留学生尽早归国服务。

1. 有关变更教育的议论广为流行

全面抗战之初,随着战火的蔓延,我国高等教育发达地区的平津与东南沿海纷纷沦入敌手,众多学校被迫内迁。日本侵华造成的混乱而紧张的局面引起了部分教育者变更教育的主张。有人认为"国难日亟",学校应服务于抗战,调整学科,开设军事课;或认为教育应以国家民族复兴为目标,提出高中以上学校与战事无关者,应予以改组或停办,俾员生应征入伍,捍卫祖国;有的提出缩短大学教学课程年限,有的提出要改革教材,以适应抗战需要。对于上述一切以抗战为中心的教育主张,遭到一部分教育者的反对。高等教育司司长吴俊升认为:"教育为百年大计,只应对于战时需要,作若干临时适应的措施,不应全盘改弦更张,使有关百年大计的正规教育中断。"[1]重庆大学校长胡庶华认为:"现代战争是参战国整个民族知识的比赛和科学的测验,大学的使命是高深学问研究和专门人才培养。纵在战时,仍不能完全抛弃其责任,否则不妨直截了当改为军事学校。"[2]从国家长远发展来看,他们的认识很有见地。

1937 年 7 月 20 日,汪精卫组织江问渔、刘湛恩等 18 人在庐山召开谈话会,希望他们提出改进教育书面意见,继刘湛恩、胡适、朱经农、欧元怀、高君珊等先后发言,综合意见为:"一、不论平时或非常时期,教育为一非常重要之事业,当以全力注意。二、国防教育为永远的平常教育,并非国难时期之特殊教育。三、国家高于一切,为教育之中心目标。四、为鼓励天才教育计,大学应收同等学历[力]之学生。五、教育经费之统制,如中法、中比庚款之用于教育者不应随主

---

[1] 吴俊升:《战时中国教育》,薛光前编:《八年对日抗战中之国民政府》,台北:商务印书馆 1978 年第 2 版,第 1 页。

[2] 金以林:《近代中国大学研究》,中央文献出版社 2000 版,第 251 页。

持者之爱好,任意支配于不必要之教育事业。"①从这个信息可以看出,他们虽然对教育依然十分重视,但也强调"国家高于一切",在留学教育经费方面开始有统筹安排和限制的意图。抗战建国既需要大量的军事经费和生产经费,也需要大批的军事国防方面的专业人才和建设人才。1937年8月27日,教育部为紧急应变而制颁的《总动员时督导教育工作办法纲领》,指示战事迫近时各级教育之如何处理,其中明确规定"各级学校之训练,力求切合国防需要",留学教育当然也不例外。在教育经费方面还特别规定,"倘至极万不得已有量予紧缩之必要时,在中央应由财教两部协商呈准行政院核定后办理","中央及地方各部门主管教育行政机关对于战区内学校之经费得为财政紧急处分,酌量变更其用途,必要时并得对于其全部主管经费为极宜之处置,以适应实际需要"②。这就是说,在战时为统筹经费用度,教育部门可以紧急处理和变更教育经费的用途,为战争需要而做出牺牲。

  1938年3月,陈立夫就任教育部部长,他强调教育无平时与战时之分。国民政府将"战时须作平时看"作为抗战时期的教育方针,即"适应抗战需要,固不能不有各种临时措施,但一切仍以维持正常教育为主旨"③。其实质就是为适应战争,需要采取必要的应变措施。

  为配合抗战需要,在留学教育方面,有人提出暂时停止派遣留学生出国的意见。比如,1937年8月《申报》上有人议论说:"我们以为这时应该暂时停止派遣留学生出国,留他们为国效劳,把这一笔经费充作国民外交工作经费。同时提早官费留学生回国年限。另一方面,节省派往各国考察人员的考察费,使用于更实际的活动工作上去。"④南京失守后,"战时教育议论更甚嚣尘上,此实为我国教育存亡

---

  ① 《庐山教育组谈话 教育家发表意见 国防教育为永远的平常教育》,《申报》1937年7月22日,第10版。
  ② 教育年鉴编纂委员会编:《第二次中国教育年鉴》,1986年版,第8页。
  ③ 教育年鉴编纂委员会编:《第二次中国教育年鉴》,1986年版,第8页。
  ④ 《从速展开国民外交》,《申报》1937年8月28日,第2版。

绝续之交"①。一方面，他们"认为抗战既属长期，各方面人才直接间接均为战时所需要。我国大学，本不甚发达，每一万国民中仅有大学生一人，与美英教育发达国家相差甚远。为自力更生抗战建国之计，原有教育必得维持，否则后果将不堪"②；另一方面，他们又希望限制中国的出国留学教育。1939年5月《申报》报道说："今后计划统制外汇，于留学加以限制至为需要，惟我国大学研究所，因限于设备与师资尚未能充分发展，致各种专门技术工作与多数大学师资仍不能不取材于留学，因此留学政策不能遽然中止。今后教部一面对新生出国将严加限制，一面对国防建设需要之人才将注意培养。"③从上述这些言论可以看出，当时中国的社会舆论从节省经费的角度希望停止派遣留学生，但当时中国教育的形势和国防建设对人才的需要，促使国民政府不得不将培育精英人才的留学之路继续进行下去。

2. 国民政府坚持"抗战建国"的方针

以蒋介石为首的南京国民政府坚持抗战到底的决心和重视教育的态度，多少使得出国留学教育不至于在困难的形势下完全停止。1937年"七七"事变第二天，蒋介石得知"倭寇在卢沟桥挑衅"，怀疑"彼将乘我准备未完之时，使我屈服"，虽然他当时疑虑"决心应战，此其时乎？"但在7月9日的日记中就提到"积极运兵北进备战""准备动员，不避战争"④，甚至希望"乘此次冲突之机，对倭可否进一步要求其撤退丰台之倭兵，或取消冀东伪组织"。蒋介石认为，"倭寇使用不战而屈之惯技""我必以战而不屈之决心待之，或可制彼凶暴，消弭战祸"⑤。7月17日，蒋介石又在庐山发表"最后关头"的演讲，强调"如果战端一开，就是地无分南北，年无分老幼，无论何人，皆有守土抗战之责任"⑥。这一讲话基本上确定了准备抗战的方针，而且表了决心，

---

① 教育年鉴编纂委员会编：《第二次中国教育年鉴》，1986年版，第8页。
② 教育年鉴编纂委员会编：《第二次中国教育年鉴》，1986年版，第8页。
③ 《中国留学教育概况》，《申报》1939年5月17日，第8版。
④ 抗战历史文献研究会转抄整理，蒋介石：《蒋中正日记》，1937年7月8日、9日。
⑤ 抗战历史文献研究会转抄整理，蒋介石：《蒋中正日记》，1937年7月17日。
⑥ 刘金田主编：《中国的抗日战争》，上海人民出版社2016年版，第72页。

到最后关头"牺牲到底,抗战到底"。这无疑对于激发全国人民勠力同心守土抗战有着重要意义。但是抗战事业不能只是单纯的军事抵抗,而是要边抗战边发展,对此,蒋介石多次在日记中提到"建国运动要在国难中完成""建国要在国难中实施,不可以倭患而中止建国工作"①。高等教育就是建设事业中的一个重要方面。他在7月11日的日记中还特别强调"实的教育,行的教育"②,可见其对教育的重视。

为使全国力量得以集中而实现总动员之效能,1938年3月29日至4月1日,蒋介石在武汉主持召开国民党临时全国代表大会,并制定通过了《抗战建国纲领》,包括外交、军事、政治、经济、民众、教育各纲领,指导抗战。此纲领的指导思想即以抗战促进国家建设、以加强国家建设来支持抗战。在"教育"部分明确提出,"训练各种专门技术人员,与以适当之分配,以应抗战需要",同时又制定《战时各级教育实施方案纲要》,规定九大方针十七要点,第十三要点针对留学教育特别指出:"改订留学制度,务使今后留学生之派遣,为国家整个教育计划之一部分,对于私费留学亦应加以相当之统制,革除过去纷歧放任之积弊。"③国民政府教育部根据九大方针确定各级教育设施目标及施教对象,嗣后又根据《战时各级教育实施方案纲要》关于整理及改善教育的十七要点拟具实施方案。

国民政府坚持抗战建国的总方针,对人才的大量需求迫使其不能完全放弃留学教育。国民政府既然选择了抵抗到底,就不能单纯地依靠军事抵抗,而是要边抵抗边建设。而教育是立国之本、强国之基,更是社会发展的重要部分,所以国民政府不可能完全放弃教育,更不可能完全放弃培育精英人才的留学教育。但中国全面抗战开始后,由于战争的破坏,加之日军的封锁,国民政府出现严重的经济困难。在此情况下,国民政府对于留学教育既不是完全放弃也不是完全放开,而是实行有限制的出国留学政策。

---

① 抗战历史文献研究会转抄整理,蒋介石:《蒋中正日记》,1937年7月12日、14日。
② 抗战历史文献研究会转抄整理,蒋介石:《蒋中正日记》,1937年7月11日。
③ 教育年鉴编纂委员会编:《第二次中国教育年鉴》,1986年版,第9页。

3. 教育部颁布及修订《限制留学暂行办法》

在《抗战建国纲领》和《战时各级教育实施方案纲要》的思想指导下，1938年6月，教育部与财政部会商拟订了战时《限制留学暂行办法》，该《办法》第一、二两条主要是针对还未出国或即将出国的留学生而言的：

> 一、凡选派公费留学生及志愿自费留学生，研究科目，一律暂以军、工、理、医科有关军事国防为目前急切需要者为限。
> 二、凡公费生或私费留学生，须具有左列资格之一：
> 1. 公私立大学毕业后，曾继续研究或服务二年以上，著有成绩者。
> 2. 公私立专科学校毕业后，曾继续研究或服务四年以上，著有成绩者。

可以看出，其限制主要是在留学科目和留学资格上。留学科目主要限定在与军事国防有关的军、工、理、医各科，留学资格则不仅强调专科以上的学历，更强调服务和研究经历，比全面抗战之前的留学资格又有所提高。

《办法》第三、四两条主要是针对当时已在国外求学的留学生而言的：

> 三、现在国外留学生，领有留学证书，出国已满三年以上者，一律限令在本年九月以前回国，逾期不回国者，一律不发外汇证书，其有特殊成绩，确需继续在国外，或其所习学科为军、工、理、医各科有关军事国防者，经肄业学校及驻外各大公使馆证明后，得予通融延长。
> 四、现在国外留学生，未领留学证书者，请求外汇时，教育部一律不予证明。其愿即行回国，经驻外各大公使馆证

明属实者,得呈请教育部发给回国旅费外汇证明书。①

一方面令其限期回国,另一方面在发放外汇证书方面提出了很多限制。在祖国遭受侵略而外汇又特别紧张的情况下,出国留学已满三年者,令其限期回国为抗战服务确有必要。但对于一些成绩优秀而又确实需要继续留学者,尤其是与军事国防有关的学科,政府也给予通融,既体现政府仁爱的一面,又与抗战建国相联系,体现了《抗战建国纲领》的主旨要求。

1939年3月4日,蒋介石在第三次全国教育会议上再次重申战时教育的大政方针:"我们切不可忘记战时应作平时看,切勿为应急之故而就丢却了基本。我们这一战争,一方面是争取民族生存,一方面就要于此时期中改造我们的民族,复兴我们的国家。所以我们教育上的着眼点,不仅在战时,还应当看到战后。"此次会议上通过的议决案,也提出了改进留学制度的意见:"目前改进办法,一,在抗战期内公费留学生凡非研究急切需要之学科者,一律暂缓选派,自费留学生,除适合于留学规程之规定而得有国外奖学金或其他外汇补助费无需购外汇者外,一律暂缓出国;二,留学生出国已满三年,除有特殊成绩确需继续研究者外,一律令其回国;三,设置留学生补助费学额,对于成绩优良而经济困难者给予补助,俾完成其学业。"②此决议案的主旨,在于除特殊者外,未出国者暂缓出国,而已在国外留学者令其回国。政府可以节省经费,学生也可归国为抗战服务。而提出"补助费学额"的说法则有利于鼓励困难时期留学生的艰苦求学。

1939年4月,国民政府教育部又对《限制留学暂行办法》进行修正。4月18日国民政府行政院议决通过的《修正限制留学暂行办法》,除了重申和细化前令《限制留学暂行办法》的部分内容外,提出的要求更为严格。在留学经费方面,在抗战期内,还未派遣的需要政

---

① 《限制留学暂行办法》,国民政府教育部档案,中国第二历史档案馆藏,全宗号:五(2),案卷号:1391。

② 《第三届全国教育会议议决案全文》,《申报》1939年4月22日,第2版。

府出资的公费留学生"非经特准派遣者,一律暂缓派遣;自费留学生,除得有国外奖学金或其他外汇补助费,足供留学期间全部费用,无须请购外汇者外,一律暂缓出国"。总之,除了政府特准的以外,需要政府出资购买外汇的都暂缓出国留学。对于已在国外留学的学生,为节省经费,"已在国外之公费生,所习科目非军工理医有关军事国防之科学,而出国已满三年者,应令即行回国。但出国虽未满三年,而成绩不佳者,得令提前回国。已令回国之留学生,逾期不回国者,一律不发外汇通知书"。而自费生,除了成绩优良可以酌得救济费外,"无论学习何种科目,一律不核给外汇"[①]。在留学科目、留学时间、留学成绩、外汇证书方面都有严格要求,与1938年6月通过的《限制留学暂行办法》相比,修正后的留学政策对留学生要求更严。

1939年12月,教育部在《第二期战时教育行政计划》中再次明确规定:"在抗战期内公费留学生,凡非研究急切需要之科目,一律暂缓选派;自费生,除得有国外奖金及其他外汇补助无需请购外汇者外,一律暂缓出国","留学生出国已满三年,应即回国,家在战区、经济困难者,由部酌给旅费,其有特殊成绩,确需继续在外国研究者,得准延长年限,但名额公费自费合计不得越过一百五十名"[②]。可以看出,在全面抗战初期,国民政府一直坚持严格限制留学政策。既不完全放弃留学教育,也不完全放开留学教育;既严格限制国内学生出国留学,也令海外留学生尽早归国服务;既对经济困难的留学生给予救济,也对成绩优秀的留学生给予奖励。总起来看,以限制、紧缩为主,而限制主要体现在留学科目、留学资格、留学经费、留学时间等方面。

4. 限制留学政策的目的及影响

国民政府对留学专业、留学资格、留学经费的限制,都是从抗战建国节省外汇、培养专才的角度出发的。《大公报》和《申报》等报纸

[①] 《修正限制留学暂行办法》,国民政府教育部档案,中国第二历史档案馆藏,全宗号:五(2),案卷号:1391。

[②] 中国第二历史档案馆编:《中华民国史档案资料汇编》第五辑 第二编 教育(一),1997年版,第117页。

在报道此事时也说:"教育部与财政部以现值抗战建国节省外汇之时,对于已在国外留学学生及请求出国留学学生,不能不加以限制,以免所习科目不适合目前需要,及巨量金钱汇出国外之弊。"①可见,国民政府是从统筹管理经费的需求和培养抗战所需的专才来限制留学教育的。中国在抗战初期严格限制出国留学的做法,就连当时的美国人也了解其意图。1939年4月23日美联电称:"今日中国政府宣称,政府方面此后将限制官费留学生,据谓此项新规例,目的系在减少中国外汇准备金之消耗,以及造就战时及战后之专门技术人材。又此后留学生将以全部精力攻读军事、机械、科学、医学等科,盖此种人材,最适合中国之需要也。目前政府遣派出洋之留学生,凡非攻读上述各科者,均须召回,或由政府停止津贴,除成绩超越者例外。"②可见,节省用费、培养专才是其主要目的。

全面抗战初期,国民政府根据当时国际国内时局的需要完成对留学政策的调整,从抗战建国的角度,调整前期放任自流的留学制度,具有一定的临时性和应急性特点。抗战时期国民政府主要有两大目标,即"抗战"和"建国",虽然国民政府多次强调抗战与建国同时并举,但在烽火连天的情况下,国民政府的主要精力和工作重心必然是"抗战",1939年蒋介石提出"国民精神总动员运动",在《国民精神总动员纲要》中规定运动要达到之目标为"国家至上,民族至上""军事第一,胜利第一"③。包括留学教育在内的所有教育都是服务于抗战需要的。

国民政府在抗战前期实行的限制留学政策,其直接结果,一是出国留学人数大幅度减少。"据统计出国留学人数,二十四年度一〇三三人,二十五年度一〇〇二人。二十六年度抗战开始,受战事影响,

---

① 《限制留学生 教育财政两部会订办法 出国三年学生限期归国》,《大公报》(汉口)1938年6月19日,第4版;《教财两部会订办法 限制出国留学 以期所习科目适合需要 防止巨量金钱汇出国外 出国满三年者限期回国》,《申报》1938年6月19日,第2版。
② 《政府将限制官费留学生》,《申报》1939年4月24日,第6版。
③ 《国民精神总动员纲要》,载《中等学校训育法令汇编》,四川省教育厅1941年编印,第21页。

出国留学生减为三六六人,二十七年以限制办法颁行,出国留学者仅九十二人,二十八年度六十五人,二十九年度八十六人,三十年度五十七人。"①自限制留学政策颁布后,至太平洋战争爆发之前,每年派出人数不足百人,可见出国留学人数降幅之大。不得不说,出国留学人数的骤减与日本侵华带来的混乱时局、国民政府采取的限制留学政策息息相关;留学人数的骤减,也是当时出现人才恐慌现象的重要原因之一。为缓解战时人才青黄不接的矛盾,1941年国民政府教育部"为储备人才,藉供政府选用,以应抗战需要起见",饬令各省市教育厅举办英美留学毕业生登记。② 此举反映出战时人才缺乏已是十分严峻的问题。二是海外留学生陆续归国。国民政府两次颁行的限制留学办法,为节省外汇,对于海外留学生,其主旨就是令他们早日归国服务,已留学三年则发给回国旅费,不回国则不发给外汇,在当时外汇十分困难的情况下,此举无疑使海外留学生纷纷归国的不可忽略的因素。而战时归国的这些留学生,则意味着国民政府要对他们进行学业安置或工作安排。

正如教育部一位职员在签呈中所说:"修正限制留学办法之颁布,其目的不过求在抗战期间一面限制国家财源之外流,一面增加我战时急需专门人材之数量,原为一种暂行补救之方,非长治久安之策也。"③全面抗战时期对于人才的大量需求,与国内高等教育遭到严重破坏,而限制留学政策又导致精英人才越来越少,二者之间的背离产生了较大的矛盾。这种现实需要使得时机到来之后,国民政府就会放宽留学政策,一方面大量派遣留学生,另一方面更会对海外留学精英人才给予保护、救助和重用。

二、太平洋战争爆发后留学政策的再调整

太平洋战争爆发后,国际形势有所好转,中国的国际地位有了较

---

① 刘真主编,王焕琛编著:《留学教育:中国留学教育史料》第四册,1980年版,第2033—2034页。
② 《教育部登记英美留学生》,《解放日报》1941年12月30日,第3版。
③ 《教育部高等教育司签呈》,国民政府教育部档案,中国第二历史档案馆藏,全宗号:五(2),案卷号:1391。

大提高,国民政府也将工作重心由"抗战"向"建国"方面稍有偏移,从培养战后建国人才的角度出发,开始对前期的限制留学政策有所放宽。

1. 太平洋战争爆发后国际环境的改善

日本发动全面侵华战争的两年后,第二次世界大战在欧洲爆发。整个欧洲除了中立国瑞士之外,几无安静片土。中国留欧学生面对法西斯疯狂而血腥的战争,不但无法安静学习,而且还惶恐不安。使国际形势出现较大改变的是太平洋战争的爆发。1941年12月7日,日本偷袭美国太平洋海军基地珍珠港,使美国太平洋舰队损失惨重。"珍珠港事件"的切肤之痛,正好给美国找到了趁机打击日本的借口,所以美国在第二天就对日宣战了。为与美国结成反战联盟,随即中英两国也对日宣战。作为大国、强国,美国的参战给正在遭受法西斯蹂躏的中、英、法等国减轻了战争的压力。1942年1月1日,中、美、英、苏等26个国家在华盛顿发表联合宣言,宣称要共同打败德、意、日法西斯国家的侵略。《联合国家共同宣言》的发表标志着国际反法西斯统一战线的正式形成。此后,亚太地区出现了中美英联合对日作战的新局面。为早日结束战争,反法西斯联盟国家不仅在军事、外交上共进退,而且在经济、文化、教育方面也寻求合作,这为中国留学教育的开展提供了有益的国际环境。

太平洋战争爆发后,世界反法西斯联盟逐渐形成,中国的国际地位也随之有了较大提高。中国在二战中遭受日本侵略的时间最长、损失最重,也是东方战场中牵制日军的重要力量,过去中国在顽强抵抗日侵略中所做出的巨大牺牲和贡献,赢得了美英等国的同情和赞誉,他们开始承认中国的大国地位,为了稳定和鼓励中国积极抗日,做出了一些有利于中国的决策。比如,1943年初,英美两国分别与中国签订新约《中美关于取消美国在华治外法权及处理有关问题条约》《中英关于取消英国在华治外法权及其有关特权条约》,宣布废除在过去不平等条约中享有的治外法权、领事裁判权以及其他一些特权,给艰苦抗战中的中国军民很大的精神鼓舞,也提高了中国的国际威望。趁此良机,国民政府又向美国提出废除排华律,12月17日,美国总统宣布废除1882年以来美国政府颁行的一切排华法律,并将《废除排华律》颁行全国,使中美关系变得更为密切。国际反法西斯力量的加强和中国国际地位的提高,既鼓舞了中国人民的斗志,也让中国人民看到了胜利的曙光。

国际环境的改善为中国放宽留学教育提供了可能。全面抗战初期,英苏两国从自身利益出发,曾向国民政府提供不少借款。太平洋战争爆发后,英国又向中国提供了812万英镑的贷款。1941年3月,美国参众两院通过《租借法案》,授权总统可以出售、交换、转让和租借的形式向被认为其防御对美国安全具有重大意义的国家提供武器、军用物资、粮食等任何军需品。《租借法案》的通过标志着美国的对外政策从中立转向干涉,有力地支援了反法西斯战争。据此,美国共向英、苏、法、中等几十个反法西斯国家提供了500多亿美元的物资。1941年5月6日,罗斯福正式宣布《租借法案》适用于中国,1942年3月21日,中美双方正式签署了5亿美元借款协定[①]。到二战结束时,美国共给予中国8.45亿美元援助。苏美英等国向中国提供的军事和经济上的援助,虽然多从自身利益出发,但在客观上确实有利于中国的抗战事业,给苦撑待变的国民政府减少了战争的压力,鼓舞了中国人民战胜强敌的信心。

2.《中国之命运》与中短期留学计划的制订

随着欧战和太平洋战争的相继爆发,英、美、苏等大国全面参与第二次世界反法西斯战争,国内也将抗战建国的重心由抗战向建国偏移,对培养精英人才的留学教育也重视起来,并在蒋介石的直接指示下制订了多项留学计划,推动了抗战后期的留学教育发展。

1942年11月12日至27日,国民党五届十中全会在重庆召开,在该会上有人提出:"抗战建国,齐头并进。设高深学术人才及专门技术人员未能充分储备,非仅战时无才可用,建国工作及战后建设,

---

[①] 秦孝仪主编:《中华民国重要史料初编——对日抗战时期》第三编《战时外交(一)》,台北:"中央"文物供应社1981年版,第343页。

亦将无法推行尽利,更感严重之影响。"因此,全会议决由政府大量派遣留学生。① 1943年1月31日蒋介石撰写《中国之命运》,该书"不仅为抗战建国之指针,并特别关心战后建设亟需人才"②,书中所提出的实业计划,明言"战后所需之各项人才,至为迫切",预计战后十年内需要高级干部人才50万,如此庞大的数字,就当时国内的高等教育而言,无论是师资还是设备,都不能满足需要。因此仍需开放留学渠道,派遣员生赴国外进修、研究。同年4月28日,蒋介石发布机密甲第7628号手令:"以后对于留学生之派遣,应照十年计划,估计理工各部门高中低各级干部所需之数目,拟具整个方案呈报为要。"③蒋介石作为国民政府最高首领和战时最高军事委员会委员长,其指示可谓一言九鼎,按照其十年长远规划,各部门必须拟定详尽方案呈报。此后,作为统筹教育方案的教育部根据其指示开会讨论,比如留学人数方面,他们在草案中提出:"派遣留学生以适应实行实业计划的需要为主要方针,毕业返国后一部份直接经事于建设事业,一部份经事于大学教育,大量培养建设干部人才,如总裁所著《中国之命运》所诏示,在实行实业计划最初十年内,所需各级干部人才之数量,其中高级干部人员为数即达五十万人,在此五十万人中,包括曾在国外留学者,以一万人计,实不为多,而培植此五十万人才亦复需要大量师资,合计之当不下二万人,则最近十年中,每年应须派遣留学生二千人,事实上不能办到,兹拟每年派遣公费留学生一千人,同时奖励自费留学生以资深造,然此仅系就理工医三科而言,其余各科应需及专门人才尚不计在此。"④从此讨论稿中可以看出,教育部拟每年打算

---

① 国民党中央执行委员会档案,中国第二历史档案馆藏,全宗号:七一一,案卷号:934。

② 刘真主编,王焕琛编著:《留学教育:中国留学教育史料》第四册,1980年版,第2082页。

③ 刘真主编,王焕琛编著:《留学教育:中国留学教育史料》第四册,1980年版,第2082页。

④《留学生考选会历次会议记录及决议案暨教育部选派出国留学生会议记录》,国民政府教育部档案,中国第二历史档案馆藏,全宗号:五(2),案卷号:1393。

派遣2 000名留学生,包括自费生在内。此外,他们在留学年限、留学管理、留学经费、留学生任用等重要方面也达成共识。在讨论的草案基础上,教育部最终拟定了五年留学教育计划,即《留学教育方案》(中程计划),和《三十二年教育部派遣公费留学英美学生计划大纲》(短程计划)。

1943年9月20日,中央设计局会商教育部、经济部、交通部拟订派遣国外学习人员计划,最后分别制定了《教育部选派公费出国研究实习员生办法案》《经济部选派国外工矿实习人员办法》以及《交通部派遣国外学习员生办法草案》。上述留学方案主要是针对公费留学生而言的,1943年10月,教育部又公布了《国外留学自费生派遣办法》。在前期留学方案的基础上,1944年10月,教育部又汇总拟定《国外留学办法》,经行政院第六七五次会议通过,并于12月3日教育部第六一〇三六号部令公布。① 这些留学方案的颁布表明抗战后期的留学政策由严格限制到逐渐放宽的改变。

随着国际国内形势的变好,尤其是国民党总裁蒋介石的宏伟计划下达后,中央各部纷纷拟定留学计划,教育部根据蒋介石手令拟定的《留学教育方案》以五年为期,计划每年选送公费留学生1 000人。在其拟定的短程计划《三十二年度教育部遣派公费留学英美学生计划大纲》中,将派遣1 000名留学生,其中"留美七百名,留英三百名"②。中央设计局议决1943年度留学计划,其"派遣名额由蒋介石亲自核定为1 200名,其中教育部派遣685名,经济部派遣190名,交通部派遣285名,军政部派遣30名,中央研究院派遣10名"③。另外,1943年10月公布的《教育部第一届国外自费留学生考试章程》将招考600名自费留学生。虽然这些计划多数都没有真正实施,但与

---

① 上述政策方案文件多出自国民政府教育部档案《国外留学规程、办法及选考须知、试题等文书》,中国第二历史档案馆藏,全宗号:五(2),案卷号:1391。
② 刘真主编,王焕琛编著:《留学教育:中国留学教育史料》第四册,1980年版,第2088页。
③ 《中央设计局职员工作调查案》,国民党中央设计局档案,中国第二历史档案馆藏,全宗号:一七一,案卷号:328。

全面抗战前期相比,国民政府确实组织了两次规模较大的留学考试,而且派遣了不少英美实习生。

在教育部鼓励自费出国留学的号召下,各机关纷纷拟定自费留学办法,经济部专门拟定《经济部协助民营各厂派员出国实习或考察办法》[1],1944年10月,经济部工矿调整处训令重庆电力股份有限公司"派遣技术人员出国实习"[2]。于是重庆电力股份有限公司就制定了《奖助职员自费出国留学办法》[3],不久,又制定《重庆电力股份有限公司职员奉派出国实习办法》[4]。按照其奖励办法,自费留学生在"出国期内月支薪津半数及补助旅费"[5],自费留学生虽以自费为名,但事实上得到本工作单位的资金支持,如"傅浙荪自费留学应领该公司一九四四年奖助薪津"[6]。不仅有出国旅费,还有安家费,1944年12月,重庆电力公司总务科致函本公司的稽核科和庶务股,"按规定办理王德峻出国旅费及安家费"[7]。除了傅浙荪、王德峻之外,重庆电力

---

[1] 《经济部协助民营各厂派员出国实习或考察办法》,重庆市档案馆藏,档号:02190002002350000003。

[2] 《经济部工矿调整处关于派技术人员出国实习给重庆电力股份有限公司的训令》(1944年10月),重庆电力股份有限公司档案,重庆市档案馆藏,档号:02190002002350000038。

[3] 《重庆电力股份有限公司奖助职员自费出国留学办法》(1944年2月7日),重庆电力股份有限公司档案,重庆市档案馆藏,档号:02190002002350000025。

[4] 《重庆电力股份有限公司职员奉派出国实习办法》(1945年3月9日),重庆电力股份有限公司档案,重庆市档案馆藏,档号:02190002002350100012。

[5] 《许文煦关于请准傅浙荪暂假出国实习并核准其出国期内月支薪津半数及补助旅费上陶丕显、曹科长的呈》1943年12月13日,重庆电力股份有限公司档案,重庆市档案馆藏,档号:02190002002350100068。

[6] 《重庆电力股份有限公司庶务股关于报送奖励职员自费出国留学办法及傅浙荪自费留学应领该公司一九四四年奖助薪津及误发多领薪津比较表上重庆电力股份有限公司的呈(附办法、表)》(1944年11月25日),重庆电力股份有限公司档案,重庆市档案馆藏,档号:02190002002350100005。

[7] 《重庆电力公司总务科关于按规定办理王德峻出国旅费及安家费等致重庆电力公司稽核科、庶务股等的函》(1944年12月5日),重庆市档案馆藏,档号:02190002002810000016。

公司还呈请派遣了盛泽闾①、张君鼎②、朱泰③、张万楷④等人出国留学,名义上自费留学,事实上有很多留学生获得本工作单位的资助。在全面抗战后期,经济部、交通部等部门确实派遣了不少以自费名义出国留学的实习生,而且多数都得到本工作单位的资金支持。

3. 国民政府放宽留学政策的结果及影响

国民政府放宽留学政策的一个重要结果,就是出国留学人数有大幅度增长。全面抗战初期因采取限制留学政策,每年出国人数不足百人,太平洋战争爆发后,出国留学人数明显上升,1942年228人,1943年359人,1944年305人⑤。此数据仅来源于教育部统计的领取留学证书出国留学者,事实上还有许多没领留学证书就出国留学的。据王奇生统计,1942年留美人数就有987人。⑥可见,实际没领留学证书就出国的人数远超过政府依据领取留学证书统计的数据。

国民政府对留学教育的放宽,并不意味着对留学教育的放任自流,相反,为在有限的经费内培养更多的专业人才,国民政府对留学教育实行"统制"政策,即无论是公费留学还是自费留学都由教育部统一组织考选(军事留学生由军事委员会统一选派),为此,国民政府将省费留学、部派留学、自费留学都收归教育部统一管理,并于1943年底和1944年底组织了两次较大规模的自费和公费留学考试,分别录取了327人和209人。但在抗战胜利之前也仅组织了两次考试,录取的人数远比现实需要的人才少得多。

---

① 《关于请派盛泽闾出国实习上经济部的呈》(1944年3月23日),重庆电力股份有限公司档案,重庆市档案馆藏,档号:02190002002350000028。

② 《重庆电力股份有限公司关于派张君鼎出国实习致张君鼎员的函》(1943年10月14日),重庆电力股份有限公司档案,重庆市档案馆藏,档号:02190002002350000013。

③ 《重庆电力公司工务科关于朱泰出国就学请酌给补助及预借薪津的呈》1945年6月18日,重庆电力股份有限公司档案,重庆市档案馆藏,档号:02190002002810000008。

④ 《重庆电力公司总务科关于张万楷出国实习薪津发放事宜致重庆电力公司会计科、稽核科的函》,重庆电力股份有限公司档案,重庆市档案馆藏,档号:02190002002810000001。

⑤ 中国第二历史档案馆编:《中华民国史档案资料汇编》第五辑 第二编 教育(一),1997年版,第892页。

⑥ 王奇生:《中国留学生历史轨迹:1872—1949》,1992年版,第45页。

国民政府放宽留学教育的另一个结果,是加大对海外留学生的救济力度。太平洋战争爆发后,英美两国为拉拢中国继续抗战而给国民政府提供大量信用借款。国民政府从战后建国急需大批精英人才的角度出发,更加重视留学教育,积极救济海外留学生,从英美等国的信用借款中拨出部分来救济、安置海外留学生,如此,则抗战后期海外留学生的救济费比较充足,这从战后各驻外使馆都有剩余救济款就足可以说明(后文将有论述)。

综上所述,全面抗战开始后,国民政府宣称要在抗战中完成建国大业,要完成抗战建国任务就要培育各式精英人才,从而加大对教育的投入;而要坚持抗战就必须统筹全国财力,在财政经济捉襟见肘的情况下,国民政府势必要减少对教育的投入。二者的矛盾使国民政府在"抗战"与"建国"之中难以平衡,这势必将影响其教育政策,留学教育作为高等教育的一个重要组成部分,是加大投入还是减少投入,是限制还是放宽,这将决定着留学教育能否持续发展的命运。全面抗战时期国民政府对留学政策的多次修订和调整,是基于当时国际国内形势的变化和国家抗战建国的需要而适时地应对。国民政府对留学政策的调整是从国家层面来决策的,一切以有利于抗战建国和国家未来发展的需要为基准。国民政府实行严格的统制留学教育,对于国内留学生由严格限制到鼓励出国,对于海外留学生由"限期归国"到加大救济力度,可见,留学生的命运既受战争的影响而有所波动,更受政府决策的变化而起伏不定。

第二节　海外留学生救济方案的颁布与修订

日本发动全面侵华战争之后,海外留学生纷纷向驻外使馆、外交部、教育部请求救济,为了解海外留学生的具体状况,国民政府教育部曾多次令驻外使馆对海外留学生进行调查统计。在全面抗战之初,针对海外留学生的救济申请,国民政府曾应急性地制定救济方案,至 1939 年 6 月,又根据调查情况适时地对前期的救济方案进行修正,为此后海外留学生的救济提供了重要依据。

一、对海外留学生的调查统计

南京国民政府建立之后,曾在日本恢复设立留学生监督处,但在欧美地区始终没有设立专门管理留学生的机构,而是将其委托于驻外使馆来兼管。全面抗战时期因留日学生大规模回国而撤销了留日学监,欧美留学生仍由驻外使馆负责兼管。国民政府为全面了解海外留学生的状况,多次通过驻外使馆对海外留学生进行调查统计,以便有针对性地施救。

1. 国民政府重视对海外留学生的调查

南京国民政府建立后,为加强对留学教育的管理以便适时调整留学政策,曾多次对海外留学生及归国留学生进行调查统计。早在 1928 年 5 月,大学院即令江浙两省大学校长及各省教育厅厅长呈报民国建立以来留学官费生及津贴生详细情形[1];1929 年 5 月,教育部成立后,鉴于国外留学生状况向来缺少详细报告,因此函请各驻外使馆代为调查;1931 年 4 月,教育部又致函驻外各公使馆,并附发中国留学生调查表甲乙两种,请其就近查填,以便编制留学生统计[2];1933 年 12 月,教育部又致函驻外国各大(公)使馆:"查我国留学各国学生,历年缺乏完善记载,统计材料取资为难,即司法行政及考试各机关查询留学生资格亦诸感不便。兹拟从调查最近十年中我国留学各国学生方面着手,特制就表式一种,随函附达,敬请贵馆翻译分函驻在各国各专科以上学校,请其查填,或请由驻在国最高教育行政机关转行调查。"[3]教育部在令各驻外使馆调查海外留学生的同时,也对当时国内各省市选派留学生的情况进行调查统计。[4] 除了主管教育的大学院、教育部分令统计在外留学生情形之外,还有其他一些部门因

---

[1] 《大学院令各省呈报留学经费情形》,《申报》1928 年 5 月 9 日,第 12 版。
[2] 《教部调查留学生数》,《申报》1931 年 4 月 16 日,第 8 版。
[3] 《教部调查各国留学生》,《申报》1933 年 12 月 26 日,第 11 版。
[4] 《全国留学生统计表编竣》,《申报》1934 年 8 月 29 日,第 15 版。

工作需要也对留学生进行了统计,比如,1929年7月,国民政府立法院统计处就曾对留学生进行过调查统计[①];1935年全国学术工作咨询处也曾对留学生进行过调查[②]。

调查统计国内外留学生状况,其目的是显而易见的,一方面为将来制定更完善的留学政策提供借鉴,另一方面根据其留学情况为国家服务提供依据。从完善留学教育、培育国家优秀人才的角度来说,对留学生进行调查统计是必要的,也具有重要意义,对于政府来说也更有利于其统制、管理留学教育。

2. 全面抗战时期对海外留学生的调查

全面抗战时期,国民政府教育部通过驻外使馆对海外留学生进行了多次调查,调查的重点不同,涵盖研究专业、学习成绩、经济状况、留学时间、归国服务志愿等各个方面,以便政府确定是否救济、救济多少、是否令其回国、归国如何安置等问题。

全面抗战开始以后,国民政府外汇越发紧张,而在海外经济困难的留学生却需要更多的外汇来解决困顿。国民政府为撙节外汇而实施限制留学政策,同时也希望了解海外留学生状况,以减少外汇支出。另外,通过调查海外留学生的经济状况,以确定如何救济的问题。

留学生出国后,往往会提前准备三个月的生活费,所以在"卢沟桥事变"发生三个月后,原籍在沦陷区的海外留学生多数都断绝了经济来源,纷纷向驻外使馆求救。作为派遣留学生出国的政权主体,国民政府有责任也有义务去救助这些经济困难的留学生。为统筹救济海外留学生,1938年初,国民政府教育部令各驻外使馆调查确需救济的公费、自费留学生名单。1月27日,教育部致电各驻外大(公)使馆:"兹为统筹救济战区学生,请调查家在战区确需救济之公自费留学生,分别将姓名、籍贯及学业情形开单航邮寄部。"[③]拟发代电使馆

---

① 《调查高等教育留学人数》,《申报》1929年7月6日,第12版。
② 《学术工作咨询处制表调查留学专科生》,《申报》1935年1月8日,第12版。
③ 《教育部致各驻外大公使馆代电》(1938年1月27日),国民政府教育部档案,中国第二历史档案馆藏,全宗号:五,桼卷号:15400。

名单包括伦敦中国驻英大使馆、华盛顿中国驻美大使馆、巴黎中国驻法大使馆、柏林中国驻德大使馆、罗马中国驻意大使馆、维也纳中国驻奥公使馆、布鲁塞尔中国驻比公使馆、日内瓦中国驻瑞士公使馆。4月19日,教育部又致电中国驻美、驻法大使馆:"本部前为统筹救济家在战区经济确系困难之公自费留学生起见,经代电请详为调查,开单航由寄部在案,兹因亟待审查,务希即将已登记之留学生名册航邮径寄汉口本部办事处。"①此次调查目的非常明确,即"统筹救济战区学生"。

教育部为了解国外留学生之就学情形及其生活状况,以便具体确定救济方案,1938年12月17日,又分别向美、德、加拿大、法、比、意、瑞士、土耳其、丹麦、荷兰、捷克、埃及、菲律宾等驻外使馆发去公函,请调查中国留学生在该国情形:"兹为明了国外留学生实况以便考核起见,特举行国外留学生调查一次,附送调查表格一份,拟请贵馆代为油印,即于分别转发全体留英(美、德、法、比、义、瑞士、土耳其、丹麦、荷兰、捷克、埃及、菲律宾)学生,各遵照填为三份,于文到半个月内由贵馆汇齐,将每名调查表两份以航邮传送本部,综合留学生各国学生调查表,分别核定各生留学期限。凡未填送调查表者,以后不得申请购买外汇,或延长留学期限。"此项调查的目的,"一方面在为国家培养切实需用之人才,一方面在维护政府统制外汇政策"。对海外留学生的调查,其实是想在国外将政府颁布的限制留学政策真正贯彻实施,因为"政府为维持国家金融,统治外汇,施行以来留学申请购买外汇,仍为数甚巨,亟应加以限制,以固战时财政基础"。所以希望海外留学生"除研习军、工、理、医学科与国防有急切需要之学生,其留学期限,应依照限制留学暂行办法第三条之规定办理外,凡研习其他学科与国防无急切需要者,如出国已满两年以上得令提前回国。各生留学费用,均应以分行筹措为原则,其经济不能继续维持

---

① 《教育部致中国驻美、驻法大使馆代电》(1938年4月19日),国民政府教育部档案,中国第二历史档案馆藏,全宗号:五,案卷号:15400。

者,其中至少三分之二应为研究实科学生"①。这些要求将限制留学政策中对留学专业、留学年限的限制再次明确具体化,归根到底就是为了节省外汇,以巩固战时财政基础。

国民政府一再强调留学专业和留学年限问题,其实在制定调查表时又特别关注海外留学生的经济状况,尤其在是否需要救济一项调查得十分仔细。笔者从国民政府教育部档案中发现,1939年初国民政府教育部调查的130多张国外学生调查表,调查表具体样式如表2-1:

表2-1 1939年国民政府教育部制定的国外学生调查表

留学国别		姓名	中文		西文	
籍贯		性别		年龄		
留学证书核发年月		出国年月		肄业学校		研习学科
研习情形						
已在外 年 月		是否在国外继续研究			预计回国年月	
今后研习计划						
有无特殊研究成绩(如专门著述、发明、正在进行中之特殊科学试验等)并加扼要说明						
留学费用系由何人供给	是否已将留学期内全部费用妥为筹措	是否已得国内或国外机关补助,补助之数额如何(领有学校奖学金者应在此格内填明)		是否需要救济		如不能获得救济是否仍能继续研究
驻外使馆审查意见						
备考	附缴证明文件应在此格内填明					
填报日期			驻外使馆核转日期			

资料来源:《国外学生调查表》,国民政府教育部档案,中国第二历史档案馆藏,全宗号:五,案卷号:15349(2)。

---

① 《教育部致美、德、法、比、义、瑞士、土耳其、丹麦、荷兰、捷克、埃及、菲律宾、加拿大等驻外使馆公函》,1938年12月17日,台湾"教育部"档案室藏。

国民政府设计此调查表,既有"维护政府统制外汇政策"的一面,但更多的是为具体制定海外留学生的救济方案。根据留学生的出国时间,来判断是否令他们回国服务;根据其所学专业及研究成果来决定是否让他们继续学业;根据其经费来源及是否需求救济的意愿,来决定是否给其发放救济费以及发放多少救济费。

笔者在国民政府教育部档案中发现填具此表较多的是留英学生,共有 128 张。这些留英学生绝大多数是在 1939 年 1 月—6 月登记的。从整理的表格来看,他们的籍贯多为中国的沿海富庶省份,比如江苏(包括上海在内)共有 35 人,浙江 27 人,广东 18 人,安徽 10 人,江西 7 人,福建 6 人,其他各省都比较少。从留学生的性别来看,女性留学生仅有 4 人,而男性留学生则有 124 人,可见男女比例之悬殊。从留学生的年龄来看,最小者 18 岁,最大者 33 岁,都是年富力强、精力旺盛的求学最佳时期。[①] 按照南京国民政府的要求,留学生出国留学必先领取留学证书才能准许出国,但事实上,从登记的情况来看,真正领取留学证书的人并不多,登记的 128 人中只有 74 人明确填写领取留学证书,有的人在"留学证书核准发给年月"那一栏填写"出国匆匆并未请领";有的留学生,本人已在英国留学,而留学证书"尚在驻英大使馆代理呈请中"。这都说明当时对留学证书的要求并不是十分严格,在没有领取留学证书的情况下也可以出国留学。从出国留学的时间来看,有从 1932 年即赴英留学的,也有人,比如胡敬侃[②],1939 年 1 月调查登记时刚来到英国学习,但绝大多数都是在 1935—1938 年间赴英留学的。从留学专业来看,只有极少数自费留学生选学教育、商科、文学、地理等社会科学,其余的多是庚款留学

---

① 《国外学生调查表》,国民政府教育部档案,中国第二历史档案馆藏,全宗号:五,案卷号:15349(2)。

② 1939 年 1 月,胡敬侃依靠其父出资到英国北英机车公司实习机车制造,具有强烈的民族爱国情感的胡敬侃在登记表"预计回国年月"那一栏中填写"随时候命回国服务,暂定于 1940 年 9 月"。但回国后不久,即 1942 年,时任叙昆铁路副工程师的胡敬侃却死于随征战印缅战场的中国远征军撤回国内的途中,当时连尸骨都无法收殓。(陆阳:《唐文治年谱》,生活・读书・新知三联书店 2013 年版,第 406 页)

生、军事留学生,研究军、医、理、工、农等实类科目,尤其是工程类特别多,这也体现了南京国民政府时期一贯提倡实类学科的特点。另外,英国纺织业特别发达,因此来英学习纺织类的化学、机械工程的也较多。在"是否继续研究"一栏中,几乎都填继续研究,并在"预计回国年月"一栏中填写计划回国年月,只有少数人填写未定,或等待派遣机关命令。这也说明,在欧美的中国留学生比较理性,珍惜来之不易的求学机会,也并不是因为国内发生军事战争而不打算回国,而是计划在完成学习后即回国服务,这也体现了他们理性爱国的一面。从留学经费来看,自费留学生的经费多靠父、兄等家人提供,他们有的家在战区遭受损失较重,失去经济来源,需要政府救济;有的虽是自费留学,但因家里仍能够提供足够的经费,或自己获得某种奖学金,仍能够维持生活。但他们基本上都需要政府提供外汇证书,以实现货币汇兑。公费留学生,如庚款公费、军事公费、省派公费还有奖学金公费,基本上都不需要政府提供救济,但个别人因即将学业结束,需要购买外汇回国,所以需要政府提供外汇证书或回国旅费、船票等。还有个别省费留学生,如李薰,因获得湖南省教育厅公费于1937年8月留学英国,进入谢菲尔德大学研究钢铁专业,计划获得博士学位后,赴美继续研究钢铁,再读 D. S. E. 学位(Doctor of Science in Economics 经济学博士),他在1938年因研究成绩列该校第一而获得白朗毅奖章及奖金四十镑,但到1939年时,"湘省公费逾半年未到,殊感困难,请求救济","如不能得救济则向学校或外人机关借贷,决定继续研究,不愿工作中途抛弃"[①]。

上述登记表格中的信息,无疑对于国民政府救济留英学生提供了很好的依据。而对留学所有国家的中国留学生进行调查统计和综合分析,就可以得知大约有多少留学生需要救济,可以发给多少留学生旅费归国,有多少留学生可以延期归国,每生所需救济费多少,所

---

① 《国外留学生调查表》,国民政府教育部档案,中国第二历史档案馆藏,全宗号:五,案卷号:15349(2)。

需外汇多少,等等,由此国民政府将会对滞留海外的中国留学生有一个大概的了解,对其制定救济方案提供了可靠的依据。

国民政府教育部通过这种调查统计,可以了解海外留学生的人数、籍贯、学科专业、经费来源等,以便于政府决定是否让他们早日归国、是否给予经济救济。这种调查统计对于政府全面掌控、了解海外留学生的状况以便及时做出适当、合理的决策是非常有益的。

二、海外留学生救济方案的出台

全面抗战开始后,国民政府针对大批返国的留日学生制定了留日学生救济方案,对于欧美地区的中国留学生也制定了相应的救济方案。随着欧战的爆发及海外留学生请求救济的人数越来越多,1939年6月,国民政府教育部又对前期欧美留学生的救济方案进行了修订。

1. 制颁《留日返国学生救济办法》

全面抗战之初,中国在海外的留学生主要集中在日本、欧洲、美洲等一些发达国家。1937年7月"卢沟桥事变"发生后,留日学生以超越历史的规模迅即离开日本,尤其是日本当局对留日学生态度日渐恶劣,更促使大批留学生争先恐后、想方设法返国。"在抗战爆发后一年左右的时间里,将近有8 000人回到祖国。这是中国留学史上规模最大、情景最为壮观的一次回国潮。"[①]其中留日学生回国者约有5 000,其他地区回国留学生也有2 000多人。据日本日华学会统计,1937年6月1日,中国在日学生共5 934人,到1937年11月1日,在日学生仅剩403人[②]。据驻日学监归国报告,至1937年11月底,只有数十留日学生未归。

留日返国的学生有的已完成学业,而有的是弃学归国,所以返国后是继续上学还是安排服务工作,具体如何安排得由政府统筹规划。1937年9月,在得到财政部的救济款之后,教育部即颁布《留日返国

---

① 王奇生:《留学与救国——抗战时期海外学人群像》,1995年版,第17页。
② 周一川:《近代中国女性日本留学史(1872—1945)》,社会科学文献出版社2007年版,第237页。

学生救济办法》,该《办法》主要包括登记、借读、服务三个方面。在登记方面,归国留日学生可在上海登记,也可在南京登记,也可在自己原籍登记:"留日返国已抵上海之学生,应向上海市社会局登记;已抵南京之学生,应向本部战区来京学生登记处登记。登记后可先回籍(本部可酌请交通机关予以车船免费之便利)。已回籍未登记之学生,可分别向各省市教育厅、局登记,由各厅局每半月汇报本部战区来京学生登记处。前项请求登记之学生,以领有留学证书及驻日留学生监督处所发学籍证明书者为限。"对于未完成学业的弃学归国者,则登记后按其学业程度在国内高校就读:"留日返国学生得按照各生程度,自行向本国专科以上各校请求肄业或暂行旁听。如各该校设有特别生或旁听生,得由各该校酌量收为特别生或旁听生;其欲转入各校为正式生者,由各该校于查察其资格并给予试验后,斟酌收取。"而志愿参加抗战服务者,则在登记时可详细注明专业和志愿要求,经审核合格后由政府介绍工作:"凡已登记之学生,志愿参加战时服务者,可先向本部战区来京学生登记处登记,或向各省市教育厅、局填明姓名、性别、年龄、籍贯、学籍、专长、志愿(分作战工作、技术工作——土木、电机、机械、化工、战时宣传及民众组织工作)等项,由各厅局每半月汇报本部战区来京学生登记处,经审查合格后介绍服务。"①

  上述对归国留日学生的救济,仅以领有留学证书及驻日留学生监督处所发学籍证明书者为限,而未领留学证书返国之留日学生,则被拒之门外。从前文可知,事实上未领留学证书就出国留学的非常多,留日学生更是如此。所以上海留日同学救亡会"以私费赴日之留学者,其未向教育部领取留学证书者颇众,且其资格教部向无具体规定,故日前派遣代表晋京向教部请示,以副各同学之夙望。昨悉业已接得教育部高等教育司来函答复,并附'未领留学证书留日返国学生

---

① 《教育部抄发留日返国学生救济办法训令》(1937年9月10日),金陵大学档案,中国第二历史档案馆藏,全宗号:六四九,案卷号:580。

救济办法'一纸,已于昨日分函通告各同学,按照部颁办法办理登记手续。"①救济工作无分公私,何况侵略者是相同的国家日本,所以不久,教育部又针对未领留学证书的留日返国学生颁布三项救济办法,由教育部高等教育司抄送各校:"(一)凡未领留学证书留日返国之学生,得援照留日返国学生救济办法第二项之规定,申请登记,并得请求参加战时服务。(二)已登记之前项学生,如其国内外学历经查明属实,修业成绩优良,品行端正者,由战区来京学生登记处给予登记证。(三)持有登记证之前项学生,得自行向本国专科以上各校请求旁听;由所请转入之学校,按照各生学历,试验其程度后,酌量编入相当年级暂行旁听。"②

通过上述两个文件,各校就可以根据返国的留日学生提供的学业证明,允许其进入本校旁听了。否则的话,这些中途退学的留日学生,空有"海归"之名而无实绩,不仅高等学校不敢贸然收留,即使工作单位也恐其学业不精、能力不足而不敢任用。若如此放任自流,则在抗战建国、需才孔亟的形势下无疑是一大损失。从留日返国学生救济办法可以看出,国民政府对于领有留学证书及未领留学证书的学生,都先安排其登记,然后按照自身学业情况让其自行入学以继续完成学业,有志愿服务社会者还可以投入抗战报国的行列,体现了留学与报国的一致目标。

2. 制定欧美留学生救济方案

"七七"事变之后,留日学生大规模归国,三个月后,中国留日学生已所剩无几,此后,除了伪政权继续派遣留日学生之外,国民政府几无派遣留日学生。所以,全面抗战之初对留日学生的救济,主要是接运他们归国,并在国内给他们安排工作或安置部分学业尚未完成的学生在国内高校继续就学。而在同一时期留学欧美的中国留学生,因欧战和太平洋战争尚未爆发,所以相对比较安全,虽然弃学回

---

① 《留日同学救亡会欢送晋京同学》,《申报》1937年9月29日,第6版。
② 《教育部高等教育司抄发关于未领留学证书留日返国学生救济办法便函》(1937年9月27日),金陵大学档案,中国第二历史档案馆藏,全宗号:六四九,案卷号:580。

国者不少,但仍然有很多留学生在经费不足和学业尚未完成的情况下滞留海外,随着国内战争形势越来越严峻,经费供给不及时,学习和生活也越来越困难。1938年5月,教育部在函复国民政府军事委员会政治部的公函中说:"自平津、冀察、沪、苏、京、杭、晋、鲁等省市相继失陷后,国外留学生中,约有百分之六十以上原籍沦入战区(照近年留学生省籍统计,失陷省份之留学生约占总数之百分之一点四),学费来源多数断绝。除已有一部分学生陆续回国外,其留学国外之学生,生活发生困难者,殆占多数。此类学生请求驻外使馆转商本部设法救济者,计在德、意、比、英、美五国,已近二百人,今后续向本部请求者当必不少。"[1]

针对欧美留学生出现的严重困难,教育部"设法酌予接济",并专门为欧美留学生厘定救济方案。对欧美留学生的救济,主要强调四点:是否领有留学证书、经济是否确实困难、留学时间是否已达三年、成绩是否优秀。自费留学生多由家庭供给经费,所以受战争的影响特别大,请求救济者也特别多,但其情形又比较复杂,国民政府规定"自费生领有留学证书者,因各生家庭经济实况一时不易调查,从宽办理,凡家在战区省份者,一律发给三个月生活费(每月国币二百元),但以一次为限,其有特殊成绩者,经肄业学校及所在国大使馆证明,且家庭确系贫寒者,经部核准后,得续予救济"。"自费留学生请求发给旅费回国,或出国已满三年,领有留学证书者,每人发旅费国币六百元,令其回国。"公费留学生由中央各部派遣或地方各省派遣者较多,由部派留学生多数能获得中央各部的补发经费,但省派留学生则因多数省份的沦陷而未能及时补发留学经费,因此,国民政府规定"公费留学生,其隶属省份确已不能继续发给学费者,一律先垫发国币七百元,作为三个月生活费之用,其留学已满三年以上者,即作为回国旅费,令其回国"。同时,国民政府也明确规定下列各生不发

---

[1] 刘真主编,王焕琛编著:《留学教育:中国留学教育史料》第四册,1980年版,第2049页。

救济费:"① 未领留学证书者。② 家庭不在战区省份者(家庭在战区损失者仍发)。③ 公费仍发到本年暑假者。④ 已有其他机关救济者。至留学证书是否领取及实际情形不明待查询者,暂缓发给,俟声明后再行核发。"①

从这些规定可以看出,给予救济者,必须领有留学证书、经济确实困难,而成绩优异者则可得到特殊照顾;从留学时间上来说,已留学三年者,原则上领取救济费则当作旅费回国。从总体上看,对欧美留学生的救济方案明显具有应急性的特点,在当时外汇特别困难的情况下,该救济方案的主调就是令海外留学生回国。事实上,在当时国内师资严重缺乏的情况下,国民政府希望在外国留学者能回国参加抗战服务,尤其是那些成绩一般的不堪造就之才,更是希望其领取旅费赶紧回国,以缓解国内人才匮乏的窘境。

3. 修订抗战期间国外留学生救济办法

随着要求救济的人数越来越多,而且情况越来越复杂,上述救济办法更显得笼统而不具体,所以,1939年6月2日,国民政府教育部又颁布了《修订抗战期间国外留学生救济办法》,与前期的规定既有相同之处,也增添了许多不同内容。相同之处,是同样强调已留学三年者发给回国旅费令其回国,未领留学证书者不发给救济费。其不同之处主要表现在以下几个方面:

一是强调手续完备。救济对象包括公费生和自费生,"请求救济之公费生以原派遣省份或者机关确已不能继续发给学费者为限,自费生以曾领本部留学证书、家庭沦入战区、经济来源不能继续者为限。其家庭不在战区,因受战事影响,无力担负其费用者,经本部查核属实,亦得酌予救济"。经济确实困难的留学生,无论是公费还是自费,"除须呈缴在学证明书、学期成绩单及其他足资证明研究或实习成绩之文件外,并须填具救济申请书两份,呈由所在国大(公)使馆

---

① 刘真主编,王焕琛编著:《留学教育:中国留学教育史料》第四册,1980年版,第2003—2004页。

核转本部，以凭办理。其不合手续者，一律不予救济"①。这种程序和手续的规定，对于留学生来说相对公平公正一些，以免在经济困难时期还有部分留学生多次申请。重复申请救济的事情，在全面抗战之前就已在留学生中发生过。比如1936年10月18日，东北籍学生薛鸿志多次致函行政院秘书长翁文灏，请求补助其归国费用，11月27日，教育部回复行政院秘书处称："惟该生于接到第二次汇去之川资后，仍未遵令归国，复迭咨呈请救济。最近于本年七月，又核准发给该生补助费600元，并令知不得再请任何补助，在案。查该生已领过补助费三次，共得国币2 200元，拟不再予补助。"②可见，在经济困难的情况下，一些在外留学生依赖政府，可能多次索要救济款，而教育部有案可稽，则多次申请救济现象容易被查核暴露。

二是救济费的核发以学习成绩和入学年限为标准。其中成绩特殊优良之学生，且出国时间在二年以内者，由教育部审核后发给生活费一年，每月国币250元，分四次核发；成绩优良学生，且出国时间在二年半以内者，由教育部审核后发给生活费半年，每月国币250元，分二次发给；成绩优良之学生，且出国时间在二年半以上三年以内者，由教育部审核后得发给生活费三个月，每月国币250元，一次发给；成绩不甚优良之学生，出国虽未满三年，应令提前回国，得由教育部发给回国旅费国币800元。前三项受救济之学生，如领完核准之生活费，出国期限尚未逾三年，而学业成绩有特殊表现者，得酌量续予救济。③ 如此救济规定，可见对学业成绩的重视，这也是鼓励海外留学生认真求学的重要举措。

三是重视留学专业与国防建设相关的学科。出国已满三年之公费生及自费生，照章应令即回国，但如果"成绩特殊优异，而所习学科

---

① 《修正抗战期间国外留学生救济办法》，国民政府教育部档案，中国第二历史档案馆藏，全宗号：五(2)，案卷号：1391。
② 《教育部致行政院秘书处函稿》(1936年11月27日)，国民政府教育部档案，中国第二历史档案馆藏。
③ 《修正抗战期间国外留学生救济办法》，国民政府教育部档案，中国第二历史档案馆藏，全宗号：五(2)，案卷号：1391。

确与国防建设有密切联系者,如学业(包括研究或实习)尚未结束,经所在学校或研究实习机关与所在国大(公)使馆证明属实后,得准予延长期限,并得续请救济,但延长期限不得超过半年。"①这种对留学生学科专业的偏向与《修正限制留学暂行办法》的规定如出一辙:"特准派遣之公费生,以研习军、工、理、医有关军事国防为目前急切需要者为限。""已在国外之公费生,如系学习军、工、理、医有关军事国防之科学,其学费、生活费及回国川资,应核给外汇。"②体现了抗战建国对军事国防相关学科的重视,这也是全面抗战时期国民政府留学教育的典型的时代特点。

四是对自费生的严格要求。该救济办法特别强调,"在抗战期间出国留学之自费生,一律不发给救济费或回国旅费。"这种规定也是呼应刚刚颁布不久的《修正限制留学暂行办法》,规定在抗战期内,"自费留学生,除得有国外奖学金或其他外汇补助费,足供留学期间全部费用无须请购外汇者外,一律暂缓出国"③。这种规定除了为减少政府的外汇支出外,也是对自费留学生的一个警醒:欲自费留学则必须准备充足的资金,否则,若出现经济困难,政府也不会出手相救。

除了明确规定"在抗战期间出国留学之自费生,一律不发给救济费或回国旅费"外,还有以下三种留学生不得请求救济:"出国已满三年之公费及自费生,除特准延长留学期限者外,逾期不回国者,一律不得申请救济。""公费生及自费生如已得有国内外其他机关补助或救济者,一律不发给救济费。""未领留学证明书之学生,请求救济,一律不予核准。"④颁发救济费的手续,由教育部按期请财政部核转外汇

---

① 《修正抗战期间国外留学生救济办法》,国民政府教育部档案,中国第二历史档案馆藏,全宗号:五(2),案卷号:1391。
② 《修正限制留学暂行办法》,国民政府教育部档案,中国第二历史档案馆藏,全宗号:五(2),案卷号:1391。
③ 《修正限制留学暂行办法》,国民政府教育部档案,中国第二历史档案馆藏,全宗号:五(2),案卷号:1391。
④ 《修正抗战期间国外留学生救济办法》,国民政府教育部档案,中国第二历史档案馆藏,全宗号:五(2),案卷号:1391。

平衡委员会发给外汇,寄交所在国大(公)使馆转发,"此项救济费亦得由留学生家属在国内具领,但以请求救济时叙明者为限"①。

原来强调的留学证书问题依然是强调的重点,体现了政府对政治权威的重视和统治学生的控制欲望。对来自非沦陷区的经济困难的留学生也给予适当的救济,反映了国民政府对海外留学生的宽容和仁爱,而对留学生救济方案的细化更有助于此后实施救济时有章可循。从总体上看,国民政府比较重视学业优秀的留学生,而且在留学专业方面也特别重视与军事国防密切相关的学科。

国民政府所制定的救济方案,为此后对海外留学生的救济提供了依据。如果不是突发状况,按正常程序,海外留学生请求救济需向驻外使馆申请,驻外使馆再将其申请表转呈教育部,而教育部再按照已颁布的《修订抗战期间国外留学生救济办法》进行严格审核。即使有些留学生经济非常困难,也必须按规定程序进行申请。例如,1939年12月29日,经济部资源委员会齐焌致函教育部:"谨因舍妹舍弟等共六人,计齐熙(造船工程师博士,德国)、齐熠(经济财政,法国)、齐香(女,文学,法国)、齐景(女,德文及教育,德国)、齐伦(女,绘画管理,瑞士)、阎逊初②(表弟,生物,法国),皆在欧洲各国留学多年,近因外汇日形困难,欧战行将日益激烈,均须早日返国,因人多旅费甚巨,至为焦急,实因敝乡已成沦陷区域,无法接济,因知钧座对青年关切至厚,谨将各情呈请鉴察,准予救济,以免使其流落异乡。"1940年2月5日,教育部回复齐焌:"按本部《修订抗战时期内国外留学生救济办法》之规定,留学生请求救济时,除须呈缴在学证明书、学期成绩单

---

① 《修正抗战期间国外留学生救济办法》,国民政府教育部档案,中国第二历史档案馆藏,全宗号:五(2),案卷号:1391。

② 阎逊初(1912—1994)河北高阳人,微生物学家。1934—1937年在法国蒙塔尔日地方农校学习。1937—1939年在法国格里尼雍高等农校学习农学,获法国农业技师衔。1940—1943年在法国里昂大学生物系学习,获学士学位。1943—1949年在里昂大学攻读,获法国国家博物学博士学位。1949—1950年在法国科学研究中心从事博士后研究工作。1951年回国,1951—1992年一直在中国科学院生物研究所工作。中国放线菌分类工作的奠基人,1980年当选为中国科学院院士。

及其他足资证明研究或实习成绩之文件外,并须填具申请书两份,呈由所在国使馆核转本部。关于令弟妹请求救济事,宜分别函知,按照规定手续申请,以便办理。"①全面抗战之前常出现一个家族多人出国留学的现象,全面抗战时期因战争因素出现了一个家族有多人滞留海外的现象,但任何人欲获得政府救济,都必须按救济程序进行申请。也并不是申请救济就能获得批准的,教育部及财政部将会按照实际情况,对照救济标准来进行严格审核。

全面抗战时期,国民政府在不同时段分别制定的留日学生救济方案、欧美地区留学生救济方案及在1939年6月最终修订颁布的国外留学生救济办法,为救助海外留学生提供了具体的实施依据。由于全面抗战时期各个地区、各个时段中国留学生的情况各异,仅欧洲地区,滞留各国的中国留学生也各不相同。比如到1942年9月,在英国未返之中国留学生还有210人,法国有84名,德国有148名,比利时有28名,荷兰有3名,意大利有7名,瑞士有3名,丹麦有4名,捷克有3名,共490名。② 此外,美洲地区的美国、加拿大以及非洲地区的埃及都有许多留学生需要救济,再加上一些突发情况,使得对他们的具体救济情况也错综复杂。关于具体实施救济情况,将在下文具体论述。

第三节 归国留学生安置方案的相继出台

全面抗战开始后,除了留日学生几乎全部返国外,其他地区也有不少中国留学生陆续返国。为使归国留学生在国内高校就学和安排就业有章可循,国民政府教育部除了在全面抗战初期针对大规模返国的留日学生制定了安置方案之外,1939年又相继颁布了《回国留

---

① 《教育部致齐焌便函》(1940年2月5日发),国民政府教育部档案,中国第二历史档案馆藏,全宗号:五,案卷号:15400。

② 转引自王春南:《抗战期间出国留学管理》,《学海》1997年第2期。

学生登记办法》《回国留学生服务简则》,为此后归国留学生的学业安置和就业安置提供了重要依据。

一、颁布回国留学生登记办法

"七七"事变后,5 000 余留日学子在很短的时间内几乎全部归国。与留日学生稍有不同的是,留学欧美地区的学生向来有"爱国不忘读书"的传统,历史上因受国际、国内事件刺激而集体归国的事件也并不多见。一方面,欧美地区离祖国较远,来回不易,既耗资又费时;另一方面,与日本国内环境不同,留学欧美的学生暂时还没有面临着人身安全的危险,所以他们不像留日学生那样毅然决然、声势壮观地回国。但与以往相比,毕竟事态严重,所以留学欧美者回国的也不在少数。据王奇生统计,留日学生在短时间内潮涌般归国,而留欧留美学生则似涓涓细流。有全面抗战爆发即赋归者,亦有延至两三年后收拾行装归国者。全面抗战前夕,中国留学欧美学生总数约4 000 人,在全面抗战爆发后一年内回国者近 2 000 人。其中多数为自动归国,亦有少数为国民政府教育部饬令回国者[①]。可见欧美留学生回国者也不少。面对如此多的归国留学生,有的已完成学业,有的是中途辍学,是安排工作还是转学国内高校? 迫切的现实问题不得不去解决。

自全面抗战以来,留学国外的学生,或学成回国,或家在战区经济不能接济而辍学回国,或留学已满三年因外汇关系由教育部饬令回国者为数不少。这些回国留学生中有相当一部分能自谋生路,也有不少滞留香港、上海等地而未能就业者,此种状况必然有失国家培育精英人才的本旨。国民参政会第二次大会关于教育报告的内容,曾提及希望对国内外大学毕业生举行调查登记,以便依其专长而介绍相当职务的问题。

在国民政府还没有正式颁布回国留学生登记办法之前,一部分先期回到国内的留学生就自行组织回国留学生登记了,以便充分发

---

① 王奇生:《留学与救国——抗战时期海外学人群像》,1995 年版,第 129 页。

挥为抗战建国服务的作用。1937年7月20日,为谋相互团结及援助留日被迫害同学,已返国的留日同学20余人,发起组织留东同学后援会,他们积极营救滞留日本未归的留学生,同时还协助办理归国留学生的登记事宜。从《申报》的报道可以发现,上海留日同学救亡会"成立之初,登记会员八十余人,现已多至三百四十余人,加以虹桥事件刺激,叠次归国同学要求参战,工作非常热烈紧张"①;"凡同学中有一技之长者均拟设法使之参加实际救国工作"②;"南京留日回国学生服务处,分南京、上海、武汉、广州、济南五处登记,俟登记完竣即分别训练,分配战时工作"③。留学生回国服务登记处"拟先将留日归国同学登记集中后,再施以短期训练,然后分发各地工作"④。

  随着归国留学生的不断增多,单靠回国留学生自行组织的登记办法,显然不能解决源源不断归国的留学生就业和入学问题。1939年1月31日,教育部颁布《抗战期间回国留学生登记办法》,声明"教育部为统筹抗战期间回国留学生服务及继续学业起见,特举办抗战期间回国留学生登记",登记办法规定,凡在全面抗战爆发以后,由教育部饬令回国或自行回国之留学生,均得申请登记。"申请登记之留学生,以领有本部发给之留学证者为限。"登记地点在重庆教育部,"但在外埠者得用通信登记。通信登记者其各项证件应用挂号邮寄,如邮寄遗失,本部不负责任"。登记日期自2月1日起至2月底止,"但在截止期间后回国者得补请登记",申请登记时,"须填具登记表,并呈缴国内学校毕业证件及国外学历证明文件,暨最近二寸半身相片二张"。留学生登记经审查合格后,由教育部依下列两项分别处理:"(一)国外专科以上学校毕业或国内大学毕业后在国外研究院研究一年以上者,由本部就可能范围内,按照本人专门研究,分别介

---

 ① 《救亡会扩大组织留日同学》,《申报》1937年8月13日,第9版。
 ② 《留日同学会办理归国同学登记》,《申报》1937年9月8日,第6版。
 ③ 《留日回国学生服务登记》,《申报》1937年9月14日,第2版。
 ④ 《留日归国学生服务登记 双十节前截止 第一批将晋京》,《申报》1937年9月30日,第5版。

绍服务,并得由本部指定相当工作,酌给生活费。(二)出国前在国内专科以上学校尚未毕业,出国后在国外专科以上学校亦未毕业者,由本部按照其所习学科分发于国内同等学校试读,俟学期试验及格后,编为正式生。"自费生得硕士、博士学位者,登记时须呈缴毕业论文一本。[①] 除了统一在教育部登记以后,此后回国的留学生也可在原籍登记。1939年5月,教育部给各省发去"关于登记战时回国留学生一案的训令"[②],1939年9月,安徽省政府就向全省公告"举办战时回国留学生登记"[③]。

  从上述登记办法可知,对于已登记的留学生主要做两个方面的处理,一是依据满足条件者,按照其研究方向而分别介绍服务工作,二是根据其学业状况来安排国内入学。也就是说,登记的主要目的就是安排归国留学生在国内就业或在相应的大学插班就学。但一些当初未领留学证书就出国留学的归国留学生被拒之门外,这给他们的转学或就业增加了一定的困难。因为此前留学日本的留学生中有很多人未领留学证书就出国留学了,所以这一决定在登记初期给一些归国留学生设置了障碍。同时,此规定也是政府展现其政治权威的一种重要体现,表明不听从政府的要求则会有严重的后果。

  《抗战期间回国留学生登记办法》公布后,到教育部办理登记手续的并不是很多,而此间滞留香港的归国留学生却较多。据1940年香港通讯,国民政府教育部订定《抗战期间回国留学生登记办法》后,为方便回国途中滞留香港的留学生,教育部特在香港专门设置了办理登记事宜。但"该项办法公布后,因交通多阻,通讯登记多感不便,而回国留学生之旅居香港者为数不少,教育部有鉴于此,特重申前令,希回国在港留学生迅速登记","查国外留学生毕业回国,应将毕

---

① 《抗战期间回国留学生登记办法》,国民政府教育部档案,中国第二历史档案馆藏,全宗号:五,案卷号:15274。
② 《教育部关于登记战时回国留学生一案的训令》(1939年5月),福建省档案馆藏。档号:0002-005-003174-0008。
③ 《安徽省政府关于举办战时回国留学生登记的代电》(1939年9月),安徽省档案馆藏,档号:L001-002(1)-1739-008。

业证件呈请本部登记、验印一节,前曾由部公布留学生回国登记办法,通令各生遵行在案。兹查近年回国之留学生遵照上项规定办法履行登记手续者尚居少数,为明了各生在国外研究实况及将来回国后之工作分配便于统筹起见,爰特重申前令,即希留港各生于毕业回国后,务须检同毕业证件呈部登记,以资考核"[1]。于是,教育部又将《抗战期间回国留学生登记办法》在各大报纸重登一遍,以督促滞留香港的留学生回到国内就学、就业。

教育部十分明确,举办归国留学生登记,是"为明了各生在国外研究实况及将来回国后之工作分配便于统筹起见",但事实上,归国留学生除了少数未毕业需要再入学之外,多数留学生凭借自己在国外所学都能找到工作,所以到教育部参加登记的并不是很多。而少数在教育部登记合格的留学生,则将按照《回国留学生登记办法》,由教育部分别介绍服务,酌给生活费。教育部之所以一再强调归国留学生须到教育部登记,除了有为留学生安置工作的目的之外,也不排除笼络留学精英人才为政府所用的意图。

二、制颁回国留学生服务简则

按照教育部颁布的《抗战期间回国留学生登记办法》,归国留学生在教育部审核登记后,或分别介绍服务,或分发于国内同等学校试读。对于入读国内同等学校问题相对简单,而对于归国服务问题则表现得较为复杂。1938年3月,陈立夫就任教育部部长,他认为:"要使人生有意义与价值,必须把生命的工作发扬光大。在我们每个人生过程中应当有两种工作,一种就是终身的工作,另一种是被指定的工作。我们要以终身的工作,实现创造的社会观,以被指定的工作,实现服务的人生观。"[2]在留学生的归国服务方面,他认为归国留学生应该由政府统一指定工作,以符合其"服务的人生观"。归国留学生登记后,按照教育部的要求进行训练,然后按照其专业分发服务工

---

[1] 《教部令旅港留学生从速在港登记》,《申报》1940年7月24日,第8版。
[2] 陈立夫:《生活教育的使命》,《江苏教育》第3卷第3期,1934年3月。

作。至于服务工作种类、待遇如何,1939年7月28日,教育部专门制定和颁布了《抗战期间回国留学生分发服务简则》。

《抗战期间回国留学生分发服务简则》共分12条,其中第一条即"审查合格之抗战期间回国留学生",让有些想让政府分配工作的留学生望而却步,因为多数人都不希望政府审查自己,再加上最后强调"留学生在工作期间,本部如有其他需要时,得临时调派工作",使人明显感觉有被统治、不自由的感觉,所以只要自己能找到合适工作,则多半不愿到政府登记,由政府来安排工作。留学生分发工作的种类"分编译、研究、教学、技术及其他工作",由教育部在审查时依其专长及志愿,酌量分派,核给生活费。"其分发工作地点不在其居地者,并得酌给旅费"。"前项工作时期暂以本年十二月底为止,延长时由本部另行通知。"

《服务简则》对于已经安置工作的归国留学生提出了一些具体要求,如,"留学生经分发服务后,应即呈缴不兼职证明书,证明人须具有下列资格之一:(甲)现任荐任以上公务员;(乙)现任专科以上学校校长"。"留学生分派在各大学或其他机关担任研究或服务者,其工作应由本人与各该校或机关主管人员商定,或由各该主管人员径行指定之。""留学生分派在学校或机关任研究工作者,应自行拟定研究详细计划,商得主管人员同意呈部核定后开始工作。""分派任编译工作之留学生,除工作机关已由本部指定者外,应自行拟定编译计划,呈部核定,每月所编文稿,至少须满一万五千字以上,如系译稿,每月至少须满二万字以上。""留学生分发各学校或机关工作者,应受各该主管人员之指导,并遵守其一切规定。"

同时,对于聘用归国留学生的单位,《简则》也提出要求:"留学生在各校担任研究工作时,各该校应予以便利。""留学生分派在各校研究或服务者,各校如有需要得指定其担任教学或其他工作,惟教学时间以六小时为度。"关于归国留学生的服务薪酬也有明确规定:"留学生服务时,应于每月底呈缴工作成绩,其研究或编译工作,非短时期所能完成者,应于月终呈缴详细工作报告,以凭核发生活费。""留学生经指定工作地点者,由本部直接发给。""留学生经分发服务后,如查明担任其他有给职务者,其生活费停止发给,并追还已领生活费,取消登记资格。""留学生服务有特殊成绩,经本部审查后,得酌予奖励。"

语言的优势、专业的精通,使留学生们多数都擅长编译、研究、教学、技术工作,这也是他们被政府安排较多的几个业务。因归国留学生参加编译工作的较多,《简则》在编译成果方面另有特别规定:"留学生所编译之文稿将来出版时,其著作权除在国立编译馆者应由原编译人与编译馆共有外,余由原编译人享有,但必须由本部审查后,交书局印行。"①

该《服务简则》对于归国留学生、聘用留学生的单位以及政府三方都提出了具体要求,权责明确。虽然重点在强调归国留学生分发工作后应心无旁骛、认真完成工作计划,看似较为严格,其实在抗战时期教员严重缺乏的情况下,安排归国留学生的教学任务仍以六小时为度,而且若有特殊成绩还能酌予奖励,这都体现了政府的人性化管理和对精英人才的重视,对于激励留学生的工作热情也有一定的促进作用。

本章小结

全面抗战时期,国民政府坚持抗战建国的指导方针,从全民族抗战的立场上,强调"国家至上"和"军事第一",为统筹全国人力、财力,以达到"力量集中"的目的,在教育方面实行统制政策。作为高等教育的一部分,留学教育也成为国民政府统制政策的一部分。为统筹全国的留学教育,国民政府多次因时事变化而颁布、修订留学法规。

---

① 《抗战期间回国学生分发服务简则》,国民政府教育部档案,中国第二历史档案馆藏,全宗号:五,案卷号:15274。

全面抗战之初,国民政府颁布严格的限制留学政策,不仅对出国留学生进行严格限制,而且令海外留学生尽早归国服务,其结果,出国留学生大量减少,海外留学生却归国很多。太平洋战争爆发后,国际形势有所好转,国民政府从培养战后建国人才出发,对留学教育有所放宽。其结果,出国留学人数有较大回升,海外留学生因有充足的救济款而多数能获得救助。全面抗战之初,海外留学生经济来源断绝,纷纷请求救济。国民政府教育部在调查海外留学生的基础上形成《海外留学生救济方案》,为此后对海外留学生的救济提供了重要依据。对于从欧美等地区陆续归国的中国留学生,国民政府从统筹回国留学生服务角度,令其一律到教育部登记,合格者则由教育部分发服务工作。教育部颁布的《回国留学生登记办法》和《回国留学生服务简则》,为归国留学生的具体安置提供了重要依据。在这一时期,国民政府除了从总的方面制颁留学政策之外,在对海外留学生的救济与归国留学生的安置方面也具体制定留学法规,使其有章可循。从总的来看,国民政府制颁的各种留学法规,虽然其目的各有不同,但都是从国家统筹人力、财力的角度来管理留学教育的。在当时国家财政困难、人才缺乏的情况下,这种统制留学的管理措施有其合理性一面,但无论是其统管留学的政策还是具体的海外留学生管理方案,设计、施行均不够绵密。

第三章

国民政府对海外留学生的救济

随着日本侵华的步步紧逼,中国大片国土沦丧,加之后来欧战和太平洋战争的相继爆发,中国留学生在海外的学习和生活都面临着各种困难,"居不易"是海外大多数留学生的状况,如何救助他们成为国民政府不容回避的问题。全面抗战时期留居海外的中国留学生多数集中在欧洲各国和美洲的美国,留居亚洲、非洲的学生较少(伪政权派遣的留日学生不在本书讨论之列)。国民政府对欧美等国急需救济的留学生施以援手,使一大批确有困难的留学生获得了救助。

第一节 海外留学生救济的机构与流程

全面抗战时期,因国外未设立专门的留学生监督机构,国民政府规定由驻外使馆兼职管理所有留学生事务,因而驻外使馆成为海外留学生与国内政府之间必不可少的桥梁。海外留学生救济的流程十分复杂,但在特殊情况下,国民政府也采取相应的紧急处理办法。

一、驻外使馆兼管海外留学生事务

全面抗战之前,国民政府除了在日本设立专门的留学生监督机构之外,在其他地区未设立专门处理留学生事务的机构。全面抗战时期,国民政府也曾努力设立专门机构来处理海外留学生事务,但都无果而终，最终仍以驻外使馆兼管海外留学生之职，因而驻外使馆成为国外留学生与国内政府之间的重要桥梁。

1. 全面抗战之前海外留学生监督机构的演变

从1872年选派幼童赴美之始，晚清政府即设置学监一职，专司监护管理之责。后来清华学校在办理庚款留学事务时也在美国设有留学生监督一职。民国建立后，自1913年北京政府教育部专门设立留美学生监督一职，直至1926年，留美学生事务才改由驻美使馆代办。在日本方面，1902年8月，清政府外务部以留日学生众多，奏派汪大燮为游学日本总监督，此后直至全面抗战军兴，这期间虽然留日学监名称有所变动，但专门处理留日学生事务的机构一直都存在。至1938年初，因留日学生均已归国，原有驻日留学生监督处暂无设立必要，教育部呈请行政院准许，撤销留日学生监督一职，嗣后关于留日学生事宜，即由教育部直接处理。在欧洲方面，1907年，晚清政府因欧美留学生渐多，乃设欧洲学监一人，位于各国驻外使馆公署之下。民国成立之后，鉴于留学生监督处境的困难，北京政府于1913年设置欧洲学生经理员一职，后改为签事，1918年又改为主事。1919年又设置留欧学生监督，1924年撤销监督名义，留欧学生事务改归驻在国使馆代办。北洋政府时期，虽然地方分权主义泛滥，但中央政府分别在欧、美、日地区设立留学生监督机构，并专门制定了《管理留欧学生事务规程》《管理留美学生事务规程》和《管理留日学生事务规程》，有专门管理留学生的章程可依，有一套专司其职的驻外监督机构，从管理留学生的制度上来看还比较完备。但南京国民政府建立后，除了在日本继续设立留学生监督处之外，在欧美地区始终没有真正建立起专门管理留学生的监督机构。1929年成立的教育部，曾在欧美留学事务方面说明由各驻在国使馆兼理，待经费确定后再专门设立管理留学机关。1931年后，驻欧各国使馆多次呈请外交部，希望能派员专管留欧学生事务，却遭到教育部以缺乏经费为理由婉拒。对此，《申报》也有报道："关于管理留学生事项，除于日本设立留日学生监督处，专门管理我国留日学生外，其在欧美之中国留学生,向例请中国驻在欧美之公使馆代为管理。最近我国驻英使馆公函教育部请设立留学管理机关,以便专管留学生事项,查此项驻在欧美之留学生监督处若谋专设,则与在日本设留学生监督处所需经费增加何止数倍,闻教部一时难规此项专款,不易设立。"①如此,驻外使馆代办留学监管之事由权宜之计变成了固定制度被长期保存了下来。

2. 全面抗战时期驻外使馆仍兼管海外留学生之职

全面抗战初期,欧美留学生的所有事务都由驻外使馆兼职管理,对此,国民政府教育部曾在1938年初致军事委员会政治部的公函中有详细说明:"本部对于欧美留学生,现时均未设置监督,仅托由驻在各国之使馆代为处理。在欧洲,则由驻在各国之大公使馆,于馆内指定专人或指定驻在国京城总领事馆(如英京伦敦)兼理留学事务。在美国,则除清华留学生曾经该校呈准本部委托华美协进社代办留学事务外,其他公自费生之留学事务,均由驻美大使馆处理。对于全部留美学生(连清华生在内)之学务管理,则统由驻美大使馆负责。此欧美各国留学管理之概况也。"②

国民政府教育部曾在1939年时试图整顿留学事务,"拟在欧美设置管理留学生学务专员,或就驻外使馆指派干员兼办","过去对于留学欧美学生尚无切实管理,今后将指派专员主管其事"③。从国民政府教育部的档案可以发现,"为发展国外留学教育及处理留学生一切事务",教育部专门拟定《管理欧美留学生学务专员设置办法》,其具体办法包括如下几个方面:一是学务专员的人员设置,规定欧美各国设置学务专员三人至四人,欧洲方面暂设置学务专员三人,即英国一人,德国一人(兼理奥地利、意大利、丹麦留学事务),法国一人(兼理比利时、瑞士留学事务),另美国设置一人(兼理全美洲一切留学事务),"欧美学务专员,由部遴选负有学务经验之贤者充任,或咨商外

---

① 《教部尚难设立管理欧美留学机关》,《申报》1935年5月24日,第14版。
② 刘真主编,王焕琛编著:《留学教育:中国留学教育史料》第四册,1980年版,第2048—2049页。
③ 《中国留学教育概况》,《申报》1939年5月17日,第8版。

交部,就各大使馆中选派一人充任。专员办公署即暂设于各大使馆,以便取得联络"。二是规定欧美学务专员对于海外留学生的五个职责:"1. 承受本部命令处理日常留学事务;2. 监督留学生在海外一切生活行动;3. 指导留学生入学事宜,并考查其肄业情形;4. 介绍留学生实习研究及参观机关;5. 处理留学生一切请求或咨询事项"。三是规定学务专员对国民政府教育部的职责:"学务专员应依照本部教育宗旨,负海外宣传及推进海外留学教育之责。""学务专员在其所辖区域每年得举行巡回视察一次,考核各生研究及生活情况,并作成报告,送呈本部备核。""学务专员应于每年年终将海外学务状况作成总报告送呈本部,以资查考。"四是学务专员内部的人员任用与经费设置问题:"学务专员得因公务上之便利任用职员三人至五人助理日常事务,但须呈部加委。""学务专员设置经费由部另造预算呈院核拨。"[①]从这些《设置办法》可以看出,留学生学务专员就设置在驻外使馆之内,由驻外使馆统一管理负责。不仅负责海外留学生的学业、生活、思想监督等,还处理有关留学生的一切请求,自然也包括战时海外留学生的救济申请。而且,驻外使馆的学务专员也由国民政府教育部直接负责,按时向其汇报海外留学生的所有状况。可见,在驻外使馆内设置学务专员,使驻外使馆成为国民政府与海外留学生之间的重要桥梁。既节省政府经费,又有专职人员管理海外留学生,可谓一举两得。

随着战争局势的发展和留学事务的日益繁多,国民政府教育部设法在海外设置专门的留学生监督机构。太平洋战争爆发后,反法西斯同盟国家逐渐扭转战局,国际国内形势都略有好转,留学教育也随之起死回生。鉴于抗战期间留学事务较多,教育部在开会拟定《留学教育方案》的草稿中强调了设置留学生监督的必要性:"留学生监督制度甚属必要,惟以前方法不善,效能甚差,监督并未能切实履行

[①] 《管理欧美留学生学务专员设置办法》,国民政府教育部档案,中国第二历史档案馆藏,全宗号:五(2),案卷号:1391。

任务,政府似亦未曾受以实权,致除经理经费以外,无所事事,今工作恢复监督制度,似应详细规定其职权,监督留学生在国外之生活行为,依照预定修业研究实习或调查计划,严密考核其进度与成绩,实行奖进贤能而退不肖。教授或教育行政人员之出国进修者与留学生同其待遇。总之,留学生监督之地位正如一大学校长联系教育部与学生之间,力求贯彻留学方针。"[1]在上呈国民政府行政院通过的《留学教育方案》中也明确指出:"设置国外留学生指导监督机构,监督留学生在国外之生活行为,指导其学业,并考核其成绩。"[2]虽然教育部强调设置留学生监督的重要,而且中国抗战恰遇第二次世界大战,国外留学生事务繁多,驻外使馆也曾多次要求专设留学生监督机构,但始终未能独立设置,一直到二战结束后仍为驻外使馆兼职管理。

既然驻外使馆兼职管理海外留学生的事务,则留学生在海外的学习、生活甚至思想方面都由驻外使馆负责。在管理海外公费留学生方面,1943年7月19日,教育部以第35091号训令颁发了《教育部派遣国外公费学生管理办法》。规定公费留学生在海外的所有事宜都由所在地中国使馆代为处理:"学生在国外就学实习事宜应请由所在地中国使馆代为接洽处理,其在未设使馆之国度请由驻在地外交人员管理。"同时也规定,海外留学生所有事务不得径呈教育部,而是要通过驻外使馆来管理或向教育部传达:"学生在国外一切生活行动应接受使馆或驻在地外交文员之管理与指导。""学生在国外遇有请求事项应呈由使馆或驻在地外交文员核转本部,不得径呈本部。""学生在国外如因研究或实习上之必要请求转学或更易实习场所时,应呈由使馆或驻在地外交人员转达本部核办,不得擅自行动,其已经派定或认定之研究或实习科目不得变更。""无论研究生或实习生,于每学期终了时应将学业成绩单或实习报告呈由使馆或驻在地外交人员

---

[1] 《留学生考选会历次会议记录及决议案暨教育部选出国留学生会议记录》,国民政府教育部档案,中国第二历史档案馆藏,全宗号:5(2),案卷号:1393。

[2] 刘真主编,王焕琛编著:《留学教育:中国留学教育史料》第四册,1980年版,第2085页。

核转本部以备查考。""学生在国外不得有任何越轨行为或违背本党之思想言论,如有上列情事,由使馆或驻在地外交人员查明报部,立即取消其留学资格,并停止公费之供给。"①包括学习科目、实习场所、研究成绩、思想言论等各方面都由驻外使馆监督、处理并汇报教育部,留学生"不得擅自行动"。

对于自费生的事务管理,1943年10月教育部公布的《国外留学自费生派遣办法》规定:"自费留学生国外入学手续,得由本部驻外留学生监督处按照各生志愿分别代为办理。在监督处未设立前,由部委托驻外使馆代为办理,其由学生自行接洽者,应将国外学校入学许可证明书呈部审核登记。""自费生在留学期间内,应于每学期终了将肄业成绩单呈送本部驻外留学生监督处考核,并转报本部审查备案。逾期不呈送者予以警告,逾期三次不呈送者勒令退学返国。"②从这些管理方案可以看出,国民政府教育部曾努力设立专门管理机构来监督管理海外留学生,但都未能如愿以偿。"二次世界大战期间,欧美各国留学生多以家庭经济来源断绝,生活无法维持,请求政府予以救济,而留欧学生以直接受战事影响尤多,辗转流离于北欧瑞士一带,民国三十四年初大战局势好转,盟国胜利之基确已定,驻欧美等国大使馆以人少事繁,对于文化联络工作及留学生事务颇感无力应付,屡次催促教育部设置独立机构,以专责成。顾以政府经费困难,未能实现,故迄今仍委托驻外使馆代为处理。"③由此可知,全面抗战时期,一直由驻外使馆兼管海外留学生所有事务。

全面抗战时期,驻外使馆兼管海外留学生之职,除了学业、思想方面,最重要也是最烦琐的事务就是处理留学生的救济之事,包括调查海外留学生的经济和学业状况并汇报给教育部,将留学生的救济

---

① 《教育部派遣国外公费学生管理办法》,《教育公报》第15卷7期,1943年7月31日。
② 《国外留学自费生派遣办法》(1943年10月),国民政府教育部档案,中国第二历史档案馆藏,全宗号:五(2),案卷号:1391。
③ 教育年鉴编纂委员会编:《第二次中国教育年鉴》,台北:文海出版社1986年版,第101—102页。

申请传达给教育部,将政府批准的救济金分发给留学生,并协助政府将大批海外留学生接运归国。显然,驻外使馆是海外留学生事务管理的主要负责机构,是政府管理海外留学生的重要代理人,也是留学生向政府申请救济的重要传输者。

二、一般救济流程与紧急救济

海外留学生救济的一般流程比较复杂,其间要经过诸多部门的审批和沟通,还可能出现各种意想不到的情况。但如果情况非常紧急,迫切需要及时救济,国民政府也可能不经过复杂的烦琐程序,而是按紧急救济案来处理,其效率也是比较高的。

1. 海外留学生救济的一般流程

全面抗战时期,国民政府对海外留学生实施救济的一般流程比较复杂,都要经历以下几个过程:

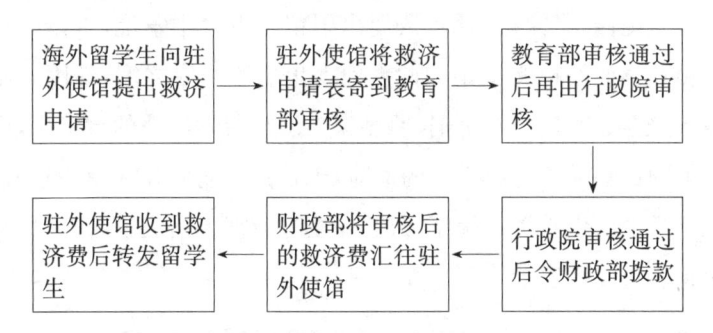

海外留学生向驻外使馆提出救济申请 → 驻外使馆将救济申请表寄到教育部审核 → 教育部审核通过后再由行政院审核 → 行政院审核通过后令财政部拨款 → 财政部将审核后的救济费汇往驻外使馆 → 驻外使馆收到救济费后转发留学生

从上述救济流程中可以看出,驻外使馆是政府救济海外留学生的重要桥梁。因为驻外使馆肩负管理留学生之职,不仅要密切关注留学生的学业、生活、思想,还要经常对海外留学生进行巡视、向教育部汇报。而海外留学生遇到任何问题都要向驻外使馆反映、报告,所以驻外使馆对海外留学生的人数、专业、经济等各种情况比较了解,自然成为国民政府所倚重的对海外留学生施救的机构。正因如此,全面抗战时期驻外使馆对海外留学生的经济状况、学业状况的汇报都成为国民政府是否施救、如何救济的重要依据。

上述流程只是海外留学生获得救济的一般过程,如果由教育部统一申请大笔经费,则要由行政院提交军事委员会讨论,通过后才能由行政院令财政部拨款。比如,1942年教育部部长陈立夫提出在英国借款项下拨款三万镑来救济留英学生,就通过军事委员会讨论最终获得允许的。

留学生获得救济费后,为使留学生、驻外使馆、教育部、财政部都有核账凭证,一般情况下,留学生领取救济费后要签署收据交给驻外使馆,驻外使馆将收据及核发救济费情况寄回教育部,教育部再将留学生领取救济费的收据作为向财政部核账和向行政院汇报的依据。真正施行救济的过程远比上述流程示意图要复杂得多。下面以1942年在英国借款项下批拨三万镑救济留英学生为例,具体呈现对海外留学生施行救济的一般流程。

(1) 留学生填写救济申请表

全面抗战时期,即使小康之家的出国留学生,因战争的因素也可能导致家徒四壁、家财尽毁,致使出国留学者囊中羞涩,难以维持生活。留英学生邓树光就是如此。他本出生于小康之家,却因日本侵华战火烧至原籍广州而沦陷,原靠家中供给留学经费的自费生,因家财尽散而面临无法完成学业的危险,于是只好向驻外使馆请求救济。根据留学生请求救济的程序,必须先填写救济申请表,邓树光填写救济申请表具体内容如下:

表3-1 留英学生邓树光请求救济申请书简表

姓名	中文	邓树光	留学证书号数年月	来英时未领留学证书
	英文			
籍贯		广东省东莞县石龙区		
学业情形	学校名称	the University of Sheffield		
	所学科目	医科		
	毕业时间	依学校定章为今年(民国三十一年)三月,实际须俟九月		
	每年用费	160至170英镑		
经济来源	由家庭负担(详见备考)	拟请救济款额及用途	请额150英镑,用途:50余镑学费,20镑偿还负欠,70余镑作衣食住生活费、书籍仪器及其他必须之零星用费	

(续表)

家庭状况	人口	父母兄弟姊妹共七人
	职业	父业教育
	财产	小康之家
拟回国时间		拟一二年内
最近通讯处		……
备考：申请人全家处广州，民国二十七年秋末广州迅速沦为敌域，家人仓皇出走，家财损失十居七八，直接影响于申请人者至巨。然获幸得国内亲朋慷慨借助，不致学业停留，方能达到最后一学年(限六个月，即由民国三十年九月至三十一年三月)之学程。自去年(民国三十年)九月以来，国内亲朋无法再作援助，膳宿之资强半仰给留英同学稍宽裕者借贷(两款二十英镑须早日偿还)，益以申请人暂时作事之微薄薪水为弥补之计，而新欠大学学费三十余英镑则迄今(民国三十一年正月上旬)无从缴交。更以读书作事双兼，精神不能集中，时间亦不充足，故今年三月最后之试验，按照大学章程虽可赴考，然以准备势难满意，成功之数甚属渺茫。若蒙贵部及早决定周济，使申请人免作事之劳，专收功课之预备，但须多读半载(多交二十余英镑学费)于今年九月即可冀毕业，否则时日迁延，首尾不顾，卒业之事殊无望也。	

资料来源：《驻英大使馆关于留英学生邓树光申请救济致教育部函》附件，1942年1月13日，国民政府教育部档案，中国第二历史档案馆藏，全宗号：五，案卷号：15400。

(2) 驻外使馆向教育部汇报留学生请求救济情况

1942年1月13日，驻英大使关于留英学生邓树光申请救济事致函教育部："据留英粤籍自费生邓树光呈，略以该生现肄业于雪菲尔大学医学院，将于本年九月间可告结束。自广州沦陷，家产损失殆尽，已往幸赖亲朋资助，得以勉强维持，现告贷无门，积欠学费达30余镑，迫得请求拨发救济费150镑，俾竟学业。等语。查该生所称尚属实在，所习医科亦至切时需。倘因经济困难致功亏一篑，殊觉可惜。相应检同该校教务长证函及该生申请书，函请查照，并希核办见复。"[①]按照教育部订定的救济规则，海外留学生所习学科与军事国防

---

① 《驻英大使馆关于留英学生邓树光申请救济致教育部函》(1942年1月13日)，中国第二历史档案馆藏，国民政府教育部档案，全宗号：五，案卷号：15400。

密切相关者将得到优先救济,其留学成绩也须有相应的证明文件,驻英使馆将邓树光的申请表及成绩证函连同使馆的介绍说明一起送达教育部审核。

同一天,驻英大使馆将近期以来留英学生请求救济的情况又具体向教育部汇报,请求给予救济:"现有留英学生多人,因受战事影响,国内汇兑不便,接济中断,生活至感困难。其学业已告结束者,复因交通阻碍,不克返国,请求予以救济。"①处理留学生事务是驻外使馆的职责,所以当诸多留英学生向驻外使馆请求救济时,驻外使馆有责任也有义务将留学生的请求向教育部如实汇报。但驻英使馆将申请书递交教育部达半年之久,至7月15日,教育部才回复驻英大使馆:"查关于留英学生救济一项,本部正在筹措中。"②此时,教育部也确实正在努力向行政院建议在英国借款项下拨款救济留英学生的建议。教育部以"留英学生为数尚多,拟予统筹救济",向行政院提出在英国借款项下拨款救济留英学生,行政院"准先拨三万镑由顾大使核实分发"③,1942年10月12日,教育部将此消息转告驻英使馆,希望其为邓树光等经济困难的留英学生酌情分配救济费。

(3) 教育部向行政院提出借款救济留学生建议

1942年4月,行政院奉令拨付美国借款30万美金作为留美学生奖励及救济费用,教育部希望行政院也能援照美国案例,在英国借款项下拨一部分救济留欧学生。7月7日,教育部科员在签呈中提出:"查留英学生现尚有二百余人,以受战事影响,生活困难者甚多,而前汇款留德、意、荷、比四国学生救济费美金三万元,经一年来之支用,余款亦已无几,拟呈请委员长特准援照救济美国留学生前例,在英国借款项下指拨英金共九万镑,以充留欧学生救济费之用。"教育部长

---

① 《教育部关于请准在英国借款项下拨款救济留英学生致蒋介石呈》(1942年7月15日),国民政府教育部档案,中国第二历史档案馆藏,全宗号:五,案卷号:15400。

② 《教育部致驻英大使馆公函》(1942年7月15日),国民政府教育部档案,中国第二历史档案馆藏,全宗号:五,案卷号:15400。

③ 《教育部致驻英大使馆公函稿》(1942年10月12日),中国第二历史档案馆藏,国民政府教育部档案,全宗号:五,案卷号:15400。

在签呈上批示："拟照办,减为七万镑。"①

7月15日,教育部部长陈立夫正式向蒋介石提出,在英国借款项下拨款英金三万镑,作为留英学生救济专款,并在英国借款项下指拨英金四万镑,作为欧洲大陆各国留学生救济之用:"查救济留美学生曾奉钧长核定在美借款项下指拨美金三十万元,现正在美组织委员会,由宋外长主持办理。兹查留英学生现尚有二百余人,所称受战事影响,生活困难,自属实情。惟本部留学生救济费为数有限,现在物价高昂,交通工具所费犹多,势难支拨该项巨款。而该生等之救济,又系刻不容缓。拟请钧长准在英国借款项下指拨英金三万镑,作为留英学生救济专款,即交驻英大使馆顾大使全权支配处理。又欧洲大陆各国留学生,现因交通不便,居留未返者为数尚多,前曾由院拨付美金三万元,交驻瑞士公使馆统筹支配,作为资助留德、意、荷、比四国学生返国川资之用。另美金五千元,交驻法大使馆救济留法学生。上列两款,因一年来补助各生生活费及回国川资之需,所余亦复无几,拟请一并在英借款项下指拨英金四万镑,作为欧洲大陆各国留学生救济之用。"②当需要批拨大笔救济款时,还需通过军事委员会的讨论。针对上述教育部所提出的两笔大数目救济款,行政院长蒋介石将其意见提交军事委员会讨论,7月19日国民政府军事委员会发来代电:"留英、留欧学生救济款项已转饬孔副院长核拨矣。"③可见此事已获蒋介石及军事委员会的一致通过。

(4) 行政院令财政部拨发救济款

1942年7月27日,国民政府行政院通知财政部(孝陆字第37038号通知单):"奉院长谕,交财政部迅即查核具复。"财政部在回复行政院秘书处的公函中说:"据宋部长子文电,请准在美借款内拨

---

① 《教育部签呈》(1942年7月7日),国民政府教育部档案,中国第二历史档案馆藏,全宗号:五,案卷号:15400。
② 《教育部关于请准在英国借款项下拨款救济留英学生致蒋介石呈》(1942年7月15日),国民政府教育部档案,中国第二历史档案馆藏,全宗号:五,案卷号:15400。
③ 《国民政府军事委员会关致教育部代电》(1942年7月19日),国民政府教育部档案,中国第二历史档案馆藏,全宗号:五,案卷号:15400。

付美金三十万元,作为奖励及救济费用,遵经照办在案。现在教育部请在英借款项下拨借留英学生救济专款英金三万镑,另拨英金四万镑作为欧洲大陆各国留学生救济之用,自可援例办理。惟应由该部查明留英及留欧学生实有人数,核实计算应需救济费用,呈院核定,令饬到部后,再行转知驻英顾大使、郭次长洽办。"①8月21日,行政院秘书处又将财政部的要求转达教育部。

根据行政院及财政部的要求,9月12日,教育部将留英留欧学生人数及各项所需经费详列函送行政院秘书处:"查英国方面尚未返国之留学生计有210人,假定于一年内先后返国,留英期间预计每人每月津贴生活费8镑,全年应为20 160镑,回国旅费平均每人津贴50镑,210人计需10 500镑,两款共需30 660镑。姑以极少数家境充裕学生酌减官给救济费,故暂以3万镑为度。欧洲大陆留学生,计法国84名(系在巴黎及德国占领区留学生人数,法国其他各地人数尚未据报),德国148名,比国28名,荷兰3名,意大利7名,瑞士3名,丹麦4名,捷克3名,(德意留学生及德国占领区留学生多已转学瑞士或法国),共计280名,学业完成期间预定为一年,生活费照英国例,每月每人津贴8镑,计需26 880镑,旅费每人亦以津贴50镑计,共需14 000镑,两款共需40 880镑,故暂以4万镑为度。根据以上两点,留英学生救济费3万镑及留欧学生救济费4万镑确属需要。"②9月30日,行政院秘书长陈仪回函教育部:"奉谕'现交通不便,返国人数不多,且留英留欧学生状况不明,准先拨3万镑由顾大使核实分发'。除由院令饬财政部遵照办理外,相应函达查照。"③从行政院秘书处的函文可以看出,行政院已批准先拨3万镑以作救济留欧学生急用。

---

① 《行政院秘书处致教育部笺函》(1942年8月21日),国民政府教育部档案,中国第二历史档案馆藏,全宗号:五,案卷号:15400。
② 《教育部致行政院秘书处公函》(1942年9月12日),国民政府教育部档案,中国第二历史档案馆藏,全宗号:五,案卷号:15400。
③ 《行政院秘书处致教育部公函》(1942年9月30日),国民政府教育部档案,中国第二历史档案馆藏,全宗号:五,案卷号:15400。

(5) 财政部向驻外使馆汇发救济款

从1942年1月驻英使馆应留英学生请求向教育部求救,到9月30日行政院才答应拨款,其间已耗费了9个月的时间。这么长时间对于困境中的海外留学生来说是非常煎熬的。可能考虑到留英学生万分焦急的窘境,教育部部长陈立夫还未等财政部拨款汇寄,就先行向驻英大使顾维钧致电:"关于留英留欧学生之救济,已由行政院核准先拨三万镑,汇交贵馆核实分发,谨先电闻。"[①]获得行政院的批准,又得知留学生需求救济的具体情况,财政部才向驻外汇使馆拨发救济款。一个月以后,财政部函复教育部:"案奉行政院本年九月卅日顺陆字第19392号训令,饬在英借款项下先拨三万镑作为留英留欧学生救济费,由顾大使核实分发,等因。自应遵办,除电顾大使洽办并呈复外,相应函请查照。"[②]从这个公函也可以看出,财政部"已电顾大使洽办",说明救济款已拨到驻外使馆了。此后只要按照规划,留英学生210人"每人每月津贴生活费8镑""回国旅费平均每人津贴50镑"分发就可以了。

从1942年1月留英学生向国民政府请求救济,到1943年1月国民政府确定救济留英学生三万镑,其间整整经历了一年时间。从整个过程可以看出,因国民政府本身财政捉襟见肘,因而审核特别严格,审核程序较多;此外,外国借款又多限制(英国规定英镑借款不可用于救济留学其他国家的中国留学生,下文详述),导致留学生救济款迟迟不能到位,可谓一波三折。

2. 特殊情况下的紧急救济

对于特殊情况下急需紧急救济之事,若按一般程序进行,则可能造成重大事故。比如1939年9月1日德国突袭波兰,第二次世界大战在欧洲爆发,中国留欧学生不仅有生命危险,而且易产生心里恐

---

① 《教育部长陈立夫致驻英大使顾维钧电》(1942年10月12日),国民政府教育部档案,中国第二历史档案馆藏,全宗号:五,案卷号:15400。

② 《财政部致教育部公函》(1942年11月3日),国民政府教育部档案,中国第二历史档案馆藏,全宗号:五,案卷号:15400。

慌。此时急需政府设法将中国留学生转移到中立国以图暂时安全。若按照一般程序填写救济申请,则后果不堪设想。为保护海外精英人才,国民政府的反应是十分果断而迅速的。

国民政府教育部作为留学教育的主管部门,对于欧战爆发后海外留学生的处境非常担忧。9月5日,教育部部长陈立夫致呈行政院:"为现在欧洲情势突变,所有我国留德、奥、捷学生约200人,留意学生约25人,均须转赴中立国待命,所需旅费及临时救济费每人以英金10镑计,共约2 250镑。如依照规定程序请领外汇,手续繁重,恐有稽延,难赴事功,拟恳批准免照一般程序,即由财政部,即予照拨,以资应付。"当日,行政院秘书长魏道明即回复:"奉院长批,'准由财政部照拨'。"[①]可见,行政院秘书处对此事的反应是十分迅速且及时的。9月6日,陈立夫又致函行政院秘书处,言明我国留德、奥、捷学生赴中立国旅费及临时救济费,已获批准由财政部照拨,已由教育部电知驻德大使,但教育部从迅捷的角度出发,希望"此项旅费及临时救济费,拟请即由钧院直接领汇"[②]。而行政院秘书处认为:"此项费用属于教育文化费类,应系贵部主管,未便由院直接领汇,应请贵部依领发留学生经费成例,迅予领汇,或径商财政部直接汇拨。"[③]行政院既已批准了留学德、奥、捷、意中国学生200多人转赴中立国之旅费及临时救济费2 250镑,又下令财政部照拨,所以财政部遵照行政院指示,很快将这笔救济款汇到欧洲。9月18日,财政部致函行政院秘书处,称前项英金2 250镑照填准购外汇通知书,已径送教育部陈部长洽汇[④]。从9月5日教育部向行政院提出申请,到9月18日

[①] 《行政院秘书处致教育部笺函》(1939年9月5日)吕字第10222号,国民政府行政院档案,中国第二历史档案馆藏。

[②] 《教育部致行政院秘书处函》(1939年9月6日)渝字第245号,国民政府行政院档案,中国第二历史档案馆藏。

[③] 《行政院秘书处致教育部笺函》(1939年9月9日),国民政府行政院档案,中国第二历史档案馆藏。

[④] 《财政部致行政院秘书处公函》(1939年9月18日)渝钱汇字第12183号,国民政府行政院档案,中国第二历史档案馆藏。

财政部即照填外汇通知书,可以看出,国民政府对留欧学生的救济是十分迅速且及时的。

虽然紧急拨款比较及时,但拨款后的后续程序还有很多。比如,关于留学德、奥、捷、意等国学生转赴中立国的旅费及临时救济费,是国民政府为了便捷从别的款项下暂时挪移而来的,而这笔费用最终如何归垫却发生了一些分歧。11月25日,教育部关于德、奥、捷、意、英、法各国留学生转赴中立国旅费及救济费事致呈行政院:"……当时本部以各该旅费及救济费势难延缓,旋经商请财政部迅予通知重庆中央银行照数承汇,已先由本部于应付未付之其他款项下暂行移挪,俾应急需。兹准财政部函以补编概算呈请核定一节,自应照办;惟概算核定后向库抵解转帐一节,实与钧长批谕未合,且与本部暂行移挪之初旨不符。所有由部垫付之国币71 578.95元,仰祈钧院饬知财政部迅行拨发归垫,以资应付。理合补编概算书五份,备文呈请鉴核转送核定,实为公便。"①附呈概算书如下:

表3-2 教育部关于1939年度留欧各国学生转赴中立国旅费及救济费概算书

科　目	概算数	备　注
第一款留欧学生转赴中立国旅费及救济费	71 578.95	
第一项德奥捷留学生旅费及救济费	26 715.79	汇驻德大使馆转发留德奥捷学生约218人,每人英金10镑,共计2 180镑,每英镑汇价为国币16.842强,折合如上数。
第二项意大利留学生旅费及救济费	1 178.95	汇驻意大使馆转发留意学生约7人,每人英金10镑,共计70镑,每英镑汇价价率同前,折合国币如上数。
第三项英法两国留学生旅费及救济费	33 684.21	汇驻英法两国大使馆存备转发留学生,各以100人计,每人英金10镑,共计2 000镑,每英镑汇价率同前,折合国币如上数。

资料来源:《国民政府致行政院训令》,1940年1月16日,渝文字第85号,国民政府行政院档案,中国第二历史档案馆藏。

---

① 《国民政府致行政院训令》(1940年1月16日)渝文字第85号,国民政府行政院档案,中国第二历史档案馆藏。

12月8日,行政院将教育部呈送的1939年度留欧各国学生转赴中立国旅费及救济费概算书分别抄送国防最高委员会秘书厅和财政部。关于教育部所呈送的留欧学生转赴中立国待命共需旅费及救济费71 578.95元,国防最高委员会认为其概算金额"兹经本会审查,事属要需,列数亦极节约,拟请照数核定","提经本会第二十三次常务会议决议,照审查意见通过"。1940年1月16日,国民政府以主席林森、行政院院长蒋中正、监察院院长于右任、财政部部长孔祥熙、教育部部长陈立夫、审计部部长林云陔名义训令行政院"令仰该院分别转饬遵照"[①],至此,第一批留欧学生转赴中立国旅费及救济费问题获得圆满解决。

就整个拨款施救的过程来看,从驻外使馆、外交部向教育部反馈问题,教育部再向行政院提出救济申请,行政院审核通过再提交国防最高委员会议决,议决通过后再令行政院遵照执行,最后行政院再分令财政部拨款汇寄。虽然程序繁多,但也有条不紊。因形势十分危急,所以每个部门对此事反应比较迅速。同时也说明,国民政府对留学精英人才是十分重视的,因而当留学生出现危急情况之时,能够及时出手相助。

第二节 海外留学生救济费的批拨

全面抗战开始以后,留日学生即大规模返国,三个月后留日学生所剩无几,所以国民政府拨发的救济款多是针对留学欧美等地区的中国留学生。二战爆发之后,海外留学生惴惴不安,除了请求救济之外,还有许多留学生应政府号召急欲归国服务,国民政府从简便的角度出发,将海外留学生救济费中的生活费和回国旅费一起发放,让驻

---

① 《国民政府致行政院训令》(1940年1月16日)渝文字第85号,国民政府行政院档案,中国第二历史档案馆藏。

外使馆根据留学生实际情况酌情分发,所以请求救济费额度较大。从批拨较大的救济款项来看,主要集中在欧战爆发和太平洋战争爆发后以及抗战胜利前后的几次拨款。

一、欧战爆发后紧急拨款救济

1937年7月日寇发动全面侵华战争,1939年9月第二次世界大战在欧洲爆发。中国海外留学生主要面临两大难题:国内经济来源断绝,旅居国外安全没有保障。除了留学生个人不断向驻外使馆请求救济之外,了解留学生状况的驻外使馆、外交部、教育部等部门也纷纷向上级行政机关请求救济。欧战爆发后,国民政府相继批拨了几批救济款。

1. 首拨留欧学生救济费及旅费 4 000 余镑

1939年9月2日,驻英大使致电教育部:"欧战爆发,留英公私费生需救济,究竟如何处理,请速电示,并请先酌汇一千镑,俾资临时支付。"9月10日,教育部部长陈立夫将此情况汇报给行政院院长孔祥熙:"查自欧战发生以后,留学德、意两国学生,业经钧院会议通过,每名酌给补助费,并令驻德、驻意各大使馆即将各生移送中立国在案。此次驻英大使馆所请救济留英学生一节,究应如何办理,理合备文呈请鉴核,迅赐示遵。又留英学生尚未返国者,约160名,合并陈明。"①9月12日,教育部长陈立夫又致呈行政院:"前以欧战爆发,曾由院议决定对于留学德、意、奥、捷之学生每名发给救济行旅费用十镑,俾得移送中立之国家,以策安全。正办理间,复接英大使馆来电询问,对于留英学生应如何予以救济,等语。想法国当亦同此情形。拟请仍照前案,由院决定英法两国各拨英金一千镑汇存驻英法大使馆。如各该国留学生有愿离开前往中立国者,准由各驻在国大使核定后,分别办理,实报实销。"②9月13日,教育部即收到行政院秘书处的回

---

① 《教育部致行政院呈》,1939年9月10日,留五1字第21755号,国民政府行政院档案,中国第二历史档案馆藏。
② 《教育部长陈立夫致行政院院长孔祥熙签呈》,1939年9月12日,国民政府行政院档案,中国第二历史档案馆藏。

复:"贵部长本月十二日签呈,请准予汇存驻英法两国大使馆各英金一千镑,以备我留英法学生有愿转赴中立国者,即由各驻在国大使核发旅费及救济费,每名十镑,将来即依实发数报销一案,奉院长批'准照办'。"①同时,行政院令饬财政部"分别照数迳汇驻英法两国大使馆具领核发"。从9月20日,财政部向行政院汇报转汇英法留学生救济款的情况,可知财政部收到行政院命令之后不久,即将英金二千镑汇转英法大使馆:"查我国留学德、奥、捷、意等国学生所需旅费及救济费,共英金2 250镑,业经由部填发准购外汇通知书,分送洽办,并函请钧院秘书处查照转陈在案。至英法两国留学生旅费及救济费两共英金2 000镑,兹已由部另案通知教育部及重庆中央银行洽购转汇。"②

从上述函件可知,自9月1日欧战正式爆发,至9月20日,国民政府已拨款留学德、奥、捷、意等国学生转赴中立国旅费及生活费共2 250镑,再加上英法两国各救济金2 000镑,即共有英金4 250镑供留欧学生紧急救济之用。

2. 增拨留德等国学生回国旅费3万美金

欧战爆发后,国民政府外交部会同侨务委员会拟具三项保侨办法,呈送行政院核夺:"一、现在旅居交战各国之华侨,应自行设法疏散,我驻外使领馆仅负劝导及协助之责任,无须负责遣送。二、如我国对于欧战,决定参加交战国之一方,则旅居与国暨中立国之华侨无庸撤退,但仍应疏散至安全地带。其旅居敌国及其与国之华侨,应由政府遣送回国,至少须送往中立国暂住。三、遣送费用,须查明侨民资力,加以甄别,有力者自筹旅费,实在无力者,应查明确数,报部呈院核拨。"9月5日,行政院回复外交部:"经提出本院第四三〇次会议

---

① 《行政院秘书处致教育部笺函》(1939年9月13日)吕字第10515号,国民政府行政院档案,中国第二历史档案馆藏。
② 《财政部致行政院呈》(1939年9月20日)渝钱汇字第1265号,国民政府行政院档案,中国第二历史档案馆藏。

决议:准如所拟办理。仰即电饬各有关使领馆遵照。"①

但当时形势并不如人所料,中国在欧的侨民、学生数量较多,过境、转赴中立国、回国运输船只都存在很多问题。9月10日,驻德大使馆将滞留德国的侨民及留学生详电外交部:"经电请驻瑞典、丹麦、荷兰使馆向其政府请准签证,各方面电仅允过境,且须先定妥。瑞士亦未允入境,意大利至今尚未复。至于载运军火船只一时无法。现在此间学侨,已登记学生265名,侨民已报到者622名,侨民多半不作归计。其欲回国者,亦无外汇可作川资,大约侨民留此可得工作,无多困难,学生则多愿回国,其中粤66名,可以自备,尚有40名亦可勉强设法,其余150名均待救济。查意大利船最贱经济二等,每名约合160美金,德、意两方车费约40美金,每名以200美金计算,共需30 000美金。包船非易,只能设法定购船票。学生经济状况极难审核充裕,而借口到馆取监别者颇不乏人。我政府决意遣送学生归国,似应早日拨款办理,否则交通断绝,即有款亦无法遣送,而学生经济渐竭,多有流落之虞。本馆办理此事,任劳任怨,决不虚掷,惟望早日电示办法,免失时机。"9月15日驻德使馆又致电外交部:"现意轮增加票价五成,经济二等每名248美金,前电所陈30 000美金应增至45 000美金。"可见在战乱的状况下,形势瞬息万变,经济充裕的情况下都不好把握,更不用说在经济困难时期了。9月19日,外交部将驻德使馆所汇报情况又详转教育部,教育部又将其所转信息上呈行政院。②

为留学德、奥、捷等国学生请求增拨救济费,9月25日,教育部致呈行政院,认为前奉准拨驻德大使馆英金2180镑,仅足敷德、奥、捷留学生200人赴中立国待命之用。"惟欧洲战事,似非短时期所能结束,学生赴中立国后,居留及生活费等,在在皆有问题。"因而认为驻

---

① 《教育部致行政院呈》(1939年9月25日)留五字第23121号,国民政府行政院档案,中国第二历史档案馆藏。

② 《国民政府教育部致行政院呈》(1939年9月25日)留五字第23121号,国民政府行政院档案,中国第二历史档案馆藏。

德大使馆发来的电文中"所拟将学生150人悉数遣送回国一节,似可采纳。且查各生预定回国期限,大多数均为今年或明年,依其所习科目,亦无继续在外留学之必要,拟令一律回国"。但教育部同时也对驻德大使馆所提出的回国船票问题提出新的看法:"惟来电所拟一律购给意轮经济二等票一节,待遇过优,似非撙节外汇之道,若非不得已,拟以一律购给统舱船票为原则。但意轮间有无统舱者,恐不易购票,且难免有意外开支。现时机急迫,不容多有周折,各生救济费,仍请准予参照来电所拟经济二等舱船票,以增价五成计算,连同德、意两方车费,每名发给美金280元,150名共需美金42 000元。除已汇该大使馆2 180镑(折合美金8 720元,以最近市价每镑合美金4元计)外,尚须增拨美金33 280元。仍电驻德大使馆撙节支付,如用后尚有多余,由该使馆归还。"①教育部通过对留学德、奥、捷等国学生人数及所需费用的统计,希望行政院至少还需拨款30 000美金以供其回国旅费之用。

在教育部致呈行政院的第二日,即9月26日,行政院秘书处科长罗理即关于增拨救济留德学生费用事向秘书长魏道明签呈:"查留德奥捷意学生转赴中立国待命,前经本院决定汇拨英金2 250镑,交驻德大使馆作为川资及临时救济费之用,已由财政、教育两部照办在案。兹据驻德大使馆电陈,瑞典、丹麦、荷兰三国仅允我学生过境,瑞士且不允入境,意国尚无复讯。现在德登记学生已有265名,多愿回国,其中粤籍66名可自备旅费,尚有40名亦可勉强设法,其余150名均待救济。由德回国车船旅费约计每名需美金280元,150名约共需美金42 000元,经教育部核议,实需此数。除已汇驻德大使馆英金2 180镑,以最近市价每镑合美金4元计,共折合美金8 720元外,尚须增拨美金33 280元,仍电驻德大使馆撙节支付,有余由该使馆归还

---

① 《国民政府教育部致行政院呈》(1939年9月25日)留五字第23121号,国民政府行政院档案,中国第二历史档案馆藏。

等语。可否令由财政部照数增拨之处,祈核示。"①秘书长魏道明在该文件上批字:"召外、财、教、侨等部会来院审查。"

10月9日下午,外交、财政、教育三部及侨务委员会在行政院召开第四三五次会议,审议教育部呈请增拨救济留德学生回国旅费案,出席会议者有外交部的孟鞠如、财政部的童蒙正、教育部的吴俊升、侨务委员会的林乾祐、行政院的张平群。此次会议的最终审查意见:"本案教育部请增拨救济留德学生回国旅费美金33280元,经详加审查,佥以此项经费系属必要之支出,拟请准予增拨美金3万元(如购买外汇动用外汇基金有困难时,拟请照市价购汇),由院令行外交部转饬驻德大使馆酌量学生经济情形撙节支付。余款仍交还国库。"②由此可知,此次会议已通过教育部请求增拨救济留德等国学生回国旅费之事。但事实上,由于当时欧洲战争非常激烈,交通阻绝,能够拿着旅费回国的并不多,而多数留学生用其当作生活费继续艰难度日。

3. 补助德、意、荷、比、法五国学生救济费35 000美金

为吸引海外留学生在战争时期回国参加抗战建国服务,国民政府行政院曾开会决议,凡在抗战时期自愿回国的留学生,政府愿补助一些旅费。所以在欧战爆发之初,国民政府出资遣送了一部分集中在德国的中国留学生回国。时至1941年,欧洲战场处于胶着状态,几无安静学习、研究之场所。再加上7月1日中德断交,经济困难及不安全感使居留德国及荷兰、比利时等国的中国留学生多想方设法回国。

1941年7月4日,驻德大使馆武官桂永清致电行政院院长孔祥熙,为留德归国学生请求特发返国旅费:"留德学生130名,以中德绝交,皆欲归国,其中学业完成即欲回国效命者,有蔡喆生等50人,素仰钧座爱护青年,恳请特发每名经过土耳其、伊朗、印度返国旅费美

---

① 《行政院秘书处关于增拨救济留德学生费用签呈》(1939年9月26日),国民政府行政院档案,中国第二历史档案馆藏。
② 《行政院第四三五次会议会议记录》(1939年10月11日),国民政府行政院档案,中国第二历史档案馆藏。

金400元,交驻土耳其张公使转发。"①此后,教育部也致呈行政院,意即我国与德意志断绝邦交后,关于留德学生奉院议决定自愿归国者得由政府补助旅费,请先以紧急命令支拨该项旅费美金32 000元。为此,7月21日下午,在行政院召开行政、外交、教育三部会议,最终审查意见如下:"查留德学生前经院会决议自愿归国者,得由政府补助旅费。现留学欧洲意、荷、比三国学生亦多向外交、教育两部请求救济。按中意亦已绝交,荷、比惨罹战祸,留学各该国学生处境艰危,其自愿归国者,似应并予补助旅费。惟此项留学生中,有由各机关公费派遣者,当由原派遣机关拨发归国旅费,亦有家境优裕无需补助者,驻德、意、荷、比使馆既已分别撤退,似应责成驻瑞士使馆详密调查各该生之经济状况,从严审核,其确实贫苦者方得分别酌予补助归国旅费。似可先以紧急命令饬拨美金三万元,以应急需,仍应实报实销。"7月25日,行政院训令教育部:"该部呈请以紧急命令饬拨留德意自愿归国学生旅费一案,经交付审查后,提出本院第五二四次会议决议'照审查意见通过',除以紧急命令饬财政部即拨美金三万元,汇交驻瑞士使馆应用,并令知外交部,合行抄发审查纪录,令仰补编追加概算,呈院核转。"②行政院既已会议通过,并以紧急命令饬财政部拨款,则财政部须很快将3万美金转汇驻瑞士使馆(因留欧学生多集中在瑞士,由驻瑞使馆负责)。

按照拨款程序,教育部还须补编费用概算书,所以8月4日,财政部致电教育部:"案奉行政院急字400号紧急命令,饬垫拨补助留德、意、荷、比自愿归国学生旅费美金三万元,等因。自应遵办。除函中央银行照拨,电汇驻瑞士公使馆领转外,特电查照转知,并希补编概算呈请核定,以完手续。"③从程序上来说,最后教育部再补编一个

---

① 《驻德大使馆武官桂永清致行政院长孔祥熙电》(1941年7月4日),国民政府行政院档案,中国第二历史档案馆藏。
② 《行政院致教育部训令》(1941年7月25日),国民政府教育部档案,中国第二历史档案馆藏,全宗号:五,案卷号:15400。
③ 《财政部致教育部快邮代电》(1941年8月4日),国民政府教育部档案,中国第二历史档案馆藏,全宗号:五,案卷号:15400。

概算上交给行政院和财政部就算完成整个拨款救济的过程了。8月21日,教育部致电驻瑞士公使馆:"补助留德、意、荷、比四国学生回国旅费美金三万元已电汇,请统筹支配并电复。"①9月10日,驻瑞士使馆致电教育部:"留德、意等国学生川资补助费事,五日电报敬悉。该款业已汇到,支配办法详9月5日呈外交部代电。"②至此,德、意、荷、比四国学生回国旅费美金3万元已汇到驻外使馆,驻外使馆再按照各生回国路线的不同发放不同的旅费。

国民政府在给德、意、荷、比四国学生拨发回国旅费的同时,也拨了美金五千元救济留法学生:"欧洲大陆各国留学生,现因交通不便,居留未返者,为数尚多,前曾由院拨付美金三万元,交驻瑞士公使馆统筹支配,作为资助留德、意、荷、比四国学生返国川资之用。另美金五千元,交驻法大使馆救济留法学生。"③由此可知,1941年9月,国民政府共拨付德、意、荷、比、法五国留学生35 000美金。这些费用以回国旅费为名,但事实上当时"交通不便",所以拿旅费回国者并不是很多,更多人是等待战争结束后归国。

二、太平洋战争爆发后借款救济

太平洋战争爆发后,美、英、中三国都向日本宣战,中国作为反法西斯同盟国之一员,国际地位也随之有较大提高,英美两国为拉拢中国继续对日作战,不仅在军事上援助中国,而且在文化教育方面也给予帮助。国民政府也利用英美对华借款,从中拨出部分以加强对海外留学生的救济。

1. 在英美信用借款内拨款救济留学生

日本全面侵华给中国造成巨大损害,经济上十分困难,再加上常年的军事战争,耗资巨大,国民政府在财政上早已捉襟见肘。而在太

---

① 《教育部致驻瑞士公使馆电》(1941年8月21日),国民政府教育部档案,中国第二历史档案馆藏,全宗号:五,案卷号:15400
② 《驻瑞士使馆致教育部电》(1941年9月10日),国民政府教育部档案,中国第二历史档案馆藏。
③ 《教育部关于请准在英国借款项下拨款救济留英学生致蒋介石呈》(1942年7月15日)国民政府教育部档案,中国第二历史档案馆藏,全宗号:五,案卷号:15400。

平洋战争爆发后,英美等国向中国提供大量信用借款,若能从中拨出一部分来救济海外留学生,则可以减轻国库的压力。美国向来注重中美之间的文化交流,1909年以来的利用庚款留学来加强美国在华的政治、文化影响已经收效明显,所以在外交部部长宋子文的努力下,美国同意从其借款中拨出部分来救济留美学生。1942年3月31日,中美签订《五亿美元借款协定》,其中就包括培养中国留美学生、救济中国已在美国留学的贫困学生等项目。

针对美国存在许多学业优秀而经济困难的中国留学生,外交部部长宋子文向行政院提出,在美国借款项下拨付一部分来奖励和救济留美学生,并获得允准。1942年4月22日,行政院秘书处致函侍从室第二处,称已奉令拨付美国借款一部分作为留美学生奖励及救济费用:"奉院长三十一年四月侍秘字第12018号霰代电,饬在美国借款内拨付三十万元,作为留美学生奖励及救济费用等因。遵即由院令饬财政部遵办,并令知军政、教育两部。"[①]可见,至1942年4月时,行政院已从美国借款中拨出30万美金来救济贫困的留美学生。国民政府从美国借款中拨出一部分救济在美留学生之事,在外国文献中也有记载:"与此同时,中国政府也在向滞留在美国的中国学生提供类似的财政援助。中国政府委托华美协进社代管留美中国学生战时学术计划委员会颁发留美中国学生奖学金,据说,到1944年1月,获得奖学金救济的学生约有200个。"[②]

与留欧学生不同的是,美国本土在二战中几无战火影响,所以留美学生所处环境相对安定。对于留美学生来说,其主要困难是国内经济来源断绝,或因公费拖延较长而影响生活、学习的正常进行。所以国民政府对于留美学生的施救方案主要是给予经济确实困难而且

---

① 《行政院秘书处致侍从室第二处笺函》(1942年4月22日)五字第7301号,国民政府行政院档案,中国第二历史档案馆藏。

② Wilma Fairbank, *America' Cultural Experiment in China 1942 - 1949*. Cultural Relations Program of the U. S. Department of State: Historical Studies: Number 1, Bureau of Educational and Cultural Affairs of U. S. Department of State, Washington, D. C., 1976:126.

学业优秀的学生提供奖学金,既可以解决其经济困难问题,同时也可鼓励留学生努力向学。

1942年7月15日,教育部长陈立夫正式向蒋介石提出,英国借款项下拨款英金3万镑救济留英学生,作为留英学生救济专款。上文已述,在此不赘。①

2. 借款救济滋生的困难

太平洋战争爆发后,英美两国作为中国的同盟国,向国民政府提供了不少信用借款。1942年,在国民政府外交部部长宋子文的努力下,美国同意在其借款项下拨出30万美金来救济中国留美学生。不久,教育部又效仿美国做法,建议从英国借款项下拨款3万镑救济留英学生,也获得行政院和英国的准许,并已电告驻英大使顾维钧洽办。但不久,财政部次长郭秉文向行政院副院长孔祥熙发来两封电报,一封是传达英国非常赞同用英镑借款来救济和培养中国留英学生:"昨英国对外文化协会British Council代表约晤,据谓中国政府利用信贷资助留英学生事,有裨中英文化联络,英政府已趋赞同,并称我方所需留英学生救济费三万镑,勿庸减少。倘我政府尚有其他计划,如添派学生,聘请英教授,购买图书仪器等,所需之款,均可用信贷开支云。信贷局对此亦表同意,请洽教育部,并赐复。"另一封却又告之,英国不愿用英镑借款来救济其他国家的中国留学生:"经洽信贷局,据复称信贷拨充留英学生救济费可予同意,惟留欧学生不适用,因不属金镑区。此项救济费数额应否酌减。"②为尊重英方意见,1943年1月14日,财政部致函教育部,将3万英镑借款中拨一部分救济留英学生,其他留欧学生则再另案呈请救济:"兹据本部郭次长秉文先后来电,英方对于利用信贷救济留英学生与其他联络中英文化费用均表同意,救济留欧学生则不适用。惟依行政院原令饬拨3

---

① 第三章第一节第二个问题有关留学生救济的流程中,专门论述了从英国借款中拨出3万镑来救济留英学生之事例。
② 《财政部致教育部公函抄件》(1943年1月14日),国民政府教育部档案,中国第二历史档案馆藏,全宗号:五,案卷号:15400。

万镑,本包括留英留欧学生在内,为尊重英方意见,并顾全事实起见,经由部电复郭次长,将已函准照拨之三万镑,按留英学生人数210名,提出13 000镑交顾大使核实分发,其余17 000镑,候由贵部拟定用途,呈经核准后,再行通知划拨。至留欧学生,并应由贵部另案呈请拨款救济。"①

  教育部作为留学教育的主管部门,在培养英才方面责无旁贷,所以希望此三万英镑单独作为留英学生救济之用,尽量为海外留学生多争取点救济金。2月11日,教育部又致函财政部:"查留英留欧学生救济费英金三万镑一款,系奉院令核准照拨,英方既对于借款救济留欧学生一点不予赞同,则该款三万镑可作为单独救济留英学生之用,如本年度有所剩余,可移作下年度救济之需。又留法学生现在处境艰困,亟待救济。前由驻法使领馆屡电本部告急,当时原拟在该三万镑内暂拨一万镑,转派驻法使馆救济,现在既不能适用,自应另行筹划救济。查本年国家预算教育文化费内留学生救济费一项,原奉行政院核列美金三十万元,现在预算法案虽尚未经最后核定,但留法学生之救济极为迫切。拟请在该款项下暂拨美金五万元作为救济留法学生之需,并请查照,先行拨交本部,俾便迅速汇交驻瑞士使馆转汇,以资救济。"②在教育部的请求下,此后,国民政府又另拨经费救济留欧其他国家的中国留学生。

  英国不愿用英镑借款来救济留学其他国家的中国留学生,完全从英国自身利益出发,此举无疑给中国海外留学生的救助带来了诸多麻烦和困难。一方面,驻英使馆可以将3万镑完全用于救济留英学生,另5万镑用于救济留法学生,而在英国的限制下,却将3万镑分开用于英法两个国家的留学生救济,在救济费总量上无疑大大减少了,对于海外留学生来说确实增加了困难;另一方面,从政府角度

---

  ① 《财政部致教育部函》(1943年1月14日),国民政府教育部档案,中国第二历史档案馆藏,全宗号:五,案卷号:15400。
  ② 《教育部关于拨款救济留英留法学生致财政部公函》(1943年2月11日),中国第二历史档案馆藏,国民政府教育部档案,全宗号:五,案卷号:15400。

来看，教育部为救济留法学生还需重新申请拨款，财政部还需再次拨款外汇，这也无疑增加了各部门的麻烦。

从英美借款中拨出部分来救济留英、留美学生，其最典型的特点就是专款专用，即从英国借款中拨付的3万镑只能用于救济留英学生，从美国借款项下拨付的30万美金只能用于救济留美学生。此特点也反映了各国从战时国家利益至上和未来长远发展的需要。英美两国都希望通过拨款救济中国留学生，以加强本国与中国的文化交流，进而加强本国在中国未来的政治影响，因而不愿将本国的借款用于留学他国的中国留学生身上。

三、抗战胜利前后加强救济力度

抗战胜利前后，一方面，军事战争更加激烈，海外留学生的生活情形更加困难；另一方面，海外留学生已看到胜利的曙光，争先恐后回国服务。而国民政府从战后国家建设的需要考虑，也极愿将长期滞留海外的留学生接运归国，所以在拨款救济海外留学生方面也加大救济力度，相继批拨了几笔大额救济款。

1. 相继批拨多笔救济款

其一，拨欧美留学生救济费美金5万元。全面抗战后期，留欧学生多数都滞留在中立国瑞士。从教育部的留学档案中可以发现，国民政府相继批拨了几笔救济款汇往瑞士使馆。1944年5月6日，财政部致电教育部："查欧美留学生救济费美金5万元一款，已于本年1月20日，以库渝三字第65141号函请中央银行垫拨，电汇中国驻瑞士公使具领，并函复查照各在案，究竟该款已否汇到，除函中央银行查复，一俟复到再续办理外，相应复请查照。"[①]这个电文说明财政部早就向瑞士使馆汇寄了5万美金救济款，只是因战乱时期中间会凭空多出许多枝节，比如货币汇兑、通货膨胀等客观因素，甚至还有可能人为因素导致汇款不能及时到达。

---

① 《财政部致教育部快邮代电》(1944年5月6日)，国民政府教育部档案，中国第二历史档案馆藏，全宗号：五，案卷号：15400。

其二,拨留学英法两国学生归国旅费8万美金。1945年5月7日,德国宣布投降,整个欧洲基本安静下来。二战期间困居欧洲无法回国的留学生们急欲归国服务,而国民政府也希望这些学业有成的留学生能尽快回国参加战后国家建设,所以也不惜耗巨资将他们接运回国。从国民政府教育部档案可知,战后国民政府汇寄8万美金至驻英大使馆,其中3万美金作为留英学生回国旅费,另5万美金作为留法学生回国旅费。但因为战后初期英国统制外汇,美金与英镑汇兑不易,驻英大使馆致电教育部:"美金8万元已到,但中央银行系折合英金汇来,此间因统制外汇,英镑换美金绝不可能,所嘱拨5万元汇寄驻法大使馆及拨陈通伯(即陈源)1 000元、马斌良2 000元等无法办理,请向渝员面银行接洽,改以美金汇英,仍希对汇,除另电财政部外,请速饬办理具复。"[①]4月5日,教育部回复驻英大使馆:"美金五万汇法事请与驻法使馆径洽,至陈源美金一千、马斌良美金二千,请折成英镑拨发。"[②]抗战胜利前后,因各国统制外汇,给中国留学生的救济增加了不少困难。

其三,增拨救济留法学生4.7万美金。抗战胜利前后,世界形势发生较大变化,导致各地区都出现不同程度的经济不稳状况。通货膨胀无疑会加重海外留学生的负担。好在抗战后期,国民政府利用英美借款,对海外留学生的救济经费比较充足。针对法国出现法郎不稳的情况,1946年2月21日,教育部致函财政部:"本部为偿还驻法大使馆救济留法生向银行所借之款,曾以高字3739号公函,请在救济费项下拨美金17 000元汇法应用在案,兹准驻法大使馆电,近因佛郎不稳,请将此款改汇纽约中国银行本馆存户以便支拨等由,除分电外,相应函请查照改汇。"[③]同日,教育部又分电纽约中国银行:"本

[①] 《伦敦驻英大使馆致教育部电》(1946年3月4日),国民政府教育部档案,中国第二历史档案馆藏,全宗号:五,案卷号:15374。
[②] 《教育部致驻英大使馆电》(1946年4月5日),国民政府教育部档案,中国第二历史档案馆藏,全宗号:五,案卷号:15374。
[③] 《教育部致财政部公函》(1946年2月21日),国民政府教育部档案,中国第二历史档案馆藏,全宗号:五,案卷号:15374。

部为偿还驻法大使馆救济留法生向银行借款合美金 17 000 元,业函财政部改汇贵行存入驻法大使馆户,除分电外,特电查照办理。"①从这两个电函可知,国民政府单独为驻法使馆拨款美金 17 000 美元以供驻法使馆偿还欠款之用。

除此 17 000 美元之外,国民政府还向驻法使馆汇去"留法学生召回旅费美金 3 万元"。1946 年 2 月 8 日,教育部致电驻法使馆:"本部前后汇往贵馆之款,计有留法学生召回旅费美金 3 万元,及偿还因救济留法学生向法银行借贷之美金 17 000 元,均函中央银行直汇贵馆,又留德学生救济费美金 5 万元,业电驻英大使馆转汇,总共美金 97 000 元,谅足敷用。有再请领救济费者,请饬知准以官价购买外汇,但如确有经济极困难者,仍可酌发。"②从中可以发现,国民政府为救济留法、留德学生顺利归国,确实汇了不少款项给驻法使馆。

抗战胜利前后,国民政府加大救济力度,仅 1944 年度,国民政府就拨给教育部赴欧美留学生救济费为美金 15 万元,折合国币 300 万元③,可见,国民政府对海外留学生救济力度之大。

2. 战后各驻外使馆多有救济款结余

1946 年 12 月,国民政府声明对海外留学生的救济事务结束,关于海外留学生的救济经费问题,各使馆须将具体救济过程、救济款收支情况向教育部详细汇报。从各使馆的汇报情况来看,各使馆都有救济费结余。

抗战胜利之后,在全面抗战时期国民政府核准批拨各驻外使馆的救济款各项开支,必须详细汇报教育部,以便其再集中汇报给行政院备案。1946 年 9 月 25 日,教育部向华盛顿驻美、伦敦驻英、巴黎驻法、昂哥拉(安卡拉)驻土、伯尔尼驻瑞士、开罗驻埃及公使馆及纽约

---

① 《教育部致纽约中国银行代电》(1946 年 2 月 21 日),国民政府教育部档案,中国第二历史档案馆藏,全宗号:五,案卷号:15374。
② 《教育部致巴黎驻法大使馆代电》(1946 年 2 月 8 日),国民政府教育部档案,中国第二历史档案馆藏,全宗号:五,案卷号:15374。
③ 《国民政府教育部致财政部公函》(1944 年 12 月 30 日),国民政府教育部档案,中国第二历史档案馆藏,全宗号:五,案卷号:15374。

华美协进社致电:"前经本部委托代为办理对外文化及留学生救济事宜,无任公感,查本部所存贵馆(社)外汇收支情形,自陈前部长立夫以来即未彻底整理,前曾电请查示,应事实需要亟须清理,相应电请查明,惠予将本部所存贵社(馆)历年外汇各种项目收支情况至本年十月底止详为列表见示。"①同日,又专门给驻德军事代表团发去电文:"伦敦驻英大使馆转驻德军事代表团公鉴,查本部所存贵团外汇以年度行将终了,例须将结算存外外汇,相应电请查明惠予,将本部所存贵团外汇收支项目详为查示并检附收据。"②此后,各驻外使馆纷纷统计开支费用并汇报给教育部。1946年10月14日,教育部收到驻美大使馆顾维钧电,详述留美学生救济费开支情形:"留学生救济费用,魏大使任结存13 700余元……"③与驻美使馆相似的是,驻瑞士使馆与驻土耳其使馆都有剩余救济经费。1946年12月12日,教育部致电驻瑞士公使馆:"查关于留学生救济费尚存美金32 931元6角7分,以士法汇兑,又通由贵馆汇存纽约中国银行驻法大使馆户内一节,系准贵馆本年三月十二日第十号电办理。"④由此可知,驻瑞士使馆尚有3万多美金存在纽约中国银行。而从驻美大使馆致教育部的代电中可知,驻土耳其使馆还有救济余款3万多美金:"驻土大使馆所存学生救济费余款美金32 898元6角4分,除扣汇费5元6角4分外,实汇美金32 893元,业已收到,相应复请查照为荷。"⑤在德国方面,二战后,留德学生事务由驻德军事代表团负责,从驻德军事代表团代理团长缪培基致教育部的呈文中可知,救济留德学生费用也

---

① 《教育部致各驻外使馆代电》(1946年9月25日),国民政府教育部档案,中国第二历史档案馆藏,全宗号:五,案卷号:15374。
② 《教育部致伦敦驻英大使馆转驻德军事代表团代电》(1946年9月25日),国民政府教育部档案,中国第二历史档案馆藏,全宗号:五,案卷号:15374。
③ 《华盛顿大使馆顾维钧致教育部高等司电》(教育部1946年10月14日收文,国民政府教育部档案,中国第二历史档案馆藏,全宗号:五,案卷号:15374。
④ 《教育部致驻瑞士公使馆代电》(1946年12月12日),国民政府教育部档案,中国第二历史档案馆藏,全宗号:五,案卷号:15374。
⑤ 《驻美大使馆致教育部代电》(1947年6月19日),国民政府教育部档案,中国第二历史档案馆藏,全宗号:五,案卷号:15374。

剩余不少："去年本团领得钧部发给救济留德学生（奥国1人在内）经费美金2万元，除已发放15 300元外，尚余4 700元，驻瑞士使馆移来余款7 200元，又前驻德大使馆所存救济留德学生余款2 400元，以上三宗合计14 300元，……"①从上述各使馆向教育部汇报的内容可知，基本上各使馆都有剩余救济款，这足以说明，全面抗战时期国民政府虽对海外留学生的救济申请审核严格，但总的来说基本上都能使贫困的海外留学生获得救济。由此也说明，在抗战后期，国民政府在救济留学生方面批拨了充足的救济经费。

从上述各个时段国民政府对海外留学生批拨的救济款来看，所批拨的回国旅费远多于生活补助费，这也符合全面抗战时期国民政府制定的限制留学政策要求。一方面抗战建国需才孔亟，急需各式人才参与各项抗战建国的服务；另一方面，全面抗战时期国民政府也出现各种经济困难，尤其外汇紧张，为节省外汇，减少资金外流，所以国民政府令海外留学生尽量早日归国服务，因而发放的回国旅费远多于海外生活救济费。但事实上，由于当时交通不便，真正能运用旅费回国的留学生并不是很多，更多的人是拿着这些回国旅费充作生活费勉强度日，在抗战胜利前后才纷纷返国。

3. 货币汇兑困难对拨款救济产生的障碍

全面抗战后期，英、美等国都实行统制外汇政策，致使大批急需救济的货币汇兑受阻。1944年4月29日，关于汇款救济留欧学生之事，国民政府教育部致电外交部，希望其加强对转赴中立国瑞士的中国留学生的救济力度，5月5日，外交部在回复教育部的代电中说："查目前由国内汇款至瑞士系经美转汇，美方月限三千美金，仅敷驻瑞士使馆每月经费之需，除特别申请外不得增加。至土耳其现与欧陆各国是否通汇无阻一节，经电令驻土使馆查复，除俟复到后再行奉

---

① 《驻德军事代表团代理团长缪培基致教育部呈》(1947年5月24日)，国民政府教育部档案，中国第二历史档案馆藏，全宗号：五，案卷号：15374。

达外,相应先行电复。"①留学生救济款大量从美国转汇,而美国却对外汇统制,每月仅限三千美金,这无疑会增加救济款汇兑的难度。

1945年初,美国与瑞士之间也发生了货币汇兑的矛盾,导致纽约中国银行的救济款迟迟不能汇到瑞士。4月16日,中国驻瑞士公使馆在致教育部代电中说:"查贵部前汇存此间款项早经告罄,自去年10月起本馆节经电请续汇,至今尚未收到。留瑞学生亦已2个月未发津贴,所嘱各节无法垫付。再此间与法国交通尚异常困难,邮递有时二三星期方能到达,汇款手续尤属繁多,加以自美国封锁瑞士在美存款后,瑞士对于我国款项必须用于瑞士国币支付,如允通融解放,一经解放,始准再汇他国。嗣后凡用救济留法学生事件,可否准查照本馆63号呈外交部电,迳汇款我国驻法大使馆就近办理。"②从驻瑞使馆的电文可知,美国封锁瑞士在美存款,导致我国汇往瑞士的货币必须是瑞币,这必然增加了将救济款汇往瑞士的麻烦。另外,法国与瑞士作为近邻,交通都异常困难,这也严重影响了瑞士使馆对留法学生的救济问题。

除了美国对美金外汇进行严格限制之外,英国也实行统制外汇政策。战后国民政府汇寄8万美金至驻英大使馆,其中3万美金作为留英学生回国旅费,另5万美金作为留法学生回国旅费。但因为战后初期英国统制外汇,美金与英镑汇兑非常困难,1946年3月4日,伦敦驻英大使馆致电教育部:"美金8万元已到,但中央银行系折合英金汇来,此间因统制外汇,英镑换美金绝不可能……请向渝员面银行接洽,改以美金汇英,仍希对汇。"③在当时留学生急需救济的情况下,救济款已收到却不能分发,再让政府重新以英国货币汇发过来,不仅浪费时间,也增添了不少麻烦。不仅英镑换美金困难,即使

---

① 《外交部致教育部快邮代电》(1944年5月5日),国民政府教育部档案,中国第二历史档案馆藏,全宗号:五,案卷号:15400。
② 《中国驻瑞士公使馆致教育部代电》(1945年4月16日),国民政府教育部档案,中国第二历史档案馆藏,全宗号:五,案卷号:15374。
③ 《伦敦驻英大使馆致教育部电》(1946年3月4日),国民政府教育部档案,中国第二历史档案馆藏,全宗号:五,案卷号:15374。

同在欧洲大陆的瑞士与法国,货币汇兑也很困难。1945年6月1日,教育部指示驻瑞使馆:"留法学生事务仍请暂时代为处理,俟法国交通及社会秩序恢复后再行统筹。"①但驻瑞士大使馆在致教育部的电文中说:"此间与法国汇款异常困难",上述要求"歉难办到","仍请径电驻法大使馆办理"②。可见,二战后期各国间货币汇兑十分困难,这必然给分散在世界各地的中国留学生的救济带来诸多不便。

二战胜利前后,各国都出现不同程度的通货膨胀,这必然增加货币汇兑的麻烦,也使中国海外留学生的救济困难加重。战后法国出现严重的通货膨胀,1946年1月31日,驻法大使馆在致教育部的电文中说:"各款尚未收到,近因佛郎不稳,请将各款汇纽约中国银行本馆存户,以便统筹支拨,务请勿汇法国。"③欧战结束后,国民政府在法国重建驻法使馆,本可以直接将救济款拨到驻法使馆,却因法国通货膨胀严重而不得不转汇美国。而美国此时又实行外汇限制,"月限三千美金",这必然会加重对留欧学生的救济难度。

第三节　海外留学生救济费的分发

从申请救济的流程来看,是发给生活费还是旅费,救济费的数目多少,关键环节在于审核,所以教育部、财政部等部门对救济费的审核十分严格。国民政府在批拨救济费时往往将不同国家、不同救济费(包括生活费和旅费)同时发放,所以驻外使馆在分发救济费时也将不同救济费同时分发。各留学生领取救济费还必须签署收据,以作为驻外使馆、教育部向上级部门核账的凭证。

---

① 《教育部致中国驻瑞士公使馆代电稿》(1945年6月1日),国民政府教育部档案,中国第二历史档案馆藏,全宗号:五,案卷号:15374。
② 《中国驻瑞士大使馆致教育部电》(1945年6月21日),国民政府教育部档案,中国第二历史档案馆藏,全宗号:五,案卷号:15374。
③ 《驻法大使馆致教育部电》(1946年1月31日),国民政府教育部档案,中国第二历史档案馆藏,全宗号:五,案卷号:15374。

一、救济费的审核十分严格

教育部作为留学教育的主管部门,严格按照《抗战期间国外留学生救济办法》审核海外留学生的救济申请,而财政部作为全国财政收支的出入口,对留学生救济申请的审核更严苛,使得救济申请往往拖延时日较多,而且有不少留学生的救济申请被拒之门外。

1. 教育部按救济程序严格审核

海外留学生的救济费主要由教育部和财政部来审核。教育部作为留学教育的主管部门,对海外留学生救济费的审核是其职责所在,也是制定救济方案时明确规定的职责范围。所以,教育部在对留学生救济费的审核时认真而严格。比如,1938年6月,上海市原市长、时任中央信托局常务理事的俞鸿钧致函教育部部长陈立夫:"兹有恳者,弟有友人生长及留学美国,闻按照部例可请求津贴或官费优待,未审最近订例及请求办法如何,敢乞公余饬司详细示悉以便转告。"[①] 6月22日,陈立夫复函俞鸿钧,既强调救济要求,也告之以救济程序:"一是部中因留外学生受战事影响经济来源断绝,故有救济留学生之办法,但以家在战区确需救济曾领有留学证书者为限,并无津贴或官费优待之事。贵友如合此项条件,须即嘱向驻外大使馆填表登记,俟报部后自行审核。"[②] 可见,即使身任要职者,其亲友若想获得救济,也必须符合救济条件,还需填表登记,经教育部审核通过才行。

虽然教育部在全面抗战初期定订海外留学生救济方案,但对于申请救济者的审核十分缓慢。在全面抗战之初,家在沦陷区的留学生很快就感受到了经济困难,尤其那些靠家庭供给经费的自费生更是如此。因为留学生的所有事务都是由驻外使馆负责的,所以出现经济困难的留学生都向驻外使馆求救。全面抗战之初,驻英大使将留英学生的求救信号向国民政府教育部传达:"英自费生情况奇窘,

---

① 《俞鸿钧致教育部函》(1938年6月17日收),国民政府教育部档案,中国第二历史档案馆藏,全宗号:五,案卷号:15400。
② 《教育部长陈立夫致俞鸿钧函》(1938年6月22日),国民政府教育部档案,中国第二历史档案馆藏,全宗号:五,案卷号:15400。

有急待回国而无川资者，有目前生活无法维持者，应如何办理，恳即电复并先行电汇千镑以资救济。"时任教育部部长王世杰批示："此事由高、总两司拟一通盘办法呈院核定后电复。"①全面抗战已历半年，前期由家中汇寄的经费多已消耗殆尽，而留英学生仍未收到救济款，1938年4月30日，驻英大使再次致电教育部："二月奉上战区留英公私费生所填写各表计已收到，彼等现多陷绝境，无法应付，究应如何救济，聆速电复。"②至5月13日，教育部才回复驻英大使馆："前送留学生表正审核中，合格者即发救济费。"③2月填写救济申请，至5月还在审核中，耗时较长，可见，对于留学生救济费的审核十分严格。与此相似的是，1938年4月28日，驻比大使馆致电教育部，请求电示确需救济之公自费生救济办法以便转达，并将留比学生申请救济表送呈教育部，至5月13日，教育部在回复驻比大使馆电文中仍说："前送留学生表正审核中，合格者即发救济费。"④可见，对留学生救济申请的审核非常严格以致耗时长久，这对于困境中的海外留学生来说是十分煎熬的过程。

2. 财政部对救济费审核更加严苛

教育部对留学生救济表的审核已很严格，而财政部作为经费的出入口，对留学生申请救济的审核更严格。1938年9月30日，教育部致函财政部，"将历次所转留学生请购外汇案件迅予核办见复"，10月26日，财政部函复教育部："查贵部汇发第一批第二批留学生救济费暨函送留法学生请购外汇书表三批均经由部先后核明分别函复并签发通知书在案，其应令召回国各生如不遵办，以后申请外汇自应不

---

① 《教育部收到伦敦大使馆请示电文》(1937年教育部收文)，国民政府教育部档案，中国第二历史档案馆藏，全宗号：五，案卷号：15400。
② 《伦敦驻英大使馆致国民政府教育部电》(1938年4月30日)，国民政府教育部档案，中国第二历史档案馆藏，全宗号：五，案卷号：15400。
③ 《教育部致伦敦驻英大使馆电》(1938年5月13日)，国民政府教育部档案，中国第二历史档案馆藏，全宗号：五，案卷号：15400。
④ 《教育部致布鲁塞尔驻比大使馆电》(1938年5月13日)，国民政府教育部档案，中国第二历史档案馆藏，全宗号：五，案卷号：15400。

予核准,如有向贵部请求者,应请随时核驳勿予照转,至核准继续在国外留学各生并请开列名单,详细注明出国时期、留学国别、所进学校、学习科目等项,函送到部,以资查考。"①针对财政部具有责怪之意的回复,11月2日,教育部又致函财政部,关于留学生申请购买外汇一案:"查本部救济之第一、二两批留学生,业经造册附送贵部查照,至历次所附留学生自请购买外汇文件,各生原书、调查表、申请书及肄业学校证明书等件,亦均分别转送,并已将各生请领留学证书情形,由本部查复后分别注明,以备贵部随时查考。嗣后对于已核定应回国各生申请继续购买外汇,如未具有特殊理由,自当予以批复。至本部已发给一次生活费之学生,如继续请求救济,或购买外汇,前已将本部意见于十月二十五日以留伍字第 10247 号公函复请贵部查照在案。"②从教育部与财政部的来往函文可以看出,留学生无论是申请救济补助还是申请自购外汇,审核都十分严格,程序复杂,手续繁多。

经教育部严格审核之后,材料送达财政部再审,为严格控制外汇外流,财政部的审核近乎严苛的地步。比如,1939 年 9 月 15 日,财政部致电教育部:"查该生吴恩裕回国川资既经由东北青年教育救济会发给在案,原未便再予核发,姑念该生研究成绩经驻英大使馆查明颇为优异,且学业已告完成,所有贵部已准再给回国川资 800 元,连同毛宾(留法)回国川资国币 800 元,两共国币 1 600 元……准交由重庆中国银行如数承汇,赴港代为向市结购,分别转汇……再,嗣后已准给回国川资之学生,如有特殊情形再有申请时,应请贵部严格审核,并检附证明文件送部核办。"③虽然最终吴恩裕因学业成绩优异而获得申请回国旅费,但从财政部的回函可以看出,财政部认为教育部的审核还不够严格,需再加强审核力度。

---

① 《国民政府财政部致教育部公函》(1938 年 10 月 26 日),国民政府教育部档案,中国第二历史档案馆藏,全宗号:五,案卷号:15400。
② 《教育部致财政部公函》(1938 年 11 月 2 日),国民政府教育部档案,中国第二历史档案馆藏,全宗号:五,案卷号:15400。
③ 《财政部致教育部快邮代电》(1939 年 9 月 15 日),国民政府教育部档案,中国第二历史档案馆藏,全宗号:五,案卷号:15400。

只要经济确实困难,教育部一般都会审核通过给予救济的,但最后还得经过财政部的审核通过才能最终拨款。比如,1939年8月1日,教育部致函财政部,意即剑桥大学鄂籍自费生周逸纯呈请救济一案,业经教育部核准,先行发给生活费半年,计国币1500元,希财政部核发外汇通知书以便汇寄。9月15日,财政部致电教育部:"查此项国币1500元业经本部核准如数交由重庆中国银行承汇赴港,代为向市结购转汇。"①文件上有"DEC. 18. 1939 汇讫"字样。留学生的救济申请获得财政部的审核通过后,再由财政部或中国银行结购外汇转汇驻外使馆,驻外使馆再按教育部审核通过情况发给申请者生活补助费或回国旅费。

全面抗战初期,国民政府教育部、财政部之所以对海外留学生的救济审核严苛,其主要原因是国民政府财政捉襟见肘,而且外汇十分紧张,为减少资金外流,作为资金出入口的财政部不得不对留学生的救济申请严格审核。欧战爆发后,海外留学生的居留环境更加恶化,国民政府对海外留学生的救济申请虽然审核严格,但总的来说速度比之前要快得多。

3. 部分留学生因审核未通过而被拒绝救济

全面抗战时期,虽然绝大多数留学生都出现各种不同程度的经济困难,但囿于国民政府制定的海外留学生救济章程,再加上教育部及财政部审核十分严格,所以有不少留学生申请救济被政府拒绝。按照国民政府抗战时期海外留学生救济办法规定,须家在战区,经济确实困难,已领取出国留学证书,而且学业优秀、所学专业与抗战建国密切相关的学科才能获得政府救济,而留学已满三年、学业成绩一般者则发给回国旅费令其回国;对于未领留学证书、原籍不在沦陷区者则不发救济费。符合救济条件者一般都能获得救济,而不符合要求者则有可能被拒绝。

----

① 《财政部致教育部快邮代电》(1939年9月15日),国民政府教育部档案,中国第二历史档案馆藏,全宗号:五,案卷号:986。

从国民政府教育部档案中可以看到,有不少留学生未能获得国民政府的救济。1939年《留法学生请求救济经教育部核定情形清单》中,就明确指出,"胡叔元:申请救济附件未到,暂缓核发";"严德辉:1938年2月出国,正值抗战紧张时期,所请救济不准";"国瑜:1937年11月出国,正在抗战紧张之期,所请救济不准";"汪恩钰:1938年10月已自购回国旅费60佛郎,碍难再发旅费";"陆宏勋、王崇第:出国未领留学证书,应俟补报出国原委后,再行核发";"周轻鼎、本骥、漆竹生、吴新兴、曾竹韶、李凤白、康克伦、黄璿、常玉、刘子华、吴恭恒、袁世斌:此12名,家乡皆未沦陷,依照留学生救济办法本不予救济,如该生等因欧战关系急切回国,并经贵馆于前电44人回国案内发给旅费可予追认,如未发给,仍以不发为宜"[①]。从上述未准救济的名单及理由来看,有的是因为证明材料未到,有的是因为"正值抗战紧张时期"出国,有的是因为出国未领留学证书,有的是因为原籍家乡未沦陷。这些理由,恰是国民政府制定通过的《修订抗战期间国外留学生救济办法》所拒绝提供救济的原因。不仅留法学生有诸多申请救济未获准的,其他国家的留学生也存在此现象,比如,1940年《留外学生救济登记名单》中明确注有"申请救济未予核准者":"留瑞孙永龄——令补报出国原委;留德刘光志——不准,一月十五日。"[②]其中"刘光志"未明确具体理由。

海外留学生在经济困难的情况下向驻外使馆求助,却因囿于规章而不得救助。国民政府制定救济规则自有其合理性,但有些留学生,比如未领留学证书就出国留学者,在全面抗战之前此类留学生比比皆是,而因此就不能获得政府救济,对于留学生来说有苦难言。国民政府固然想通过此举加强政府的统治威望,但同时也增加了一部分青年学子对政府的怨恨。

---

① 《留法学生请求救济经部核定情形清单》,国民政府教育部档案,中国第二历史档案馆藏,全宗号:五,案卷号:15400。

② 《留外学生救济登记名单》,国民政府教育部档案,中国第二历史档案馆藏,全宗号:五,案卷号:15400。

与部分留学生未获救济不同的是,还有部分留学生多次重复申请救济。在战争形势下,国民政府从保护海外留学精英人才考虑,对于经济困难的留学生多能网开一面,但也有个别留学生的多次重复申请遭到教育部的拒绝。

比如,留埃学生林兴华、林兴智的多次请求救济就未能获得满意的结果。1942年7月5日,留埃学生林兴华、林兴智同呈教育部,申请核发由印度至重庆的飞机票各一张。9月8日,教育部高等教育司回复他们说:"查留埃学生,前已由白副总长签奉委座核准,每名发给救济费英金100镑,并由财政部直接汇发,自无庸再予救济,即希知照。"1943年5月30日,林兴华、林兴智再次同呈教育部:"伏维钧部对于久困海外毕业学生,本来不忍坐视,有意施恩救济。奈因闻蒙委座救济,所以卸责。但留埃同学方面,关于所示此项救济,并未接到任何通知。是以生等即于同年十月十五日再次呈明,敬请钧部调查是否属实,以及确实人数名单。不料呈文奉上后,至今半载有余,杳无复示。其救济费依然沉寂。睹眼前之窘况,思祖国之多难,不哀而泪。是以理应再文呈请钧部,俯念下情,关怀生等痛苦,忆及教育前途,仍照原意发给航空回国旅费,是为至祷。否则,恳祈钧部规定每月救济费若干,以便留此再事深造亦好。我国近东留学生人数稀少,所学新奇,希祈核准,则感戴不尽矣。"①7月8日,教育部高等教育司又回函林兴智、林兴华:"本年五月三十日来呈收悉。查该生等前由中国回教救国协会于廿八年十一月来文,代请救济。初以该生等籍贯系隶云南蒙自,家乡并未沦陷,核与部章不合,未予照准。嗣据该会一再来文申请,复查该生等于廿三年四月出国,留学期间已逾十年,爰由部通融发给回国旅费各为国币800元,亦已于廿九年一月廿二日汇交驻开罗领事馆转发在案。何以逾期三年,尚未返国,殊属不

---

① 《留埃及学生林兴华 林兴智致教育部呈》(1943年5月30日发),国民政府教育部档案,中国第二历史档案馆藏,全宗号:五,案卷号:15400。

合。所请续发航空回国旅费一节,奉谕碍难照准。"①教育部声明已汇发旅费至开罗领事馆,而林兴智、林兴华却说没收到,究竟何故不得而知。总之,他们的请求未能获得批准。全面抗战时期国民政府对海外留学生的救济,主要对两类留学生特别优待,一是所学专业与军事国防密切相关的学科,二是学业非常优秀者给予特别补助。上述两位留埃学生,一方面,国民政府教育部有证据已核发回国旅费,另一方面,他们的所学专业不与军事国防密切相关,而且学业未见特别优秀,这应是国民政府不愿再发给旅费的重要原因。

二、旅费与生活费同时发放

全面抗战之前,我国留学生涉及欧、亚、非、美地区多个国家,全面抗战之后,分散在世界各地的中国留学生出现各种不同的困难。因日本发动"卢沟桥事变",事发突然,国内疲于应战,再加上国际上二战爆发,形势瞬息万变,国民政府制定海外留学生救济方案,原是战时应急之举,并没有根据滞留各国学生的需要而制定独立救济方案,而是根据当时留学生申请救济的情况来拨发救济款的。正常情况下,国民政府发放救济费,因为是按批次审核,所以往往是多国留学生同时发放。从救济费的分发过程来看,并不是独立地针对哪一个地区或哪一个国家进行施救,而是多处着手、齐头并进,有时发放一笔救济款可能会涉及欧美多个国家。比如,1939年12月11日,财政部致电教育部:"关于贵部发给留美学生郑天熙等八名及留法学生龚叔英一名,回国川资共计国币7 200元一案,……其余留美学生郑天熙等八名回国川资每名国币800元,共计国币6 400元,应准由重庆中国银行代为向市结购外汇转汇。"②财政部核发的7 200元中,既有留美学生也有留法学生的回国旅费。

国民政府批拨救济费时往往从同一时间拨款需要出发,而不是

---

① 《教育部高等教育司致留埃及学生林兴智林兴华司函》(1943年7月8日),国民政府教育部档案,中国第二历史档案馆藏,全宗号:五,案号号:15400。
② 《财政部致教育部代电》(1939年12月11日),国民政府教育部档案,中国第二历史档案馆藏,全宗号:五,案卷号:986。

从某一个国家统一拨款的需要出发,所以在发放救济费时可能几个国家留学生救济费同时发放,而且生活补助费与回国旅费同时发放。这在海外留学生救济费发放过程中是司空见惯的。比如,1939年10月26日,财政部致电教育部:"……以据留美留学生董霖、葛择,留德学生李恩波,留捷学生孙大瑾,呈请救济等情,经核准予发给生活费及回国旅费共为国币3 150元,嘱准结购外汇等由,附留学生申请救济审查表一份到部。准此,所有上项国币3 150元,应准由中国银行代为向市如数结购外汇,分别转汇。"①11月10日,教育部总务司致函重庆中国银行:"查前由本部核准发给留美学生董霖、葛择,留德学生李恩波,留捷克学生孙大瑾之救济费合共国币3 150元,财政部以17906号代电核准外汇,其核定办法:准由中国银行代为向市结购外汇,分别转汇。除将该款国币3 150元派员交奉贵行查收,代为结购外汇外,并请将国币1 550元所购外汇汇往驻美大使馆转发,国币1 600元所购外汇折为两份,各合国币800元,分别汇往驻德大使馆及驻捷克公使馆转发。"②同日,教育部总务司致函驻美大使馆,希望驻美大使馆收到董霖回国旅费和葛择三个月生活费后分别转发各生,并掣取收据寄回教育部。③ 可见,同一笔救济款涉及留美、留德、留捷克等多个国家的留学生救济费。其间,教育部与财政部、中国银行、驻外使馆多次联系、交涉,以确保救济款得以正常发放。

各留学国环境不同,申请救济的情况也各异,国民政府发放的救济款也有差别。因人而异、按需分发是发放救济款的基本原则。虽说留学生的救济费包括生活补助费与回国旅费,但从政府的拨款以及留学生所领取的救济费来看,回国旅费要远多于生活补助费,这从某一国家发放某一批救济费的情况可以十分明显地表现出来。在此

---

① 《财政部致教育部代电》(1939年10月26日),国民政府教育部档案,中国第二历史档案馆藏,全宗号:五,案卷号:986。
② 《教育部总务司致重庆中国银行笺函》(1939年11月10日),国民政府教育部档案,中国第二历史档案馆藏,全宗号:五,案卷号:15400。
③ 《教育部总务司致驻美大使馆公函》(1939年11月10日),国民政府教育部档案,中国第二历史档案馆藏,全宗号:五,案卷号:15400。

将各国的中国留学生获得政府救济情况概述如下,以兹说明。

1. 留美学生获得救济概况

1937年"七七"事变之后,大批留美学生或因家庭处于沦陷区而断绝经济来源,或因国民政府统制外汇而不能获得充足的资金,总之,经济出现困难者较多。全面抗战初期,因中国许多大城市和交通要道被日本控制,为防止中国在美国的资金流入敌手,国民政府在1941年7月冻结了所有在美国的资产,这使在1942年前1 500多名留美中国学生经济受到影响。[①] 显然,经济状况将会严重影响其学业进展。

在太平洋战争爆发之前,不少中国留美学生获得政府的救济。1939年12月9日,财政部致电教育部:"查贵部发给留美学生潘又齐、高泽民、周承绪、周益湘等四名回国旅费共计国币3 200元,应由重庆中国银行照数代为向市结购外汇转汇。"[②]12月16日,财政部致教育部代电:"查贵部发给留美生卞钟麟、徐仁、于滋潭三名回国川资及生活费共国币2 350元一案,核与修正限制留学暂行办法尚属相符,上项国币应准由重庆中国银行代为向市结购外汇转汇。"[③]1940年1月6日教育部关于饬发留美生程锡康生活费国币1 500元事致函驻美使馆,9月20日,教育部收到驻美使馆来函:"该款经纽约中国银行于3月14日函送前来,计合美金115元4角3分……。"[④]从上述这些救济个案可以看出,虽然留美学习环境较好,但国民政府从节省外汇、减少资金外流的角度,希望发给其一次旅费令其回国,以免此后多次对其救济,因而对留美学生的救济,仍然以回国旅费占绝对

---

① Wilma Fairbank, *America's Cultural Experiment in China 1942 - 1949*[M].《美国在华文化实验1942—1949》)Washington, D. C. ,1976:114.

② 《财政部致教育部代电》(1939年12月9日),国民政府教育部档案,中国第二历史档案馆藏,全宗号:五,案卷号:986.

③ 《财政部致教育部代电》(1939年12月16日),国民政府教育部档案,中国第二历史档案馆藏,全宗号:五,案卷号:986.

④ 《驻美使馆致教育部函》(1940年9月20日收),国民政府教育部档案,中国第二历史档案馆藏,全宗号:五,案卷号:15400.

多数。这从1940年初教育部拨发留美学生救济费的备忘录更能窥见一斑。

表3-3 救济留美学生旅费及生活费(1940年1—2月)

申请救济留学生姓名	发给救济费情况
刘家骆、许亚芬、彭克明	各核准旅费800元
李霞声、杜若、余懿德	各发旅费800元
杨书家	2月5日发旅费800元
王俊奎	1月18日发旅费800元
乔硕人、林孔湘	各发旅费800元
郑仲孚	生活费三个月750元
蒋霞同	1月22日发旅费800元
以上合计:9 550元	

资料来源:根据国民政府教育部档案《留美学生救济登记名单》(中国第二历史档案馆藏,全宗号:五,案卷号:15400)整理编制。

表3-3中,除了郑仲孚是发给三个月生活费以外,其余全部是发给回国旅费。但1942年初北美中国学生基督教协会的报告称,留美中国学生尚有987人。[①] 这就是说,留美学生归国的并不多。国民政府发给许多留美学生回国旅费,结果多数留美学生仍然滞留美国,可以想见,其中定有不少留学生拿着政府的旅费当生活费勉强度日,继续在美国艰难求学。

此外,留美学生大部分能在美国继续学业,除了有国民政府发给其救济费之外,还有不少留学生获得美国政府的奖励性的救济。1941年2月美国国会通过《租借法案》,不久即宣称该法案也适用于中国。对于美国人来说,留学生作为中国的精英阶层,若对他们施加影响,则对美国的政治利益更有意义。但是在文化教育方面如何援助中国,美国方面还没有形成统一的意识。为此,美国国务院在1941

[①] 《新华日报》,1942年5月14日,第8版。

年9月曾征求驻美大使胡适的意见,胡适认为,在当时战争的状况下,从中国挑选学生送到美国留学是不切实际的,于是他建议将援助计划实施在这些已经在美国留学的学生身上[①]。此后,在中美两国的通力合作下,中国留美学生中有不少人得到了美国政府的救助。美国国务院从总统紧急用款项下拨出80万美元,资助成绩优秀而生活清苦的中国留学生。1942年美国国务院专门制订对华文化计划,其中就有拨款援助在美中国留学生的方案。1942年,美国国务院文化教育司(Bureau of Educational and Cultural Affairs)专门设立了一个二人委员会(美国代表是Dr. Stephen Duggan,中国代表是华美协进社社长孟治Dr. Chih Meng),专门负责留美中国学生的经济援助工作,其制定的资助中国留美学生的标准:"(1)所学专业对中国的重要性;(2)学生的能力;(3)学生的经济确实需要"[②]。也就是美国人所说的,要赞助有意义的值得救济的学生。在他们看来,研究领域、个人能力和经济需求这三个方面是他们援助的标准。该计划从4月正式开始实行,以支票的形式为每人每月补给75美元,到1944年5月1日,共有193个学生得到救济,在这段时间内共有376名学生获得了较长或较短时间的援助[③]。虽然在留学专业方面从当时国家抗战建国的需要出发,但不可否认,这种救济方式确实缓解了部分留美学生的燃眉之急,而且可以鼓励留学生们努力向学。著名的火箭系统控制专家梁思礼在美国留学时就曾申请了该奖助金[④]。此外,美

---

① Wilma Fairbank, *America's Cultural Experiment in China 1942 – 1949*. Washington, D. C. , 1976:115.

② Wilma Fairbank, *America's Cultural Experiment in China 1942 – 1949*. Cultural Relations Program of the U. S. Department of State: Historical Studies: Number 1, Bureau of Educational and Cultural Affairs of U. S. Department of State, Washington, D. C. , 1976:126.

③ Wilma Fairbank, *America's Cultural Experiment in China 1942 – 1949*. Cultural Relations Program of the U. S. Department of State: Historical Studies: Number 1, Bureau of Educational and Cultural Affairs of U. S. Department of State, Washington, D. C. , 1976:126.

④ 梁思礼:《一个火箭设计师的故事——梁思礼院士自述》,清华大学出版社2006年版,第27—42页。

国国务院还给部分已经在美国留学的中国优秀学生提供二年奖学金，获得这个奖项的共有 21 名中国留学生[①]，他们的奖学金由中国在美国的华美协进社来管理。

国民政府在美国组织留美中国学生战时学术计划委员会，以奖励留美学生的战时学术研究，并对经济困难的留美学生予以适当救济。该委员会由国民政府外交部部长宋子文兼任主席，聘请赵元任、侯德榜等一批专家学者为委员。该委员会在汇报其一年来的工作状况时说："本委员会自成立迄今几将一载，除为我国留美学生设计一切研究实习、择业及其他战时问题外，并颁发奖学金鼓励我国优秀之专门学生作与建国有关之研究，冀对祖国有所贡献。""本会为鼓励我留美同学对祖国抗战建国工作更专门之研究起见，对成绩优秀或学有心得而经济来源中断之同学颁发奖学金额。""此项奖学金附代学生交纳学费外，每月按照每人需要情形，发给生活费十元至七十五元不等。查在过去一学年中，我国留美同学领得此项奖学金者共一百三十四人。"[②]从 1943 年 7 月 30 日留美中国学生战时学术计划委员会干事长孟治写给中央研究院的《留美中国学生战时学术计划委员会工作概要》中可知，获得经济援助的还有 347 名实习生[③]。可见，国民政府以奖励之名，对留美学生中经济困难、学业优秀的部分留学生进行经济救助。

2. 留法学生获得救济费概况

法国是全面抗战时期除美国之外中国留学生最多的国家。据 1938 年初教育部对国外留学生统计，当时居留法国的中国留学生有

[①] Fellowships awarded to Chinese students（Two-years fellowships awarded by Department of State for advanced study in the United States under the administration of the China institute in America）. Wilma Fairbank, *America's Cultural Experiment in China 1942－1949*. Washington, D. C., 1976: 219.

[②] 《教育部在美成立战时学术计划委员会》，《解放日报》，1942 年 7 月 28 日；《留美中国学生战时学术计划委员会工作概要》，中央研究院档案，中国第二历史档案馆藏，全宗号：三九三，案卷号：1401.

[③] 《留美中国学生战时学术计划委员会工作概要》，中央研究院档案，中国第二历史档案馆藏，全宗号：三九三，案卷号：1401.

600余人①。二战时期法国沦陷较早,而且驻法使馆撤销后,留法学生的救济问题多由驻瑞士使馆负责,至二战结束,驻法使馆再次建立,其间留法学生的救济问题错综复杂。

  在法国沦亡之前,已有不少中国留法学生得到了国民政府的救济。例如1939年10月21日,教育部致函驻法大使馆:"前准贵馆来函,以据留法学生毛宾请求救济,希核办见复等由。准此,查该生所称困难既属实情,又出国已满三年,业经本部核准,发给回国旅费国币800元,业经财政部于本年9月15日以15889号代电核准外汇,除将该款交由香港中国银行代为结购外汇并转汇外,相应先为函达,即请于该款汇到后查明转发,并掣取收据寄部。"②1939年12月20日,财政部致电教育部:"关于贵部发给留法学生宋凤恩、梁锡英、王海镜、缪通、李惠年、陈传章、陈家铎、詹耀曾,及留美学生程锡康等9名回国川资及生活费,共计国币7 900元一案,核与修正限制留学暂行办法尚属相符。该项国币7 900元应准由重庆中国银行照数代为向市结构外汇转汇。……"③一般来说,留学生只要根据实情进行申请,按照教育部制定的救济方案,多数都能获得救济。1939年前后,留法学生申请救济的有70人左右,他们中有的顺利获得政府救济,也有许多学生因各种原因被拒绝,国民政府教育部将审核留法学生请求救济的具体情况发给驻法使馆,从中可以看出发给各留学生的具体救济数目、具体发放时间,因而可以看出,旅费与生活费同时发放,发放旅费要比生活费多得多。1939年8—12月,国民政府共核发留法学生救济费49人,其中发给生活费的仅有2人,其余均发给旅费,具体情况见表3-4。

---

  ① 刘真主编,王焕琛编著:《留学教育:中国留学教育史料》第四册,1980年版,第2046页。
  ② 《教育部致驻法大使馆公函》(1939年10月21日),国民政府教育部档案,中国第二历史档案馆藏,全宗号:五,案卷号:15400。
  ③ 《财政部致教育部电》(1939年12月20日),国民政府教育部档案,中国第二历史档案馆藏,全宗号:五,案卷号:986。

表 3-4 留法学生请求救济经教育部核定情形清单(1939 年 8—12 月)

申请救济留学生姓名	发放救济费情况
兰石君	回国旅费 600 元,1939 年 9 月 6 日汇出
巫启圣	回国旅费 800 元,1939 年 8 月 14 日给汇
丘日兴、袁姝贞、程一雄	各发给回国旅费 800 元,1939 年 10 月 27 日给汇
王绍鼎、金景星、夏明义、朱法勤、李淏、朱有瓛	各核准发给回国旅费 800 元,1939 年 11 月 13 日给汇
马志振	回国旅费 800 元 1939 年 12 月 16 日给汇
吴钧和	核准发给生活费 750 元,1939 年 10 月 27 日给汇
毛 宾	回国旅费 800 元,1939 年 10 月 27 日给汇
黄宗默	回国旅费 800 元,1939 年 12 月 13 日给汇
马孝骏、吴家明、苏 籍、邓国华	各核发给回国旅费 800 元,1939 年 12 月 28 日给汇
刘福增	生活费 1 500 元,俟财政部核给外汇后即寄
高 镇	回国旅费 800 元,俟财政部核给外汇后即寄
宋凤恩、梁锡英、王海镜、缪 通、李惠年、陈传璋、陈家铎、詹耀曾	各核准发给回国旅费 800 元,1939 年 12 月 20 日给汇
郑永康、章鸿业、吴宗汾、李 瀛、刘立廷、许思玄、张紫屿、陆鼎萱、刘小蕙、王修琛、詹述曾、邵承斌、陈雄飞、刘育伦、刘燕霞、黄蕴之、卢润忠、何昌炽、王秉周、滑田友	此 20 名核准发给回国旅费 800 元,俟财政部核给外汇即寄

说明:以上各生救济费有已汇寄者,有正在请财政部核给外汇者,有已申请救济并在 44 人案内发给旅费者,如有重复均请贵馆暂为保管以备救济其他留学生之用。

资料来源:根据《留法学生请求救济经部核定情形清单》(国民政府教育部档案,中国第二历史档案馆藏,全宗号:五,案卷号:15400)整理编制。

在法国沦陷之前的 1940 年初,还有一批留学生获得国民政府的救济。如 1940 年 2 月 22 日,财政部致电教育部:"查留法学生田龙、高名凯、林藜光三人请求救济,业经贵部核准各发给回国旅费国币800元,共国币2 400元,商请核办一案,业经本部核定,上项国币2 400元应准交由重庆中国银行如数代为向市结购,汇由驻法中国大使馆转发。"①除了田龙等人获得政府救济情况之外,1940年初还有一批留学生获得救济,驻法使馆曾将发放救济费的数额及日期详列清单以作备忘。在此将其整理如下:

表3-5　留法学生救济登记名单(1940年初)

姓名	救济费	姓名	救济费	姓名	救济费
田　龙	1月22日发旅费各800元	黄蕴文	2月1日发旅费各800元	陆鼎萱	2月1日发旅费各800元
高名凯		陈燕霞		刘立廷	
林藜光		刘育伦		许思玄	
高　镇		陈雄飞		张紫屿	
陈翔水	2月1日发旅费各800元	邵承斌		章鸿业	
滑田友		詹述曾		吴宗汾	
王秉周		王修琛		李　瀛	
何昌炽		刘小惠		刘涉方	
卢润忠		郑永康		刘福增	1月22日发生活费半年
以上共计 $ 22 300					

资料来源:根据国民政府教育部档案《留法学生救济登记名单》(中国第二历史档案馆藏,全宗号:五,案卷号:15400)整理编制。

从表3-5中可以看出,27名留法生中只有1名即刘福增获得生活费半年,其余26名都获得回国旅费。可见,发给旅费的远多于发给生活费。法国沦陷后,留法学生或回国,或转移到中立国瑞士,其回国旅费或生活费多由驻瑞使馆发放。

3. 留德学生获得救济费概况

全面抗战之前,中国留德人数在欧洲国家中是比较多的,1936

---

① 《国民政府财政部致教育部电》(1940年2月22日),国民政府教育部档案,中国第二历史档案馆藏,全宗号:五,案卷号:986。

年留德人数达 500 人，1937 年留德人数增至 700 人，其中公费占 20％，自费占 80％。① 日本发动全面侵华战争后，东部沿海及长江沿岸发达地区首先成为日军轰炸的重点区域，许多小康之家被洗劫一空，而这些地区恰是自费留学生来源最多之处，所以许多靠家庭供给的自费生最先遭受池鱼之殃。据 1938 年初教育部对中国留学生统计，留学德国（连同奥地利在内）学生有 400 余人②。欧战爆发之前，留欧学生尚能勉强维持生活，欧战爆发以后，包括德国在内的几乎所有留欧学生都感到恐慌和困难。

国民政府从人身安全的角度出发，希望留德等国学生尽量早日归国，所以拨给的救济费也多是回国旅费。如 1939 年 8 月 12 日，留德学生李恩波请求救济，驻德大使馆将其情况反馈给教育部，11 月 10 日，教育部总务司致函驻德大使馆："业经本部核准发给回国旅费国币 800 元并函请财政部核给外汇。"③1939 年 12 月 26 日，财政部致电教育部："查关于贵部发给留德学生程跻云回国旅费国币 800 元请结外汇一案，核与修正限制留学暂行办法尚属相符，该项国币应准由重庆中国银行照数代为向市结购外汇转汇。"④1940 年 3 月 11 日，财政部致电教育部："查留德学生鲁冀参请求救济，已准发给回国旅费国币 800 元一案，业经本部核定，上项国币 800 元应准由重庆中国银行如数代为向市结购外汇，汇交驻德中国大使馆转发。"⑤

除了多发放留学生回国旅费以外，同时也给部分留学生发放生活补助费。比如，1940 年 2 月 22 日，财政部致电教育部："查留德学

---

① 王奇生：《中国留学生的历史轨迹：1872—1949》，湖北教育出版社 1992 年版，第 84 页。
② 刘真主编，王焕琛编著：《留学教育：中国留学教育史料》第四册，1980 年版，第 2046 页。
③ 《教育部致驻德大使馆公函》（1939 年 11 月 10 日），国民政府教育部档案，中国第二历史档案馆藏，全宗号：五，案卷号：15400。
④ 《财政部致教育部快邮代电》（1939 年 12 月 26 日），国民政府教育部档案，中国第二历史档案馆藏，全宗号：五，案卷号：986。
⑤ 《财政部致教育部快邮代电》（1940 年 3 月 11 日），国民政府教育部档案，中国第二历史档案馆藏，全宗号：五，案卷号：986。

生请求救济，经贵部审定计李恩业准发给生活费半年，谢毓晋、高光世各准发给生活费三个月，宋鸿哲、苗仲华、余国益各准发给回国旅费一次，其生活费、旅费等款共计国币 5 400 元，商请核办一案业经本部核定，上项国币 5 400 元，应准交由重庆中国银行如数代为向市结购汇由驻德中国大使馆转发。"①可见，发放留德学生的救济费中包括生活费和回国旅费。财政部核准外汇与真正汇寄外汇还有一段距离，比如，1939 年 12 月 9 日，财政部致电教育部："查贵部发给留德学生王德基等七名救济费及回国旅费，共计国币 6 350 元，应准由重庆中国银行代为向市结购外汇转汇。"②而文件上外汇结讫的时间却是 1940 年 1 月 8 日。等到驻外使馆收到汇款后再逐一分发给留学生，还有一段时间。可见，救济申请的过程是十分复杂而且程序繁多的。

国民政府教育部审核留学生的救济申请，往往是按批次审核的，所以，救济款的发放往往也按批次发放。笔者将 1940 年初驻外使馆发放的一批留德学生救济费情况整理如表 3-6：

表 3-6　留德学生获得救济登记名单(1940 年初)

申请救济留学生姓名	获得救济情况
浦传禄、陈淮新、裘法祖、季羡林、孙豫寿、安裕琨	1 月 15 日各发旅费 800 元
谢毓晋、高光世	1 月 19 日各发生活费三个月
李恩业	1 月 19 日发生活费半年
盛澄渊、王凤振、方子藩、江希明、江徐瑞云、吴印禅	1 月 22 日各发旅费 800 元
陈耀庭、卢季清	1 月 22 日各发旅费 800 元
杨天祥	1 月 22 日发生活费三个月又旅费 800 元
金祖年	2 月 1 日发旅费
程济云	2 月 13 日汇发旅费

---

①　《财政部致教育部快邮代电》(1940 年 2 月 22 日)，国民政府教育部档案，中国第二历史档案馆藏，全宗号：五，案卷号：986。
②　《财政部致教育部快邮代电》(1939 年 12 月 9 日)，国民政府教育部档案，中国第二历史档案馆藏，全宗号：五，案卷号：986。

(续表)

申请救济留学生姓名	获得救济情况
宋鸿哲、苗仲华、余国益	各核准旅费800元
周源桢、支秉彝	1月22日各发旅费800元
鲁冀参	发旅费800元
王修壤	补发旅费800元
以上合计	共国币 $ 24 500

资料来源:根据《留德学生救济登记名单(1940年1—2月)》(中国第二历史档案馆藏,国民政府教育部档案,全宗号:五,案卷号:15400)整理编制。

上述内容是按教育部档案原文抄录的,从中可以看出,国民政府所发放的救济费仍然是旅费较多,生活费较少。国民政府教育部为将留德学生领取回国补助费的情况统计备忘,特别将其进行列表统计,统计表中包括姓名、学科及学历、性别、补助费金额等项,详情见表3-7:

表3-7 已领教育部回国补助费留德学生姓名清单

朱家宜	医学博士	女	美金四十元	
关赖康	医学博士	女	美金四十元	
冯兆瑜	医学博士	女	美金四十元	
唐玉书	纺织科	男	美金四十元	
张寿常	地质学博士	男	美金四十元	
赵宗燠	化学博士	男	美金四十元	
杨国华	水利工程师	男	美金四十元	
谢家泽	水利工程师	男	美金四十元	
袁行健	电机工程师	男	美金四十元	
王子昌	地球物理博士	男	美金四十元	
周誉侃	物理	男	美金四十元	该生新领四十美金借与王子昌充旅费
黄席棠	电机	男	美金四十元	同上

(续表)

龙丕炎	冶金学博士	男	美金四十元	
卢寿枬	光学工程师	男	美金四十元	
薛培贞	光学	男	美金四十元	
李樊观	飞机制造工程师	男	美金四十元	
李恩业	化学工程师	男	美金四十元	
张 维	土木	男	美金四十元	该生新领四十美金借与李恩业
周源桢	水利	男	美金四十元	同上
蒲敏功	制军工程师	男	美金四十元	
常俊彝	机械	男	美金四十元	
常赵乃惠		女	美金四十元	
陆华深	图书馆学	男	美金四十元	
杨允楩	化学博士	男	美金四十元	
王季周	化学博士	男	美金四十元	
黄时梅	医学博士	男	英金十镑	
唐纶	机械	男	英金十镑	
顾静徽	物理	女	美金四十元	
陈华	化学博士	男	美金四十元	
何德祥	工程	男	英金十镑	
王澄如	教育博士	女	英金十镑	
姚锦新	音乐科毕业	女	英金十镑	
李季春	制革工程师	男	美金四十元	
刘世烈		男	美金四十元	
陶声洋	柏林工大特许工程师	男	美金四十元	
备注	以上35人共发出1 200美金又英金50镑。附注：其将新领补助费借与他生作旅费者，均由各本人于收据外另具函声明，以后离德国回国时不再请领			

资料来源:《已领教育部回国补助费留德学生姓名清单》，国民政府教育部档案，中国第二历史档案馆藏，全宗号：五，案卷号：15400。

注：表中内容按档案中原内容摘录。

表3-7中的名单,教育部没有具体标明时间,但可以肯定的是,此表里的姓名不是所有获得教育部回国补助费的人数,因为从上述内容可以看出,季羡林、裘法祖等许多获得教育部回国补助费的留学生不在之列,所以此表的姓名仍只是获得教育部回国补助费的部分留德学生。表中各生所得回国补助费,有的发英金,有的发美金,可见,不是同一批次分发的。教育部将留德学生特别标出学科和学历一项,可见其对海外留学生所学专业和学业情况非常关注,这也是其施行救济的重要参考因素。

4. 其他国家中国留学生获得救济概况

根据教育部1940年《留外学生救济登记名单》,国民政府救济留学瑞士学生耿熙(旅费,一月二十六日函,财部核给外汇)、江涛声(生活费,二月一日发生活费三个月,来文23424号)旅费和生活费;救济留意学生"彭泰尧(旅费,一月二十六日函,驻意使馆拨付)、安珍生(旅费,二月十三日函,驻意使馆拨付)、方柏容(旅费,一月十六日,驻意使馆拨付)"共3950元;救济留英学生"宗宜山(二月五日发旅费,来文3828号)、邹豹君(二月一日汇生活费半年,来文23024号)"共2300元[①]。1941年9月8日,教育部致电驻比利时副领馆:"查留比学生丁严辉、张起醉二人业经本部核准各发给回国旅费国币800元,并已于本年5月14日汇经贵馆转发在案。"[②]

另外,据教育部统计的《二十九年度至目前止国外留学生救济表》,我国留学英、法、德、美、比、瑞士、加、印、意等国留学生,共有25人获得生活费救济,102人获得旅费救济。可见,获得旅费救济的人数远多于获得生活费救济的人数。具体情况见下表:

---

① 《留外学生救济登记名单》(1940年),国民政府教育部档案,中国第二历史档案馆藏,全宗号:五,案卷号:15400。
② 《教育部致驻昂继斯副领馆代电》(1941年9月8日),国民政府教育部档案,中国第二历史档案馆藏,全宗号:五,案卷号:15400。

表 3-8 二十九年度至目前止国外留学生救济表①

留学国家	生活费	旅费
英国	2人	3人
美国	17人	28人
德国	1人	34人
法国	2人	17人
比利时	1人	7人
瑞士	2人	8人
加拿大	0人	1人
印度	0人	1人
意大利	0人	3人
总计	25人	102人

注：上表中的时间，据材料在文档案中的位置猜测，应是1940年2月。

上表中所列的名单仅是1940年左右的国民政府对海外留学生的救济人数，并不包括此前和之后的救济人数。根据教育部统计室编的《最近教育统计简编》，截至1940年12月底，接受救济之留学生共计890名。其中，国外留学生之发给生活费者214人，发给回国旅费者462人，总计676人②。

另外，上表中没有留埃学生获得救济情况。事实上全面抗战时期，中国有约20名的回教信徒滞留埃及。留埃学生人数较少，据1938年教育部调查，我国留埃学生名单如下：

---

① 《二十九年度至目前止国外留学生救济表》，国民政府教育部档案，中国第二历史档案馆藏，全宗号：五，案卷号：15400。
② 杜元载主编：《革命文献》第60辑，1972年版，第154页。

表3-9 全面抗战时期部分留埃学生名单

姓名	性别	年龄	籍贯	现在学校	获得学位	备注
马宏毅	男	32	河南	爱资哈尔大学	已得艾海林业学位	1938年成达师范保送
马继高	男	32	四川	爱资哈尔大学	学士文凭	1938年成达师范保送
杜寿芝	男	22	新疆	爱资哈尔大学		1936年蒙藏委员会保送
胡思钧	男	28	江苏	仁爱大学	仁爱大学哲学院暨宣传专科文凭	1934年上海伊斯兰回文专校保送
荫意德	男	50	新疆	爱资哈尔大学	学士文凭	
海加达	女	11	新疆	爱资哈尔大学		
哈西穆	男	27	新疆	爱资哈尔大学		
穆哈穆德哈生	男	32	新疆	爱资哈尔大学	学士文凭	1939年驻印新疆同乡会
诺幕罕默德	男	16	新疆	爱资哈尔大学		1939年驻印新疆同乡会
阿布杜阿哈德	男	19	新疆	爱资哈尔大学		1939年驻印新疆同乡会
赛义德	男	15	新疆	爱资哈尔大学		1939年驻印新疆同乡会
阿布杜卡里克	男	24	新疆	爱资哈尔大学		1939年驻印新疆同乡会
阿拉吾丁	男	20	新疆	爱资哈尔大学		1939年爱资哈尔大学
尔布杜爱哈德	男	23	新疆	爱资哈尔大学	学士文凭	1939年爱资哈尔大学
林兴智	男	30	云南	爱资哈尔大学	大学毕业文凭	1934年上海回文专校
纳训	男	30	云南	爱资哈尔大学	大学毕业文凭	1934年云南明德中学
马俊武	男	30	云南	爱资哈尔大学	大学毕业文凭	1934年云南回教协进会

资料来源:根据刘真主编、王焕琛编著的《留学教育:中国留学教育史料》第四册(台北:"国立"编译馆1980年版)第2080—2082页整理编制。

此调查名单并不全,因为全面抗战时期申请救济的留埃学生中有一些人名不在其中,比如,爱资哈尔大学(爱兹哈尔大学)中国学生部部长沙国珍,留埃毕业学生林兴华、张文达、马坚等都曾向国民政府请求救济,但在上表中未见其人名。

从上表可以看出,我国留埃学生多来自新疆、云南的回教徒,其年龄相差较大,有大至50岁的,也有小至15岁的。中国留埃学生多入埃及的爱资哈尔大学,该大学是埃及的旧大学,与新大学传授工、商、医、农、法、理等科不同,爱资哈尔大学的主要课程是研究古兰经,附以不足轻重的阿拉伯文学、宗教法及回教史等科目。该校有教无类,学生来者不拒,既无入学标准,也无入学试验。上课在寺内举行,全校不见一方黑板,学生席地而坐,上课由教师讲解,或由学生诵读,修业无限期,只要口试及格都授予毕业文凭。该校不仅不收学费,而且还供给学生膳宿,因此以学为生者大有人在。上表中留埃学生所获得文凭较低,有些人已在该校学习很久,并不以获得文凭为目的。在和平时期,他们可以在埃及食宿不愁,但国内日本发动侵华战争,尤其是国际上欧战爆发之后,一方面经济开始紧张,另一方面,战火烧到北非,有学生也有回国之意,所以申请救济的人也不少。

从国民政府对留埃学生的救济情况来看,多数都是发放回国旅费让其回国。1939年7月20日,财政部通知教育部,由教育部发给留埃回教学生马坚、纽忠海、维谅等三人旅费,以国币2 400元购外汇,业经财政部核定,"准将上项国币交由重庆中国银行如数承汇赴港。仍由教育部径向外汇平衡基金管理委员会结购外汇"①。文件上显示"JAN10 1940汇讫"字样。11月9日,财政部关于已核定拨发留埃学生张文达、马宏毅等15人回国旅费事致电教育部:"以据孙绳武呈,为留埃学生张文达、马宏毅等生活困难请求救济一案,经核张文达、马宏毅等15人准发给回国旅费国币各800元,共国币12 000元,

---

① 《财政部准购外汇通知书》(1939年7月20日),国民政府教育部档案,中国第二历史档案馆藏,全宗号:五,案卷号:986。

嘱查照核给外汇等由,并检同留学生申请救济审查表一份到部,准此。上项回国旅费国币12 000元准由重庆中国银行如数代为向市结购外汇转汇,除分电外,相应电复查照,"①文件上有"DEC. 14. 1939汇讫"字样。由这两个档案史料可知,教育部已核准18个留埃学生回国旅费。但事实上,有一些留埃学生接到汇款后并未及时回国,所以还有后续请求救济之事。

根据1938年6月出台的《限制留学暂行办法》及1939年4月公布的《修正限制留学暂行办法》,所有海外留学生申请救济必须符合国民政府出台的限制留学政策,包括所学专业、留学时间、学业是否优秀,以此确定应否延期或立即回国。所以在审核的过程中,有的发给生活费,有的则给予回国旅费,待遇是不同的。国民政府发给留学生的救济费多是回国旅费,发给生活费的较少。一方面,全面抗战时期,国民政府坚持抗战建国的方针,无论是抗战还是建国工作都急需各式专门人才,国民政府在1938年和1939年相继颁布限制留学政策和海外留学生救济政策,其主旨即是号召海外留学生尽量早日归国服务;另一方面,二战爆发后,海外留学生的生命也受到威胁,再加上国民政府外汇紧张,从节省外汇、减少资金外流的层面思考,在不确定战争何时结束的情况下,国民政府希望"毕其功于一役",即通过拨发一次回国旅费来解决所有的后续申请救济问题。

全面抗战期间,尤其是二战爆发以后,国民政府为海外留学生发放了大量的回国旅费,是希望他们领到旅费之后能回国服务,但事实上很多人并未领到旅费就回国,而是靠这些旅费或其他收入维持生活,继续留学。比如留学美国的彭克明,1936—1946年在美国伊利诺大学攻读土壤化学,1939年获硕士学位,1940年曾获得国民政府补助旅费800元,但他继续在美国留学,1946年获哲学博士学位,至

---

① 《财政部致教育部代电》(1939年11月9日),国民政府教育部档案,中国第二历史档案馆藏,全宗号:五,案卷号:986。

1947年初才回国。① 像彭克明这样的留学生不在少数,比如著名学者季羡林、裘法祖等都在德国留学10年时间,全面抗战时期都获得国民政府的回国旅费救济,但他们都到抗战胜利后才回国。

三、签署收据是领取救济费必经程序

留学生领取救济费时签署收据单,这也是获得救济的重要程序之一。作为国家批拨的大笔救济款,收支出入必须有详细的说明和依据。申请救济的留学生领取救济费时签署的收据单,既是驻外使馆核发救济费的凭证,以此向教育部核账,也是教育部最终向财政部、行政院核账的依据。因此,教育部在发放救济费时会主动提出要留学生领取救济费后签署收据。比如,1939年11月10日,教育部总务司致函驻捷克公使馆:"前准贵馆本年7月12日函,以据留捷克学生孙大瑾请求救济等情,希核办见复等由。准此,业经本部核准,发给回国旅费国币800元,并函请财政部核给外汇,……即希贵馆于该款汇到后转发该生,并掣取收据寄部。"②

留学生领取救济费时签署的收据单,由驻外使馆寄回教育部。1939年12月12日,教育部总务司致函重庆中国银行:"案查前由本部核准发给留法学生黄宗默回国旅费800元,及留美学生王俊奎生活费三个月国币750元,两款业经财政部以19364号及19469号代电分别核准外汇,其核定办法为准由重庆中国银行照数向市代结外汇,并转汇等语。除将该两款共国币1 550元派员交奉贵行查收请结购外汇外,并请将国币800元所购外汇汇往驻法大使馆转发黄宗默收,国币750元所购外汇汇往驻美大使馆转发王俊奎收。"③1940年9月19日,教育部收到驻美大使馆函,并收到附送的王俊奎生活费收据:"准贵部1939年12月12日第31888号公函嘱转发留美生王俊

---

① 周川主编:《中国近现代高等教育人物辞典》,福建教育出版社2012年版,第587—588页。
② 《教育部总务司致驻捷克公使馆公函》(1939年11月10日),国民政府教育部档案,中国第二历史档案馆藏,全宗号:五,案卷号:15400。
③ 《教育部总务司致重庆中国银行笺函》(1939年12月12日),国民政府教育部档案,中国第二历史档案馆藏,全宗号:五,案卷号:15400。

奎生活费国币750元等由，嗣准纽约中国银行二十九年美金58元3角3分汇票一纸到馆，除业经发给具领外，相应检同收据一纸，即希查核。"[1]可见，驻外使馆要将留学生所填写的收据寄往教育部保存。

笔者从国民政府教育部档案中发现，1940年底至1941年初，有一批留德学生领取驻德大使馆发放的教育部补助费或旅费的收据，根据领取人姓名、收款时间及具体数额整理如下：

表3-10 部分留德学生领取回国旅费及补助费收据（1940—1941年）

姓名	收款日期	收款数额
丁文治	1940.12.24	收到驻德大使馆代发教育部补助费美金四十元正
王锡莹	1941.01.4	收到驻德大使馆代发教育部补助费美金四十元正
陈耀庭	1941.01.4	收到驻德大使馆代发教育部加发经俄回国旅费美金八十元正
陈耀庭	1941.01.7	收到驻德大使馆代发教育部补助费美金四十元正
王应岩	1941.01.9	收到驻德大使馆代发教育部补助费美金四十元正
王之轩	1941.01.21	收到驻德大使馆代发教育部取道俄国补助旅费美金八十元正
王之轩	1941.01.21	收到驻德大使馆代发教育部补助费美金四十元正
姚乃惶	1941.02.27	收到驻德大使馆代发教育部补助费美金四十元正
江希明	1941.01.30	收到驻德大使馆代发教育部补助费美金四十元正
江希明	1941.01.30	收到驻德大使馆代发教育部旅费津贴美金八十元正
江徐瑞云	1941.01.30	收到驻德大使馆代发教育部补助费美金四十元正
江徐瑞云	1941.01.30	收到驻德大使馆代发教育部旅费津贴美金八十元正

资料来源：《教育部办理出国留学相关事宜函件及有关文书》，国民政府教育部档案，中国第二历史档案馆藏，全宗号：五，案卷号：15400。

从上表中各留学生所得的旅费可以看出，回国的途径不同，所需的旅费也不同，政府发给的经费也不同，其中取道俄国回国的留学生

---

[1] 《驻美大使馆致教育部函》(1939年9月19日)，国民政府教育部档案，中国第二历史档案馆藏，全宗号：五，案卷号：15400。

多发回国旅费 40 美金。

抗战胜利后,许多留学生纷纷领取教育部的救济费回国。抗战胜利之初,驻法和驻德使馆刚刚着手重建,许多原来留法、留德的学生避居瑞士,其生活费及归国旅费等都从瑞士公使馆领取。从教育部档案中可以发现,有许多驻瑞公使寄回教育部的留学生领取救济费的收据,现把它整理如下:

表 3-11　1945 年部分留欧学生领取驻瑞使馆发放的救济费收据

时间	留学生姓名及领取救济费数额
1945 年 10 月 26 日	赵锡霖收到驻瑞士公使馆 11 月份所发补助金 250 法郎
1945 年 11 月 4 日	李国华收到驻瑞士使馆发教育部补助返国旅费瑞币 500 元正
1945 年 11 月 10 日	黄正收到救济费瑞币 250 元正
1945 年 11 月 10 日	冯纪忠谨收到救济费瑞币 250 元正
1945 年 11 月 13 日	黄正谨、冯纪忠代收额外费瑞币 200 元正
1945 年 11 月 20 日	孙永龄领取本月份救济费 300 法郎,另 100 法郎为赴法车费及运行李费,共 400 法郎
1945 年 11 月 22 日	陈维新妻代领 250 法郎
1945 年 11 月	11 月份驻瑞使馆发给津贴张天麟 250 法郎、张西国 250 法郎、张文 100 法郎
1945 年 11 月 23 日	刘先志收到驻瑞士公使馆发给留德学生 11 月份救济金 250 法郎
1945 年 11 月 23 日	腾菀君收到驻瑞士公使馆发给留德学生 11 月份救济金 250 法郎
1945 年 11 月 26 日	蒋潮收到 11 月份救济费及子女蒋兰芳及璐璐、珉珉救济费共 600 瑞士法郎
1945 年 11 月 26 日	季羡林收到驻瑞使馆发给 11 月救济费 250 法郎
1945 年 11 月 30 日	冯纪忠、黄正代收留奥同学王凤振、童光民、胡光照、黄锡宁、郭志远、过晋源、黄和钧、黄足、麦英豪、杭效祖等 10 人 11 月津贴费各 250 瑞币正,共计瑞币法郎 2 500 元正,并以之偕同使馆职员代购衣食运奥

资料来源:根据国民政府教育部档案《接运留学生归国及留欧美学生救济

补助费有关函件》(中国第二历史档案馆藏,全宗号:五,案卷号:15374)中教育部收到的收据整理编制。

全面抗战后期,当时几乎全球都有战火,交通十分不便,故多数留学生在政府帮助下避居瑞士。再加上欧战结束后,许多留学生辗转回国,多从瑞士坐船,因而一时集中于瑞士的留学生比较多。为帮助留学生渡过难关,国民政府曾对避居瑞士的留学生每月发放津贴。按救济程序,留学生领取救济津贴时都必须填写收据,以作为驻外使馆和教育部向上级核账的凭证。

本章小结

全面抗战时期,驻外使馆兼管海外留学生事务,在海外留学生的救济过程中,驻外使馆成为国内政府和海外留学生之间的重要桥梁,也是国民政府救助海外留学生的主要机构。海外留学生救济的一般流程十分复杂而且烦琐,需多次审核和开会议决,手续繁重而且耗时较长,但在危急情况下,国民政府也应时事需要而采取紧急措施,大大缩短流程,不仅时间短而且收效快。

在国内外战争几乎同时进行的情况下,海外留学生的处境十分艰难,保护本国子民,政府责无旁贷。为救助困境中的海外留学精英,国民政府在欧战爆发后紧急批拨了几笔救济款,太平洋战争爆发后更是利用英美信用借款来救济海外留学生,抗战胜利前后,国民政府更是不惜重金加大救济力度,以期能将海外留学精英顺利接运归国。仅从国民政府批拨的几笔较大的救济款来看,国民政府确实在救济海外留学生方面做了不少努力。在财政捉襟见肘的情况下,国民政府对留学生救济费的审核十分严格,多数符合条件者都能获得救济,也有少数不合要求者被拒之门外。虽然政府拨发多笔救济款,而且旅费与生活费同时发放,但从分发结果来看,其分发的旅费远多于生活费。总体而言,绝大多数需要救济的留学生都获得了政府的救济,但由于战时交通不便,真正领取旅费回国者并不多,更多人是以"旅费"当作"生活费",继续维持海外学业,待抗战胜利前后才大规模返国。

在战时混乱的局势下,国民政府在救济海外留学生的过程中也出现诸多问题,既有客观因素,比如通货膨胀、货币汇兑产生的诸多救济障碍,因借款救济而滋生的救济困难等;也有一些人为因素,比如救济款被他国误用或长期滞留而没有及时汇发等,都给海外留学生的救济工作增加了许多困难。

第四章
国民政府接运海外留学生归国

　　1937年日本发动全面侵华战争后,海外留学生除了部分自行返国外,还有不少留学生因经济、交通困难需要政府给予救助。欧战爆发后,交通阻绝,运输船只多被征用,在路远、费多、危险的情况下,多数留学生选择继续在国外艰苦求学。随着欧战的结束和中国抗战胜利的曙光已经显现,长期滞留海外的中国留学生思归心切,但他们大多数都面临"行路难"的问题,诸如回国旅费、交通运输工具缺乏问题,回国途中接待问题,归国后的暂时安置问题,等等,都需要政府给予救济、协调和安排。这期间国民政府教育部、外交部、驻外使馆等部门在接运留学生回国方面做了大量工作,使一大批海外留学生得以安然归国。

第一节　为回国留学生发放旅费

　　全面抗战时期,在国内外战争的混乱时局下,多数海外留学生,尤其是已经完成学业的留学生都愿意回国服务,但其面临的最大问题就是缺乏回国旅费。国民政府为将这些优秀的留学人才接运归国,批拨了不少经费,为这些留学生顺利归国提供了经济上的保障。

一、留学生回国旅费缺乏

全面抗战时期,对于海外留学生来说,其最大的困难就是经费无着。学业未完成者则主要是生活费问题,而对于已完成学业的留学生来说,因回国路远费多,则主要就是回国旅费问题。

全面抗战之初,大量留学生滞留海外,国民政府号召海外留学生回国服务,但有很多留学生即使想回国服务也因缺乏旅费而被困海外。从1939年留英学生填写的调查表可以看出,当时滞留英国的留学生急需各种救济,在其中"是否需要救济"的那一栏,有不少留学生填写缺乏回国旅费(见表4-1),若不能获得政府救济则"无法回国"。

表4-1 部分留英学生需求回国旅费情形(1939年)

姓名	出国年月	留学费用来源	费用是否已全部筹措	得何种机关补助	是否需要救济	如无救济能否继续研究
茅于恭	1936.04	家人,战事起后靠工厂津贴维持	靠所在厂给津贴以维持生活	曾领教部留学生救济金国币600元	如各厂仍给津贴,则除回国旅费外不需救济	缩短在各厂期限,同时再加紧缩以期能继续研究
刘文腾	1935.08	无人供给	否	领有中基会工等研补金200镑	回国川资需要救济	如不能获得救济则无法回国
王馨迪	1936.08	家庭	中日战争爆发后,平津一带陷落,经济遂全无把握	去秋曾得大部救济费国币600元	大部如不能继续酌于救济,盼能略汇小数为回国旅费	不能
戴镏龄	1936.07	家庭	自战争起后即未收到寄款	1938年得教部600元救济费	拟请大部酌寄回国旅费若干	不能
杨克毅	1936.08	战前由家庭接济		得大学奖金一次,刻暂由大学月给六镑津贴	需要,回国路费亦无着	

(续表)

姓名	出国年月	留学费用来源	费用是否已全部筹措	得何种机关补助	是否需要救济	如无救济能否继续研究
陈次乔	1934.08	半由工读半由家庭借给	否	现在工厂实习,每周得有两镑余津贴	在英费用尚能维持,但返国川资未有把握,因广州失陷久不接家书未悉家里情形如何	仍将实习至今年6月底止
蒋百幻	1936.08	家庭与亲人,自抗战以来亲友或死伤或疏散,未再接济	未	学校准予缓缴学费	极需要,曾于去年8月填表请教部救济,迄今仍无消息,现债台高筑,欲归则无旅费	不能继续研究
胡文冗	1937.11	伯父	未	无	需救济,如国家无法补助能否寄与路费	无把握

资料来源:根据国民政府教育部档案《国外学生调查表》[中国第二历史档案馆藏,全宗号:五,案卷号:15349(2)]部分留学生所填内容整理。

注:表中内容摘自原档案表格中所填内容,笔者基本未作改动。

上表中留学生多是靠家庭供给的自费留学生。尤其是全面抗战之前就出国留学的这部分留学生,因已经在国外留学多年,多数都完成了学业,正待回国服务,但由于回国路程较远,所需费用较多,在经济困难的情况下,对于他们来说,回国路费是一笔"巨资",所以希望得到政府的救助。

全面抗战之初,国民政府因外汇十分紧张,对外汇控制很严,因而对于申请外汇购买回国川资之事审核十分严格。有些留学生即使获准购买外汇证书,却因家庭经济困难而不得不放弃。比如,留法学生黄宗默曾经获得国民政府批准,可以购买回国川资英金60镑,而且已经获得准购外汇通知书,1939年8月19日,教育部在致财政部的公函中说:"惟据该生呈称,该项通知书寄回家中,但迄无音讯,仍请准发回国川资,请财政部转向中央银行查询,如尚未汇出,拟发给回国川资国币800元。"11月21日,财政部回电称:"查该生奉准之英金既未汇出,并已注销原案,贵部所发回国川资国币800元,应准由重庆中国银行代为向市结购外汇转汇。"[①]

像黄宗默这样因家庭方面出现状况而无法购买外汇回国的还有不少。1939年12月20日,财政部在致教育部的电文中也提到了类似的情形:"留法生王海镜一名,前曾请准本部核结回国川资法金一万佛郎,该生既以家庭经济困难无力购买,业将原准购外汇通知书缴呈贵部,应请检送该项通知书过部,以便注销。嗣后并请随时察核,凡留外学生业经自行请准本部核结回国川资仍未归国者,似未便再发救济费,免致重复。"[②]国民政府为节省外汇,进而严格控制外汇,而海外留学生在经济十分困难的情况下,若不是因家庭困难无力购买,也不会轻易放弃难得的购买外汇的机会。

全面抗战时期国民政府需要救助的大批留学生都在欧美地区。位居北美洲的美国在二次大战中本土没有发生战火,国内相对和平,所以中国留美学生在中国外交部、驻外大使等努力下,不少留学生能觅得兼职机会,再加上美国政府及一些社会团体给予各种奖励性的救助,其情形要远好于留欧学生,但也只能勉强维持日常生活,而回国路费仍是一笔巨资,成为横亘于他们回国服务道路上的巨大障碍。中国留欧学生最大也是最普遍的问题就是经济困难。不仅因日本侵华导致很多自费留学生家庭破产,失去了国内的经济来源。雪上加霜的是,不久欧战又爆发,整个欧洲几无安静片土,战争时期兼职困难,许多人是靠着借贷、借债为生。如此艰难度日,求生甚至比求学

---

① 《财政部致教育部电》(1939年11月21日),国民政府教育部档案,中国第二历史档案馆藏,全宗号:五,案卷号:986。
② 《财政部致教育部电》(1939年12月20日),国民政府教育部档案,中国第二历史档案馆藏,全宗号:五,案卷号:986。

更重要。可以想见，他们盼望战争结束的心情是何等的迫切。继欧战结束不久，中国的抗日战争也取得了完全胜利，长期滞留海外的中国留学生都急于归国，但苦恼的是，许多留学生在战争时期靠借贷为生，战争结束了，"债务尚未了结，水深火热，焦急万分"，巴黎中国学生会在致教育部的呈文中说："生等因战阻海外之故，苦学所得较多，急欲返国报效，藉尽国民天职。""近来我国驻法大使馆虽有免费返国船位办法，但生等无款还债，万难成行。""生等家庭经八年抗战流离转徙之苦，早已倾家荡产"，"生等数年来因国内经济来源断绝，系挪借度日，债台久已高筑，至少需要美金1 300元方可偿还积欠，生等前与债权人约定，俟战后汇兑恢复时当即清偿""因本年新汇率施行后我国币值跌落百倍，购汇美金1 300元，约需国币260万元之多"，根本还不起，所以恳请政府"按旧汇率（每国币20元得购美金1元）准予生等每人外汇购美金1 300元，如因格于法令，不便按旧汇率核准，则请发给特别救济费每人美金1 300元，俾得偿还积欠，回国任建国之劳"①。但教育部在回函中说："关于留学生购外汇有无优待办法或特殊补助一事，查留学生申购外汇，经询财政部，仍应照牌价结购，至于补助办法，等候行政院核示中。"②可见，有不少留学生因战时积欠债款太多，战后想回国效劳却不能成行，不仅需要政府救助其回国旅费，更需要政府垫拨部分钱款以偿清在国外所积欠的债务。由此也反映出当时许多海外留学生"居不易"和"行路难"的问题十分严重。

二、留学生回国旅费的批拨与分发

全面抗战时期，国民政府为救助海外留学生，曾多次批拨救济款，这些救济款绝大多数都用于回国留学生的旅费。在分发回国旅费方面，为使这些救济款能"足敷用"又"最经济"，驻外使馆、教育部在制定旅费分配方案方面也颇费了一番苦心。

---

① 《巴黎中国学生会致教育部呈》（1946年7月16日），国民政府教育部档案，中国第二历史档案馆藏，全宗号：五，案卷号：15374。
② 《教育部高等教育司致巴黎中国学生会司函》（1946年8月21日），国民政府教育部档案，中国第二历史档案馆藏，全宗号：五，案卷号：15374。

1. 留学生回国旅费的批拨

在这一时期,国民政府为将大批海外留学生接运归国,多次批拨经费以供留学生回国之用。但因留学国情况不同,批拨回国路费的情况也各异,比如,对于留日学生在短期内大规模返国,国民政府只是一次性拨款救济,令其尽早归国。但对于留学欧美地区的中国留学生,因路途较远,而且滞留人数较多,情况比较复杂,因而多次拨款救济。

因为日本发动全面侵华战争来得突然,国民政府在对海外留学生救济与接运归国方面并没有完备的全盘规划,只是根据情况相机而动,所以无论是对留日学生还是对留学欧美等地区的中国留学生,都只是根据当时情况需要而暂拨部分救济款。

全面抗战开始后,中国留日学生纷纷自行返国,因中日之间路近费少,多数留学生都能自行返国,但也有一部分留学生出现经济困难。因为留日学生处境危险,所以国民政府不得不出手救助。1937年8月9日,教育部在给行政院的密呈中提出:"拟由二十六年度教育文化费类第一预备费项下拨给一万元,为资送留日学生返国费用,请鉴核算准予动支,并饬财政部提前拨发。"8月11日,行政院院长蒋中正在给教育部的训令中指示:"呈悉,应准照办,已函请主计处转呈备案,并令饬财政部遵照先行垫拨矣。"[①]至10月16日,驻日大使馆秘书黄伯度奉许大使之命回国,接受中央社记者采访时说:"……我国留学生在抗战以前达五千人左右,寻均陆续归国,现尚留在日本者只不过一百人,且多系华侨子弟,其经济拮据无力回籍学生,则由留学生监督处在教育部所发款项内酌给旅费,并由大使馆发给免费搭乘车船证,俾得提前回国。"[②]由此可见,大多数留日学生在全面抗战之初已得到政府的救助而顺利归国。

---

① 《国民政府行政院致教育部训令》(1937年8月11日),国民政府教育部档案,中国第二历史档案馆藏,全宗号:五,案卷号:15400。
② 《驻日大使馆秘书黄伯度昨抵沪 日内晋京向外交部报告侨民归国情形》,《申报》1937年10月17日,第5版。

留学欧美等地区的中国留学生,虽没有留日学生那样蜂拥而归,但也在国民政府的号召下陆续回归了不少。为促使海外留学生早日归国服务,国民政府给海外留学生拨发了大量的回国旅费。从前述内容(见第三章第二节)可以看出,几乎每笔救济款都包含了回国旅费,而且留学生领取的旅费远多于生活补助费。1939年9月,欧战爆发后,国民政府发给"留学德、奥、捷、意等国学生所需旅费及救济费,共英金2 250镑","英法两国留学生旅费及救济费两共英金2 000镑";1939年10月,行政院第四三五次会议通过准予增拨救济留德学生回国旅费美金3万元;1940年9月,行政院紧急饬拨36 000佛郎救济搭法轮返国之旅欧侨生[①];1941年7月,行政院院议通过饬垫拨补助留德、意、荷、比自愿归国学生旅费美金3万元,及救济留法学生5 000美金;1942年分别在美国借款项下拨30万美金救济留美学生,在英国借款项下拨英金3万镑救济留英生;1944年拨发欧美留学生救济费美金5万元;战后国民政府汇寄8万美金至驻英大使馆,其中3万美金作为留英学生回国旅费,另5万美金作为留法学生(包括留德学生)回国旅费;后又发给留法学生召回旅费美金3万元,及偿还因救济留法学生向法国银行借贷之美金17 000元。仅从上述不完全统计,从1939年至1946年,拨款救济欧美留学生的经费其中英金34 250镑、美金54.2万元、36 000法郎。所有上述救济费中都既包含旅费又包含生活补助费,事实上用于拨发旅费的数目远多于生活补助费。

全面抗战爆发后,国民政府实行限制留学政策,为节省外汇,一方面限制国内留学生出国留学,另一方面令海外留学生尽量早日归国服务,并给予一定的旅费补助。自1938年6月教育部公布限制留学办法之后,已在国外留学领有留学证书满三年以上者一律限1938年9月以前回国,准申请购买回国旅费外汇一次,逾期不回国者,一律不发外汇证明书,除有特殊成绩确需继续在国外研究,或所习为

---

① 《行政院关于迅即拨款救济搭法轮返国之旅欧侨生致财政部紧急命令》(1940年9月4日),国民政府行政院档案,中国第二历史档案馆藏。

军、工、理、医有关军事国防者,经毕业校、驻外使馆证明后得予通融延长。外汇证书对于海外留学生来说是非常重要的,国民政府以限制外汇和发放回国旅费进行管制,使得海外留学生纷纷购买外汇归国。据《申报》报道,自1938年8月至1939年1月,"申请购买外汇之学生,计留英国48名,美65名,德96名,法80名,比13名,意4名,丹1名,安南1名,总共308名,内申请购买留学费用者202名,申请购买回国旅费及留学费用,经教部核定应改回国旅费者106名"。至1939年1月底,接收救济的海外留学生,"计267人,内给生活费者150名,给予回国旅费者117名(英49、美78、法38、德38、比12、意4、瑞士2、丹1)"①。根据国民党五届六中全会报告,自1939年1月起至1939年11月,经教育部核准发给生活费者30人,核发旅费者140人②。截至1940年12月底,接受救济之留学生共计890名。其中,国外留学生之发给生活费者214人,发给回国旅费者462人,总计676人③。这仅仅是全面抗战时期的前期发放的救济费情况,海外留学生大规模回国的是在抗战胜利前后。据《申报》报道,至1945年12月,国外留学生获得救济的有856人④,这其中应有2/3的留学生获得了回国旅费。

2. 留学生回国旅费的分发

留学生回国旅费的分发十分复杂,既要考虑回国的路线,也要考虑回国所乘坐的交通运输工具。路线的长短、运输工具的不同,所需费用必然不同。发给留日学生的回国路费与发给留欧学生的回国路费肯定有较大差别。在此仅以对即将回国的留学生和回国途中的留学生进行的救济做典型案例分析。

(1) 为即将回国的留学生分发旅费

全面抗战时期,因海外留学生(尤其是留欧学生)不仅经济特别

---

① 《中国留学教育概况》,《申报》1939年5月17日,第8版。
② 杜元载:《革命文献》第58辑,台北:"中央"文物供应社1972年版,第155页。
③ 杜元载:《革命文献》第60辑,台北:"中央"文物供应社1972年版,第154页。
④ 《教育部战时救济 战区教育员生统计》,《申报》1946年12月3日,第8版。

困难,而且还有生命危险,所以国民政府从节省外汇和保护海外留学生生命安全的角度,多次拨款作为其回国旅费令其早日归国。比如在1941年,国民政府补助德、意、荷、比四国学生归国旅费共3万美金,希望位于欧洲大陆有生命危险的这些留学生赶紧回国。至于如何使这3万美金救济费得以最经济、最有效的方法实现对留德、意、何、比学生的救济,则在路线的选择、经费发放的地点和数目等方面颇费了一番脑筋。

因为绝大多数留欧学生都集中在瑞士,所以3万美金是汇给驻瑞士使馆,驻瑞士使馆不仅对留学生人数及其他情况比较了解,而且对于回国路线及交通工具等方面相对熟悉,所以由其制定初步的发放旅费方案。1941年9月4日,驻瑞士使馆致电外交部,具体陈述了当时使馆的经费总额及补助德、意、何、比等国中国留学生回国的路径及领取补助的方法和程序。他认为,"前驻德大使馆以留德学生川资补助费余款,仅有教育部汇款项下之余款美金1 053.89元及伍尔福奖金委员会捐款项下之美金808元。若用以补助全体尚未呈准领到津贴之留德贫困各生返国川资,事实上决不敷分配"。"现既奉钧部拨发补助留德意荷比自愿归国学生旅费美金三万元到馆,本馆经通盘计划之后,认为驻德大使馆所交之上述两宗款项,至今既尚未全部动用,似可改弦更张,即将该两宗款项改行归入该美金三万元用途以内。嗣后凡留德意荷比各生自愿回国,而经济状况确系不能自备全部川资者,则酌量其经济情形如何,分别予以津贴,以足敷用、最经济办法返国旅费为度。"同时,又具体叙述了发放回国旅费的方案[①],为预防留学生"领得川资仍徘徊不返国者",他所制定的此方案十分复杂。

10月25日,外交部将驻瑞士使馆的建议转交教育部(欧30字第6472号函),11月4日,教育部将此函陈述的具体内容转呈行政院院

---

① 《教育部致行政院呈》(1941年11月4日),国民政府行政院档案,中国第二历史档案馆藏。

长蒋介石、副院长孔祥熙鉴核。关于留学德、意、荷、比四国学生回国川资津贴的具体办法,驻瑞士公使馆根据各方面调查所得,当时"我国留学德、比、荷、意四国学生数目,参照以最经济办法返国各项用度,通盘筹划",最后将具体办法电告教育部,在此仅将具体办法之主要部分简述如下:

其一,各生归国途径应从最经济路线考虑,驻瑞士使馆认为,留学该四国各生自愿回国者,应取道最经济路线,"在近东或法船途径尚通以前,应取道此二路线返国,其经美回国者,虽得由政府酌予津贴,但数目最多不能超过取道土耳其各生应领津贴最高数额"①。

其二,为避免各生"领到津贴仍徘徊不返",驻瑞使馆特别规定了领取津贴地点:"凡取道近东各生,应向我国驻土耳其使馆凭护照呈请核发,一方面由本馆将规定办法通知驻土使馆,并于上述特款中提出瑞币四万佛郎汇交驻土公使馆,请其查照核办,并于发给津贴后,掣取收据,寄回本馆。至取道马赛各生,在行期决定后,由本馆分别将补助费汇请我国驻马赛领馆,凭学生护照发给,并代订法船舱位。又上述回国旅费津贴,亦得由本馆径寄各该生领取,惟仅以能提出确实保证嗣后决不续请补助者为限。"②为使留学生领取回国旅费后,不再重复申请,还需要向驻瑞使馆做出"确实保证",可见对留学生设立了层层防备。

其三,在发给津贴数目方面:"留学该四国学生自愿返国而经济力量确系不能自备全部旅费者,当酌量其经济状况,分别予以补助,津贴数目以凑成足敷用最经济办法返国川旅费为度,取道土耳其各生,每人至多不能领取瑞币1 200佛郎以上,取道法国者,最多不得超过法币22 000佛郎,其已领有教育部或其他机关返国川资津贴者,如请求照最高额发给补助费,应将已领数目予以扣除。此项已领教育

---

① 《驻瑞士公使馆致教育部航邮代电》(1941年11月14日),国民政府教育部档案,中国第二历史档案馆藏,全宗号:五,案卷号:15400。
② 《驻瑞士公使馆致教育部航邮代电》(1941年11月14日),国民政府教育部档案,中国第二历史档案馆藏,全宗号:五,案卷号:15400。

部或其他津贴学生姓名及已领数目,前准驻德大使馆交来清单,业经本馆抄录一份,寄交驻土使馆查照。"①对于已领回国川资者,还要将领过部分扣除,可见对经费的控制十分严格。

为防止留学生领取回国旅费却不回国,也为防止留学生多次领取救济款,将归国途径、领取津贴地点、发给津贴数目都做了具体规定,回国路线不同,旅费不同,津贴数目既"足敷用"又"最经济"。制定如此翔实的方案,可谓用心良苦。该方案也得到了教育部的认可。

行政院核准的每一笔款项最终都要有详细的支配明细,按照要求也应是实报实销的,所以行政院要求负责留学教育的教育部和管理海外留学生的外交部将救济留学生款项的支配情况详细汇报归案。1941 年 12 月 11 日,行政院秘书处在致外交部的公函中说:"查原电所称留德学生川资补助费余款,仅有教育部汇款项下余数美金 1 000 余元,及伍尔福奖金委员会捐助之美金 808 元各一节,本院无案可稽。又原拟补助费分配办法如何规定,相应抄同原件,函请查明见复,以便转陈。"②因行政院关于办理留德意学生返国旅费亟应成立预算法案,所以同一日,行政院秘书处又致函教育部:"贵部呈请以紧急命令饬拨留德意自愿归国学生旅费一案,前经由院以紧急命令饬财政部拨美金 3 万元,并于本年 7 月 25 日以勇陆字第 11631 号令由贵部补编追加概算呈核在案。现以本案亟应成立预算法案,相应函请查照迅为办理。"③可见,同一笔救济款,既要有如何分发的预算,也要补编追加概算,最后将具体分发情况及结果汇报教育部直至最高行政机关,以便最后核账。

---

① 《驻瑞士公使馆致教育部航邮代电》(1941 年 11 月 14 日),国民政府教育部档案,中国第二历史档案馆藏,全宗号:五,案卷号:15400。
② 《行政院秘书处致外交部笺函》(1941 年 12 月 11 日),国民政府行政院档案,中国第二历史档案馆藏。
③ 《行政院秘书处致教育部笺函》(1941 年 12 月 11 日),国民政府行政院档案,中国第二历史档案馆藏。

(2) 为回国途中的留学生拨发旅费

海外留学生在回国途中会遇到各种情况,尤其是在战争时期,行期、行程、所乘坐的交通工具都有可能发生变化,则所需的经费也将随之发生变动。在全面抗战时期或战后回国的留学生,有不少留学生在回国途中出现严重的困难,不得不向政府求救,国民政府为保护国家精英人才,采取紧急措施救助,使其得以安然归国。在此仅以两例来窥豹一斑。

其一,紧急拨款救济乘法轮回国的留学生和侨民。

欧战爆发前后即等待政府援救的中国留学生,部分已陆续回国。但因战争的因素,导致运输客轮不仅在航行过程中时间长而且危险多,经常在航程中时走时停,而吃住在轮船上的人,自然就比和平时期增多了消费。尤其是不知何时启航、何时能到达目的地,对回归的留学生也是一种巨大的心理煎熬。1940年6月,我国23名留学生在回国途中就遭遇此类事情,路费已用完而人还在回国途中,他们在万般无奈之下只好向使馆求救。

1940年8月20日,驻法大使馆致电外交部:"我学生23人,工人13人,于6月7日搭法船JEANLABORDE回国,该船因时局所逼,6月26日停北非法属Pointnoire港口,续行无期。该侨生等电称费用告罄,恳转请政府由中立国轮转载或救济资遣回国,等语。当经转嘱驻马赛领馆与法船公司交涉,并由本馆与法外部接洽,并商殖民部设法转载办法。据该公司答复,现搭客均食宿船上,惟此项费用,照章由搭客负担云。顷殖民部长函复:该部拟设法令留该港之另一邮船继续南行,驶抵远东口岸,俾我华客得易返国,但何日能开未定。该生等均属寒苦,在等候期内,食费每月每人约须500佛郎,无力自给,可否由政府鉴其事属非常,加恩酌予救济,汇驻瑞士使馆转拨本馆设法汇交,以免流落困苦。"得此信息后,8月29日,外交部部长王宠惠为请求救济搭乘法轮回国侨民及学生专门致呈行政院:"查该侨生等逼留法轮,进退维谷,费用告罄,确系实情。兹据该馆来电赐予救济等情,除电令该馆续商营救办法外,可否准如所请,拨给36 000佛郎,以作该侨生等两月膳费之处,理合具文呈请鉴核示遵。如蒙核准,仍祈钧院以紧急命令转饬财政部,径汇驻瑞士公使馆转汇驻法大使馆,以省周转,实为公便。"①收到外交部部长的紧急救援信息后,行政院科员张法舜立即拟就签呈送往行政院秘书长魏道明及副院长孔祥熙审核:"……该部所称每月每人食费约须 500 佛郎,请拨两月膳费,共36 000 佛郎之处,似可如数照准。惟该学生工人等经济能力,当各有不同,其力能自给者,仍应自给,确系无力自给者,似应予以救济。事关紧急措施,拟准以紧急命令,转饬财政部拨给 36 000 法国佛郎,迳汇驻瑞士公使馆转汇驻法大使馆,依据该生等经济能力,分别予以救济,核实报销,并指令该部迅筹营救之方。当否,请示。"②签呈上有行政院秘书长魏道明的签字及副院长孔祥熙的签批"照准"二字。

因情势紧急,9 月 4 日,行政院紧急命令财政部迅即拨款救济搭法轮返国之旅欧侨生:"案据外交部 1940 年 8 月 29 日欧 29 字第 3689 号呈,为旅欧学生工人搭法轮返国,在北非被迫停航,费用告罄,请准以紧急命令饬拨 36 000 佛郎,以资救济等情。据此,查系国家侨务行政上紧急必要之支出,应准照拨。除指令外,合亟适用公库法第十三条之规定,并依照国防最高委员会第十七次常务会议关于颁发紧急命令之决议,令仰饬库即行垫拨 36 000 法国佛郎,迳汇驻瑞士公使馆转汇驻法大使馆应用。"③同时,行政院指令外交部:"……已以紧急命令,饬财政部迅拨 36 000 法国佛郎,径汇驻瑞士公使馆转汇驻法大使馆应用。仰即编具追加概算,呈候核转。并转饬依据该生

---

① 《外交部致行政院呈》(1940 年 8 月 29 日),国民政府行政院档案,中国第二历史档案馆藏。
② 《张法舜关于拨款救济搭乘法轮回国学生的签呈》(1940 年 8 月 31 日),国民政府行政院档案,中国第二历史档案馆藏。
③ 《行政院关于迅即拨款救济搭法轮返之旅欧侨生致财政部紧急命令》(1940 年 9 月 4 日),国民政府行政院档案,中国第二历史档案馆藏。

等经济能力,分别予以救济,核实报销。并迅筹营救之方。"①从8月29日外交部长向行政院提出紧急救援信号,到9月4日通知外交部已令财政部拨款,短短几日就确定拨款及救济方法,从中足可见国民政府处理应急事务的果断和能力,同时也反映了国民政府对本国子民的爱护和对人才的爱惜。法轮上的留学生若不能得到国民政府的及时救济,其结果将不堪设想。

其二,拨款垫付德法留学生回国途中的借款。

抗战胜利以后,海外留学生陆续回国,但有不少留学生因回国经费不足,回国途中出现严重困难,需要借款维持生活。国民政府从保护人才的角度,也为这些归国留学生拨发了救急费用。在此以一例说明。

1946年2月中旬,留学德、法两国学生黄炳尧、魏雄量、周源桢、曹玛德、曹绪长、李淑家、徐士高、魏光道等人及眷属,由法国至西贡经河内返国,因需用零星杂费,但经济出现困难,不得不由中国驻河内总领事馆介绍向河内中华会馆借款以维持生活,其中有借美金五百元,也有借美金两千元不等。1946年3月16日,外交部致电教育部:"据驻河内总领事馆本年3月1日代电,以此次留德法学生由西贡经河内返国,以该生等均囊空如洗,而本馆又极拮据,所有各项费用当经面令此间中华会馆暂行代垫,计共垫支国币559 100元,理合检附单据十五件随电送呈,咨请教育部核拨以便归垫等情。据此,相应将原附单据十四件送请查收,并请将该中华会馆所垫付各费如数核发并见复。"②附件中除了这些留德法学生2月15日、2月18日的借据之外,还有2月16日中国航空公司行礼费证明:"兹证明客李淑家女士、曹结长暨曹玛德及徐士高……行李费计国币贰拾贰万肆千

---

① 《行政院关于已饬财政部速拨款救助侨生并嘱迅筹营救方法致外交部指令》(1940年9月4日),国民政府行政院档案,中国第二历史档案馆藏。
② 《外交部致教育部快邮代电》(1946年3月16日),国民政府教育部档案,中国第二历史档案馆藏,全宗号:五,案卷号:15374。

元整。"①接到外交部转驻河内领事馆的消息后,教育部科员于3月25日向教育部部长、次长签呈:"……查该馆所报尚属实情,拟请本年度高等教育救济费项下如数拨付归垫。"②签呈上有批示"拟如签"。8月21日,教育部致电外交部,关于河内中华会馆垫发留德法学生费用国币559 100元一节,已"由部如数汇交驻河内总领事馆转发归垫"③。同日,教育部致电河内总领事馆:关于河内中华会馆垫发归国留德法学生国币559 100元一节,"兹购价值国币559 100元支票一张随电寄达,即请查照转发"④。同时,教育部高等教育司致电驻河内总领事馆转中华会馆:"顷准驻河内总领事馆电,略以贵会垫发归国留德法学生费用国币559 100元,检附单,拟请予归垫等由。准此,除如数汇由该馆转交外,特此感谢并希酌发,如有留学生过境时仍请予以协助。"⑤从这些电文可见,国民政府对于这些回国途中出现经济困难的留学生,及时为其发放欠款,使其得以安心、顺利归国。

留学生在回国途中出现的各种困难,若得不到及时救助,其结果是不堪设想的。国民政府从保护国家子民和爱护人才的角度,对于留学生发出的各种求救信号,只要情况紧急而且必须救助,国民政府一般都能体谅下情,妥善解决。

根据国民政府教育部统计室编《最近教育统计简编》之《国外留学生之救济》,截至1940年底,海外留学生中发给回国旅费者已达462人,其具体情况见表4-2:

---

① 《中国航空公司致教育部笺》(1946年2月16日),国民政府教育部档案,中国第二历史档案馆藏,全宗号:五,案卷号:15374。
② 《教育部科员致教育部长次长签呈》(1946年3月25日),国民政府教育部档案,中国第二历史档案馆藏,全宗号:五,案卷号:15374。
③ 《教育部致外交部代电》(1946年8月21日),国民政府教育部档案,中国第二历史档案馆藏,全宗号:五,案卷号:15374。
④ 《教育部致河内总领事馆代电》(1946年8月21日),国民政府教育部档案,中国第二历史档案馆藏,全宗号:五,案卷号:15374。
⑤ 《教育部高等教育司致驻河内总领事馆转中华会馆代电》(1946年8月21日),国民政府教育部档案,中国第二历史档案馆藏,全宗号:五,案卷号:15374。

表 4-2　国外留学生之救济(截至 1940 年底)

国别	发给回国旅费者	国别	发给回国旅费者
德	147	瑞士	5
美	118	加拿大	1
法	106	土耳其	1
英	38	印度	1
埃及	28	丹麦	1
比	10	日	1
意	5	共计	462

资料来源:根据教育部统计室编的《最近教育统计简编》《革命文献》第60辑,1972年版)第154页整理编制。

上表仅是1941年之前国民政府发给海外留学生的回国旅费情况,事实上,抗战胜利前后,海外留学生才大规模的返国,而且为将海外留学生顺利地接运归国,国民政府为每位愿意回国的留学生都提供回国旅费,免费为其提供交通工具、食宿费用。不可否认,国民政府在接运海外留学生回国方面确实做了很多工作。

第二节　为回国留学生联系交通工具

1937年7月日本发动全面侵华战争,两年后第二次世界大战在欧洲爆发,接着,世界上大多数国家都被卷入了这场全球性的世界战争,不仅交通道路阻绝,而且很多民用交通工具也被征为军用,交通工具紧缺成为海外留学生回国的一个严重障碍。为将留学生顺利接运归国,国民政府曾为留学生联系车、船、飞机等回国交通工具,努力解除其回国途中的交通困难。

一、战时交通工具紧缺

战时交通运输工具,包括车、船、飞机等多被政府征作军用,在战争时期军事高于一切的情况下,民用的交通运输工具就变得十分紧缺。这无论是在全面抗战之初,还是在抗战胜利之后,交通工具缺乏成为留学生回国道路上的严重障碍。

全面抗战之初,留日学生大规模返国多是自发行为,因两国路近费少,而且日本在发动全面侵华战争初期担心中国留日学生会对其战争不利,因而对中国留学生归国多采取放行态度。但毕竟同时那么多留日学生欲归国,所以在交通运输方面就出现了困难。《申报》在报道大批留日学生归国事件时也多次提到了"船位有限"的问题。1937年7月28日《申报》消息:"我国在日留学生现尚有500人,不久亦作归计,现以船位有限,致未能同时返国。"[1]8月2日《申报》又刊消息说:"日本自大举侵华以来,我在日学生侨民咸不胜愤懑,均争先归国,尤其留学生不愿再留日本。惟因船位关系,不克大批归来……"[2]8月10日再次刊文说:"留东学生近日已经归国者非常拥挤,而在日本尚未动身者人数犹多,均因船位无从购买未能成行,现正设法另乘他国轮船返沪。"[3]多次报道中都提到船位紧张的问题。所以当留学生欲归而不得的时候,政府就必须担起责任,设法解决留学生的交通困难了。据《申报》报道,1937年9月中旬,"闻留学生尚有二千人左右未回,留东同学会正向当局请求设法接运回国,免遭日本残酷待遇"[4]。为使留日学生顺利归国,国民政府曾为留日学生发放"免费搭乘车船证",据1937年10月驻日大使馆秘书黄伯度接受记者采访时说:"……现尚留在日本者只不过一百人,且多系华侨子弟,其经济拮据无力回籍学生,则由留学生监督处在教育部所发款

---

[1] 《留日学生被日当局严检 昨来百六十人 黄一寰已释出》,《申报》1937年7月28日,第9版。

[2] 《归国留日学生谈东京疯狂态》,《申报》1937年8月2日,第14版。

[3] 《外部决派轮迎回侨胞饬招商局拨轮六艘 俟照会日方即出发》,《申报》1937年8月10日,第9版。

[4] 《留日回国学生服务登记》,《申报》1937年9月14日,第2版。

项内酌给旅费,并由大使馆发给免费搭乘车船证,俾得提前回国。"①留学生监督处不仅发回国旅费,而且发免费搭乘车船证,使其有更多乘坐车船的机会回国。

全面抗战时期留美学生人数较多,每年毕业欲回国服务者都不在少数,但因中日之间战争,尤其是太平洋战争爆发后,海上交通阻绝,车船票不易获得,使得大部分留学生长期滞留美国。全面抗战期间应美国政府邀请赴美交流讲学的蔡翘就曾提到留美学生毕业后滞留美国不归的现象。1944年6月26日,教育部部长在给蔡翘的信函中解释说:"我国留美学生已经毕业者,本部已一再请驻美大使馆令其归国,惟因交通困难不易购得船票,致多逗留美国,现仍在请驻美大使馆作设法中,并决定由本部对于缺乏回国旅费者予以补助,盼能于相当时期内均能陆续回国服务也。"②可见,留美学生逗留不归,多是因交通困难而致。在抗战胜利前后,国民政府已设法救济留美学生回国旅费,令其回国服务。

欧洲地区距离中国路途遥远,无论是经陆路还是从海路回国,其间都要多次换乘才能回到国内,涉及车、船、飞机等多种交通工具。在战争时期交通不畅、交通工具不易获得的情况下,其困难是可以想见的。1937年7月自费留学英国的张秉刚,在1939年填写《国外学生调查表》时说,"自徐州沦陷接济中断","1938年12月得教部救济600元",在"是否需要救济"一栏填写"不需要,但望得一回国船位"③,可见,回国船位在当时是十分紧张的。

在第二次世界大战欧洲战区的起点——波德战争还没有正式开始之前,中国的驻德大使已经明显地感觉到欧洲局势的危险。1939年8月28日,驻德大使致电外交部:"欧局危急,在德学生二百余人,

---

① 《驻日大使馆秘书黄伯度昨抵沪　日内晋京向外交部报告侨民归国情形》,《申报》1937年10月17日,第5版。
② 《教育部致蔡翘教授函》(1944年6月26日),国民政府教育部档案,中国第二历史档案馆藏,全宗号:五,案卷号:15291(3)。
③ 《国外学生调查表》(1939年)国民政府教育部档案,中国第二历史档案馆藏,全宗号:五,案卷号:15349(2)。

工八百人，学生大为恐慌，纷讯处置，航船舶多停顿，川旅毫无准备，暂避邻邦，亦虑拒绝。如何办理，迅电示遵。"外交部部长王宠惠立即电令驻德使馆："应斟酌当地情形，赶拟切实计划，并应先与德国相邻有中立可能各国商洽，于情形紧急时，指定路线准我侨民过境撤退，过境限期规定从宽，以防形势或有变迁。同时查明如有载军火器材来华船只，应设法在预定中立国港口，载我侨民返国。旅费以侨民自筹为原则，其实在无力者，应切实甄别，将必需费用估计，报部试行呈院核夺。"[1]从驻德大使和外交部部长的电文可以看出，当时欧洲局势十分危急，"航船舶多停顿"，交通运输十分困难，我国留欧学生处于恐慌状态。而国民政府也将如何救济、安置和抢运这批精英人才作为一件重要的事情来处理，甚至希望我国侨民搭乘"载军火器材来华船只"归国。由此也可以看出，负责海外留学生的驻外使馆和外交部对海外留学人才是十分重视的。

二、联系交通工具概况

全面抗战时期，有不少滞留海外的中国留学生欲回国服务却因交通工具紧缺而停滞不前，也有部分留学生在回国途中，因路途遥远而需要多次转乘其他交通工具。了解他们的困难或接到他们的求助信息之后，国民政府驻外使馆、教育部、外交部等部门也多想方设法为其谋取所需交通工具，使其能安然归国。

1. 为即将回国的留学生联系交通工具

全面抗战开始以后，海外留学生纷纷归国，尤其是留日学生，更以历史所没有的速度大规模返国，1937年8月，《申报》报道说："留东学生近日已经归国者，非常拥挤，而在日本尚未动身者，人数犹多，均因船位无从购买，未能成行，现正设法另乘他国轮船返沪。"而留日华侨人数更多，他们欲在短期内同时回到国内也相当困难，所以他们"盼望政府派船前往接运非常殷切"，"外交部以侨胞人数不下五千

---

[1]《外交部关于欧战发生后留德侨民及留德学生处置办法致行政院呈》（1939年8月31日），国民政府行政院档案，中国第二历史档案馆藏。

人,为谋安全处置起见,前曾电知各侨胞集中沿海各口岸,静候派轮前往,护送返国。兹悉现经外部会同教育部、侨务委会等磋商,已有结果,决请交通部饬知国营招商局,拨备专轮六艘,驶往日本,届时将由各部会加派迎迓代表数员,以便前往照料,一俟外部发出正式照会,通知日政府当局协助后,日内即可出发。教育部对于我国留日学生安全问题亦极关怀,现已拟有善后办法并促留日学生陈次溥氏返任,以凭就近接洽,善为处理,陈氏奉命后,业于昨晨(九日)八时,搭乘昌兴公司之日本皇后号轮东渡"①。国民政府已决定"拨备专轮六艘,驶往日本,迎回全体留日侨胞",留日学生自然能顺利被接回国内。

早在1944年初,国民政府教育部就致函外交部,"我国留学生现有学业结束仍逗留国外不返者,嘱转饬驻外各使领馆查明情形,转令该生等返国服务"②,外交部即电饬驻外各使馆"查明遵办具报"。抗战胜利后不久,教育部即致电驻法大使馆,"在法之留德、奥、捷诸生,一律遣回"③。为使长期滞留海外的留学生能够早日顺利归国,国民政府甚至为其订购"免费返国船位"④,同时也对滞留不返的留学生提出具体处置办法:"(一) 在瑞之留德奥生不遵令返国者一律停发津贴,并请将诸生名册、出国日期、护照号码详告,俾便函请外交部缴销护照勒令返国,且生活甚高,物质诱惑亦大,对于在瑞之德奥学生遵照钧部941号电。(二) 未来瑞者仍饬其径赴马赛候船。(三) 救济金已电驻法大使馆如数照汇美金一万元交贵馆备用。"⑤抗战胜利以后,因战争因素而滞留欧洲的中国留学生急欲归国的很多,他们多数

---

① 《外部决派轮迎回侨胞饬招商局拨轮六艘俟照会日方即出发》,《申报》1937年8月10日,第9版。
② 《教育部致外交部公函》(1944年2月14日),国民政府教育部档案,中国第二历史档案馆藏,全宗号:五,案卷号:15400。
③ 《教育部致驻法大使馆电》,1945年12月17日,国民政府教育部档案,中国第二历史档案馆藏,全宗号:五,案卷号:15400。
④ 《巴黎中国学生会致教育部呈》(1946年7月16日),国民政府教育部档案,中国第二历史档案馆藏,全宗号:五,案卷号:15374。
⑤ 《教育部致驻瑞士公使馆代电》(1946年3月14日),中国第二历史档案馆藏,国民政府教育部档案,全宗号:五,案卷号:15374。

都已完成学业，或在当地觅得工作，或靠政府救济以艰难度日，有些留学生遇有合适机会，恰有回国轮船、飞机等，就趁机回国；而有更多的留学生，包括原来留德的学生也多数集中在法国，正待候船回国。正如1945年12月24日《申报》所报道："抗战结束后，我留欧洲各国学生多设法返国，二十二日有留瑞留法学生十四人乘机抵渝，皆为研究工科及理化者。尚有留德学生数十人，仍在马赛候船东返。"①

战后运输问题依然困难重重。如何分发救济款以及如何将这些留学生安全运回国去？抗战胜利前后，国民政府即令驻外使馆联系回国留学生船位，安排留学生分批回国。据驻瑞士使馆报告，"驻德国同盟军部应我方请将我留德奥学生全体送法遣送返国，业已分批启程"，"……又已来瑞士之留德学生除已有工作者外，连同眷属尚有20人需要救济，其中1人患肺病甚重，8人本拟赴法返国，因开船往西贡将行忽止，请求展至下月底出发"②。可见，欧战结束以后，驻瑞士使馆在为留德学生联系回国船只方面做了不少努力。

1946年初，留欧学生纷纷要求回国，而且多数集中在瑞士，此时需要更多的交通工具，从驻瑞士使馆发给教育部的一系列电文中可知，这一时期，驻瑞士使馆在为即将回国的留学生联系船只方面焦头烂额。1月17日，驻瑞士使馆致电教育部："早已将本馆所存救济费美金一万元汇驻法大使馆收用，现仅余二千美金，只敷救济费一个月，因在瑞留德、奥学生未能如期往马赛乘船返国，现在何时有船仍遥遥无期，请速筹汇美金一万元以资接济支用。"③1月31日，驻瑞士使馆致教育部电文中说："2月7日法轮开往西贡，经本馆洽请叶武官交涉24人船位"，"查瑞士无海港，且生活甚高，物质诱惑亦大，对于在瑞之德奥学生遵照钧部941号电，自3月起一律停发津贴，仅发车

---

① 《我留欧学生返国　留瑞留法学生乘机抵渝　留德学生尚在马赛候船》，《申报》1945年12月24日，第4版。
② 《外交部收驻瑞使馆电文并转教育部》(1945年12月3日)，国民政府教育部档案，全宗号：五，案卷号：15374，中国第二历史档案馆藏。
③ 《驻瑞士使馆致教育部电》(1946年1月17日)，国民政府教育部档案，中国第二历史档案馆藏，全宗号：五，案卷号：15374。

费及行李运费,饬往马赛候船,救济费由驻法大使馆核发,对未来瑞学生拟遵照教育部江东电饬往法国,在瑞疗养肺病学生二人医药费仍照给,一免交涉船位屡次失信,二免各生滞留瑞士虚耗国币。"①从中可以看出,驻瑞士使馆不仅要为回国留学生发放生活津贴、车费与行李费等旅费,更要为其联系船只,可谓迎来送往,应接不暇。

抗战胜利以后,为将海外留学生接运回国,国民政府教育部、外交部曾与军事委员会联系,利用战后英国赠送我国的四艘军舰,顺便载运留欧学生归国。对此,《申报》也曾报道:"教部对于国外留学生学业已成者,曾电请国外各使馆转令返国,由部补助旅费,归国后予以介绍任用。现欧陆各国留学生返国抵渝者,先后已有两批,计四十二人,业向教部报到者,计二十三人。已由该部分别介绍至卫生署、经济部等机关任职,及各大学任教,或正在介绍工作中。另有留德学生及眷属四十一人,留法女生二人,于去年十二月抵西贡,刻正候机返国。其余欧陆诸国留学生,闻教部曾与海军当局洽商,将搭英国赠我之兵舰返国。"②但战后各种事情交错复杂,情形瞬息万变,英赠兵舰仅能供兵员运输之用。1946年1月11日,外交部致电教育部:"关于英赠我兵舰四艘嘱转知有关使馆,于各该轮东驶时沿途搭载我旅欧各国留学生返国事,12月17日高字第63663号代电诵悉,经转据驻英大使馆复称,据本馆海军武官处查称,英国赠舰最近只有拱卫舰一艘,将由我前派来英受训员兵驾驶回国,该舰吨位约九百吨,仅能驻员兵,无一余位可容搭客,其他各舰情形,除一巡洋舰外,大致相同,具须待续派接受员兵来英受训完成方能开行,为期更遥,沿途搭载学生一节势难办到,等语,敬祈核量等情,特电奉达,并希再与海军总司令部商洽。"③由此可见,教育部联系来华船只,以供归国留学生

---

① 《驻瑞使馆致外交部并教育部电》(1946年1月31日),国民政府教育部档案,中国第二历史档案馆藏,全宗号:五,案卷号:15374。
② 《我留学生归国 教部已分别介绍任用》,《申报》1946年1月5日,第4版。
③ 《国民政府外交部致教育部快邮代电》(1946年1月11日),国民政府教育部档案,中国第二历史档案馆藏,全宗号:五,案卷号:15374。

顺便搭乘回国之用,但从驻英使馆海军武官所言,英国赠舰四艘都无法搭载中国留学生回国。1月17日,驻瑞士使馆致电教育部:"因在瑞留德奥学生未能如期往马赛乘船返国,现在何时有船仍遥遥无期。"①从上述这些电文可知,当时运输船只确实非常缺乏,联系留学生回国船只有一定的难度,国民政府在为即将回国的留学生联系船只方面也确实做了不少工作。

关于抗战胜利后滞留欧洲的中国留学生如何之处,驻法大使钱泰在致教育部的电文中提出了自己的看法:"新汇各款除留德学生返国旅费美金5万元外,其余均如数收到,当遵嘱支配。至留德学生在法或来欧者均已满六年以上,各生成绩尚佳,现每月俟取救济费者尚有107人,月需165 000佛郎,兹拟遵示设法遣送回国,届时不回国者即停发救济费。目前交通仅有赴西贡一途,西贡上海间尚无把握,惟前拟搭介英政府赠我兵船回国一事,现以吨位太小势难实行,同学长为犹豫,倘能函由国内主管机关确定接运办法,此间返国自较踊跃。"②可见,有些留学生在是否回国、何时回国、如何回国等问题方面还在犹豫,其中一个重要原因,就是回国交通不畅。正如驻法大使钱泰所言,倘"国内主管机关确定接运办法",留学生"返国自较踊跃"。

也有一些个别留学生,因学业计划未完成,即使国民政府教育部令驻外使馆为其联系船位,也坚持延迟回国。比如留法学生滑田友③,教育部曾致电驻法大使馆,协助其从速回国,驻法使馆将教育部来文转知该生,并为其代定船位,但该生声明在学业上另有计划,暂

---

① 《伯尔尼驻瑞士使馆致教育部电》(1946年1月17日),国民政府教育部档案,中国第二历史档案馆藏,全宗号:五,案卷号:15374。
② 《巴黎驻法使馆钱泰致教育部电》(1946年2月27日),国民政府教育部档案,中国第二历史档案馆藏,全宗号:五,案卷号:15374。
③ 滑田友(1901—1986),江苏淮阴人,雕塑家、美术教育家。1933—1948年留学法国,毕业于巴黎国立高等美术学院。雕塑《浴女》和《沉思》先后获巴黎艺术家春季沙龙银奖和金奖。1948年回国后,任国立北平艺专、中央美术学院雕塑系教授,代表作有人民英雄纪念碑浮雕《五四运动》等。全面抗战时期,创作了揭露日寇罪行的圆雕《轰炸》,该作品被法国教育部收购,藏于巴黎现代美术馆。

不拟归国①。

2. 为回国途中的留学生联系交通工具

因为留学生回国路途遥远,往往不是乘坐一种交通工具就能直达中国大陆的。所以在留学生回国途中,除了要联系海上的运输船只,还要联系陆路的交通工具。在这过程中,国民政府教育部、外交部、驻外使馆等部门为回国留学生联系交通工具也做了不少工作。

二战时期欧洲战场比中国战场结束得早,尤其是留德学生,德国投降以后即着手回国。1945年11月14日,在英国伦敦的桂永清②致电军令部:"兹据杨团员子余由柏林返英报告,留学生在柏林区域者约50人,多住英美占领区内,且多已结婚,领用一等粮券,致一般身体甚为强健,前请由瑞士红十字会接济粮食,现似已不需要,其学业已成者大部渴望归国服务,前经法武官与联军商要,由法搭美船回国,第一批约30人。"③这是教育部较早收到的留欧学生返国的信息。12月14日,教育部致电外交部说,将有留德学生220人,"搭法国轮船来越",希望其"转饬驻西贡领事馆速与越南法政府接洽交通工具,设法遣送回国"④。该电文中的220人,应是包括留德学生及其眷属在内的所有人。

随着战后留学生纷纷返国,途中请求政府接洽联系交通工具之事不在少数。比如,1946年留德31名学生返国,国民政府教育部就为其联系交通工具之事。1946年10月18日,教育部致电外交部两

---

① 《驻法大使馆致教育部代电》(1947年9月29日),国民政府教育部档案,中国第二历史档案馆藏,全宗号:五,案卷号:15374。

② 桂永清(1900—1954),江西贵溪人,1931年进入德国步兵专科学院学习,毕业后留在德国使馆担任武官,不久被招回国。1941年再次出任驻德武官,1944年11月率领军事代表团去英国,其主要任务是同英、美的联合参谋部保持联络。同时,中国派遣一批年轻的海军下级军官到英国学习,桂永清负责对这些青年军官就近加以节制和管理。1945年盟军攻克柏林后,桂永清任驻德军事代表团团长。抗战胜利后,作为国民政府代表赴英接受英国赠送的军舰。1946年被正式任命为海军总司令,1954年病逝于台湾。

③ 《军令部抄转教育部伦敦桂永清电》(1945年11月22日收),国民政府教育部档案,中国第二历史档案馆藏,全宗号:五,案卷号:15374。

④ 《国民政府外交部致教育部快邮代电》(1945年12月26日),国民政府教育部档案,中国第二历史档案馆藏,全宗号:五,案卷号:15374。

广特派员公署香港办事处："据 OTRANTO 号船来电，略以船上 580 位中国人中包括 31 人由德返国学生，彼等约 10 月 12 日抵港，急须协助赴沪，等情。查该生等系由本部资送返国，相应电请查照代备交通工具。"①同日，教育部将相似的电文发给海军总司令部代司令桂永清②。教育部既联系香港办事处，又联系海军总司令部，可见其对接待安排回国留学生之事的重视。

  抗战胜利后至 1946 年底，是战时滞留海外的留学生归国最多的一段时期，在国民政府与军方联系下，这些留学生往往顺便乘坐军事运输船只，与军人及其他人员一同回国。由于这段时期留学生归国较多，各大报纸纷纷报道："我国留德学生、海员暨在越南战俘一批一百九十人，一月廿八日自西贡搭德轮北来，于十一日抵海防，其中学生十人，将搭中航机飞渝，其余海员及战俘将候船赴港沪。"③"最近有法国万吨巡洋舰'都维尔'号抵沪，……该舰前曾由法运送因战事留滞在欧洲之中国留学生一批回华，此次再运由欧回国之中国学生数十名暨其眷属，及战前在法国商船上服务之华籍职员约 60 名。"④"我留德奥学生 183 人奉召返国，已于廿日与旅意侨胞 422 人，乘圣玛利亚号自那玻利斯启程返国，下月中旬可抵沪。"⑤著名军事理论家、军事教育家蒋百里的女儿蒋英、蒋华都曾留学欧美多年，抗战胜利后也返回国内。据报道："蒋百里之三女公子蒋英女士，留学欧洲十年，研习音乐，专唱高音，颇著名誉，四女公子蒋华女士，在美研习营养化学，得康乃尔大学硕士，品学兼优，均已于 14 日乘法国霞飞将军号

---

① 《教育部致外交部两广特派员公署香港办事处代电》(1946 年 10 月 18 日)，国民政府教育部档案，中国第二历史档案馆藏，全宗号：五，案卷号：15374。
② 《教育部致海军总司令部代司令桂永清代电》(1946 年 10 月 18 日)，国民政府教育部档案，全宗号：五，案卷号：15374，中国第二历史档案馆藏。同时附上英文电文："580 Chinese on board OTRANTO including 31 students from Germany stop arrive HONGKONG probably October 12 stop, need your help urgently in Hongkong to arrange passage shanghai."
③ 《我留德学生一批将由海防飞渝》，《申报》1946 年 2 月 15 日，第 5 版。
④ 《法国巡洋舰抵沪送回留学生一批》，《申报》1946 年 6 月 5 日，第 4 版。
⑤ 《我留德奥学生离意启程返国》，《申报》1946 年 9 月 24 日，第 2 版。

抵沪。"①这些留学生归国所乘坐的军事轮船,多是国民政府与军方接洽联系获得允准乘坐的。可以说,没有国民政府的积极联系,他们难有机会乘坐这些大型军事运输船只。

抗战胜利前后,留学生之所以纷纷回国,一方面,是思乡心切、归心似箭和爱国、报国之心使然;另一方面,这些留学生多数是奉召回国,国民政府为他们回国途中提供交通、食宿旅费,甚至为他们归国后的工作都做了安排,所以他们能安心、乐意归国。

第三节 为回国留学生联系接洽人员

无论是在全面抗战之初,还是在抗战胜利前后,国民政府都为留学生的回国工作做了不少工作,其中重要的一项就是为回国留学生联系接洽人员。一者,战争时期社会不稳定因素较多,必须考虑留学生的生命安全问题;二者,留学生无论是自愿还是奉召归国,都会出现诸如经费缺乏、交通不畅的困难,需要通过政府的力量来加以解决,以此来确保精英人才的安然归国。

一、派员在留学国接洽留学生

全面抗战时期及抗战胜利前后,留学生处境最为困难的主要是留日学生和留欧学生,因为留日学生在全面抗战之初处于敌境,随时都有生命危险,而抗战胜利后,日伪政权选派的留日学生在日十分艰难,也需要政府给予援助;留欧学生在二战爆发后也存在生命危险,二战结束后,欧洲情况十分复杂,留学欧洲大陆的学生处境也较差,需要政府给予救助。不仅需要经济上的救济,更需要政府派员接洽归国。而留美学生则由于美国无论是战时还是战后,留学环境都相对安全,只要提供足够的旅费,一般都能自行归国。所以在接运留学生归国的问题上,更多的是如何接洽留日、留欧学生归国。

---

① 《蒋百里女公子回国》,《申报》1946年12月26日,第5版。

1. 派员接洽留日学生归国

日本全面侵华开始后，留日学生首当其冲。国民政府对精英人才的救助自然是责无旁贷、义不容辞。所以在留日学生自行返国的同时，国民政府也尽力安抚和帮助那些恐慌中未能顺利返国的留学生。首先是派驻日大使许世英返回日本，与日本当局交涉遭受逮捕尚未释还的留日学生，并努力接洽欲归未归之留学生。留日返国学生回忆说，当他们推选五位代表晋谒许大使请求营救那些被捕学生时，"许大使以安静镇定四字相嘱勉，对留日同学颇为抚爱注意"[①]。留日学监陈次溥1937年7月奉命回国述职，在此期间，"中日两国突然发生严重事变，陈氏关怀留日学务，曾一度电召学务科长何乃贤来沪报告一切，兹因两国情势愈危，所有尚未归国学生之安全问题及其他善后事宜，业向教部当局请示，亟待前往处理，因已定于今晨（九日）搭乘昌兴公司之日本皇后号轮返任"[②]。在还没有撤销留日学监之前，处理留日学生事务的主要负责人就是留日学监，所以，陈次溥此次回到日本就是带着政府的指示，专门处理留日学生事务的。"教育部对于我国留日学生安全问题亦极关怀，现已拟有善后办法并促留日学监陈次溥氏返任，以凭就近接洽，善为处理。"[③]

全面抗战初期，留日学子5 000余名基本上全部回国了，此后国民政府不再选派留学生赴日留学。但事实上这一时期在我国大陆仍有大量留学生被日伪政权派赴日本留学。"九一八"事变后成立的东北伪满政权，其后成立的伪蒙疆政权、华北的伪临时政府以及稍后成立的南京伪维新政府，再加上汪精卫的伪"国民政府"，在全面抗战时期都选派了大量学生赴日留学。周一川根据各种数据统计，包括伪中华民国和伪满洲国政权派遣的留日人数在内，1937—1944年，7年

---

① 《留日学生被日当局严检 昨来百六十人 黄一寰已释出》，《申报》1937年7月28日，第9版。
② 《留日学生监督陈次溥今返任处理学生安全问题》，《申报》1937年8月9日，第8版。
③ 《外部决派轮迎回侨胞 饬招商局拨轮六艘 俟照会日方即出发》，《申报》1937年8月10日，第9版。

间共派出留日生 16 381 人①。这个数据是非常惊人的,即使在抗战时期已有一些学生回国,战后仍滞留日本的中国留学生数也是相当可观的。战后这些留学生就面临着去留的问题。

1945年11月19日,北平博爱医院院长金子直致呈国民政府主席蒋介石,强调救济或运回中国留日学生的重要性:"窃维留日学生并非全体出于自动,因爱国运动为日人所逮,责以中国教育不良,迫令赴日求学者很多。即自动求学,罪亦不至于死。慨自日本投降后,既不通电信,复无法汇款,生计断绝,衣食俱无,相率倒毙途中,实失战胜国之威信。政府有保护人民之责,委座爱民如子,伏乞垂念下情,饬部转商美国设法救济或运回,以免全体学生冻饿致死。"②2月15日,国民政府文官处将此呈文转函行政院,行政院又令教育部具体制定抗战期间留日学生处理办法。从《申报》消息可知,"教部刻正草拟留日学生返国办法,俾目前滞日一千余学生,不论其战前即已出国,或敌伪时期公私费出国者,一律设法运送返国,使其升学就业"③。

滞留日本的中国留学生,其日常生活费用由日本政府供给,但随着战后日本物价的高涨,日本难以长期供给这些留学生的生活费,所以希望中国政府迅速全部召回中国留学生。教育部也讨论如何接洽这些留学生回国问题:"胜利以后,此项留学生之费用供给,因物价高涨之波动已成为问题。日本方面已向中国当局提出要求,召回此项留学生。中国外交部已与教部接洽,教部已决意召回留学日本之中国学生。"④但因留日学生人数过多,回国学生之交通"如何迁运",学生资格"如何审定及承认",召回后之就业问题"如何计划",留学生眷属问题"谁应带眷同归",这些问题还在讨论斟酌。经过一年多时间的酝酿和讨论,教育部最终公布《留日学生召回办法》及《抗战期间留

---

① 周一川:《近代中国女性日本留学史(1872—1945)》,社会科学文献出版社2007年版,第271页。
② 《国民政府文官处致行政院公函》(1946年2月15日),国民政府行政院档案,中国第二历史档案馆藏。
③ 《教部顷正草拟办法 运回滞日学生》,《申报》1946年6月12日,第5版。
④ 《召回留日学生办法 教部正在缜密拟订中》,《申报》1946年8月24日,第6版。

日学生甄审办法》。按《留日学生召回办法》,"学业已告完成或已告一段落者""无力自行继续留学者""其他特殊原因者"可由国家召回;"应行召回之留日学生,由日返国之交通工具,由教育部统筹之,其无法自筹川资者,得申请教育部予以补助";"应行召回之留日学生,在未返国前,因汇兑不通或津贴不足,所需之生活费经查属实者,依照实在情形,按月核给救济费,救济期限至各该生离日返国时止";"应行召回之留日学生,须填具留日学生调查表,送由我驻日军事代表团,转教育部备核";"应行召回之留日学生离日前,须向我国驻日军事代表团领取证明文件,于返国后向教育部报到,并依留日学生学业处理办法之规定,办理各项甄审手续"①。从这些规定可以看出,应行召回之留日学生其交通工具由教育部统筹,若经济出现困难还可以得到教育部的救济,但应行召回之留学生必须填具调查表,回国后参加教育部统一组织的各项甄审活动。自然,甄审合格者发给合格证书以便参加工作。

《留日学生召回办法》公布后,教育部虽然令留日学生限期回国,但又迟迟没有准备好运输船只,"教育部曾先后颁布'留日学生召回办法'与'留日学生甄审办法',刻由我驻日代表团第四组积极办理遣送工作中,一俟留日学生得适当之交通工具,均将先后返国,将来教育部决尽最大努力以协助此一批留学生,使之就业与升学"②。《申报》刊文说:"据教育部消息,自去年该部办理留日学生甄审以来,前往请领登记表者,截至目前为止,共 1 594 人,而已就缴交读书报告、自传、论文等送部者为 543 人。"③可见,留学生已接运回国,而且参加登记者不在少数。

总的来看,抗战胜利后,战时日伪政权选派的大批留学生处境困难,国民政府为接运他们归国也做了不少工作。但因时值国共内战,

---

① 《留日学生召回办法》(1947 年 1 月 8 日),见李滔主编:《中华留学教育史录(1840—1949)》,高等教育出版社 2005 年版,第 583 页。
② 《我留日学生将遣送返国》,《申报》1947 年 4 月 10 日,第 5 版。
③ 《留日学生甄审聘就阅卷人员》,《申报》1948 年 3 月 11 日,第 6 版。

国民政府工作重心有所转移,所以对留日学生的后续工作不太积极。

2. 派员接洽留欧学生回国

二战前,留欧各国学生还有相对安静的环境,二战爆发之后,整个欧洲很快被卷入战争的旋涡,留欧学生不仅出现经济困难,而且还面临着生命安全的考验。所以很多留学生在学业完成的情况下,多想方设法返国服务。1943年初,国民政府文官处致函组织部部长朱家骅:"留德学生归国团电请设法早日运送回国并汇发救济费一案,奉谕交教育部,相应抄同原电函达查照。"3月26日,朱家骅接到公函后,除了致函国民政府文官处"请先行拨发救济费"外,并致电上海市政府外交部驻港特派员公署设法接运留德学生归国①。

欧洲战争比中国战争结束得早,但留欧学生回国之事并不容易。除了回国交通工具较少、旅费困难等因素之外,还有复杂的军事问题。欧洲战争结束后,一方面战时破坏严重,交通断绝,另一方面,英美苏等国划区占领德国,德国当局与英美苏等国对中国留德学生态度不一,导致留德学生进退无门。经济困难、交通不畅、回国不能,可以想见当时留德等国学生的悲惨困境。在此情况下,他们必然迫切地希望政府能派人来帮助他们脱离苦海。9月23日,留德美军占领区学生致电教育部部长朱家骅,恳请教育部转请外交部迅予就近派员来德向联盟国各军事当局接洽各生离德返国事宜。此电文由在美军服务侨胞黄君通过美方最终转呈至国民政府教育部。电文说:"生等困留德国,多已学业完竟,年来百思返国,藉展所学,只以德当局不予出境许可,致无法离此,迭遭艰险,倍[备]尝饥寒。自欧洲战事结束后,方庆归国有期,惟四五月来,初以军事破坏太甚,交通断绝,继以我政府此处负责无人,虽经一部分同学百方奔走,迄仍无头绪。目睹严冬将至,食住尽成问题,倘再继续困此,空耗时日,是非惟生等急思报国之心不偿,也有失我政府培植生等初旨,敬恳钧座转请外交部

----

① 《组织部长朱家骅致国民政府文官处函》,1943年3月26日,台湾"国史馆"档案,档案号:001090520002171a。

迅予就近派员来德向联盟国各军事当局接洽生等离此返国事宜，俾早离水火，稍尽战后建国工作于万一。"此代电至11月27日联名登记的有27名，这些留德学生所学科目多是对国家战后建设急切需要的理、工、医、农各科，在此简列如下：

李淑家（医科）	徐士高（电工）	郑兆益（机械）	吴师佑（电信）
冯修吉（化工）	甘澄泽（电工）	刘　健（医科）	刘祁明（化学）
何得萱（机械）	李国豪（土木）	叶景恩（医科）	陈振铎（化学）
常俊彝（机械）	罗希平（化学）	邝　湘（机械）	刘诒娴（植物）
庞文炳（政治）	裘法祖（医科）	蔡笃恭（机械）	黄宇常（化学）
罗国荣（化学）	蒋　潮（机械）	段其燧（土木）	金经昌（土木）
李翔均（机械）	冷培根（采矿）	李立聪（化学）①

国民政府教育部接到留德学生辗转而来的求救信，不久即开始联系人员接洽留德学生回国之事。从来往电文可知，教育部令驻德使馆武官叶南"赴德与美军当局接洽"。1945年11月20日，外交部在致教育部快邮代电中说，关于留德学生归国事，"顷接巴黎钱大使来电称，'……近经叶武官南赴德与美军当局接洽，不日即有首批学生携眷约767人来法候船，尚有百余人续来，此间每月留德学生救济费向系中法银行挪借，此次留德学生过境旅食川资，据叶武官称正在接洽，或可望优待免费，万一不能免费，拟请预为筹划，以免临时发生周折，并乞电示'，等语。除电复钱大使将留德学生过法境旅食川资用预计约数报部，俟复到再行转达外，特电请查照。"②因长期居留德国，多数留德生都在德国结婚生子了，所以这批767人中只有留德学生200多人，其余2/3皆为其眷属。从上述电文可以看出，武官叶南

---

① 《留德学生会致教育部长朱家骅快邮代电》，教育部收文留伍67105号，1945年9月23日，国民政府教育部档案，中国第二历史档案馆藏，全宗号：五，案卷号：15374。注：李国豪原是同济大学校长，叶景恩是其妻子，1938年李国豪留学德国，1946年回到国内，1955年被选聘为中国科学院学部委员（院士），1994年当选为中国工程院首批院士，是中国少有的两院院士。

② 《外交部致教育部快邮代电》（1945年11月20日），国民政府教育部档案，中国第二历史档案馆藏，全宗号：五，案卷号：15374。注：叶南，叶楚伧长子，驻法武官。

与美国当局联系接洽留德学生回国之事非常成功,留德学生及其眷属将有近千人被接运回国。

二、派员在回国途中接洽留学生

因为路途较远,留学生在回国途中往往会遇到诸如转车、食宿、托运行李等安排问题,若中途没有接洽人员,其困难程度必然加大。诸多案例可以反映,国民政府为顺利接运这些海外留学生归国,往往在接到他们回国信息之后,会在他们的中转途中设法安排接洽人员,使这些留学生归国比较顺畅,省去了不少麻烦。在此,以几个留欧学生归国案例做一说明。

1. 派员接洽首批回国的德法留学生

1945年12月24日,驻法大使馆致外交部并转教育部电文说:"留德学生及眷属41人,留法女学生2人,海员及眷属30人,于本月15日在马赛附法租英轮 ROUNDEL CASTLE 赴西贡返国,约一月中旬抵西贡,请设法派员前往照料接运回国。"[①]在驻法大使致电外交部的同时,驻法武官也将同样的事情汇报给军事委员会,军令部将收到的信息也转知教育部。接到留德法学生归国信息后,教育部致函正在南洋视察的陈绍贤协助该地领事馆接运这批留学生:"准驻法大使馆12月24日电,留德学生及眷属41人,留法女生2人由马赛起程返国,约一月中旬可抵西贡,请设法派员前往照料接运回国,等由。查台端前往南洋视察侨民教育,请便道赶往西贡协助该地我国领事馆,接运该批学生返国,除分别函知外交部及驻西贡领事馆洽办外,相应函请查照办理。"[②]同日,教育部致电外交部,使其转知驻西贡领事尹凤藻及委员凌其翰协助办理。[③] 同时,教育部致电越南驻西贡领事馆,除了与越南政府商洽这批留学生的食宿交通问题,还希望其将

---

① 《巴黎驻法大使馆致教育部电》(1945年12月24日),国民政府教育部档案,中国第二历史档案馆藏,全宗号:五,案卷号:15374。

② 《教育部致陈绍贤部函》(1946年1月7日),国民政府教育部档案,中国第二历史档案馆藏,全宗号:五,案卷号:15374。

③ 《教育部致外交部代电》(1946年1月7日),国民政府教育部档案,中国第二历史档案馆藏,全宗号:五,案卷号:15374。

这批留学生的简历及服务志愿寄回教育部以便尽早为他们代洽工作:"准驻法大使馆电称,留德法学生及眷属40余人由马赛乘ROUNDEL CASTLE号船于一月上旬可抵西贡,请本部派员前往接运回国等由。除派陈绍贤先生便道前往协同办理外,特电请速与越南政府商洽食宿及回国交通工具诸问题,并希于诸生到达后速将该生等其简历及服务志愿航空邮寄本部以便代洽工作。"①1946年1月15日,驻法大使馆领事尹凤藻致电外交部:"留欧学生及眷43人,海员及眷38人已于六日乘轮抵贡,经照顾安置住宿,10日内可望搭轮赴海防转程回国,并请转知教育部及海外部。"②收到电文后,1月26日,外交部将该电文消息转知教育部。2月7日,教育部连续两次给越南西贡领事馆致电,除了致谢之外,还希望先期获得这批留学生的回国路线及各生的姓名、服务志愿以便介绍工作。2月26日,教育部收到外交部快邮代电:"据驻西贡尹领事1月25日呈,以留德法学生孙德和等及眷属共42人,乘英轮ROUNDEL CASTLE号已于本月6日安抵西贡,即为之布置食宿并接洽回国交通工具,学生中有孙德和等共33人,均往上海,本馆已商得法当局同意准其附乘法轮ELPENANCE号先赴海防,再转往各目的地,理应将该生等所填注之履历表共25份,又名单1份,一并送请转咨教育部,等情。据此,相应将原呈留法德归国学生及眷属名单一件,又学生履历表25份随电附送,即请查收。"③从这些电文可以看出,驻外使馆、外交部、教育部及军事委员会等各部门互相协作,为留学生归国途中联系接洽人员、安排食宿、联系车船等交通工具及行李托运做了大量工作,使这些归国留学生得以比较顺利地归国。没有各部门的协作帮助,其遇到的困难是可想而知的。

---

① 《教育部致西贡领事馆代电》(1946年1月7日),国民政府教育部档案,中国第二历史档案馆藏,全宗号:五,案卷号:15374。
② 《驻法大使馆领事尹凤藻致外交部电》(1946年1月15日),国民政府教育部档案,中国第二历史档案馆藏,全宗号:五,案卷号:15374。
③ 《教育部收到外交部快邮代电》(1946年2月26日),国民政府教育部档案,中国第二历史档案馆藏,全宗号:五,案卷号:15374。

看到第一批归国留学生已顺利抵达上海,4月5日,教育部连发两个电文给驻法大使馆,请嘱其余留学生迅速归国:"首批返国留德生已由西贡经港抵沪,尚无困难,请嘱其余速返,前汇美金五万存驻英使馆,请速洽。"①"关于留德学生自西贡返国,沿途接运办法业由本部电请外交部郭特派员及侨务委员会周处长尚会同当地有关机关设法照料,第一批归国留德学生已由西贡乘俘房船转香港现抵沪,沿途华侨招待食宿备极热诚,希转告诸生踊跃返国服务。至留德学生返国旅费美金五万,因英国统制外汇,驻英大使馆无法将英镑折成美金汇法,是否可暂存该馆,希径洽。"②教育部如此强调,从反面也说明一个问题,即有一些留欧学生担心回国途中不顺,会出现意外事情,所以还在观望,犹豫不决。此消息返回欧洲,必然能促进摇摆不定的留学生早日启程归国。

留学生返国后,国民政府对于他们在回国途中的所有花销经费问题也给予解决。7月20日,上海市政府吴国桢市长致咨教育部,"略以留欧学生庞静亭等及眷属共33人由法返国,其行李共92件,计重4 440公斤,交由北海号(PAKHAL)轮由西贡运往上海,查该留欧学生庞静亭等到沪业已多日,北海号轮亦已抵沪,经本府派员洽悉,此项行李提取费须法币70余万元,如此款可由贵部拨还,则本府可为暂先垫付,将行李先行领取点交"。9月5日,教育部回复上海市政府说:"查是项行李提取费前业由该庞静亭等经请善后救济总署予以垫付",然后,上海市政府又转函善后救济总署向教育部洽领归垫③。除了行李提取费之外,还有其他一些费用。比如1946年9月23日,外交部驻广东广西特派员公署香港办事处在致教育部的电文中说:"关于垫付留欧学生庞敬亭等飞机票、医药及行李费用一节,蒙

---

① 《教育部致驻法大使馆电》(1946年4月5日),国民政府教育部档案,中国第二历史档案馆藏,全宗号:五,案卷号:15374。
② 《教育部致驻法大使馆代电》(1946年4月5日),国民政府教育部档案,中国第二历史档案馆藏,全宗号:五,案卷号:15374。
③ 《上海市政府吴国桢市长致教育部咨》(1946年9月18日),国民政府教育部档案,中国第二历史档案馆藏,全宗号:五,案卷号:15374。

转电财政部如数拨汇归垫,至深感纫。惟查该款迄未汇到,准电前由,相应复达即请查照,仍希转催早日拨还归垫结案。"①10月15日,教育部致电财政部:"查该款项垫款,本部已于本年9月4日以172012号代电请贵部于国际文化宣传费项下如数折合港币汇交该处并见复在案,准前由,相应电请查照迅予汇拨见复。"②同日,教育部告之外交部两广特派员公署香港办事处,"关于留欧返国学生庞敬亭等汇支贵处之款业已再电请财政部迅于如数拨汇归垫"③。可见,因为留学生囊中如洗,所以留学生在回国途中除了食宿费及车、船、飞机等交通工具费用之外,还有行李运费,甚至医药费等生活零散费用都需要政府给予开销。若没有政府的及时帮助,仅回国途中的食宿费及交通工具费用就足够这些留学生们殚精竭虑的了。

2. 派员接洽后续回国的留学生

继第一批德法留学生顺利归国之后,其他留学生也纷纷返国,驻外使馆、外交部、教育部等各部门继续合作,联系人员接洽留学生归国。

1946年2月13日,驻法大使馆致电外交部并转教育部:"留德学生张天麟、张牛西、刘先志、滕菀君、季羡林,留法学生萧宣宗及张、萧子女各一人共计8人,于2月8日由马赛乘运兵英轮 NEA HELLAS 赴西贡返国,除另电西贡领事馆照料并由本馆武官处电达军令部外,拟请设法接运回国,并与军令部取得联络。"④接到消息后,3月7日,教育部致电驻西贡总领事馆:"留德法学生张天麟等8人于2月8日由马赛乘英轮 NEA HELLAS 来西贡,请妥为照料并接运回国,至该

---

① 《外交部驻广东广西特派员公署香港办事处致教育部快邮代电》(1946年9月23日),国民政府教育部档案,中国第二历史档案馆藏,全宗号:五,案卷号:15374。
② 《教育部致财政部代电》(1946年10月15日),国民政府教育部档案,中国第二历史档案馆藏,全宗号:五,案卷号:15374。
③ 《教育部致外交部两广特派员公署香港办事处代电》(1946年10月15日),国民政府教育部档案,中国第二历史档案馆藏,全宗号:五,案卷号:15374。
④ 《驻法大使馆致教育部电》(1946年2月13日),国民政府教育部档案,中国第二历史档案馆藏,全宗号:五,案卷号:15374。

生等履历服务志愿并希先行告知。"①同日,教育部也致电军令部,请其联络这批归国留学生并给予协助②。之所以多次联络军令部,因为这些归国留学生是国家未来发展的栋梁之材,需要给予保护,而且,这些归国留学生乘坐的轮船、飞机多是军用的,需要军令部给予协助解决。

1946年3月14日,留德法比学生及眷属7人从法国马赛启程回国。3月19日,驻法大使馆致电外交部并转教育部:"留德法比学生及眷属共7人又婴孩1名,于本月14日在马赛乘荷轮KOTA INTAN号赴西贡,请接运回国,除电达西贡领事馆外,特此奉达,各生姓名、学历容后补寄。"③接此信息后,4月9日,教育部连发两封电文给驻西贡河内领事馆:"留欧学生及眷属7人已自马赛乘荷轮KOTA INTAN赴西贡,请迅设法接运回国。"④"准驻法大使馆电,以留德法比学生及眷属共7人又婴孩一名于3月14日在马赛乘荷轮KOTA INTAN赴西贡,请迅设法接运回国,除另电外,特再代电,烦请查照办理见复。"⑤可见,国民政府教育部对这些归国留学生的接洽与安排认真负责,不敢懈怠。

1946年10月,留德31名学生返国即将回到国内。10月18日,教育部致电外交部两广特派员公署香港办事处:"据OTRANTO号船来电,略以船上580位中国人中包括31人由德返国学生,彼等约10月12日抵港,急须协助赴沪,等情。查该生等系由本部资送返国,

---

① 《教育部致驻西贡总领事馆》(1946年3月7日),国民政府教育部档案,中国第二历史档案馆藏,全宗号:五,案卷号:15374。
② 《教育部致军令部代电代电》(1946年3月7日),国民政府教育部档案,中国第二历史档案馆藏,全宗号:五,案卷号:15374。
③ 《巴黎驻法大使馆致教育部电》(1946年3月19日),国民政府教育部档案,中国第二历史档案馆藏,全宗号:五,案卷号:15374。
④ 《教育部致驻西贡河内领事馆电》(1946年4月9日),国民政府教育部档案,中国第二历史档案馆藏,全宗号:五,案卷号:15374。
⑤ 《教育部致驻西贡河内领事馆代电》(1946年4月9日),国民政府教育部档案,中国第二历史档案馆藏,全宗号:五,案卷号:15374。

相应电请查照代备交通工具。"①10月21日,回国留德学生张嘉谋在途经香港时致电教育部部长朱家骅:"生昨来港,系一留德学生,往穗就业,现余14人,眷属12人,乘轮北上。该生等经济奇拙,食宿至目前已代解,凡若有上船,陷可抵沪,否则仍当筹款救济,昨另有留法德比学生13人抵港,并经登记招待,无邮供食宿,此批学生系搭轮新堤号,俭可到沪,请派员照料。"②10月25日,教育部收到张嘉谋来电,电文上有拟办意见:"已函请吴茂荪先生在沪招待。"

从上述国民政府派员接洽留学生归国的多个事例可以看出,由驻外使馆告之外交部、教育部,留学生归国的时间、人数、路线等详情,再由教育部接洽留学生归国途中所经过的其他驻外使馆,联系接洽人员,安排其食宿、交通工具等,沿途所需的经费再由国内拨款垫付,甚至在他们的回国途中即调查其所学专业、服务志愿,以期归国后为他们安排工作,可见国民政府对留学精英人才的重视。

根据国民政府规定,办理全面抗战时期滞留海外留学生回国之事于1946年底停止,此后再向国民政府申请救助,基本上得不到积极回应。因为此时国共内战正处于胶着状态,再加上国统区出现严重的通货膨胀,外汇出现困难,国民政府将主要经费用于军事,文化教育必然就被边缘化了。

本章小结

全面抗战时期和抗战胜利初,海外留学生或因日本侵华愤而返国,或因学业完成而欲归国服务,他们作为以求学为主要任务的留学

---

① 《教育部致外交部两广特派员公署香港办事处代电》(1946年10月18日),国民政府教育部档案,中国第二历史档案馆藏,全宗号:五,案卷号:15374。
② 《教育部收到留德学生张嘉谋从香港来电》(1946年10月25日收),国民政府教育部档案,中国第二历史档案馆藏,全宗号:五,案卷号:15374。注:"穗"指广州,按韵目代电码,"陷"是30日,"俭"是28日,"马"是21日。

生,除了少部分勉强自行归国外,多数留学生因囊中如洗、缺乏回国旅费而踌躇不定、徘徊不前。除了经济困难之外,车、船、飞机等回国交通工具缺乏也成为一个严重的障碍。国民政府从保护海外精英人才的角度出发,不仅为留学生归国提供所需的旅费,还设法为其联系车、船、飞机等交通工具,为使其途中免遭意外变故,驻外使馆、教育部、外交部及军令部等部门互相协作,为归国留学生联系接洽人员,保障途中食宿及行程安全。总的来说,国民政府对于留学生的归国接运及行程安排做了不少工作,使一大批海外留学生得以顺利、安全归国。这些海外留学生,多数在国外求学多年,取得了优异的成绩,他们是国家建设不可多得的栋梁之材,从主观而言,这是国民党政权笼络人才为其服务的手段,而这种保护人才、凝聚人心的做法基本上是各个政权都采用的策略。客观而言,大批海外留学精英被接运归国,对国家未来的长远发展具有深远影响,国民政府在接运留学生回国方面所做的努力功不可没。

第五章
国民政府对归国留学生的安置

全面抗战之初及抗战胜利前后大规模返国的海外留学生,都面临着学业和工作的安置问题。这些归国留学生除了自觅职业者,还有不少人到教育部登记以期政府统一安排。全面抗战时期及抗战胜利前后,国民政府多次对海外留学生进行服务志愿的调查,驻外使馆、中央各部门及所属机关、各省教育厅等机构积极为归国留学生推荐工作,使得大多数登记者都能获得政府的工作安排。

第一节 调查留学生回国服务志愿

全面抗战时期,国民政府无论是"抗战"还是"建国"工作都需要各式精英人才,对于人才的急切需求使国民政府特别重视海外留学生的归国任用问题。为统筹安排归国留学生的服务问题,国民政府教育部多次对仍在海外的留学生及已经归国的留学生进行职业志愿的调查。

一、调查海外留学生的服务志愿

全面抗战时期,国民政府为救济和安置海外留学生,多次对其进行调查统计。同时,因国内抗战建国人才奇缺,国民政府希望海外留学生能早日归国服务,因此,1940年10月,国民政府教育部向各驻外使馆发去调查留学生的公函,其主要目的就是调查海外留学生何时能回国服务。12月11日,驻加拿大奥太瓦总领事馆致函教育部说:"……留加拿大学生,曾于十二月六日制就调查表三种,函送贵部高等教育司在案。所有第一类中英庚款公费生,期限未满,不在议列,其第二第三两类全属华侨子弟,初无返国工作之意,多数不谙国文,似亦不宜返国工作。"[①]从其回函的附件中,可知其调查留学加拿大学生的概况,在此仅列第一类调查登记表以作说明。

表5-1 留学加拿大学生调查登记表(1940年底)

姓名	籍贯	性别	年龄	留学证书编号	学校	科目	预计回国年月	学费来源
曹隆	江苏	男	30	862	多伦多大学	数学	1943年9月	中英庚款
张孟休	四川	男	29	872	同上	教育心理	同上	同上
谢安祐	江苏	男	27	865	同上	自动工程	同上	同上
韩德培	江苏	男	30	874	同上	国际私法	同上	同上
曹飞	江苏	男	33	871	同上	教育	同上	同上
李春芬	江苏	男	28	863	同上	地理	同上	同上
欧阳子祥	广东	男	29	853	同上	教育行政	同上	同上
靳文翰	河南	男	27	873	同上	法律	同上	同上
沈昭文	江西	男	35	852	同上	生物化学	同上	同上
段学复	陕西	男	26	861	同上	数学	同上	同上
张龙翔	浙江	男	24	859	同上	生物化学	同上	同上
朱承基	浙江	男	26	866	同上	机械工程	同上	同上
林家翘	福建	男	24	860	同上	应用算学	同上	同上
郭永怀	山东	男	28	854	同上	航空力学	同上	同上
陈春沂	广东	男	32	851	同上	行政法	同上	同上

---

① 《奥太瓦总领事馆致国民政府教育部函》,1940年12月11日,见刘真主编、王焕琛编著《留学教育:中国留学教育史料》第四册,1980年版,第2072—2075页。奥太瓦,今译渥太华。

（续表）

姓名	籍贯	性别	年龄	留学证书编号	学校	科目	预计回国年月	学费来源
罗开富	湖南	男	28	864	同上	地理	同上	同上
宋杰	江苏	男	31	870	同上	血清制造	同上	同上
钱伟长	江苏	男	27	855	同上	物理	同上	同上
汪盛年	江苏	男	25	857	麦吉尔大学	物理化学	同上	同上
傅承义	福建	男	31	856	同上	地理物理	同上	同上
张禄经	江苏	男	25	868	同上	冶金	同上	同上
姚玉林	江苏	男	27	867	同上	冶金	同上	同上
林尉桢	福建	男	25	858	同上	化学	同上	同上

资料来源：根据王焕琛编著《留学教育：中国留学教育史料》第四册（台北："国立"编译馆1980年版）第2067—2072页整理。

从表5-1可知，第七届庚款留英生主要留学于加拿大多伦多大学、麦吉尔大学，留学科目以理工科为主，预计回国时间多在1943年9月，与政府希望他们早日回国服务的时间还有一段距离。从此次调查，国民政府获知留学加拿大的学生学习进度，也就不便再摧其返国服务了。不过，通过对加拿大中国留学生的调查，可以从中获知在加拿大中国留学生的人数、所学专业、预计归国服务时间等，对于国民政府以后的服务安排是非常有益的。

抗战后期，国民政府已看到胜利的曙光，对未来的建国工作雄心勃勃，只等在宏伟的蓝图上挥毫泼墨，所缺的就是各式精英人才，所以对海外留学生又进行调查统计，其中重要的一项就是了解其服务志愿。在此以对1943年派遣赴英的40名研究生和实习生调查为例。

1942年10月，应英国文化协会的邀请，教育部选派了9名研究生及1名教授（周厚复）赴英研究。1942年底至1943年初，应英国工业协会的邀请，教育部又选派了31名实习生。抗战刚刚结束，国民政府就对海外未归的留学生进行调查统计。针对1942年英国文化协会奖学金选拔的9名留学生和英国工业协会奖学金选拔的31名实习生,专门编制了调查表,对留英研究生的调查内容包括姓名、英国通讯处、研究科目、研究学校、回国服务志愿。在此,仅将姓名、研究课目及回国服务志愿的填写情况摘录如下:

表5-2 1942年度留英公费研究生调查表

姓名	研究科目	回国服务志愿
袁随善	造船工程	国营造船厂设计或监造,结构工程工作,研究
曹本熹	化工	资委会,军政部,其他国营机关研究部
孟庆元	电气工程(重机械)	国营电机制造工厂技术工作,大学授课
林慰梓	机械工程(内燃机)	中央研究院工程研究所,国营发动机制造厂,研究部
沈 元	航空学	有研究设备之大学;国立研究机关,工厂研究室
陆迪利	化学治疗学	清华大学研究所,中央研究院,陆军机修工作
方 柄	冶金学	
张自存	国际贸易	
陈汝铨	纺织	国营纺织工厂,私营纺织工厂,教书

资料来源:根据国民政府教育部档案《三十一年度留英公费研究生(B.C.F)调查表》[全宗号:五,案卷号:15349(1),中国第二历史档案馆藏]编制。

从9名研究生的研究科目及其服务志愿,可以看出,他们都希望在自己所学的专业范围内寻找工作,因所学学科都是理工科,所以他们多希望在研究机关、高校、政府部门及一些国营企业工作,以期学有所用。

对留英实习生的调查内容包括姓名、年龄、籍贯、专长、回国服务志愿等内容,在此仅将留学生姓名、专长及回国服务志愿简录如下:

表 5-3　1942 年度留英实习生调查表

姓名	专长	回国服务志愿
谢祚孔	土壤力学,土木工程	建筑工程
颜焕申	船身构造之设计及实际施工程序	造船厂
曹祺忻	船舶机械工程,铜铝合金铸件	造船厂机械工程部,锅炉制造厂,海军部或交通部
吴文彰	发动机	机械农具制造厂,柴油机制造厂,汽车或飞机制造厂
谢　澄		汽车制造厂,机械制造厂,铁路等修造厂
陈学仁	翻砂,电焊冷作,汽车引擎及车架制造	汽车制造厂,普通机械制造厂,翻砂厂
王宝基	水力发电工程	水力发电工程师,国内水力发电厂工程师
杨承礼	工具制造	实际制造工程,生产研究
宗俊章	制造设计及安装	钢铁制造工作,输热工程
丁成章	发动机之制造,电量表	小发电机设计,电机设计
李鹗昆	水电工程土木部分之设计与建造	全国水力发电工程处总工程师,其他水利机关工程师
程学敏	水利工程之设计与建设	全国水力发电工程处总工程师,其他水利机关工程师
万　汝	船身结构,轮机,船厂施工	造船工程之实地工作;任教及研究
杨庆龄	高压机之制造及设计	负责监制及设计各种高压机;安装新电厂,电厂管理
黄纬禄[①]	无线电制造	
陈震汝	长途载波电话制造	资委会电工厂第三厂

---

① 黄纬禄(1916—2011),安徽芜湖人,1943 年在英国标准电话及电缆公司和马可尼无线电公司实习,1945 年考入英国伦敦大学帝国学院无线电系攻读研究生,1947 年 9 月毕业获硕士学位,同年 10 月回国,在资源委员会无线电公司上海研究所、上海华东工业部电信工业局任研究员。1952 年调北京中国人民解放军通信兵部电子科学研究院,后转入国防部第五研究院(1965 年改为第七机械工业部)。1986 年当选为国际宇航科学院(IAA)院士,1991 年当选为中国科学院学部委员(院士)。黄纬禄是中国著名火箭与导弹控制技术专家和航天事业的奠基人之一,是"两弹一星"功勋奖章获得者。

(续表)

姓名	专长	回国服务志愿
唐统一	电机制造	制造工作;教授
沈庆垓	真空管制造	真空管制造设计,收音制造设计
梁允奇	工具械之制造及设计	工具械设计工程师,夹具设计师,制作工程师
金新宇	输电工程	建筑工程;公路机械工作(川资已发)
万文煜	建筑工程	(川资已发)
徐志文	无线电工程	政府或大学中作研究工作;大学教授
熊朝钰	造船	造船工程,土木工程
周天翔	真空管设计及制造	
赵耆深	水电工程	资源委员会(水电工程);行政院水利委员会
区锡龄	混凝土工程	土木工程师;钢建工程师
周存国	土木工程	中国桥梁公司;交通部;资委会
黄大能	水力工程,水泥制造	水力发电工程,水力工程,水泥制造
苏伯源	建筑工程,锅炉	经济部;交通部;其他土木建筑工程
傅浙孙	电力工程	电力设计工作,发电公司(已发川资)

资料来源:根据国民政府教育部档案《三十一年度留英实习生调查表》[中国第二历史档案馆藏,全宗号:五,案卷号:15349(1)]整理编制。

  1943年英国工业协会奖学金所选派的实习生都是从各校的土木系、电机系、机械系选拔而来的,所学的专业决定了他们多是从事土木工程、电机工程、机械工程的工作。因而他们的志愿除了中央各部工作以外,就是在一些工程企业工作。从国家发展的角度来说,他们是战后国家急需的各项工程建设的重要技术人员。

  上述两表的重要信息就是留学生所学的专业及其回国服务的志愿,国民政府从中可以了解他们的所学专业、服务志愿与当时建国发展的迫切需要、当时社会各部门的岗位需求是否匹配,这样就便于国民政府安排其归国后的工作了。

抗战胜利以后,留学生大部分都在整装待发,准备归国,也还有一部分担心回国没有合适的工作而踌躇不前,所以国民政府一面令海外留学生尽速归国,一面对海外留学生进行调查统计。1945年12月15日,国民政府教育部致电驻埃及公使馆,饬催留埃及期满学生尽速返国,并从速填注国外留学及研究人员调查表及回国报到表,汇送教育部备案。1946年3月1日,驻埃及公使馆回电教育部说:"当经通知留埃及学生尽速返国服务并饬填注各表去后,兹接留埃学生送馆国外留学及研究人员调查表11份及回国报到表11份,相应汇送,电请查照。"[①]从这个电文可以看出,将有11名留埃学生返国。根据填写的调查表,国民政府也可明确其归国日期、所学专业、服务志愿等。

二、调查已归国留学生的服务志愿

抗战胜利以后,海外留学生,包括全面抗战之前和抗战期间出国留学的留学生,在学业完成之后都纷纷归国。而抗战胜利后,国内百废待兴,各方面都急需人才,国民政府教育部为具体了解留学生的学业、归国日期、工作志愿等情况,多次对即将归国的留学生展开调查,以便待他们归国后对其工作进行适当安排。通过对海外留学生的调查,一方面了解这些留学生的就业志愿、薪水需求、地点愿望,以更好地安置归国留学生的工作;另一方面,也不排除国民政府企图通过对归国留学生的职业安置来达到控制精英人才的目的。

抗战胜利以后,留学海外的中国学生在国民政府的号召下纷纷返国,尤其在1946年回国最多。为更好地帮助这些归国留学生找到合适的工作,国民政府在他们还没有回到国内就对他们进行登记,调查统计他们在国内外的学业、工作、生活经费、对留学教育的建议及回国后的服务志愿等许多方面。以(民国)"三十五年留欧返国学生登记表"为例,调查登记表的表式如下:

---

① 《驻埃及公使馆致教育部快邮代电》(1946年3月1日),国民政府教育部档案,全宗号:五,案卷号:15374,中国第二历史档案馆藏。

表 5-4　三十五年留欧返国学生登记表

姓名		籍贯		年龄		国内毕业或肄业学校并系别	
出国时间			留学国别			留学国所进之学校	
国外研究之科别				特别研究有心得者			
追随学习教授何人							
有无学位,何年考取							
国外发表论文几篇,篇名如何（每篇请惠赐一份）							
国外实习之工厂、医院及农场							
在战争期内学费供给情形如何							
对留学一般情形有何批评							
留学国之学术动态如何							
个人返国后愿在何处工作,并对工作有何希望							
通信地址							
填表人(签字)			年	月	日		香港

资料来源：《三十五年留欧返国学生登记表》，国民政府教育部档案，中国第二历史档案馆藏，全宗号：五，案卷号：15344。

填具此表的 27 位留学德、奥归国学生多是在 1946 年 10 月返国到达香港时填具的。从填表的信息来看，除了孟照琳、段其燧都留学德、奥两国之外，其余都只留学德国，而且主要在德国一些著名大学，如柏林大学、柏林工业大学、明城大学、达姆斯塔特工业大学、莱比锡大学、哥廷根大学、汉堡大学、德累斯顿（Dresden）工业大学。从他们的入学时间来看，他们多在德国留学 10 年以上，因留学海外时间较长，大多数人都获得了博士学位。从他们的登记内容来看，许多留德学生在全面抗战时期主要通过奖学金来维持生活，即使是在战争时期，德国高校的奖学金项目还是比较多的，比如伍尔福（wollf）奖学金、洪堡奖学金、汉堡奖学金①。在长期战争的情况下，仅靠奖学金也难以维持生活所需，很多留学生在海外留学时勤工俭学，通过兼职工作来维持生活，也有部分留学生靠借贷为生。

从国民政府的角度来说，对归国留学生进行调查登记，其主要目的是调查他们返国后的服务志愿。从这些留学生填写的内容来看，他们都希望能学以致用，在自己的专业学科内找到合适的工作，比如，研究医学的都希望回国后能开设诊所治病救人。从所填志愿来看，多趋向于高校、研究院所和政府的各部门工作。从工作地域来看，很多人愿回到原籍工作。在此将他们的所学专业与返国后的工作意愿抄录如下：

表 5-5 部分留德学生返国后的工作意愿

姓名	国外研究专业	返国后工作意愿
程齐溟	实验物理	去年秋本已应教育部聘为同济大学教授，但如得在四川工作更所企望
孟照琳	医学	在医学院或医院内工作，暇时尚愿自设诊所为民众医病
段其燧	土木工程	最好在交通部作设计工作，或在铁路局（新路工程局）任职，或在工学院任教职
周誉侃	物理学	愿在大学或研究所工作，希望有继续研究机会
支秉彝	电信工程	电机工厂，政府之电信事业，大学教授
严伟明	机械工程、内燃机	欲在工厂工作，改进我国之木炭行车之方法
张禾瑞	算学	愿在教育界工作，最希望能在北平
常俊彝	机械	希望在东北农业或工业工作
蔡笃恭	机械	何处工作未定，但愿所学有适其用
马节	经济、新闻学及历史	教育界、印刷出版界，希望能在艺术出版方面作一点事，使中国艺术在国际文化上的地位有发扬的机会

---

① 《三十五年留欧返国学生登记表》，国民政府教育部档案，中国第二历史档案馆藏，全宗号：五，案卷号：15344。

(续表)

姓名	国外研究专业	返国后工作意愿
金经昌	道路及城市工程	凡能替国家真正帮助的事,都愿意做,当然不希望学非所用,用非所学,中国趁战后在国际所得的地位,大家努力前进,前途一定光明。
程其襄	数学	去年秋本已应教育部聘为同济大学教授,但如得在四川工作更所企望。
谢福球	经济学、法学	市政府或省政府或外交部或内政部,希望对于中国行政机构与管理有些贡献。
李淑家	医科	开诊所
冯修吉	工业化学	希望学以致用及发展仕每土工业
刘诒娴	植物	研究工作,植物培养
庄孝德	动物学	希望回国后能在一大学任教职,或在中央研究院任研究工作,职务希望有发展可能性
广敬贤	医科	愿暂回广州市家父之医院处
冯维仁	国际公法、哲学、经济学	愿在国中从事教育事业,希望创办一出版社
田之禾	飞机发动机	自1934年至1940年在欧亚航空公司服务六年余,自1940年11月由交通部派去德国汉莎航空公司德厂考察,故回国后仍愿在航空界服务
刘德嘉	采矿	于矿业石油业有确实之工作能发展所学者
黄照柏	化学	愿在工厂工作
袁懋铨	土木工程,道路及城市建筑	返国后愿在道路及城市方面工作

资料来源:根据《三十五年留欧返国学生登记表》(国民政府教育部档案,全宗号:五,案卷号:15344,中国第二历史档案馆藏)整理编制。

注:表中内容基本都抄自档案中原表,笔者未作改动。

出国前已在某个单位工作过的这类留学生,若出国留学期间得到原单位的资助,则归国后选择职业方面很有可能回到原单位工作。比如研究飞机发动机的田之禾,自1934年至1940年在欧亚航空公司服务六年多时间,自1940年11月由交通部派去德国汉莎航空公司德厂考察,故回国后他仍愿在航空界服务;原在重庆电力公司工作的吴克斌,在学业结束后请求仍在重庆电力股份有限公司服务①。而在出国期间未获得某个工作单位资金支持的留学生,归国后则有更多的选择机会。

为使归国留学生能迅速入职工作,国民政府教育部设法了解还在归国途中的留学生的服务志愿。比如,1946年初"留德法学生及眷属40余人由马赛乘ROUNDEL CASTLE号船于一月上旬可抵西贡",教育部致电驻越南西贡领事馆,"除派陈绍贤先生便道前往协同办理外,特电请速与越南政府商洽食宿及回国交通工具诸问题,并希于诸生到达后速将该生等其简历及服务志愿航空邮寄本部以便代洽工作"。②1月15日,驻法大使馆领事尹凤藻致电外交部:"留欧学生及眷43人,海员及眷38人已于6日乘轮抵贡,经照顾安置住宿,10日内可望搭轮赴海防转程回国,并请转知教育部及海外部。"③收到电文后,2月7日,教育部连续两次给越南西贡领事馆致电:"留欧学生及眷属43人即可赴海防返国,诸承照料,至感。该生等仍请由海防至国内路线及各生姓名、服务愿望先期详示。"④"本部前电请陈参政员绍贤于视察南洋侨教时便道来西贡协助办理留德学生返国事,未悉陈参政员赶到否,此事诸承照料安置食宿,无任公感,关于由海防至国内路线及各生学历服务志愿请先期详志,以便介绍工作。"⑤除了致谢之外,还希望先期获得这批留学生的回国路线及各生的姓名、服

---

① 《关于报送吴克斌赴英国实习回国后仍在重庆电力股份有限公司服务上刘航琛、石体元的呈》(1938年3月31日),重庆电力股份有限公司档案,重庆市档案馆藏,档号:02190002000600000011。
② 《教育部致西贡领事馆代电》(1946年1月7日),国民政府教育部档案,中国第二历史档案馆藏,全宗号:五,案卷号:15374。
③ 《驻法大使馆领事尹凤藻致外交部电》(1946年1月15日),国民政府教育部档案,中国第二历史档案馆藏,全宗号:五,案卷号:15374。
④ 《教育部致西贡领事馆电》(1946年2月7日),国民政府教育部档案,中国第二历史档案馆藏,全宗号:五,案卷号:15374。
⑤ 《教育部致西贡领事馆代电》(1946年2月7日),国民政府教育部档案,中国第二历史档案馆藏,全宗号:五,案卷号:15374。

务志愿以便为其介绍工作。可见,国民政府教育部作为留学教育的主管部门,对这些归国留学生的就业安排是非常重视的,选拔派遣留学生、救助海外困难留学生、任用归国留学生,既是留学教育章程中所规定的教育部应有的统管之权,也是其职责和义务所在。

第二节 为归国留学生推荐就业

对于部分弃学归国的留学生,国民政府教育部根据《留日返国学生救济办法》,按其所学专业、留学年限进入国内相应的高等学府再学习,这部分学生不是很多,而且基本上一次性解决。很多留学生是被国民政府号召回国的,而且教育部也承诺将安置他们的工作,所以许多还没有合适工作的归国留学生就到教育部登记,以期获得政府的工作安排。教育部等中央各部门以及驻外使馆、各省教育厅等都为推荐归国留学生就业做了很多工作。为归国留学生推荐就业,往往会涉及多个部门,需要各部门的配合与协作。

一、教育部向中央各部门推荐

按国民政府教育部规定,留学生归国后须向教育部登记报到。部分留学生回国后已自觅合适的工作,还有一些留学生归国后对国内情况不甚了解,在就业方面还依赖政府推荐。教育部作为留学教育的直接组织者,按照其制颁的留学政策及回国留学生的登记、服务简则规定,对归国留学生的工作安排有义不容辞的责任,所以在大批留学生等待政府安排的情况下,教育部积极向中央各部门推荐,中央各部门再指令所属机关推荐和任用,经过层层推荐,大多数留学生都能被录用。在此以教育部向中央各部门推荐的几批归国留学生为例,以兹从中窥豹一斑。

1. 全面抗战初期教育部向中央各部门推荐归国留学生

其一,1939年教育部向中央各部门推荐76名归国留学生。

1939年5月,教育部分别给经济部、中央社会部发去相同的推荐公函①。在此,以教育部与中央社会部之间的往来函件作为分派留学生工作的案例来进行具体论述。5月18日教育部致函中央社会部:"值此非常时期,为发挥国家民族之力量,必使全国人民各尽其才,为抗战建国而努力。惟自抗战以来,由国外回国之留学生颇多失业,此不仅留学生个人之不幸,实亦国家社会之损失。本部有鉴于此,爰举办战时回国留学生登记,现经审查合格拟予统筹分发工作或酌予救济者,计七十六名。素仰贵部选拔人才不遗余力,如有相当机缘,对于该项人员,敬乞量予录用,以其专门人才得有发展能力之机会。"②同时附上抗战期间登记回国留学生名单及分发服务简则各一份。从其附表可以看出,登记表中共有123名,其中审核合格的有76名,部分归国留学生已被分发录用,还有许多在"分发工作一栏"是暂缓指派(76名归国留学生名单及具体情况见文末附件)。

在抗战时期社会混乱的环境下,竟然连一向被社会高度认可的归国留学生都有失业现象,这不得不说是战争带来的严重影响。教育部将归国留学生就业问题提高到抗战建国的民族大业的高度,希望各部门能够高度重视。6月5日,中央社会部在回复教育部的公函中说:"……兹拟约钱艮、胥日新、雷瑛、黄融、王树基、王龙章、郭履林、伍重光、韩及宇、周匡斗、蔡荫思、朱德超、李蔚潭、黄敦涵十四人来本部秘书室谈话,即烦查照转知。"③从此公函可以看出,中央社会部对于其中的不少留学生都有留用之意,可见当时归国留学生的学识及其社会地位仍然得到大部分人的认可。6月14日,教育部回复中央社会部:"……查该十四人中黄融已任财政部科员,伍重光于军委员会政治部任编审工作,郭履林经本部派入国立编译馆服务,周匡斗、蔡荫恩二人,经军委员会办公厅秘书处约谈,本部已转知前往会

---

① 《国民政府教育部致经济部公函》(1939年5月18日),国民政府经济部档案,中国第二历史档案馆藏,全宗号:四,案卷号:13688。
② 《国民政府教育部致国民党中央社会部公函》(1939年5月18日),国民党中央社会部档案,中国第二历史档案馆藏,全宗号:一一,案卷号:9829。
③ 《国民党中央社会部致教育部公函》(1939年6月5日),国民党中央社会部档案,中国第二历史档案馆藏,全宗号:一一,案卷号:9829。

谈在案。又朱德超现寓上海，李蔚潭现寓梅州，黄敦涵现寓香港，距此较远，除嘱其自行决定能否来渝会谈外，其余六人，本部已函知前往贵部秘书室会谈。"①从教育部与中央社会部之间的往来函件，可见，此76名归国留学生中将有一部分人，在教育部的转告下前往社会部任职，其他各留学生也基本都找到了合适的工作。

其二，1939年教育部向各部门推荐7名归国留学生。

至1939年7月，前期第一批登记合格的归国留学生多数已分派工作，但后续登记者仍然不少。教育部又像前期推荐归国留学生一样，继续向中央各部门推荐。7月28日，教育部向经济部、中央社会部等推荐刚登记合格的归国留学生："查本部自举办战时回国留学生登记以来，前经审查合格准予登记者约一百二十人，曾函请贵部量予录用，并承复允在案。现该员等大部分已分派工作，至深纫感。最近在本部续请登记，经审查合格者计有七人，均各学有专长，如有相当机缘，仍乞酌予选用，以其专门人才学有所用。"②同时附上登记合格的回国留学生名单及分发服务简则各一份。登记表格内容包括姓名、国内学历、国外学历、研究科目、学位、通信处等。7名归国留学生的姓名为：陈兴杰、萧化、于志臣、丁镇宇、丁树藩、章苍萍、王冶孚。8月7日，中央社会部致函教育部："查所介绍人员，陈兴杰等七员本部皆可延用，惟本部为经费所限，各该员之生活费在本部服务期间均请由贵部负担，准函前由，相应函复。"③9月，教育部函复社会部："经查询各该员现时工作情况，据呈复，陈兴杰远在广西贺县，萧化现居昆明，丁镇宇在河南邓县，于志臣经厦门大学聘为教授，王冶孚现正从事编译工作，一时不能前往服务。兹派丁树藩、章苍萍前往贵部工作，生活费仍照前核定数目由本部发给，暂至本年十二月为止。除函

---

① 《国民政府教育部致国民党中央社会部公函》(1939年6月14日)，国民党中央社会部档案，中国第二历史档案馆藏，全宗号：一一，案卷号：9829。
② 《国民政府教育部致国民党中央社会部公函》(1939年7月28日)，国民党中央社会部档案，中国第二历史档案馆藏，全宗号：一一，案卷号：9829。
③ 《国民党中央社会部致教育部公函》(1939年8月7日)，国民党中央社会部档案，中国第二历史档案馆藏，全宗号：一一，案卷号：9829。

该员等知照外,相应函复,即希查照,并希于该二员任职后函知本部。"①从教育部与中央社会部的来往函件可知,7月底教育部才向中央各部分推荐归国留学生,8月初中央社会部即回复教育部,至9月教育部回复时,在教育部登记合格的7名归国留学生,多数已有工作安排。一方面,归国留学生本身学识渊博,另一方面,也归功于教育部等部门的积极推荐。

在教育部愿意代发归国留学生工作薪金的承诺下,各机关单位对归国留学生的录用非常积极。比如中央社会部在1939年10月6日就主动询问教育部:"兹须明悉贵部登记之战时回国留学生现尚有若干人未经派定工作,相应函请查照,将各该生之姓名履历等项列单见示。"②10月11日,中央社会部又致函教育部:"案准贵部第二三八七二号公函,为函复所拟延用之留学生之丁树藩、章苍萍二员可予派往等由,一俟该二员来部报到后,当即指定服务处所。又本部拟将所有在贵部登记尚无工作之战时回国留学生均予以服务机会,前曾函请将其简历或登记卡片检送过部,仍希查照前函,迅予见复。"③可见,中央社会部对归国留学生的任用是非常积极的,不仅乐于接受教育部的推荐,而且主动询问、索要这些归国留学生的相关信息。

教育部除了向中央各部推荐归国留学生,还向各省推荐归国留学生,比如,1939年7月,教育部就向福建省发去"关于为战时回国留学生介绍工作的公函"④。虽然教育部积极向各部门推荐归国留学生,但仅凭教育部一己之力,毕竟独木难支,所以教育部致呈行政院,不仅详细汇报了举办回国留学生的登记办法及安排服务工作的情

---

① 《国民政府教育部致国民党中央社会部公函》(1939年9月),国民党中央社会部档案,中国第二历史档案馆藏,全宗号:一一,案卷号:9829。
② 《国民党中央社会部致教育部公函》(1939年10月6日),国民党中央社会部档案,中国第二历史档案馆藏,全宗号:一一,案卷号:9829。
③ 《国民党中央社会部致教育部公函》(1939年10月11日),国民党中央社会部档案,中国第二历史档案馆藏,全宗号:一一,案卷号:9829。
④ 《教育部关于为战时回国留学生介绍工作的公函》(1939年7月8日),福建省档案馆藏,档号:0002-005-003174-0013。

形,同时也希望行政院对归国留学生的就业问题重视起来。1940 年 4 月,教育部部长陈立夫在致行政院的呈文中说,我国近年留学国外学生为数甚多,其所习学科大半适合于目前国家社会之所需,"惟查抗战以来,留学生毕业回国者日益增加,关于服务问题,亟感迫切,……伏念抗战期间,百端待举,各方需材孔殷,回国之留学生既各学有专长,自应代谋适当之安置,俾就其所学,作特殊之贡献,报效党国,以符总理'人尽其才'之至意。如仅限于教育方面工作之介绍,殊不足以宏国家培养人才之本旨。查国内农工、采矿及其他交通运输、建设等技术机关,值此抗战建国兼程迈进之际,以后需用是项技术人才,及兴办各项建设事业,希能尽量聘用回国留学生担任工作,并径由各部分咨请本部介绍,庶留学生回国免生抱才向隅之憾,而亦能承恢弘国家百年树人之大义。"[①]此呈文不仅将全面抗战以来教育部为归国留学生所做的就业安置问题做了一个总结,同时也强调了此事的重要性,以引起行政院的重视。教育部希望除了教育部门之外,其他各行各业也能积极安排归国留学生就业,将以后对归国留学生的安排就业问题提到一个更高的重视程度。

2. 抗战胜利前后教育部向各部门推荐归国留学生

其一,1942 年教育部向中央各部门推荐 27 名归国留学生。

随着战时海外留学生的不断返国,向教育部登记的留学生仍然不少。通过审核合格者,教育部仍努力向各机关推荐。比如,1942 年 6 月,教育部将已登记合格之 27 名归国留学生,推送给中央建交合作委员会,而该委员会又将其推荐给经济部:"顷准教育部高等教育司移送登记合格之战区专科以上学校教员及抗战期间回国之留学生名单,查单列各员均属学资优深确具专长,其间亦不乏富于服务经验者。维贵处事业孟晋,需人必多,用特附奉履历表一份,至希查照,

---

[①] 中国第二历史档案馆编:《中华民国史档案资料汇编》第五辑 第二编 教育(一),江苏古籍出版社 1997 年版,第 880—881 页。

酌就所需，予以选聘。"①在附件履历表中，有向教育部登记合格的《抗战期间回国留学生名单》，共有 27 名，登记履历表内容包括姓名、籍贯、学历、经历、专长、通信处等几个方面。27 名留学生姓名如下：王伯骏、王崇第、梁继本、郑英励、龙友惠、韩广明、邰文静、申锃、殷薇杰、陈珍干、陈兴杰、刘仰之、欧阳樊、夏通成、夏权、邝炯桑、余朗屏、马刺霄玉、彭文鸿、艾毅根、陈耀庭、丁镇宇、陈季伦、金瑗英、黄眉、梁聪、逊述先。

其二，抗战胜利后教育部向中央各部门推荐归国留学生。

抗战胜利后，留学生陆续归国，因路途遥远，留学生在旅途中耽搁几个月的时间才回到国内，大多归国后已是 1946 年。随着战后海外留学生的大规模返国，除了部分留学生自觅职业之外，到教育部登记的必然也不少，为实现之前的承诺，教育部像前期一样，积极为归国留学生推荐工作。1946 年 1 月，《申报》报道说："教部对于国外留学生学业已成者，曾电请国外各使馆转令返国，由部补助旅费，归国后予以介绍任用。现欧陆各国留学生返国抵渝者，先后已有两批，计四十二人，业向教部报到者，计二十三人。已由该部分别介绍至卫生署、经济部等机关任职，及各大学任教，或正在介绍工作中。"②"我国留德学生二十五名，连同眷属，于去年十二月中离德返国，早经抵达西贡，刻正候机来渝，该生等均系研习专门技术者，教部对于各该生返国后之工作问题极为关心，闻已根据各生所学，分向各机关推荐。"③从《申报》报道的内容来看，战后国民政府教育部作为留学教育的主管部门，对归国留学生的就业推荐仍然是比较积极的。

在国民政府的档案中，也随处可见类似的推荐归国留学生的案例。1946 年 1 月 5 日，教育部高等教育司向各部门积极推荐留学法、比、瑞等国 6 名归国留学生："查留法学生冯新泉等学有专长，新近返

---

① 《中央建教合作委员会致经济部函》(1942 年 6 月 13 日)，(1942 年 6 月 19 日经济部收文)，国民政府经济部档案，中国第二历史档案馆藏，全宗号：四，案卷号：13644。
② 《我留学生归国　教部已分别介绍任用》，《申报》1946 年 1 月 5 日，第 4 版。
③ 《留德学生返国　教部将分向各机关推荐》，《申报》1946 年 4 月 9 日，第 4 版。

国,前来本部报到,请为介绍工作,兹抄送各该员之履历表一份函请查照酌办见复。"①除了为团体留学生推荐工作之外,教育部也为个别留学生推荐,比如,1946年11月,教育部部长朱家骅向经济部推荐留英学生董谟春:"兹有董谟春君,系二十七年留英实习生,为期共为八载,顷已返国来部报到,请求介绍工作,相应抄附该生略历函请查照酌予任用。"②此后,朱家骅又向经济部推荐留比返国学生廖先庚和留英实习生游善良。据1946年11月教育部发言人说:"回国学生由教部分别向有关机关推荐,此项办法已实施有效,去年返国留欧学生五十余人,大部由教部推荐就业,将来社会安定,展开建设,需才更多,学生闲散失业之现象,常可逐渐消灭。"③

教育部作为留学教育的最高主管部门,其对归国留学生的就业推荐,本是自身制定的留学法规中应尽的责任和义务。另外,教育部作为留学教育的主管部门,在向其他部门推荐留学生之前,已对登记者进行审核和调查统计,对归国留学生的专业、学历、思想、服务志愿等都了如指掌,教育部对这些归国留学生的推荐,也有其本身的威信所在,容易被其他机关接受。再加上已承诺先由政府代垫生活费,对于一些需要尖端人才又无力发薪的单位正是求之不得。所以全面抗战时期教育部向中央各部门推荐归国留学生多是有的放矢、行之有效的。

二、经济部等部门向所属机关推荐

按照国民政府教育部的规定,留学生归国后须向教育部登记,其审核合格者则由教育部统一推荐工作。教育部向各部门的推荐,往往需要各部门再向所属机关推荐。国民政府中央各部门比较多,因篇幅关系,在此仅以经济部向所属机关推荐归国留学生为例,以兹窥

---

① 《国民政府教育部高等教育司致经济部函》(1946年1月9日经济部收文),国民政府经济部档案,中国第二历史档案馆藏,全宗号:四,案卷号:30218。
② 《教育部部长朱家骅致经济部公函》(1946年11月9日),国民政府经济部档案,中国第二历史档案馆藏,全宗号:四,案卷号:38963。
③ 《教部发言人谈留学政策》,《申报》1946年11月8日,第8版。

豹一斑。

1. 经济部向所属机关推荐里昂中法大学的中国留学生

1945年2月16日,法国里昂中法大学的中国留学生王志民等7人致呈经济部部长翁文灏,拟即归国投效,恳请指示适宜机关录用,俾得贡献所学专门技术以效命国家:"窃生等先后于民国二十四年左右由北平中法大学资送来法留学,二十九年德军占据法境,交通阻绝,致生等于学业完成后未能即日返国,献身抗建工作。数年来被迫滞留法国,虽在各工厂实验室任职或实习,学识经验得以增进不辍,而楚才晋用,实达国家培植青年之本意,为人作嫁,尤非生等负笈留学之初衷,是以当法国被占据时期,每念及祖国艰危,未尝不焦灼万分、寝食难安也。兹幸联军恢复全法,钱大使莅任后,首即筹划送遣专门技术人才归国服务。生等俯念抗战胜利已近决定时期,当此军事科学化时代,战时生产在在需用专长,我政府为发挥最高生产效能,于运用全国人才必有精密筹划。生等受国家十数年造就,幸得一技之长,自当即日归国,听从政府指挥工作。爰将生等学历及工作录呈,恳请钧座裁夺指示,应各向何地及何项机关投效,俾得有所遵循。"①呈文后附6份履历书,笔者将留法生附呈的6份履历书整理如下:

表5-7 6名留法学生履历简况

姓名	性别	年岁	籍贯	学历 国内	学历 国外	专门学识	现任职务
王绍曾	男	33	河北高阳	北平中法大学物理系毕业	法国理学硕士,法国航空工程师,法国国立高等航空工程学校毕业	航空工程	法国席格玛(SIGMA)发电机厂工程师
李文菴	男	35	河北高阳	北平中法大学毕业	法国理学硕士,法国农业技师,法国国立格立宁农业学校毕业	农副制造	法国里昂文克雷啤酒厂实习技师

---

① 《留法学生王志民等致国民政府经济部呈》(1945年6月18日,经济部收文),国民政府经济部档案,中国第二历史档案馆藏,全宗号:四,案卷号:13702。

(续表)

姓名	性别	年岁	籍贯	学历 国内	学历 国外	专门学识	现任职务
于道文	男	30	山东安邱	北平中法大学物理系	法国理学硕士，法国机械工程师，法国巴黎国立中央学校毕业	机械制造工程	曾任里昂北弟尔电机工厂工程师，现任里昂百里叶汽车制造厂工具绘图师
冯新泉	男	33	河北安新	北平中法大学化学系毕业	法国理学硕士，里昂大学理学博士，法国电化及电冶工程师，法国电化及电冶学院毕业	电化及电冶	法国炭化金属公司工程师
陈博君	男	29	天津	北平中法大学化学系毕业	法国理学硕士，法国理学博士	生物化学	法国联合药厂担任研究工作
王志民	男	36	北平	北平中法大学算学系毕业	法国理学硕士，法国水利工程师，法国格城水利工程学校毕业	水力实验及建筑工程	曾在法国柔诺河国家公司瑞霓峡水坝建筑厂实习

资料来源：《留法学生王志民等致国民政府经济部呈》附件，国民政府经济部档案，中国第二历史档案馆藏，全宗号：四，案卷号：13702。

关于留法学生王志民等呈请返国投效一案，1945年6月29日，经济部人事室根据各留学生所填履历的专长及工业、电业两司的意见，拟定具体办法，呈请经济部部长、次长签核：

奉交法国里昂中法大学学生王志民等六人呈一件，为拟返国效力，检同履历书，请指示应各向何地何项机关投效由。当经检同原附各件，送请工业、电业两司核签意见去后，兹准先后签复到室，谨将会拟意见陈明如次：

一、原履历书载称，王绍曾一员，擅长航空工程，李文菴一员擅长农业制造，似适合于航空委员会及农林部主管业务，拟由部转函以上各部会查核迳复；

二、于道文一员擅长机械制造工程，冯新泉一员擅长电化及电冶，陈博君一员擅长生物化学，王志民一员擅长水力实验及建筑工程，核与资源委员会及中央工业试验所主管业务暨资源委员会最近设置之全国水力发电工程总处业务尚属适合，拟分令该会所核议具复后再行批复。①

该签呈有批示"如拟"字样。

1945年7月18日，经济部分别向航空委员会、农林部发去公函，并以训令的形式向资源委员会、中央工业试验所发文。7月25日，经济部中央工业试验所所长顾毓琇在致经济部的呈文中说："查本所本年度奉命紧缩员额无多，陈博君、于道文二君所学颇合本所需要，拟请通知二君来所工作。"②8月17日，航空委员会也致函经济部："查王君业由军令部介绍，准予返国后来本会服务有案，准函前由，相应函复查照转达。"③看到中央工业试验所及航空委员会都已有答复，而其他机关仍无消息，为早日给予留法学生答复，8月17日，经济部再次训令资源委员会："查前据里昂中法大学学生于道文等呈，以拟返国效力，检同履历书，请批示应向何项机关报效等情。当经抄发于道文、冯新泉、陈博君、王志民四人原书，分令该会及中央工业试验所核议具报，去后，兹据中央工业试验所呈，以案内于道文、陈博君二人颇合该所需要，请饬知来所工作等情前来。惟该会迄今尚未呈复，合行令仰即迅速查照前令核议具复以凭汇办。"④9月1日，资源委员会回复说："关于核议里昂中法大学学生于道文等拟返国效力一节，以王

---

① 《国民政府经济部人事室签呈》(1945年6月29日)，国民政府经济部档案，中国第二历史档案馆藏，全宗号：四，案卷号：13702。
② 《经济部中央工业试验所所长顾毓琇致经济部呈》(1945年7月25日)，国民政府经济部档案，中国第二历史档案馆藏，全宗号：四，案卷号：13702。
③ 《航空委员会致经济部公函》(1945年8月17日)，国民政府经济部档案，中国第二历史档案馆藏，全宗号：四，案卷号：13702。
④ 《国民政府经济部致资源委员会训令》(1945年8月17日)，国民政府经济部档案，中国第二历史档案馆藏，全宗号：四，案卷号：13702。

志民一员,其资历等与本会全国水力发电工程总处业务尚属相合,业经抄附履历转饬该处研究核议去后,兹据该处呈称,略以该生详细经历不详,对于职称薪额均难核议,拟请俟其返国面谈后再行决定去留,等情,据此指复。"①从经济部所属的中央工业试验所、航空委员会、资源委员会回函中可以看出,经济部向其推荐的六名留法归国留学生已基本上全被录用。

2. 经济部向所属机关推荐留荷学生

1945年7月27日,驻荷兰大使馆致呈外交部,"据旅荷华侨李丕周、彭学孟、李克其、夏维光、唐开步、唐克熙等本年七月十七日呈称,生等均系中国留荷学生,自荷属东印度来荷,依照一九一〇年中荷东印度协定,取得荷兰籍,曾在欧学习电机、化学、土木等项工程,各有专攻。兹因欧战结束,生等学业或已完成,或在短期之内即可毕业,际此国内复员需用大批工程人员之时,亟欲回国服务,为祖国复兴而工作,略尽国民职责,理合呈请鉴核,转咨示遵",并附该生等履历表一份。9月17日,外交部将荷兰大使馆呈文转函教育部:"查侨生服务事实系贵部主管,相应检抄原附件送请查照核办并见复。"10月1日,教育部致函经济部,相应抄送各生履历表一份,"函请查照酌用并见复"。各留学生的履历表比较简单,但都学有专长:李丕周(35岁)是电机工程师,1941年毕业于荷兰德弗机械大学电机系,曾在法国巴黎、德国柏林等多个机关服务过;唐开步(28岁)是电机工程师;唐克熙(30岁)是化学工程师,专攻冶金学;彭学孟(34岁)是机械工程师;李克其(33岁)是土木工程师;夏维光(29岁)专攻人造松香石膏以及天然或人造树胶石油糖油精等②,彭学孟、李克其、夏维光三名留学生还未毕业。从他们的履历表来看,确实都"各有专攻",而且年龄都在30岁左右,年富力强,精力旺盛,正是国家建设所需人才。所以

---

① 《经济部资源委员会致经济部长呈》,(1945年9月4日,经济部收文),国民政府经济部档案,中国第二历史档案馆藏,全宗号:四,案卷号:13702。
② 《教育部致经济部公函》(1945年10月1日),国民政府经济部档案,中国第二历史档案馆藏,全宗号:四,案卷号:38962。

不久经济部就将教育部转来的有关留荷学生即将归国服务事分令所属机关:"案准教育部三十四年十月一日高字第四九五三八号函,为曾旅荷华侨李丕周等呈,拟返国服务,请查照酌用,等由,抄附各员履历表到部。除分行外,抄同原表,令仰各知照。"①如此层层推荐,多数归国留学生都能获得任职机会。

3. 经济部向所属机关推荐法比瑞等国的中国留学生

1946年1月5日,教育部高等教育司向各部门积极推荐留学法、比、瑞等国归国留学生,从留学法、比、瑞返国学生履历表内容来看,共有13名归国留学生,国民政府将姓名、年龄、性别、籍贯、学历、经历、专长及工作志愿详列表单,其具体情况见表5-8:

表5-8 留法瑞比返国学生履历表(1945年12月教育部高等教育司制)

姓名	年龄	性别	籍贯	学历	经历	专长	工作志愿
冯新泉	34	男	河北	1.里昂大学理学博士 2.格城电化学及电冶金学院工程师	法国炭化金属公司工程师;法国国营铁路汽车公司主任工程师,圣欧团炼钢厂检定及试验室主任	电化冶金	电化、钢厂、铝厂、铜厂、镁厂工作,去华北东北接收工作,大学教授
王志民	34	男	北平	里昂大学理学硕士,格城大学水利工程师学校工程师	法国国营柔诺河公司副工程师	水利工程、电机工程	水电厂,治河,大学教授
陈荣生	27	男	浙江	里昂大学法学博士	巴黎万国语言学校中文教授	国际法,行政法,财政法等	外交部或驻外各使馆;经济部或国营各实业机关;大学教授
陈博君	29	男	天津	里昂大学理学硕士,巴黎大学理学博士	法国联合制药研究	生物化学	生物化学工业,制药化学工业

---

① 《国民政府经济部训令》(1945年11月6日),国民政府经济部档案,中国第二历史档案馆藏,全宗号:四,案卷号:38962。

(续表)

姓名	年龄	性别	籍贯	学历	经历	专长	工作志愿
孙永龄	32	男	河北	日内瓦大学，教育学院，图书馆学校	瑞士军政部青年领袖训练所，国民教育处，国际联盟图书馆	青年训练；国民教育，图书馆	青年训练；国民教育，图书馆
张生祥	38	男	河北	比国高等纺织工业学校工程师	比国工厂实习	纺织	京沪各地纱厂
邵承斌	29	男	河北	巴黎大学统计学院统计师巴黎政治专门学校经济科毕业		统计	统计工作
曹清泰	38	男	河北	里昂大学医科毕业，巴黎巴斯德学院实习	博都医院耳目喉科医师	耳目喉科	在京沪区医院担任耳目喉科医师
郝贵林	48	男	河北	国内汉阳兵工厂附近兵工学校毕业	自民国十一年至廿九年止任巴黎××工厂技师	内燃机修理及各种兵工制造	湘鄂川区之兵工厂工作
张起礇	28	女	河北	比国比京大学硕士；法国里昂大学化学博士	比京××工厂技师；比京××大学助教；里昂牛奶厂牛奶研究室研究	生物化学	各收复区工厂工作；药厂；大学教授；研究机关研究
周轻鼎	40	男	湖南	日本××校雕制毕业；法国国立高等美术学校毕业		塑像；建筑雕刻	大学教授，各营造机关；学术研究
王碗芳				法国里昂大学医学博士			
齐熠				瑞士巴勒城×××厂实习			

资料来源:《国民政府教育部高等教育司致经济部函》附件，1946年1月9日经济部收文，国民政府经济部档案，中国第二历史档案馆藏，全宗号：四，案卷号:30218。

注：表中内容摘抄于原档案中表格内容，笔者基本未作改动。

1月26日,经济部根据归国留学生的专长,分别给所属机关发去训令。经济部以教育部指令的意思向东北区、湘鄂赣区分别推荐留法学生冯新泉和郝贵林两位归国留学生:"业经教育部高等教育司三十五年一月五日函称,查留法学生冯新泉、郝贵林等学有专长,新近返国,前来本部报到,请为介绍工作,兹抄送各该员履历表一份,函请查照酌办见复,等由。除分行并函复外,合行抄发冯新泉、郝贵林履历表一份,令仰核办具报为要。"[1]同时,经济部又向纺织事业管理委员会推荐留比学生张生祥:"案准教育部高等司三十五年一月五日函称,查留比学生张生祥等学有专长,新近返国,前来本部报到,请为介绍工作,兹抄送各该员履历表一份,函请查照酌办见复,等由。除分行并函复外,合行抄发张生祥履历表一份,令仰核办见复为要。"[2]接着,经济部又向资源委员会推荐留法学生王志民和留比学生张起醰:"案准教育部高等教育司三十五年一月五日函称,查留法学生王志民、留比学生张起醰等学有专长,新近返国,前来本部报到,请为介绍工作,兹抄送各该员履历表一份,函请查照酌办见复等由。除分行并函复外,合行抄发王志民、张起醰履历表各一份,令仰核办见复为要。"[3]虽然训令格式相似,但所推荐的留学生不同。同一天,经济部又将具体安排各机关核办情况详细函达教育部,以证明经济部已认真传达教育部要求推荐归国留学生工作的旨意:"查该生等所学科目不一,除于工矿业有关之张新泉、王志民、张生祥、郝贵林、张起醰等五人按其所学科目及工作志愿分别令饬本部各区特派员及纺织事业管理委员会及资源委员会核办具报以凭转知外,相应函请贵部查照

---

[1] 《国民政府经济部分别致东北区特派员、湘鄂赣区特派员训令》(1946年1月26日),国民政府经济部档案,中国第二历史档案馆藏,全宗号:四,案卷号:30218。
[2] 《国民政府经济部致纺织事业管理委员会训令》(1946年1月26日),国民政府经济部档案,中国第二历史档案馆藏,全宗号:四,案卷号:30218。
[3] 《国民政府经济部致资源委员会训令》(1946年1月26日),国民政府经济部档案,中国第二历史档案馆藏,全宗号:四,案卷号:30218。

转知。"①在经济部的训令下,各机关自然积极录用这些归国留学生。

此后,经济部所属各机关陆续向经济部汇报本机关任用归国留学生情况②,4月11日,经济部又将所属各机关汇报情况详细转函教育部:"……兹据(一)湘鄂赣区特派员办公处呈称,郝贵林一名,俟本处各工厂如有需要时,自会专函径行邀请。(二)纺织事业管理委员会呈称,张生祥一名,已予登记,俟遇有适当工作,再行另案通知。(三)资源委员会呈称,王志民一名,尚合需要,并已由全国水力发电工程总处函洽。至张起醰一名,系习生物化学,暂无需要。各等情,除案内冯新泉一名应俟东北区特派员办公处呈报再行核复外,相应函请查照转知。"③从经济部的函文可以看出,教育部向经济部推荐的留法比瑞返国学生,在经济部的再次推荐下,多数都能获得了适宜的工作安排。

4. 经济部向资源委员会推荐留英学生

留学英国研习土木工程专业的学生王振常曾致呈经济部,希望代为推荐工作。1946年9月14日,经济部批示王振常:"查资源委员会已改隶行政院管辖,除由本部函请查案核办径行批示外,仰即知照。"④资源委员会全面抗战时期(1938年)隶属经济部,战后(1946年)改隶行政院,虽然资源委员会不再隶属经济部,但经济部出于对归国留学生的重视,还是再次函请资源委员会推荐任用:"案据旅英土木工程系毕业学生王振常呈,以前拟回国服务请予录用一案,迄未

---

① 《国民政府经济部致教育部公函》(1946年1月26日),国民政府经济部档案,中国第二历史档案馆藏,全宗号:四,案卷号:30218。

② 《资源委员会主任委员翁文灏致经济部部长呈》(1946年2月5日),国民政府经济部档案,中国第二历史档案馆藏,全宗号:四,案卷号:30218;《经济部湘鄂赣区特派员李景潞致经济部部长呈》(1946年2月5日),国民政府经济部档案,全宗号:四,案卷号:30218,中国第二历史档案馆藏;《纺织事业管理委员会主任委员东云章致经济部呈》(1946年2月27日),国民政府经济部档案,中国第二历史档案馆藏,全宗号:四,案卷号:30218。

③ 《国民政府经济部致教育部公函》(1946年4月11日),国民政府经济部档案,中国第二历史档案馆藏,全宗号:四,案卷号:30218。

④ 《国民政府经济部致王振常批》(1946年9月14日),国民政府经济部档案,中国第二历史档案馆藏,全宗号:四,案卷号:38963。

奉到资源委员会通知,请核示,等情前来。经查此案前据该员呈请,业经本部抄同原履历于本年三月十八日(卅五)渝工字第二三八一九号训令,送请贵会核办迳知并批复各在案。据呈前情,除批示外,相应抄同原呈,函请查案径行洽办。"①在经济部的再次要求下,10月9日,资源委员会函复经济部:"查关于王君振常请予录用一案,本会未经稽考,拟请将该生履历补寄一份,俾得办理。"②按资源委员会的要求,经济部又将王振常的履历表抄寄一份函达资源委员会。11月30日,资源委员会委员长钱昌照致函经济部:"查该员本会水力发电工程总处尚属需要,惟工作地点应由该处指派,除已由该处迳函接洽外,相应函复即希查照。"③从此函可以看出,在经济部的再次函介下,王振常将被资源委员会的水力发电工程总处录用。由此也说明,若没有主管部门的推荐,单凭留学生自己寻觅工作还有一定难度,主管部门的推介在其中起到了积极作用。

三、驻外使馆向国内各部门推荐

驻外使馆作为海外中国留学生与教育部、外交部之间的重要桥梁,掌握着本馆所辖留学生的重要信息,驻外大(公)使对留学生的任职推荐,更有利于留学生被聘用。在此仅以驻德大使为留德学生推荐工作为例。

1. 驻德使馆向经济部推荐留德自费生陈国符

留德学生陈国符,曾于1940年8月1日致呈经济部部长翁文灏④,希望能派给适当工作以便归国服务。8月14日,驻德大使馆又专门为陈国符工作之事致函经济部:"据留德自费生陈国符呈称,自

---

① 《经济部致资源委员会公函》(1946年9月14日),国民政府经济部档案,中国第二历史档案馆藏,全宗号:四,案卷号:38963。
② 《资源委员会致经济部公函》(1946年10月9日),国民政府经济部档案,中国第二历史档案馆藏,全宗号:四,案卷号:38963。
③ 《资源委员会委员长钱昌照致经济部公函》(1946年11月30日),国民政府经济部档案,中国第二历史档案馆藏,全宗号:四,案卷号:38963。
④ 《留德学生陈国符致经济部长翁文灏呈》(1940年8月1日),国民政府经济部档案,中国第二历史档案馆藏,全宗号:四,案卷号:13701。

廿六年夏来德,在达城工业大学专攻造纸及人造丝科,已于去秋考得特许工程师学位,预计明年春季结束学业返国服务,请为函转介绍录用等情到馆。查该生所呈属实,除函送原呈并附毕业证书成绩证明书译文各一件外,相应函请查照核办并希见复以便转知。"①驻德使馆作为政府官方向经济部推荐,还是有一定社会效应的。不久,经济部就将驻德使馆的请求转发给所属机关:"令工矿调整处、中央工业试验所,……查该生陈国符所学系属化学工业专科,该处是否需要此项人才,合行抄发该生证明书译文一件,令仰查酌声复以凭核办。"②再经过经济部的推荐,经济部所属部门更是积极响应。工矿调整处收到经济部的训令不久就做出呈复:"查复方制纸工业颇为发达,对于此项技术人员尚有需要,一俟陈君学成返国时,当为设法安插。"③10月26日,中央工业试验所也呈复经济部,"拟延致陈国符在本所工作"④。此后,经济部多次致函驻德大使馆,希望其能将中央工业试验所及工矿调整处对于人才的需求转达给留德自费生陈国符:"……嗣据工矿调整处呈复前来,复经转函查照,各在案。兹续据中央工业试验所呈,以该所组织试验室尚须添增一人工作,拟延致该生在该室服务,请鉴核,等情到部。相应据情函达,即希查照饬知。"⑤从上述各方函电可知,经济部工矿调整处、中央工业试验所都希望录用陈国符。在推荐陈国符就业的过程中,不仅驻德使馆多次函介经济部,而且经济部也多次令所属机关核办,陈国符能够被各单位争相录用,可以说是驻外使馆、经济部及所属机关多个部门合作推荐的结果。

---

① 《中华民国驻德意志国大使馆致经济部公函》(1940年8月14日),国民政府经济部档案,中国第二历史档案馆藏,全宗号:四,案卷号:13701。
② 《国民政府经济部训令》(1940年10月9日),国民政府经济部档案,中国第二历史档案馆藏,全宗号:四,案卷号:13701。
③ 《经济部工矿调整处致经济部呈》(1940年10月18日),国民政府经济部档案,中国第二历史档案馆藏,全宗号:四,案卷号:13701。
④ 《经济部致中央工业试验所指令》(1940年11月5日),国民政府经济部档案,中国第二历史档案馆藏,全宗号:四,案卷号:13701。
⑤ 《国民政府经济部致中华民国驻德意志国大使馆公函》(1940年11月5日),国民政府经济部档案,中国第二历史档案馆藏,全宗号:四,案卷号:13701。

2. 驻德使馆向经济部、交通部推荐留德学生董维翰

董维翰1934年留学德国，1941年回国①，他学业优秀，但苦于没有回国旅费。5月3日，驻德大使馆致电重庆外交部并转经济部、交通部："晋籍留德工科学生董维翰专习强电，曾考工程博士及电机博士，旋在西门子电厂实习两年，志愿回国服务，缺乏旅费约美金二百元，国内有无可以位置或代为介绍，并汇彼旅费俾其成行，并盼电复。"②5月17日，经济部将外交部转来的驻德使馆的请求分别训令其下属机关资源委员会和工矿调整处："准驻德国大使馆本月三日电开：晋籍留德工科学生董维翰专习强电……俾其成行，益盼电复，等由。除分令工矿调整处、资源委员会外，该会（处）是否需用此项人员，或可代为介绍，仰迅即查明具复，以凭办理。"③在当时经济困难的情况下，各机构虽然缺乏专业人才，但无薪聘用专才。虽然他们的推荐不一定就成功，但确实反映了驻外使馆及教育部、经济部对留学精英人才的重视。董维翰回国后，在西南联大及其他大学任教，也为新中国的教育做出过重要的贡献。

除了驻德使馆向国内各部门推荐留学生之外，其他驻外使馆也多向国内推荐留学生，比如，驻英大使馆曾向国内函介并希望能核用留英学生陈秉衡④。驻外使馆对海外留学生了解较多，对其进行推荐

---

① 董维翰(1907—1999)，山西绛县人，1934年获山西官费，先入德国柏林大学学德语，后连续获得德国加斯鲁工业大学特许工程师、德国斯特加工业大学电机工程博士和捷克布拉格工业大学科学技术博士三个学位。1941年因愤于希特勒政府承认汪精卫汉奸政权而毅然辞去西门子电机制造厂工程师职务回国。此后历任昆明西南联合大学（清华大学）电机系教授、成都齐鲁大学物理系主任兼教授、贵州大学电机系主任兼教授、四联总处专员、上海苏浙皖区产业处理局简派专员、经济部电业司长及简任技正等职。新中国成立后，他先后任复旦大学土木工程系教授、国家重工业部上海工程处工程师、北京农业机械化学院电气化系教授。（王万旭主编：《华夏之根运城人》上册，中国社会出版社2008年版，第331页。）
② 《驻德大使馆致重庆外交部电》(1941年5月3日)，国民政府经济部档案，中国第二历史档案馆藏，全宗号：四，案卷号：17254。
③ 《国民政府经济部训令》(1941年5月17日)，国民政府经济部档案，中国第二历史档案馆藏，全宗号：四，案卷号：17254。
④ 《驻英大使馆函介绍留英学生陈秉衡请予核用案(1940)》，国民政府经济部档案，中国第二历史档案馆藏，全宗号：四，案卷号：13696。

更有权威性和可信性,也使其更有可能被录用。

四、其他部门、团体和个人的推荐

除了中央各部门及驻外使馆积极为归国留学生推荐就业之外,其他部门、团体或个人也积极为留学生函介或推荐工作。在此仅以个别典型事例作为代表,以兹窥豹一斑。

1. 各省政府对归国留学生的就业推荐

各省政府、教育厅为爱护本省精英人才起见,纷纷向国内各机关推荐本省的归国留学生。比如,广东省教育厅曾向经济部推荐本省留英学生唐玉书。1940年3月1日,广东省政府教育厅厅长黄麟书①致呈经济部:"案查本省第一届考选国外留学公费生唐玉书,于民国二十三年度出国,赴英国曼彻斯德大学,专习棉织,二十六年七月毕业后再习织布纺纱等科两年,并转赴德国工厂实习,该生先后留学英德五年,学绩亦属优异,现该生已归国,请求介绍工作前来,理合备文呈请钧部察核,准予设法录用,实为公便。"②接到黄麟书的呈文后,经济部训令工矿调整处"合行令仰酌核具复以凭转复"③。不久,经济部工矿调整处即回复:"查后方对于制造纺机工作人员尚属需要,该员如愿前来服务,可酌予分配工作,惟仍须将证明文件寄处审核,以便办理或由该员本人来处面洽。"④经济部根据工矿调整处呈复的信息,即转告广东省教育厅:"查前准贵厅请将留英德归国学生唐玉书设法录用一案,当经令饬本部工矿调整处核复,去后,兹据该呈复略称:'查后方对于制造纺机工作人员尚属需要……'等情,据此,相应

---

① 黄麟书,著名历史学家、教育家,毕业于日本东京中央大学,曾任广东省教育厅厅长、国民党广东省委常委、中央监察委员、中央考试委员、国民革命军第一军风纪巡察团中将委员等职。执掌教育厅厅长期间,创办3个省立艺术专科学校,5个省立师范学校。
② 《广东省政府教育厅厅长黄麟书致国民政府经济部呈》(1940年3月1日),国民政府经济部档案,中国第二历史档案馆藏,全宗号:四,案卷号:13730。
③ 《国民政府经济部致工矿调整处训令》(1940年3月27日),国民政府经济部档案,中国第二历史档案馆藏,全宗号:四,案卷号:13730。
④ 《工矿调整处致国民政府经济部呈》(1940年4月8日),国民政府经济部档案,中国第二历史档案馆藏,全宗号:四,案卷号:13730。

据情函复,即希查照饬知。"①由此函可知,唐玉书即将被经济部工矿调整处录用。不可否认,广东省教育厅对本省归国留学生唐玉书的推荐在其中起到了重要作用。与广东省教育厅相似的,其他各省也会向中央各部门或其他机关,尤其是向本省各机关推荐本省归国的留学人才。因篇幅关系,在此不赘述。

2. 社会团体和个别人物对归国留学生的就业推荐

除了中央各部门以单位名义向各机关推荐留学生之外,还有一些留学生团体也积极为归国留学生推荐就业,比如成立于1937年的留美同学会就明确宣称将帮助留美归国同学寻觅工作:"留美同学会,除随时为尚未出国留美学生服务外,并新成立职业服务组,专代各返国留美同学介绍工作,俾便有充分就业机会。"②事实上,除了留美同学会之外,还有欧美各国同学会、留日同学各种组织等,他们往往以留学同一个国家而形成一个团体,经常聚会,互相帮助,共谋发展。其中欧美同学会发展的时间最长,对社会的贡献也特别多,影响也比较大。

此外,国民党一些重要人物也重视对归国留学生的任职推荐,这从1939年陈果夫函请经济部录用留美博士车竞一事即可见一斑。1939年7月29日,陈果夫致函经济部长翁文灏:"……据张彬忱同志称,有车竞君,辽宁人,在美明尼苏达大学习化学工程,已得博士学位,家乡久陷,不能再返故籍,此项专门人才国内正感缺乏,特为转告贵部,如有需要,可电美或托张君令其返国效劳也。"③此后,经济部将陈果夫信函转给经济部工业司,工业司又将其分别转达给下属机关工业调整处、中央工业试验所、资源委员会工业处,"……贵处(所),

---

① 《国民政府经济部致广东省教育厅公函》(1940年4月19日),国民政府经济部档案,中国第二历史档案馆藏,全宗号:四,案卷号:13730。
② 《留美同学会昨举行年会》,《申报》1947年10月26日,第6版。
③ 《陈果夫致经济部长翁文灏信函》(1939年7月29日),国民政府经济部档案,中国第二历史档案馆藏,全宗号:四,案卷号:30237。注:1937年翁文灏出任经济部长,在抗战期间主管中国的战时工业生产及经济建设。陈果夫1939年任军事委员会委员长侍从室第三处主任。

拟请此项人才,酌予转为介绍,若有需要之处,即请迳函重庆枣子岚堰七十七号……除由部函复外,相应函请查照酌办见复。"①9月1日,工矿调整处函复经济部工业司:"查车君学成致用,习有专长,当先予以登记,俟得机缘,再为转介。"②可以看出,陈果夫十分爱惜留学精英人才,而他本人作为国民政府具有重要影响力的政府官员,推荐的留学人才,虽然不一定马上有合适的岗位任职,但可以肯定的是增加了一些受任用机会。

另外,驻德军事代表团代理团长缪培基也竭力向国内推荐留德学生姚克文:"留德学生姚克文,专门电信工程毕业后,在德国名厂实习十余年,造就精深,近受柏林苏联当局聘请在苏方某厂工作,闻不日将邀其赴列宁格勒,经职迭劝其赶下次船归国服务,彼以回国后工作未定,犹豫不决,请转教育部、交通部、经济部,予以录用。"③教育部部长朱家骅将缪培基电文全文转发经济部,经济部又将电文转发所属机关。虽然各部门推荐不一定立刻有合适的工作,但可以肯定的是,各部门的层层推荐总比留学生个人的影响力要大得多,获得工作的可能也大得多。

综上所述,全面抗战时期,国民政府教育部从统筹全国人力为抗战建国服务的角度,令归国留学生到教育部登记报到,以便统一安排工作。教育部作为全国最高教育主管部门,对归国留学生的就业推荐,是《回国留学生登记办法》中规定的应尽之责。而国民政府其他各部门,针对教育部的推荐,再向所属各机关推荐,如此层层向下属机关函介,多数归国留学生都能获得合适的工作。除了中央各部门之外,各省教育厅对本省留学生的推荐、驻外各使馆对本馆所辖留学

---

① 《经济部工业司致工业调整处、中央工业试验所、资源委员会工业处函》(1939年8月19日),国民政府经济部档案,中国第二历史档案馆藏,全宗号:四,案卷号:30237。
② 《经济部工矿调整处致经济部工业司函》(1939年9月1日),国民政府经济部档案,中国第二历史档案馆藏,全宗号:四,案卷号:30237。
③ 《驻德军事代表团缪培基致外交部电》(1946年7月6日经济部收文),国民政府经济部档案,中国第二历史档案馆藏,全宗号:四,案卷号:38962。注:姚克文后成为第一机械工业部一级工程师。

生的推荐,甚至国民党一些具有较大影响力的人物对留学生的就业推荐,也对留学生的归国就业起到了很大的作用。正如教育部部长在回复赴美交流讲学的蔡翘教授信函中所说:"至于此等留学生回国后之工作,在目前尚不致发生困难,起因各方需要人才甚殷,必要时亦可为分别介绍,使各得其所。"[①]除了国家百废待兴急需各式精英人才而外,留学生学有专长,在当时的社会地位较高,再加上国内外各部门、各机关的推荐也起到了积极的作用,所以绝大多数归国留学生的就业问题都不难解决。

第三节　安置归国留学生的概况

针对全面抗战之初大规模返国的留学生及其后陆续归国的海外留学生如何安置问题,国民政府曾专门制定了回国留学生登记办法及服务简则,按其安置的程序及办法,在教育部登记合格的归国留学生多数都能获得较好的学业安置和职业安排。

一、安置的程序

全面抗战之初,海外留学生纷纷返国,尤其是留日学生更是追风逐电、争先恐后地归国。他们中有部分留学生未完成学业就弃学归国,对于这部分归国留学生,首先得安排其在国内高校入学;而对于已完成学业的归国留学生,则按其所学专业及服务志愿安排就业。无论是继续学业还是安排工作,都得按照一定的程序行事。为使归国留学生的入学和就业都有章可循,1937年9月,国民政府教育部颁布了《留日返国学生救济办法》,1939年又相继颁布了《回国留学生登记办法》和《回国留学生服务简则》,为归国留学生的学业安置和就业安置提供了重要依据。

[①] 《教育部致蔡翘教授函》(1944年6月26日),国民政府教育部档案,中国第二历史档案馆藏,全宗号:五,案卷号:15291(3)。

未完成学业就弃学归国的多数是留日学生。对于这部分留学生，按照《留日返国学生救济办法》，"留日返国学生得按照各生程度，自行向本国专科以上各校请求肄业或暂行旁听。如各该校设有特别生或旁听生，得由各该校酌量收为特别生或旁听生；其欲转入各校为正式生者，由各该校于查察其资格，并给予试验后，斟酌收取"①。1939年教育部颁布的《抗战期间回国留学生登记办法》，将安置归国留学生的学业问题扩大到所有未完成学业就返国的留学生，规定"凡在抗战发动以后，由本部饬令回国或自行回国之留学生"都要到教育部申请登记，经教育部"审查合格"的留学生，"出国前在国内专科以上学校尚未毕业，出国后在国外专科以上学校亦未毕业者，由本部按照其所习学科分发于国内同等学校试读，俟学期试验及格后，编为正式生"②。可见，先申请登记，再通过教育部审核，最后再按其学科专业安置到国内各个高校，这是安置未完成学业就弃学归国的部分留学生的一般程序。

对于已完成学业返国服务的这部分留学生，按照国民政府教育部的规定，无论是由教育部"饬令回国"还是"自行回国"的留学生，都必须到重庆教育部登记，"申请登记之留学生，以领有本部发给之留学证书者为限"，申请登记时"并呈缴国内学校毕业证件及国外学历证明文件"，经审查合格后，"国外专科以上学校毕业或国内大学毕业后在国外研究院研究一年以上者，由本部就可能范围内，按照本人专门研究，分别介绍服务，并得由本部指定相当工作，酌给生活费"③。对于全面抗战之初大规模返国的留日学生，因为人数太多，国民政府不可能同时为其安排工作，所以在介绍其服务之前，对其进行了组织训练。对此，《申报》也曾有报道："我国留日学生，因战事纷纷归国，

---

① 《教育部抄发留日返国学生救济办法训令》(1937年9月10日)，金陵大学档案，中国第二历史档案馆藏，全宗号：六四九，案卷号：580。
② 《抗战期间回国留学生登记办法》，国民政府教育部档案，中国第二历史档案馆藏，全宗号：五，案卷号：15274。
③ 《抗战期间回国留学生登记办法》，国民政府教育部档案，中国第二历史档案馆藏，全宗号：五，案卷号：15274。

准备参战,历次到沪而向本埠上海留日同学救亡会登记者,已有二百余人,现该会已向当局呈请派委军事教练人员,指定适合地址,予该会会员以各种训练,至于女性会员,亦予以救伤看护等等训练。"①据政治大学校友通讯记载,留日返国学生参加留日训练班,从1937年9月入校至1938年6月毕业者共有134人②。因第一期训练班效果显著,故国民政府于1940年7—10月又举行了第二期训练班。留日训练班先后共举办了两届,大约有600名留日归国学生参加了训练班。这些学员毕业后,除少数被中统、军统任用以外,大多数被派往各军师政治部、军委政治部、后方医院、战地服务团等处担任一些政工职务,如秘书、科长、团指导员等③。第二期受训学员被要求集体加入三青团,全部学员自动获得中央军校毕业生资格,这些留学生被统一分配到各战区政治部,再由政治部具体安排。多数人服从安排前往各战区报到,也有部分人到三青团服务,还有少数人自谋出路。

全面抗战中后期回国的留学生,基本上都已完成学业,而且有许多留学生因长期滞留国外而取得硕士、博士学位。按照国民政府教育部的规定,回国留学生都要到教育部申请登记,经审查合格后由教育部统一安排介绍工作。但事实上,这些留学生往往因其学历较高、学有所专而被各部门争相延聘。对于那些没有自行觅得工作的留学生,教育部和其他部门按其所学专业,尽力向各部门、各机构推荐介绍(上文有所论述)。对于这些由教育部向各单位推荐介绍的归国留学生,教育部往往会按其之前所承诺的,由教育部统一按其工作情形进行考核并发放薪金或奖励。具体流程如图5-1所示:

---

① 《救亡运动情绪高涨 牺牲到底 抗战到底》,《申报》1937年8月10日,第10版。
② 刘真主编,王焕琛编著:《留学教育:中国留学教育史料》第四册,1980年版,第1996—2002页。
③ 元青等著:《中国留学通史(民国卷)》,广东教育出版社2010年版,第250页。

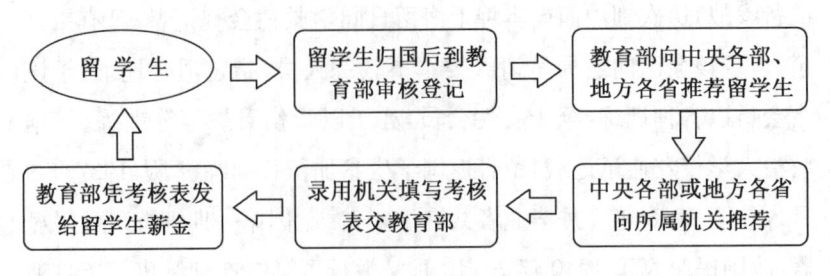

留学生 → 留学生归国后到教育部审核登记 → 教育部向中央各部、地方各省推荐留学生 → 中央各部或地方各省向所属机关推荐 → 录用机关填写考核表交教育部 → 教育部凭考核表发给留学生薪金 → 留学生

图 5-1　归国留学生安置流程图示

二、安置的经费

全面抗战时期，各个部门、机构虽然需材孔亟，尤其是对于学有专长的归国留学生更想极力延揽，但鉴于经费困难，而留学人才薪金又高，所以只能望洋兴叹。国民政府教育部认为，"回国之留学生既各学有专长，自应代谋适当之安置，俾就其所学，作特殊之贡献"①，所以专门拟定《抗战期间回国留学生分发服务简则》，在有关薪金方面明确规定："留学生分发工作分编译、研究、教学、技术及其他工作，由本部于审查时依其专长及志愿，酌量分派，核给生活费。其分发工作地点不在其居地者，并得酌给旅费。""留学生服务时，应于每月底呈缴工作成绩，其研究或编译工作，非短时期所能完成者，应于月终呈缴详细工作报告，以凭核发生活费。""留学生经指定工作地点者，由本部直接发给。""留学生服务有特殊成绩，经本部审查后，得酌予奖励。"但同时也规定，由教育部核发的生活费只限到1939年12月底，若有延长则由教育部另行通知，"留学生经分发服务后，如查明担任其他有给职务者，其生活费停止发给，并追还已领生活费，取销登记资格"②。在当时经济困难的情况下，各部门、机构都出现不同程度的财政危机，为使这些归国留学生能够暂时获得就业机会，也为减轻各机构经济负担，国民政府愿为各用人单位代发归国留学生的生活费，

---

① 中国第二历史档案馆编：《中华民国史档案资料汇编》第五辑第二编教育（一），江苏古籍出版社1997年版，第880—881页。
② 《有关出国留学考察等各种规章办法　抗战期间回国留学生分发服务简则和登记办法》，国民政府教育部档案，中国第二历史档案馆藏，全宗号：五，案卷号：15274。

而且也明确奖惩有度。这使得某些欲聘用归国留学人才又经济困难的机构能够欣然接纳归国留学生。所以,为使各部门、各机构能放心任用归国留学人才,教育部往往在推荐归国留学生时就明确告之由教育部核发生活费。比如,1939年5月,教育部分别给经济部、中央社会部推荐归国留学生,在公函中明确提出:"倘贵部有确实需要,但因限于经费预算不能增聘人员,则各该员生活费得由本部暂给至本年年底为止。"①1939年7月,教育部又向经济部、中央社会部推荐刚登记合格的归国留学生,同样,为满足各单位既想留用人才又不想出资的愿望,在推荐留学生时都特别声明,各员生活费暂由教育部发给。②

　　国民政府教育部统一给新入职的归国留学生核发生活费,往往需要对留学生的工作业绩进行考核,以此作为发放薪水的凭证。对于考核优秀者还给予奖励。1939年11月16日,教育部高等教育司致函中央社会部:"查本部登记合格之战区专科以上学校教员及抗战期间回国留学生,均经先后派任临时编译及编辑工作,或派在各学校及机关服务,兹为考核各员工作成绩起见,特由本部制定表格,务希于函到十日内,请贵部主管人员填注寄司,以便备案办理,其成绩优良者由部酌予奖励。又此次考核标准以在本部登记满半年以上者为限,未满半年者毋庸填表。"③同时附送工作成绩考核表一份。此考核表既是发给薪金的依据,也是奖惩的依据。根据教育部要求,中央社会部在填注归国留学生工作表现的考核表时,考虑其所任用的归国留学生雷瑛表现较好,所以在填写工作成绩考核表时特别注明:"查前由贵部登记合格之回国留学生雷瑛同志经分派在本部服务工作,

---

① 《国民政府教育部致中央社会部公函》,1939年5月18日,国民政府社会部档案,中国第二历史档案馆藏,全宗号:一一,案卷号:9829。
② 《国民政府教育部致中央社会部公函》,1939年7月28日,国民政府社会部档案,中国第二历史档案馆藏,全宗号:一一,案卷号:9829。
③ 《国民政府教育部高等教育司致中央社会部公函》(1939年11月16日),国民政府社会部档案,中国第二历史档案馆藏,全宗号:一一,案卷号:9829。

颇为努力，除照表填注寄奉办理外，相应函复请予嘉奖，以资鼓励。"①对于归国留学生任职后的工作考核，也是服务简则中的一项要求，其奖励措施也能起到激励作用。

关于发给归国留学生的生活费问题，1940年4月，教育部部长陈立夫专门致呈行政院，详述其安置归国留学生就业的现状及发给生活费的情形："查抗战以来，留学生毕业回国者日益增加，关于服务问题，亟感迫切，本部有鉴于此，前曾订定《抗战期间回国留学生登记办法》，以谋解决。即凡在国外专科以上学校毕业者，由本部在可能范围内，按其专长，分别介绍服务，并得由本部指定相关工作，酌给生活费。办理以来收效尚宏，惟查回国之留学生能自谋工作者固多，其未有工作机会而来部登记，由部发给生活费者，亦得利不少（截至最近共计119名）"②。由此可知，至1940年4月时，教育部已发给119名归国留学生薪金。1939年7月才颁布《抗战期间回国留学生分发服务简则》，至1940年初已发放如此多的留学生生活费，可见其在归国留学生就业和发放生活费方面确实做了不少工作。

三、安置的人数

全面抗战初期，留日学生大规模返国，三个月内5 000余留日学子基本全部回国，对于蜂拥而至的留日学生，国民政府专门制定了《留日返国学生救济办法》，除了将弃学归国未完成学业的留学生安置在国内高等学校继续学习之外，还为已完成学业欲归国投入抗战服务的留日学生组织两次训练。参加训练的留日学生除了少部分自行寻觅职业之外，其余基本上都得到了政府的安置。而全面抗战开始后，两年内也有两千余留学欧美地区的中国留学生归国。尤其是1939年9月欧战爆发后，留学环境更加恶劣，留欧学生归国者增多，而且都"陆续获得职务"，据1939年10月《申报》报道："自欧战发生

---

① 《国民党中央执行委员会社会部致教育部高等教育司便函》（1939年11月20日），国民党中央社会部档案，中国第二历史档案馆藏，全宗号：一一，案卷号：9829。

② 中国第二历史档案馆编：《中华民国史档案资料汇编》第五辑　第二编　教育（一），江苏古籍出版社1997年版，第880—881页。

后，中国留欧学生之现况颇为一般人士所系念，顷据教部负责人谈，教部已汇款至各国，使在各交战国之学生首先转至中立国暂住，并据最近所得消息，德意两国留学生现均已离境，留居其他国家者，现正准备中。至本年归国留学生的百余人，现已陆续获得职务，分布各地，从事于抗战建国之各部门工作。"[1]从这则消息可知，国民政府不仅救助二战困境中的留欧学生，而且还安置了百余名归国留学生工作。

自1938年4月教育部开始办理归国留学生登记以来，留学生登记、服务的人数就在不断地增加。1940年3月至12月，"战时回国留学生之登记共24人，分派青年读物编辑工作者16人，担任国立编译馆临时编译者2人，分派在专科以上学校服务者2人，担任行政机关工作者3人，在中华全国美术会工作者1人"。另据教育部1940年年终参政会工作报告《1940年专科以上学校失业教员及回国留学生之继续救济》，教育部1938年4月开始登记救济至现在，"登记回国留学生共165人，属于理工医农方面者38人，属于文法商教方面者91人，其他36人。现经自行觅得职业者91人，仍受救济者84人。计担任青年读物编辑工作者42人，担任国立编译馆临时编译者14人，分管及调派各机关及学校服务者27人，调部任用者1人"[2]。各种统计来源、方式不同，得出的结果多有不同。根据教育部统计室编《最近教育统计简编》，截至1940年12月底，接受救济之留学生共计890名。其中，国外留学生之发给生活费者214人，发给回国旅费者462人，总计676人，回国留学生之受救济者共214人[3]。发给214名归国留学生生活费，为其分配的工作主要在教育方面，包括高校、研究机关、编译工作及行政机关工作。

---

[1]《欧战发生后中国处理留欧学生办法 部令学生转至中立国暂住 德意两国留学生均已离境》，《申报》1939年10月7日，第7版。

[2]《1940年专科以上学校失业教员及回国留学生之继续救济》（1940年12月），国民政府教育部档案，中国第二历史档案馆藏，全宗号：五，案卷号：2505。

[3] 杜元载主编：《革命文献》第60辑，台北："中央"文物供应社1972年版，第154页。

除了中央政府推荐、介绍、安置归国留学生之外，一些地方政府也积极任用归国留学生。比如，1940年9月，广东省政府致电"侨港留日同学会"，意即将"发旅费每人国币一百元，并托请继续办理会员回国服务登记，克即介绍分派工作。该会接讯后，即由理事金曾澄、简知难召集登记同学谈话，决定组织侨港留日同学归国服务团，第一批限期本月底前出发，并向有关机关交涉车辆及派员接待，同时更征集多数同学参加，使此辈专技人才不致投闲致散，备为国用"①。可见，除了中央政府训练、录用归国留学生之外，一些地方政府也招揽任用回国留学生，毕竟归国留学生也是当时的社会精英。

抗战胜利前后，归国留学生再掀回国潮。国民政府教育部根据战时制定的《回国留学生登记办法》及《回国留学生服务简则》，继续要求归国留学生回国后必须到教育部登记，由教育部统一分配、安置工作。部分留学生在未回国前就已联系好国内的工作单位，回国后根本没去教育部登记；部分留学生虽然在教育部登记，但主要是自谋职务，不通过教育部安置工作；还有少部分留学生在教育部登记后，等待教育部的职业安排。比如，1946年1月《申报》刊文说："教部对于国外留学生学业已成者，曾电请国外各使馆转令返国，由部补助旅费，归国后予以介绍任用。现欧陆各国留学生返国抵渝者，先后已有两批，计42人，业向教部报到者，计23人。已由该部分别介绍至卫生署、经济部等机关任职，及各大学任教，或正在介绍工作中"②。可见，抗战胜利之初就回国的留学生，到教育部登记者已有多人得到国民政府的职业安排。3月，国民政府在工作总结报告中说："对于停留在欧洲大陆之留学生，分别汇发旅费，令其回国。第一批返国留法学生25人，介绍至西北大学、江苏医学院等校及卫生署服务。第二批返国留法、比、瑞学生15人，正由部派代为接洽工作，第三批留学

---

① 《侨港留日同学奉召回国服务　粤省发每人旅费百元》，《申报》1940年9月26日，第8版。
② 《我留学生归国　教部已分别介绍任用》，《申报》1946年1月5日，第4版。

生即将返国,亦在代为接洽介绍中。"①可见,国民政府不仅已经为部分留学生安置了工作,而且还将继续为归国留学生介绍工作。对于此,时事报刊也多次报道:"我国留德学生二十五名,连同眷属,于去年十二月中离德返国,早经抵达西贡,刻正候机来渝,该生等均系研习专门技术者,教部对于各该生返国后之工作问题极为关心,闻已根据各生所学,分向各机关推荐云。"②"教部5日发表,留德奥学生一批33人,已于13日由香港转沪,30日到达上海,名单如下:常俊彝、张禾瑞、张国魁、程齐溟、程其襄、支秉彝、周誉侃、庄孝德、金经昌、段其燧、冯修吉、黄照柏、冯维仁、尹纯莱、广敬贤、李淑家、刘健人、刘治娴、刘德嘉、马节、孟照琳、庞文炳、彭长祺、谢福球、田之禾、裘法祖、蔡笃恭、王文涛、吴师佑、杨家智、严术明、袁懋铨、余明扬,以上33人,其中一部为中山大学聘去,一部留沪。"③至1946年11月,教育部发言人说:"回国学生由教部分别向有关机关推荐,此项办法已实施有效,去年返国留欧学生50余人,大部由教部推荐就业,将来社会安定,展开建设,需才更多,学生闲散失业之现象,常可逐渐消灭。"④仅从上述这些时事报道就可以看出,国民政府教育部对于战后回国的留学生安置工作是尽心竭力的,大部分回国留学生都获得了较好的工作安排。据《申报》报道,自1937年7月至1945年12月,国民政府救助回国留学生226人⑤。

全面抗战后期,由于国际环境有了较大改善,国民政府在留学政策方面有所放宽,并由教育部组织了两次较大规模的考试。一是1943年底在重庆举行的第一届自费留学考试,这次考试共录取327名,这批留学生多数于1944年秋才赴美留学,留学时长2至4年不等。抗战胜利后,这些留学生次第完成学业。"该届留学生,经统计

---

① 杜元载:《革命文献》第58辑,台北:"中央"文物供应社1972年版,第425页。
② 《留德学生返国　教将移分向各机关推荐》,《申报》1946年4月9日,第4版。
③ 《留德奥学生抵沪》,《申报》1946年10月7日,第8版。
④ 《教部发言人谈留学政策》,《申报》1946年11月8日,第8版。
⑤ 《教育部战时救济　战区教育员生统计》,《申报》1946年12月3日,第8版。

在美所入大学，计卅三校，其中以密昔根大学为最多，麻省理工、哈佛、哥伦比亚、纽约等大学次之，实际出国人数共为390余人，已获得硕士学位者210余人，中有2人并已获得工学博士。兹因建国需材，各生多已结束返国，现时除留美各厂及大公司实习人员30余人，留美继续研究攻读博士学位者50余人，在联合国政府各单位服务者10余人外，其余约200名同学，多已返国分别服务本国各机关、工厂、大学，各居重要位置，成绩斐然。"[①]可见，第一届自费留学考试录取的各生多数已归国并已在不同岗位服务。二是1944年底举行的英美奖学金公费留学考试，这次考试共录取209名，多数在1945年秋赴英、美两国留学，留学时间为2—4年，这批留学生大多两年后陆续归国服务，也有不少留学生鉴于当时国内战争正激烈，待新中国成立后才回国服务。

全面抗战时期，留学生的选派与归国安置问题，主要由教育部负责管理。但军事留学生不由教育部负责，而是由军事委员会军政部直接选派，而且其回国后往往由军政部统一调配，各机关不得自行罗致任用。战后国防部为罗致从国外归国的军事留学人才，曾特别下令各机关部队不得自行罗致任用。全面抗战时期，从持续抗战的角度出发，国民政府派遣了大批军事留学生赴美留学，这些留美军事留学生，有的是到美国军事基地，接受纯粹的军事作战训练，也有的是被国民政府军事委员会选派到美国进入一些大学专门研究与军事有关的学科专业，比如发动机制造、航空器材、化学武器制造等。这些受训官兵以及赴美大学深造的军事留学生，多在抗战胜利之初陆续学成归国，据1946年《申报》消息，"中国空军军官二十五人，于美国攻读飞机引擎设计课程一年，业已卒业，准备于本日返华"[②]；"中国政府资送来美实习航空人员约200人，现将学成归国，襄助建设空军。其中军官111人及士兵70人，有航空工程人员、驾驶人员及轰炸人

[①] 《首届自费留学生同学会由美迁沪　二届自费留学生明聚餐》，《申报》1947年7月29日，第5版。

[②] 《我留美空军军官将学成归国》，《申报》1946年1月20日，第2版。

员,已实习一年半至二年不等,现定日内自此间乘卜嘉南总统号轮船赴沪"①;"美船'知更鸟'号,昨驶抵横滨,载来我留美空军官生约二百人,我国官员八人,美工程师三人。其中若干军官,赴美前曾于祖国天空与敌搏战"②;"航空委会留美受训学生600余名,日前学成返国抵沪,即将分发各空军单位服务"③;"我派赴美国受训之空军,有百余人于周前回国,今日即分别奉派到杭州、南京、北平三地工作"④;"美国陆军交通学校今日举行毕业礼,其中有中国航空学员103名被任为中国空军军官"⑤。从这一系列的时事报道中可知,在全面抗战时期派遣赴美受训的军事留学生,在抗战胜利后都纷纷返回国内,归国后多服务于与军事有关的部门,其中大部分担任军事教官,还有相当一部分从事军事科研工作。

总体而言,全面抗战时期及抗战胜利之初,由国民政府统一安置的归国留学生虽没有确切的统计数字,但从各种不同的数据来源可以看出,被安置的归国留学生也绝不在少数。一方面,留学生学成归国,需要一个合适的工作岗位为国服务,另一方面,在抗战建国各项建设都需要精英人才的形势下,作为留学生派遣的政权主体,国民政府对归国留学生进行职业安置既是其职责所在,也是其笼络留学人才为国服务的一种手段,二者各取所需,相得益彰。

四、安置的职业

全面抗战时期,国民政府对归国留学生的职业安置,主要分布在教育部门、编译部门、研究机关及中央各部的行政机关。据教育部1940年年终参政会工作报告,教育部1938年4月开始登记救济至现在为止,"登记回国留学生共165人","现经自行觅得职业者91人,仍受救济者84人,计担任青年读物编辑工作者42人,担任国立编译

---

① 《我留美航空员学成将归国》,《申报》1946年2月13日,第2版。
② 《大批空军人员由美过日返国》,《申报》1946年3月17日,第1版。
③ 《本市简讯》,《申报》1946年5月9日,第4版。
④ 《留美空军学员分发各地服务》,《申报》1946年6月26日,第4版。
⑤ 《我留美空军毕业》,《申报》1946年7月8日,第2版。

馆临时编译者 14 人，分管及调派各机关及学校服务者 27 人，调部任用者 1 人。"① 可见，回国留学生中大部分能自觅职业，而由教育部安置的 84 人，大部分分派在编译、教育及各机关工作。这与教育部统计室编的《最近教育统计简编》统计的结果非常相似。截至 1940 年 12 月底，接受救济之留学生共计 890 名。其中，国外留学生之发给生活费者 214 人，发给回国旅费者 462 人，总计 676 人。回国留学生之受救济者共 214 人，其分派工作情况见表 5-9：

表 5-9　回国留学生之救济（截至 1940 年 12 月底）

分配工作及借读	人数
派任专科以上学校或其他研究机关研究工作	24
派任中学教育工作	2
派任编译工作	132
派在中央各省行政机关工作	34
分发国内大学	22
共计	214

资料来源：杜元载主编：《革命文献》第 60 辑，1972 年版，第 154 页。

从表 5-9 可以看出，至 1940 年底，归国留学生的工作安置主要集中于教育和编译部门及行政机关，尤其是派任编译工作的特别多。留学生充任编译工作，显然与他们的语言优势有关。一般留学生都在国外学习 2—3 年，还有很多获得学位者多学习 3 年以上，语言及专业的精通使他们对编译方面的工作得心应手。另一方面，抗战时期国民政府对外文化宣传的需要，也急需精通各式语言的留学生充任编译工作。

留学生归国后充任大学师资，是全面抗战时期归国留学生社会任职的一个显著特色。这首先是由于当时中国确实缺乏大量的高校

---

① 《1940 年专科以上学校失业教员及回国留学生之继续救济》(1940 年 12 月)，国民政府教育部档案，中国第二历史档案馆藏，全宗号：五，案卷号：2505。

师资，《教育部三十年度工作成绩考察报告》明确指出："现在专科学校延聘教员极感掣肘，查我国专科以上学校教员十之八九多为国外留学生，在此抗战以前，来源尚多，不感困难，现在留学生返国者日见减少，已成严重问题矣。"[①]可见，专司教育的教育部已明显体会到人才匮乏的压力。1943年教育部在拟定《留学教育方案》的理由时也再次强调精英人才的匮乏。其次，除了当时高等教育十分需求归国留学人才之外，当时社会对高校教师比较重视，社会地位较高，而且当时高校的薪金也十分可观，所以不少留学生归国后选择在高校任教。另外，全面抗战时期在人才十分匮乏的情况下，归国留学生作为拥有丰富的前沿科学知识的标杆，仍然得到社会各界的高度认可，以其充任高校教师，符合社会各阶层对高校教师的理想需求，所以各大专院校都乐于聘用归国留学生。

但是抗战建国工作不仅仅在教育方面需要精英人才，在自然科学方面也需要各式专门人才，这就需要政府的导向性作用。所以1940年4月，教育部部长陈立夫在致行政院的呈文中，不仅详细汇报了举办回国留学生的登记办法及安排服务工作的情形，也期望行政院能更多关注自然科学专业的留学生，给予他们更多的就业机会："……伏念抗战期间，百端待举，各方需材孔殷，回国之留学生既各学有专长，自应代谋适当之安置，俾就其所学，作特殊之贡献，报效党国，以符总理'人尽其才'之至意。如仅限于教育方面工作之介绍，殊不足以宏国家培养人才之本旨。查国内农工采矿及其他交通运输、建设等技术机关，值此抗战建国兼程迈进之际，以后需用是项技术人材，及兴办各项建设事业，希能尽量聘用回国留学生担任工作，并径由各部咨请本部介绍，庶留学生回国免生抱才向隅之憾，而亦能承恢弘国家百年树人之大义。"[②]教育部的呈文用意十分明显，在自然科学方面，由政府推荐任用的归国留学生并不多，这在当时抗战建国亟需

---

① 杜元载主编：《革命文献》第58辑，1972年版，第215页。
② 中国第二历史档案馆编：《中华民国史档案资料汇编》第五辑　第二编　教育（一），江苏古籍出版社1997年版，第880—881页。

各式精英人才的情况下，这种状况是非正常的。所以教育部希望从最高行政机关开始，在全社会范围内对自然科学方面的归国留学生重视起来。

全面抗战时期，国民政府特别重视理工医农等实学类学科留学生的派遣，这在全面抗战之初制定的限制留学政策及太平洋战争爆发后教育部拟定的留学计划中都有明显的倾向。1938年6月教育部公布的《限制留学暂行办法》，规定"凡选派公费留学生及志愿自费留学生，研究科目，一律暂以军、工、理、医科有关军事国防为目前急切需要者为限。""现在国外留学生，领有留学证书，出国已满三年以上者，一律限令在本年九月以前回国，逾期不回国者，一律不发外汇证书，其有特殊成绩，确需继续在国外，或其所习学科为军工理医各科有关军事国防者，经肄业学校及驻外各大公使馆证明后，得予通融延长。"①1939年4月教育部公布的《修正限制留学暂行办法》规定，"特准派遣之公费生，以研习军、工、理、医有关军事国防为目前急切需要者为限"，"已在国外之公费生，如系学习军、工、理、医有关军事国防之科学，其学费、生活费及回国川资，应核给外汇"②。这些规定，不仅在国内留学生的派遣方面特别重视实学类学科，而且对于已在海外留学的理工医农等实学类学科的留学生也给予特别优待。另外，1943年10月教育部根据蒋介石手示拟定的五年留学教育计划——《留学教育方案》特别指出，"我国国策，抗战建国，齐头并进。设高深学术人才及专门技术人员未能充分储备，非仅战时无才可用，建国工作及战后建设，亦将无法推行尽利，更感严重之影响。"所以在留学方针中强调"留学生之派遣，以适应实业计划实施之需要，培植高级技术人才及业务管理人才为主要方针，同时顾及国家各项建设之需要，以造就高等教育师资"，"留学生所习学科以《中国之命运》所指示最

---

① 《限制留学暂行办法》，国民政府教育部档案，中国第二历史档案馆藏，全宗号：五(2)，案卷号：1391。

② 《修正限制留学暂行办法》，国民政府教育部档案，中国第二历史档案馆藏，全宗号：五(2)，案卷号：1391。

近十年内急切需要之科目为主"。① 国民政府对大学师资及专门技术人才的重视，必然使归国留学生多趋向高校师资及专门技术岗位。

抗战胜利后，高等教育比全面抗战之前有了较大发展，但教师缺乏现象并未改善。教育部部长朱家骅曾对外公开宣称："因为大学及专科学校师资缺乏，所以教育部鼓励学业完毕的留学生归国，酌情救济他们的生活，补助他们的旅费，希望他们早点回来，为国内教育服务。"②因此，国民政府在国外留学生中也采取了一些吸引其归国任教的措施。比如1946年美国新闻处华盛顿5月31日消息："国务院本日宣布，开始实行中国留美学生申请旅费补助金办法，凡在美中国学生学业完成，按期返国，在国内大学执教者，可申请发给旅费补助金。美中协会刻正与国务院合作推行此项办法。申请人经审查合格，并有证件证明已应中国教育机关之聘担任教职，而无法自其他来源获得旅费者，始能取得此项补助金。"③可见，为吸引留学生归国后在高校任教，在其还未回国之前就采取了补偿办法。

国民政府对理工医农等实学类学科及高等教育师资如此重视，归国留学生投身于教育行业的必然不少，而归国留学生中学习实类学科的留学生归国后必然会受到政府的重用。抗战胜利后，海外留学生纷纷返国，其中研究实学类学科的留学生受到特别关注。比如，1945年12月《申报》报道称："抗战结束后，我留欧洲各国学生多设法返国，二十二日有留瑞留法学生十四人乘机抵渝，皆为研究工科及理化者。"④1946年8月《申报》消息云："在英国学习工程之中国留学生20人，最近已学成回国。"⑤他们归国后多被安置在高校及实业建设部门，"现欧陆各国留学生返国抵渝者，先后已有两批，计42人，业向

---

① 刘真主编，王焕琛编著：《留学教育：中国留学教育史料》第四册，1980年版，第2083—2087页。
② 朱家骅：《教育行政工作现状》，《申报》1946年6月26日，第5版。
③ 《我中国留美学生可申请旅费补助》，《申报》1946年6月2日，第5版。
④ 《我留欧学生返国　留瑞留法学生乘机抵渝　留德学生尚在马赛候船》，《申报》1945年12月24日，第4版。
⑤ 《留英学生返国》，《申报》1946年8月16日第，6版。

教部报到者计 23 人。已由该部分别介绍至卫生署、经济部等机关任职,及各大学任教,或正在介绍工作中。"①"第一批返国留法学生 25 人,介绍至西北大学、江苏医学院等校及卫生署服务。"②可见,研究自然科学的海外留学生纷纷归国,而且大多数都得到了政府的安置。总之,归国留学生自身的优质资源使其多被安置于编译、研究、教育及行政机关等部门工作,这是由当时高校师资严重缺乏、战时宣传需要及留学生自身的丰富学识和优秀素质决定的。

本章小结

全面抗战时期,国民政府坚持抗战建国的方针,无论是抗战还是建国都需要各式精英人才,但日本侵华对中国高等教育的摧残及国民政府限制留学政策的实施,使高校师资及各种专业人才出现青黄不接的现象。对于人才的急切需求使国民政府特别重视海外留学生的归国任用问题,除了令海外留学生尽早归国服务之外,同时也对留学生的服务志愿进行调查,为留学生归国后的职业安置做一些参考性的统计。根据教育部制定的抗战期间回国留学生登记办法及服务简则,安置归国留学生是教育部既定的职责。教育部根据归国留学生的登记情况,向中央各部门和地方各省推荐登记合格的留学生,各部门再向所属机关推荐任用,使得一大批优秀的归国留学生得到政府的职业安排。虽然这些职业安置具有临时性、应急性特点,但这种职业安排对归国留学生来说起到了暂时的缓冲作用,也在某种程度上满足了各行各业对人才的需求。对归国留学生的就业安置起到积极推荐作用的还包括外交部、驻外使馆(团)、各省教育厅等,他们的热情推荐也为归国留学生的就业提供了更多的机会。最后教育部再

---

① 《我留学生归国 教部已分别介绍任用》,《申报》1946 年 1 月 5 日,第 4 版。
② 杜元载:《革命文献》第 58 辑,1972 年版,第 425 页。

按照各录用留学生的单位所提供的考核表,发给留学生薪水和奖励。

从归国留学生的安置职业来看,留学生自身的语言优势及其专业特长,使其多服务于教育、编译和研究部门。国民政府积极调查海外留学生的服务志愿,为归国留学生推荐就业,甚至由教育部代发薪水来安置归国留学生,这种对于国家精英人才的重视、爱护和任用,是从国民政府抗战建国的现实需要出发的,从长远来看也符合国家发展的需求。这些留学精英归国后对当时的中国以及此后中国的社会发展都做出了重要贡献,其深远影响是不可估量的。

第六章
国民政府救助海外留学生之得失评析

全面抗战时期，国民政府管理海外留学生的最主要举措就是对留学生实施经济救济、接运其回国并对其归国后的学业和就业问题进行妥善安置。这些举措既是主权国家保护本国子民的职责所在，同时也反映了国民政府对海外留学精英人才的重视和爱护。从根源而言，国民政府对海外留学人才的爱护是抗战建国的时代所需，但其举措确实保护了一大批海外留学生，对国家未来的发展具有深远的影响。不可否认，在救助海外留学生的过程中也存在诸多问题，值得后人反思。

第一节　国民政府对留学人才的重视

从总体而言，国民政府对留学人才是比较重视的，其对海外留学生的救济及对归国留学生的安置与任用，都是其重视和爱护留学人才的重要表现。国民政府重视留学人才的原因，除了与留学生自身的优势相关之外，还与全面抗战时期对人才的需求与人才的严重缺乏密切相关。

一、国民政府重视留学人才之表现

重庆大学校长胡庶华曾说："现代战争是参战国整个民族知识的

比赛和科学的测验"[1]。国力的竞争说到底就是人才的竞争，20世纪二三十年代，各种科技发展日新月异，但所有的科技发明和运用都是建立在"人"的基础之上的，没有尖端的科研人才，则先进的科技发明就成了无源之水，国力强盛也就成为空中楼阁。国民党在南京建立政权之后，国际上强敌环伺，国内新军阀混战未止，若要立于不败之地，则必须重用各式精英人才。

留学教育是高等教育的特殊阶段，我国最初派遣留学生的动机，在于国内学校制度基础未立，设备不充，对于高深学术之研究尤感缺乏，因不得不留学国外以造就专门人才，备为国用。民国成立以后，学制虽备，高深研究机关虽渐次设立，但仍不能充分造就高深学术人才。至1930年代，虽然国内高等教育有所发展，但与国外发达国家相比，仍然相去甚远，因而这一时期，国民政府一面大力发展国内高等教育，一面更加重视借异邦以育才的留学教育，不仅大量派遣出国留学生（如1929年、1930年、1935年、1936年，每年出国留学者都在千人以上），而且重用归国留学生，这从一系列数据可以说明。1929年3月在南京召开的国民党第三次全国代表大会，推选出国民党第三届执行委员会委员36人，其中具有留学背景的有25人，占总数的69.4%；国民党第四次全国代表大会由于派系分裂而分别于南京（蒋派，1931年11月）、广州（粤派，1931年11月）、上海（汪派，1931年12月）召开了三次，但其后宁、粤、沪三方所选的委员都获得承认，并于1931年12月22—29日在南京召开了四届一中会议，第四届中央执行委员会委员共72人，其中具有留学背景的有48人，占总数的66.7%。1935年11月召开的国民党第五次全国代表大会，推选第五届中央执行委员会委员120人，具有留学背景的有49人，占总数的40.8%[2]。1945年5月在重庆召开的国民党六大，据统计，在460名中央委员群体中，已查清学历的中执委和中监委356人，有留学经历

---

[1] 金以林：《近代中国大学研究》，中央文献出版社2000版，第251页。
[2] 周棉等著：《留学生群体与民国的社会发展》，中国社会科学出版社2017年版，第264—268页。

者156人，占43.54%，其中留学欧美93人，留日26人，留苏7人，有留学经历者占中央委员群体总数之33.91%[①]。国民党政权的上层政治人物多有留学背景，这一方面说明，国民政府对留学人才的重视，另一方面，如此多的留学人才居于国民党政权的统治中心，他们自身的留学经历、开阔的学术视野以及对留学人才的了解，使他们必然对有留学背景的精英人才格外重视。

如果说仅从政治上层人物的留学背景来看，不足以说明国民党政权对留学人才的重视，那么再从高等教育方面对留学人才的任用来看，全面抗战时期我国高等教育遭到严重破坏，但从国立大学校长及其留学背景来看，他们几乎全部都有留学经历，国立大学名称、校长及其具体留学国家情况见表6-1：

表6-1　全面抗战时期国立大学校长及其留学背景

学校名称	内迁校址	校长及留学国别
西南联大	云南昆明	蒋梦麟(留美)、梅贻琦(留美)、张伯苓(考察美、日)
中央大学	重庆沙坪坝	罗家伦(留美、英)
西北大学	陕西城固	胡庶华(留德)、赖琏(留美)、刘季洪(留美)
中山大学	广东坪石	许崇清(留日)、邹鲁(留日)、张云(留法)、金曾澄(留日)
交通大学	重庆、贵州	黎照寰(留美)
同济大学	四川南溪	赵士卿(留德)、周均时(留德)、丁文渊(留德)、徐诵明(留日)
暨南大学	福建建阳	何炳松(留美)
武汉大学	四川乐山	王星拱(留英)
东北大学	四川三台	臧启芳(留美)
浙江大学	贵州湄潭	竺可桢(留美)
四川大学	四川成都	张颐(留美)、程天放(留美)、黄季陆(留美)
湖南大学	湖南辰溪	胡庶华(留德)、皮宗石(留日、英)、李毓尧(留英)

[①] 转引自周棉等著：《留学生群体与民国的社会发展》，2017年版，第394页。

(续表)

学校名称	内迁校址	校长及留学国别
云南大学	云南昆明	熊庆来(留比、法)
厦门大学	福建长汀	萨本栋(留美)
广西大学	广西桂林	马君武(留日、德)、黄旭初(留日)、白鹏飞(留日)、雷沛鸿(留美)、高阳(留美)
中正大学	江西泰和	胡先骕(留美)
河南大学	河南嵩县	张仲鲁(留美)、刘季洪(留美)、王广庆(留日)
复旦大学	重庆北碚	钱新之(留日)、吴南轩(留美)、章益(留美)
贵州大学	贵州贵阳	张廷休(留英、德)
重庆大学	重庆沙坪坝	胡庶华(留德)、叶元龙(留美)、张洪沅(留美)
山西大学	山西宜川	冯纶(留日)、阎锡山(留日)、王怀明(留美)
英士大学	江西泰顺	吴南轩(留美)、杜左周(留美)

资料来源:周棉等著《留学生群体与民国的社会发展》,2017年版,第351—352页。

除了南开大学原校长张伯苓是考察美、日两国之外,其余各国立大学校长都有留学经历。作为一校之长,其自身的留学背景使其不仅对国外的高等教育有较高的认识,而且对有留学经历的归国留学生也有较多的了解,因而在举贤任能方面更对归国留学生惺惺相惜、另眼相待。仅从战时高校中影响最大、最深远的西南联合大学来看,当时西南联大的师资队伍就具有极为鲜明的留学出身背景。从其任用的教授、副教授中有留学背景的人数来看,具体情况见下表:

表6-2 西南联大教授及副教授出身构成

年度	教授副教授总数	留学生出身人数	所占比例
1940	168	136	81%
1942	142	137	96%
1943	155	123	79%
1944	161	137	85%

资料来源:周棉等著《留学生群体与民国的社会发展》,2017年版,第356页。

就总体而言,西南联大所任用的教授与副教授中85%以上都有留学背景,这可见当时高等教育对留学精英人才的重视。上述这些留学精英人才,多是在全面抗战之前就回到国内任职。在全面抗战时期,国民政府对留学人才的重视,则主要体现在对国内留学生的派遣、对国外留学生的救助、对归国留学生的任用等方面。这些内容在上文已有论述,在此不再赘述。

二、国民政府重视留学人才之原因

全面抗战时期,国民政府之所以对海外留学精英人才特别重视,一方面是因为国内高等教育遭到严重破坏,在高等人才培养方面出现较大障碍,而在出国留学教育方面采取严格限制留学办法,导致留学精英人才出现断层;另一方面,在此期间,国民政府坚持抗战建国的方针,要在抗战中完成建国大业,而无论是抗战还是建国工作都急需各式精英人才。人才缺乏与需才孔亟的二元矛盾使得国民政府对海外留学生格外重视。

1. 高等人才青黄不接

全面抗战时期高等专业人才出现了青黄不接的现象,这一方面是由于日本发动全面侵华战争,给中国的高等教育造成了严重的破坏,打乱了本国培育高等人才的正常秩序;另一方面,也与全面抗战之初实行的限制留学政策导致留学精英人才急剧减少有密切关系。

此时,中国高校等文化教育场所成为日寇蓄意破坏的对象,高校被迫多次内迁,原本就遭到严重毁损的图书、器材等教学设备再经多次辗转迁徙,无异于雪上加霜。而高等教育的灵魂——师资,在多次迁徙中也受到严峻考验,不仅师资人数有所减少,而且在经济困难和不断恶化的环境下,师资人数和师资质量都无法得到保障。具体情况,在前文第一章已有论述,在此不赘。国民政府也承认:"抗战军兴,大学研究院所曾一度停顿。二十八年以后,虽已陆续恢复扩展,但以限于经费、设备及人才,迄今尚不能完成广收研究生之工作。大学师资及专门技术人才,因益感供不应求,致造成现今大学师资恐慌之严重现象。"①

造成大学师资及专门技术人才出现恐慌现象的原因不仅仅是国内高等教育的育才能力不足问题,更有留学生的派遣人数大大缩减从而导致归国留学生人数急剧减少的因素。

在留学教育方面,1938年国民政府制定《抗战建国纲领》及《战时各级教育实施方案纲要》,不久,教育部依据《抗战建国纲领》,拟定了教育与国防之联系实施要项,在高等教育的第六项"留学生之限制"也给予特别说明:"抗战军兴,留学生之限制除与国防有关系者仍准留学外,甚为严格。但其动机在撙节外汇,将来核准留学生出国时不特应消极的限制,更应积极的调查全国各项事业对于人材之需要,然后切实指定留学生应习学科,并指导其入何学校,务使各项事业均能取得其所需之人材,同时留学生归国后亦均有机会展其所长。"②可见,国民政府教育部颁布限制留学办法,动机很明确,就是撙节外汇,正如教育部在致财政部的公函中所说:"政府近年来对于学生前往国外留学,已力予限制,务使学生程度提高,所习学科适合国家建设需要。抗战以来,政府统制外汇,本部复与财政部共同拟定限制留学暂行办法,……本部现正严格执行此项办法,一面就有关军事国防急切需要之学科,为国家造就需用之材,一面限制研习非必要学科之学生在国外留学,以期节制资金外流。"③

虽然主管留学教育的教育部在培养必要的人才方面并不是一味地消极限制,但是确实在"力予限制""严格执行",不可否认的是,全面抗战初期的限制留学政策确实带来了严重的后果。首先,国民政府令国内学生,除了不需要外汇而且是与军事国防密切相关的专业外,其余者基本不给予出国留学机会,导致出国留学人数急剧下降,

---

① 刘真主编,王焕琛编著:《留学教育:中国留学教育史料》第四册,1980年版,第2083页。
② 中国第二历史档案馆编:《中华民国史档案资料汇编》第五辑 第二编 教育(一),1997年版,第126页。
③ 《国民政府教育部致财政部公函》(1938年10月14日),国民政府教育部档案号,中国第二历史档案馆藏,全宗号:五(2),案卷号:207。

"二十七年六月,教育部颁布限制留学办法,除军工理医等科有关战时需要者得特准派遣公费生外,其自费出国者必须备有充足之外汇。此后数年出国留学人数无多……"[①],"迄抗战发生,因交通及外汇关系,人数乃致锐减。自廿七年以至现在,每年出国之公自费留学生,为数不及百人。较之廿四、廿五年仅及十分之一"[②]。可见,与抗战前每年出国千余人相比可谓有天壤之别。

其次,国民政府令海外留学生留学时间达三年、成绩不甚优秀者尽量归国,但事实上,当时无论是海路还是陆路交通都不顺畅,再加上国内处于战乱状况,有不少留学生唯恐归国后就业不易,宁愿在国外忍饥挨饿而不愿归国服务,导致滞留海外者较多,而归国服务者较少。限制留学政策的颁布和随之而来的留学人数的减少,确实为国家节省了少许外汇,但同时也因限制过严而导致一大批有志出国深造的青年失去留学的机会。而且只允许与军事国防密切相关的学科留学生出国留学,势必会造成人才结构的失衡。随着时间的推移和抗战建国对人才的需求,限制留学政策颁布以来出现的种种弊端,诸如学科限制导致文哲科学生无由应考、高校教师严重缺乏、自费生因外汇限制不能自由出国、节省外汇不多反而人才培养大受影响,等等,在经过一段时间之后都表现了出来。正如教育部一位职员在签呈中所说:"修正限制留学办法之颁布,其目的不过求在抗战期间一面限制国家财源之外流,一面增加我战时急需专门人材之数量,原为一种暂行补救之方,非长治久安之策也。际此抗战将告终结,建设人材之需日亟,而公费生仍限于军医理工四项科目之规定,致多数文哲科学生无由应考出国,重以二十余年来偏尚理工之结果,使各级学校同感文哲科教师之缺乏,各行政建设及研究机关亦兴有事无人之

---

① 杜元载主编:《革命文献》第58辑,1972年版,第412—413页。
② 刘真主编,王焕琛编著:《留学教育:中国留学教育史料》第四册,1980年版,第2084页。

叹。"①从此签呈可知,作为高等教育的最高负责机构,教育部不仅对留学教育十分了解,而且更了解全面抗战以来限制留学办法所带来的恶果,已严重影响了高等教育的师资及其他行业对专业人才的需求。

限制留学政策的施行,导致出国留学者每年不足百人,尤其是文史哲类留学生几乎没有,再加上战时外汇缺乏、交通十分困难,归国留学生不断减少,致使国内专科以上学校的教员严重缺乏。为缓解战时人才青黄不接的矛盾,1941年国民政府教育部"为储备人才,藉供政府选用,以应抗战需要起见",饬令各省市教育厅举办英美留学毕业生登记②。此举一方面有助于政府了解留学人才的基本状况,另一方面就是方便政府必要时调用各省市的归国留学人才。此事同时也反映出战时人才缺乏现象已是十分严峻的问题。

2. 抗战建国需才孔亟

全面抗战开始不久,国民政府即声称要坚持抗战到底,更于1938年初制定了《抗战建国纲领》,国民党首脑蒋介石也多次声称要在抗战中完成建国大业。但无论是抗战还是建国工作,都需要各式人才,尤其是学有专长的精英人才。太平洋战争爆发后,国际形势有所好转,国民政府也将工作中心向"建国"方面偏移,而对人才的需求问题日益显现出来。1942年11月12日至27日,国民党五届十中全会在重庆召开,有人在此次会上提出:"抗战建国,齐头并进。设高深学术人才及专门技术人员未能充分储备,非仅战时无才可用,建国工作及战后建设,亦将无法推行尽利,更感严重之影响。"③1943年,蒋介石所著之《中国之命运》,提出要实行实业计划,最初十年内所需各级干部人才之数量,"其中高级干部人员,为数即达五十万人,如全部由本

---

① 《教育部高等教育司签呈》,国民政府教育部档案,中国第二历史档案馆藏,全宗号:五(2),案卷号:1391。
② 《教育部登记英美留学生》,《解放日报》1941年12月30日,第3版。
③ 国民党中央执行委员会档案,中国第二历史档案馆藏,全宗号:七一一,案卷号:934。

国大学负责训练,因限于设备师资之缺乏,恐非仓卒可就,故仍须采取留学政策。"①国民政府教育部在拟定留学教育计划的草案中曾提出:"派遣留学生以适应实行实业计划的需要为主要方针,毕业返国后一部份直接经事于建设事业,一部份经事于大学教育,大量培养建设干部人才,如总裁所著《中国之命运》所诏示,在实行实业计划最初十年内,所需各级干部人才之数量,其中高级干部人员为数即达五十万人,在此五十万人中,包括曾在国外留学者,以一万人计,实不为多,而培植此五十万人才亦复需要大量师资,合计之当不下二万人,则最近十年中,每年应须派遣留学生二千人,事实上不能办到,兹拟每年派遣公费留学生一千人,同时奖励自费留学生以资深造。"②应蒋介石实行实业计划对人才的大量需求,教育部不得不做出大量派遣留学生的决定。

国民政府将工作重心转向国家建设,所需各式人才甚多,不仅教育部深感人才严重缺乏,其他部门也纷纷向教育部声明所需专才紧缺。比如,卫生署在致教育部的公函中说:"年来卫生工作进展颇速,需用高级医学卫生人员,为数至多,以此派员赴国外研习医学及公共卫生学科遂弥感切要。至《中国之命运》一书所指示,实行此计划最初十年所需各级干部人才数目,中医科毕业生人数即占甲项大学或专科学校各科毕业生总人数百分之四十六以上,其师资急待造就,尤可想见。"③中央陆地测量学校教育长曹谟在致教育部的公函中也提到测量人才缺乏的问题:"查测量事业为建国建军之基础,而测量人才之培育关系于测量事业之隆替者至巨,我国科学发达较缓,而测量学术自应急起直追,吸收欧美学术,撷其英华,学其专擅,方足以求改进我国之测量教育兴与事业,计自抗战以还已历六载,政府暨有关测

---

① 刘真主编,王焕琛编著:《留学教育:中国留学教育史料》第四册,1980年版,第2084页

② 《留学教育计划草案》,国民政府教育部档案,中国第二历史档案馆藏,全宗号:五(2),案卷号:1393。

③ 《国民政府卫生署致教育部公函》(1943年7月27日),国民政府教育部档案,中国第二历史档案馆藏,全宗号:五(2),案卷号:1414。

量机关向未派送员生留学欧美肄习测量,坐致测量人才甚感缺乏。"①国立广西大学生物化学教授彭光钦在致教育部的呈文中说:"我国橡胶工业专门人才虽已有数人,然因向无天然橡胶之发现,关于橡胶原料之生产与橡胶植物之栽培尚无专家,最近钦在桂发现橡胶植物两种,其橡胶产量均丰,可以解决我国橡胶资源之缺乏,惟如此项事业发达则技术人才发生问题,故实有造就此种人才之急切需要。"②国立中央研究院天文研究所张钰哲在致教育部的公函中说:"刻下国内专攻天文学者屈指可数,不逮十人,与夫数学、物理、化学、地质等之人才较之,瞠乎后矣。"③关务署总税务司代理巡工司徐祖善呈称:"查沿海灯塔各项设备自抗战以来破坏甚多,预计将来敌寇退却时所遭损失势必更巨,如重新设置以及平时维持修理均须灯塔工程专门人员负责办理,如克收获,战前本关虽有技士机匠,然大都均系外员,自战事爆发后,即已离职归国,依目前情形而论,此项专门人材似宜早为培植,以应需要",关务署也认为"查抗战结束后,恢复沿海灯塔工程所需专门人员确有及早培植之必要"④。各部门之所以纷纷致函教育部,即希望其在派遣留学生时多派遣本部门所需的专门人才,以满足其对专业人才的需求。

抗战时期对人才的大量需求,与抗战时期国内高等教育遭到严重破坏,又因经济困难不得不采取限制留学政策导致精英人才越来越少,二者之间的背离产生了较大的矛盾。这种现实需要使得时机到来之后,国民政府就会放宽对留学生的限制,大量派遣留学生。"三十二年一月新约告成,国际形势一变,遵照《中国之命运》所提示,

---

① 《中央陆地测量学校教育长曹谟致教育部公函》(1943年8月4日),国民政府教育部档案,中国第二历史档案馆藏,全宗号:五(2),案卷号:1414。
② 《国立广西大学教授彭光钦致教育部呈》(1943年7月13日),国民政府教育部档案,中国第二历史档案馆藏,全宗号:五(2),案卷号:1414。
③ 《国立中央研究院天文研究所张钰哲致教育部函》(1943年7月19日),国民政府教育部档案,中国第二历史档案馆藏,全宗号:五(2),案卷号:1414。
④ 《国民政府财政部致教育部代电》(1943年7月21日),国民政府教育部档案,中国第二历史档案馆藏,全宗号:五(2),案卷号:1414。

为培养建设人才起见,教育部乃废止对于留学之限制,因是申请留学者渐多。"①教育部在总结留学生考选委员会成立经过时说:"民国廿六年七月,抗战发生以后,因受外汇统制影响,公自费留学生均一度加以限制,以是出国人数较前锐减,三十二年一月,我政府与英美缔结新约,国际形势为之一变。抗战既趋胜利,建国更需专才,教育部为培养人材计,对于出国留学之限制略予放宽,凡具专科以上学校毕业之资格,而志愿出国深造者,俱可发给留学证书,于是各大学毕业学生纷纷申请出国留学,以期深造,计卅二年一月至六月期间,经部核准出国留学者,达二百二十八人,人数较前剧增。"②可见,当国民政府一旦放宽留学教育之后,申请出国留学者便如泄洪之水纷至沓来。

抗战建国本身对人才的需求,再加上国民党总裁对抗战胜利后建国大业的宏伟计划,使得国民政府不仅要大量派遣留学生以便战后归国之用,另一方面,对仍滞留海外的留学生也必将珍惜有加与努力保护。全面抗战时期国民政府尽力救济海外留学生,努力设法将其接运归国,并对归国留学生妥善安置学业和工作,即可充分说明国民政府对海外留学人才的珍惜和重视。

第二节 大批海外留学生获得救济并归国服务

全面抗战时期,国民政府在内外交困的形势下,坚持抗战建国方针,在出国留学教育方面仍勉力维持,尤其是尽力救助海外留学生,并将其接运归国,安置其就业,使得一大批海外留学生获得救济并最终归国服务。从国家未来的发展而言,其深远影响是不可估量的。

一、大批海外留学生获得救济

全面抗战时期,我国海外留学生在内外战争形势下处境十分困

---

① 杜元载主编:《革命文献》第58辑,1972年版,第412—413页。
② 《留学生考选委员会成立经过暨组织概况》,国民政府教育部档案,中国第二历史档案馆藏,全宗号:五(2),案卷号:1392。

难,国民政府根据国情及海外留学生的状况制定相应的救济方案,对海外留学生尽力给予经济上的救助,太平洋战争爆发后,甚至利用盟国的信用借款,不断增加对海外留学生的救济经费,保证这些留学生能及时获得救济、继续完成学业、顺利归国服务。在国民政府各个部门的配合下,滞留海外的留学生多数都获得了政府的救济。

从各种对海外留学生救济的数据统计可以看出,海外留学生获得救济的人数不断增多。在欧战爆发之前,按照国民政府的规定,自费生出国已满三年或虽未满三年而所习学科不合当时国防上急切需要以及研究成绩不良者,皆应即回国。其未满三年、成绩优良而家在战区或因受战事影响家庭无力担负其费用,得由教育部按照所学状况,酌给生活救济费或回国旅费。教育部初时发给生活费三个月国币600元,留学已满三年者回国给予旅费,公费生700元,自费生600元,依据此标准发给救济费的公自费生,至1939年1月已有231人[①]。1939年2月18日《申报》报道:"教部对于战区专科以上学校员生之救济事项,最近由部统计如下:国外留学生之救济,学生家庭或所属省区行政机关沦陷战区,经核准发给救济费者,计公费生42人,自费生176人,公自合计218人。以国别,则英国45人(公费生6人,自费生39人),德国66人(公9、自57人),美国75人(公26、自49人),法国17人(公1、自16人),意国2人(自费生),比国11人(自费生),瑞士1人(自费生),土耳其1人(自费生)。"[②]不同的统计来源,得出的结果也有出入。据《革命文献》记载,截至1939年1月止,国民政府发给生活费者和发给回国旅费者共267人,具体国别人数见表6-3:

[①] 杜元载:《革命文献》第58辑,1972年版,第142—143页。
[②] 《战区高教员生统计》,《申报》1939年2月18日,第12版。

表 6-3 国外留学生之救济(截至 1939 年 1 月止)

国别	英	德	美	法	意	比	瑞士	丹麦	共计
共计	49	83	78	38	4	12	2	1	267
发给生活费者	28	45	55	11	2	7	2		150
发给回国旅费者	21	38	23	27	2	5		1	117

资料来源:教育部统计室编《最近全国教育统计》,1939 年 2 月重庆油印,见杜元载主编《革命文献》第 60 辑,1972 年版,第 151 页。

1939 年 6 月,教育部修订抗战期间国外留学生救济办法,将海外留学生的救济标准、原则详细地做了规定。自 1939 年 1 月起至 1939 年 11 月止,经教育部核准发给海外留学生生活费者 30 人,核发旅费者 140 人。①

1939 年 9 月欧战爆发,教育部即时时致电各驻在国大(公)使馆,将各该国留学生暂移中立国居住,先后拨发英金 2 250 镑予以补助各国留学生移住中立国者之旅费及生活费。根据教育部《留外学生救济登记名单》统计,1940 年 1 月—2 月,救济留德学生 27 人共 24 500 元;救济留法学生 27 人共 22 300 元;救济留美学生 12 人共 9 550 元;救济留学瑞士 2 名学生,一名回国旅费,另一名三个月生活费;救济留意 3 名学生共 3 950 元;救济留英学生 2 名共 2 300 元②。总计发放国币超过 64 000 元。③ 据《革命文献》记载,截至 1940 年 12 月底,接受救济之留学生共计 890 名。其中,国外留学生之发给生活费者 214 人,发给回国旅费者 462 人,总计 676 人。回国留学生之受救济者共 214 人。④ 接受救济的国外留学生国别、人数情况见表 6-4:

---

① 杜元载:《革命文献》第 58 辑,1972 年版,第 155 页。
② 《留外学生救济登记名单(1940 年 1 月—2 月)》,国民政府教育部档案,中国第二历史档案馆藏,全宗号:五,案卷号:15400。
③ 瑞士学生救济费没标出,但一般回国旅费 800 元,三个月生活费 700 元,与其他数据合计 64 100 元国币。
④ 杜元载:《革命文献》第 60 辑,台北:"中央"文物供应社 1972 年版,第 154 页。

表6-4 国外留学生之救济(截至1940年底)

国别	发给生活费者	发给回国旅费者	共计	国别	发给生活费者	发给回国旅费者	共计
英	38	38	76	意	2	5	7
德	62	147	209	瑞士	5	5	10
美	83	118	201	加拿大		1	1
法	15	106	121	比	9	10	19
埃及		28	28	印度		1	1
土耳其		1	1	丹麦		1	1
日本		1	1	共计	214	462	676

资料来源:根据杜元载主编《革命文献》第60辑第154页整理编制。

至1944年底,反法西斯战争已初现胜利的曙光。越是在最后时刻,战争越残酷,海外留学生的生活越艰苦,需要救济的越多。从1944年12月30日教育部致财政部公函中可知,1944年国民政府支付欧美留学生救济费共15万美金:"赴欧美留学生救济费为美金150 000元,折合国币3 000 000元。"[1]另据《申报》报道:"1937年7月至1945年12月,救济留学生与中等以上学生,一、国外留学生856人,二、回国留学生226人,三、专科以上学校学生13 890人,四、中等学校学生332 879人,以上救济留学生1 082人,救济中学与大学学生346 769人。"[2]以上数据应该是教育部官方给出的统计数据。由此可知,国民政府救济海外留学生有856人(应包括生活费和回国旅费),回国留学生226人(指留学生归国后由政府安置工作发给薪金的人数)

从以上各种数据来源统计可知,1939年1月救济国外留学生(包括生活费及旅费)267人,至1940年底达676人,至1945年12月达856人。此人数统计,虽不能说完全准确,但总的来说不会差距很

---

[1] 《教育部致财政部公函》(1944年12月30日),国民政府教育部档案,中国第二历史档案馆藏,全宗号:五,案卷号:15374。
[2] 《教育部战时救济 战区教育员生统计》,《申报》1946年12月3日,第8版。

大。但事实上,国民政府对海外留学生的救济,一直至1946年12月6日,教育部才"电请各有关使馆停止救济留学生"①。从1945年12月至1946年12月,这一年是留学生大规模返国之时,急需政府给予经济救助,所以国民政府对海外留学生的救济远多于上述统计的数字。在救济总金额方面,由于史料缺乏,没有获得一个完整的数据统计,还有待进一步的史料搜集。

二、大批海外留学精英归国服务

全面抗战时期国民政府救济的海外留学生,多在抗战胜利前后归国,他们长期滞留海外,多数都取得优异的成绩,成为名副其实的精英人才。这些留学精英归国后,不仅对当时的国家建设具有重要意义,而且对未来中国的社会发展具有深远影响。

1. 抗战胜利前后大批海外留学生归国

第二次世界大战欧洲战区结束较早,留欧学生在欧战结束后即谋划返国服务之事,至抗战胜利以后,长期滞留海外的留学生,无论是全面抗战之前留学海外的,还是全面抗战时期派遣留学的,学业完成后都纷纷返国服务。关于他们回国服务的消息,不仅记载于政府档案而且充塞于时事报端。在此,以国民政府教育部档案和当时影响最大的报纸《申报》为中心,略列数例以作概览。

表6-5 国民政府教育部档案和《申报》记载留学生归国事例

国民政府教育部档案消息②	1945—1946年《申报》消息
1945年11月20日,外交部致电教育部:"不日即有首批学生携眷约767人来法候船,尚有百余人续来。"	1945年12月24日《申报》:"抗战结束后,我留欧洲各国学生多设法返国,二十二日有留瑞留法学生14人乘机抵渝。"

---

① 《国民政府教育部签呈》(1949年11月7日),国民政府教育部档案,中国第二历史档案馆藏,全宗号:五,案卷号:15399。

② 《接运留学生归国及留欧美学生救济补助费有关函件》,国民政府教育部档案,中国第二历史档案馆藏,全宗号:五,案卷号:15374。

第六章 国民政府救助海外留学生之得失评析

(续表)

国民政府教育部档案消息	1945—1946年《申报》消息
1945年11月14日,驻德军事代表团团长桂永清致军令部电:"留学生在柏林区域者约50人,多住英美占领区内,……其学业已成者大部渴望归国服务,前经法武官与联军商妥,由法搭美船回国,第一批约30人。"	1946年1月5日《申报》:"现欧陆各国留学生返国抵渝者,先后已有两批,计42人,业向教部报到者,计23人。……另有留学生及眷属41人,留法女生2人,于去年十二月抵西贡,刻正候机返国。"
1945年12月14日,教育部致电外交部,"留德学生220人,搭法国轮船来越",希望其"转饬驻西贡领事馆速与越南法政府接洽交通工具,设法遣送回国。"	1946年2月15日《申报》:"我国留德学生、海员、暨在越南战俘一批190人,一月廿八日自西贡搭德轮北来,于十一日抵海防,其中学生10人,将搭中航机飞渝。"
1945年12月24日,驻法大使馆致教育部电:"留德学生及眷属41人,留法女学生2人,海员及眷属30人,于本月15日在马赛附法租英伦ROUNDEL CASTLE赴西贡返国。"	1946年4月9日《申报》:"我国留德学生二十五名,连同眷属,于去年十二月中离德返国,早经抵达西贡,刻正候机来渝。"
1946年2月13日,驻法大使馆致电教育部:"留德学生张天麟、张牛西、刘先志、滕菀君、季羡林,留法学生萧宣宗及张、萧子女各一人共计8人,于2月8日由马赛乘运兵英轮NEA HELLAS赴西贡返国。"	1946年6月5日《申报》:"最近有法国万吨巡洋舰都维尔号抵沪……该舰前曾由法运送因战事留滞在欧洲之中国留学生一批回华,此次再运由欧回国之中国学生数十名暨其眷属……。"
1946年2月中旬,留德法学生黄炳尧、魏雄量、周源桢、曹玛德、曹绪长、李淑家、徐士高、魏光道等人及眷属,由法国至西贡经河内返国。	1946年8月16日《申报》:"在英国学习工程之中国留学生20人,最近已学成回国。"
1946年3月19日,驻法大使馆致电教育部:"留德法比学生及眷属共7人又婴孩1名,于本月14日在马赛乘荷轮KOTA INTAN号赴西贡,请接运回国。"	1946年9月24日《申报》:"我留德奥学生183人奉召返国,已于廿日与旅意侨胞422人,乘圣玛利亚号自那玻利斯启程返国,下月中旬可抵沪。"
1946年10月18日,教育部致外交部两广特派员公署香港办事处代电:"据OTRANTO号船来电,略以船上580位中国人中包括31人由德返国学生,彼等约10月12日抵港。"	1946年10月7日《申报》:"留德奥学生一批33人,已于13日由香港转沪,30日到达上海。"

上表中的归国留学生多是留欧学生,1946年6月,教育部称遣送留德学生回国事宜已完毕:"胜利后,我国留德学生之遣送回国事宜,

教育部朱部长令派留德儿童保育专家张天麟博士负责办理。现已遣送完毕,张氏业已返国抵沪,日前偕比较语言学家季羡林由沪赴京,向教部报告一切。"①事实上,此后留欧返国的学生依然很多,他们因为战争的因素而滞留国外多年,其中有不少人在欧洲结婚生子,所以回国也往往拖家携眷:"留德瑞学生王凤振、赵锡霖、赵兰芳、柳亚藩、李丕济、陈健等及眷属共15人,于去年12月18日乘轮香槟号返国,即将到教育部报到。按王君等留欧甚久,其眷属多德瑞籍。"②

除了留欧学生大部分归国外,战后美、日、埃及等地区的中国留学生都纷纷返国。全面抗战时期由日伪政权选派的留日学生战后归国,仅到教育部申请登记的就有近1 600人③。全面抗战时期,中美两国从持续抗战的角度出发,国民政府派遣了大批军事留学生赴美接受培训。抗战胜利后,他们也多数都返国服务,对此,《申报》也做了多次报道,比如,"中国政府资送来美实习航空人员约200人,现将学成归国,襄助建设空军。其中军官111人及士兵70人,有航空工程人员、驾驶人员及轰炸人员,已实习一年半至二年不等,现定日内自此间乘卜嘉南总统号轮船赴沪。"④"美船'知更鸟'号,昨驶抵横滨,载来我留美空军官生约二百人。"⑤"航空委会留美受训学生600余名,日前学成返国抵沪,即将分发各空军单位服务。"⑥"我派赴美国受训之空军,有百余人方于周前回国,今日即分别奉派到杭州、南京、北平三地工作。"⑦"美国陆军交通学校今日举行毕业礼,其中有中国航空学员103名被任为中国空军军官。"⑧这些留美军事留学生,有的是到美国军事基地,接受美国军事教官的纯粹的军事作战训练,也有的

---

① 《留德学生全部归国》,《申报》1946年6月18日,第5版。
② 《留德瑞学生已乘法轮返国》,《申报》1947年2月5日,第8版。
③ 《留日学生甄审聘就阅卷人员》,《申报》1948年3月11日,第6版。
④ 《我留美航空员学成将归国》,《申报》1946年2月13日,第2版。
⑤ 《大批空军人员由美过日返国》,《申报》1946年3月17日,第1版。
⑥ 《本市简讯》,《申报》1946年5月9日,第4版。
⑦ 《留美空军学员分发各地服务》,《申报》1946年6月26日,第4版。
⑧ 《我留美空军毕业》,《申报》1946年7月8日,第2版。

是进入美国一些大学专门研究与军事有关的学科专业的。事实上，归国留学生远比政府档案记载和时事报刊报道的要多得多。

2. 归国留学生多学业优异

全面抗战时期留居海外的留学生有强烈的民族自尊心，因而学习十分努力。从《申报》报道的情况来看，1938年6月、10月两届学期考试中，中国留法学生获有毕业文凭者共52人，"计① 里昂大学共40人，其中法科6人，医药科共12人，理科11人，文科8人，化学工业科2人，兽医1人。② 巴黎大学共7人，其中法科、理科、文科、农科各1人，艺术科2人。③ 格勒诺勃尔大学共3人，其中理科2人，文科1人。④ 都鲁士城与波纳城农业学校各1人。以上各学生中。有田球（译音），其人在里昂大学获有理科博士学位，成绩最优；许贤庭（译音），在里昂大学获有化学工业技师学位，名列第一；华天佑（译音）在巴黎大学美术竞赛获有二等奖章，在艺术家沙龙亦获有二等铜质奖章。"[①]1944年到美国实习的陈学俊在回忆中说："在普渡大学读高等工程数学的研究生班有50余人，来自世界各国，获得这门课最高分'6'（六级评分）只有4人，其中3人是中国留学生，1人是美国学生，我也是其中之一。虽然我在国内读书不很努力，学习成绩中等，但在国外不仅要做一个堂堂正正的中国人，还要为中国人争气，因而我学习比较勤奋。"[②]

全面抗战时期，有很多留学生因各种因素而长期滞留海外，他们多在艰苦的环境下发奋图强，取得优异的成绩，或获得硕士、博士学位，或获得各种工程师证书。裘法祖在德国学习、工作整整10年（1937年1月—1946年11月），他在回忆中说，由于二战时期德国需要大批医生，因此，学制由一年二个学期改为一年三个学期，这样就等于缩短了一年学习时间。作为外国留学生，在德国可以享受一种优待的学位考试，也就是写一篇论文，参加四门临床学科的考试，就

---

① 《留法学生毕业五十二人》，《申报》1938年12月3日，第6版。
② 汤佩松：《资深院士回忆录》第1卷，上海科技教育出版社2003年版，第190页。

可以获得医学博士学位。但是,当时一种民族自尊心和自豪感促使其放弃这种优待,与其同学过晋源一起决定,同德国学生一样,先参加德国的国家考试,再参加博士学位考试。裘法祖在一个月(1939年9月)里完成了所有14门考试,获得总成绩"1"(最高分)。随后,在同年11月又顺利通过了博士学位的答辩,于1939年秋比原计划提前一年毕业了。[1]

与裘法祖相似的是,大批学有所专的留学生在战后纷纷返国。据1946年4月《申报》消息:"胜利后,我国留英留美学生曾有一部分分批返国。最近留德学生25名,连同眷属共43人,于去年12月离德,早抵西贡,顷已回国。该生等多系研习专门技术者,教部拟根据各生所学,分向各机关推荐。该生等已报到者之姓名如次:魏雄量(广东中山籍,德国阳城工业大学毕业),王宝楹(山东沂水籍,柏林大学医科毕业),黄炳尧(广东新会籍,柏林高级工业),毛文静(浙江黄岩籍,柏林工业大学机械系),陶永山(吉林永吉籍,柏林工业大学特许工程师),周源桢(江苏南汇籍,柏林工业大学工程博士),陶声洋(江西南昌籍,柏林工大机械系),阎惠元(辽宁开源籍,柏林工大),马增湘(河北深县籍,柏林经济专校博士),李力仁(长沙籍,柏林高工),郑公道(广东开平籍,柏林大学医科),王秉周(河北乐亭籍,柏林高士加城高工化工博士),程锡年(江西婺源籍,柏林大学物理学博士),安裕琨(山东籍,柏林大学法学博士),徐士高(山东黄县籍,柏林高工工程博士),李国豪(广东梅县籍,德国达城工大博士),李叶景恩(福州籍,明兴大学医学博士),李立聪(安徽芜湖籍,明兴大学化学博士),何德宣(湖南宁乡籍,柏林大学机械科)。"[2]从这批回国留学生所学的专业可以看出,他们所研究的多是国内建设急需的专业人才,他们中

---

[1] 裘法祖:《在德求学十年的点滴回忆》,《旅德追忆——二十世纪几代中国留德学者回忆录》,商务印书馆2000年版,第201页。
[2] 《讲学与留学 在美讲学六教授行踪 留德学生廿五名返国》,《申报》1946年4月10日,第4版。注:明兴大学即慕尼黑工业大学,因慕尼黑德语München,而被中国留学生翻译成明兴大学或明城大学。

有不少人都取得了博士学位。如此优秀的精英人才,以其所学运用于百废待兴的国家建设,必将成为国之栋梁。

全面抗战时期,有许多留学生因战争因素而滞留国外多年,比如众所周知的季羡林、裘法祖两位先生就因欧战爆发而滞留德国10年时间。因留学海外时间较长,再加上战争时期他们没有更好的工作,又不能回国,只好埋头苦读,所以大多数人都取得优异的成绩,不仅获得硕士、博士学位或工程师等学历证书,而且还有不少留学生在国外兼职以谋生,从而获得一定的职业经验。根据战后返国留学生调查登记表可以发现,在27位中国留德(奥地利后来划归德国)学生中,只有一位是1938年留学国外的,其余全部是在全面抗战前就出国留学的,至抗战结束后才踏上归程。从他们的出国时间来看,他们大多在德国留学10年以上,除了程齐溟29岁最年轻之外,其余26位留学生都在30岁以上,有18位获得博士学位,还有一些留学生获得多个学历和其他证书。在此,将他们填具的信息整理如下:

表6-7 部分留德学生获得学位或其他证书情况

姓名	年龄	出国时间	何年考取何学位
程齐溟	29	1935.9	1940年考取物理学特许工程师
孟照琳	33	1936	1941年考取医学博士学位
段其燧	36	1937.9	1939年考取特许工程师;1943年考取工学博士学位
周誉侃	36	1936.8	1943年考取哥廷根大学博士学位
支秉彝	36	1934	1944年考取自然科学博士学位
严伟明		1935	1940年考取特许工程师学位
张禾瑞	34	1935	1941年考取博士学位
常俊彝	31	1936	1941考取特许工程师
蔡笃恭	33	1934.9	1944年考取Di pl.(diploma),1946考取Dr.(博士)
马节	30	1935.9	1939年考取经济学士学位,1941年考取经济学博士学位,1945年考取哲学博士学位
金经昌	36	1938.9	特许工程师,1940年冬考取Diploma-engineer
程其襄	34	1935.9	1943年于柏林考取理学博士学位

(续表)

姓名	年龄	出国时间	何年考取何学位
谢福球	32	1937	1944年于柏林大学考取法学博士学位
李淑家	33	1923;1935	1940年考取 DI. MED(医学博士)
冯修吉	34	1938.8	1941年考取自然科学博士
余明扬	35	1936.6	德国柏林大学医学博士
庄孝德	33	1936.9	1939年考取理学博士;1945年12月考取德国讲师资格
广敬贤	33	1933.9	1939年11月考取医学博士及专门内科医生资格
庞文炳	33	1936	1944年7月考取经济博士学位
裘法祖	32	1937.2	1939年11月考取医学博士学位,1945年12月考取外科专门医生
冯维仁	36	1935	1946年考取哲学博士学位
田之禾	38	1940.11	1941年考取特许开矿工程师,1942年考取实用物理测量工程博士
袁懋铨	33	1935.7	1945年考取德国特许工程师

资料来源:根据《三十五年留欧返国学生登记表》(国民政府教育部档案,中国第二历史档案馆藏,全宗号:五,案卷号:15344)整理编制。

这些留学生能取得优异的成绩,与他们长期的埋头苦读是分不开的。正如留德学生金经昌[①]在填具表格中所写:"因战时生活的痛苦,在德常受外来的刺激,大部分留学生均埋头苦干,多数同学能在德工作者,皆受人相当敬重。"[②]他们满腹经纶,不仅在国外受到敬重,

---

[①] 金经昌,湖北武昌人,1937年毕业于同济大学土木系,1938年秋去德国达姆斯塔特工业大学深造,先后就读道路及城市工程学与城市规划学,1940年春毕业。因二战期间无法回国,便留在德国任达姆斯塔特工业大学道路及城市工程研究所工程师。1946年底回国,1947—1949年任上海市工务局都市计划委员会工程师,1947—1978年任同济大学教授,城市规划教研室主任,1951—1955年任上海市市政建设委员会委员、顾问,1978—1984年任同济大学建筑系城市规划设计研究所所长,1978—1981年任中国建筑学会城市规划学术委员会副主任委员。金经昌是中国城市规划教育的重要奠基人之一,城市规划学家、摄影艺术家,长期致力于中国城市规划教育事业,培养了几代城市规划人才。

[②] 《三十五年留欧返国学生登记表》,国民政府教育部档案,中国第二历史档案馆藏,全宗号:五,案卷号:15344。

作为饱学之士,回到国内也定能受到重用。

3. 归国留学生贡献卓越

全面抗战时期滞留海外的留学生,因国内外环境的不断恶化,在经济上或多或少都接受过国民政府的救助,他们归国后,确实对当时的中国和其后中国的建设做出了重要贡献。因这类留学精英人才特别多,在此简列10位留德归国精英人才以兹说明。

表6-8 部分留德学生获得救济及归国任职概况

姓名	留学时间、国家及学位	国民政府救济情况	归国后社会任职概况
王德基	1936年赴德留学,入柏林大学、明兴大学、图宾根大学,1940年获博士学位	1939年12月发给救济费及回国旅费	1940年回国后先后任四川北碚中国地理研究所副研究员、研究员,1946年后任兰州大学地理系教授并任首届系主任,一直在该校任教[1]
李恩波	1936年留学德国,入柏林大学、莱比锡大学,1940年获数学博士学位	1939年11月发给回国旅费国币800元	1942年归国后曾在兰州师范大学、天津北洋大学数学系教授兼系主任。1952年院系调整,调任南开大学数学系教授[2]
程跻云	1935年赴德国慕尼黑大学森林土壤系深造,1939年获博士学位	1939年12月发给回国旅费国币800元	1940年回国后曾历任国立中山大学森林系教授、国立中央大学森林系教授、国民政府农林部林业司第二科科长、中央林业实验所简任技正兼造林组主任等职。1949年后,曾担任华东农林科学研究所技正、山东农学院园艺系教授兼系主任[3]
谢毓晋	1937年留学德国,1939年毕业于弗来堡大学医学院,获医学博士学位	1940年2月发给生活费三个月	1941—1942年任国民政府卫生署西北防疫处技正兼检验科主任,1942—1944年任同济大学医学院细菌学教授,1944—1947年任上海医学院细菌学教授,1947—1949年任同济大学医学院院长兼教授、免疫研究所所长,1949—1952年任上海民生实验治疗研究所所长,1952—1983年任卫生部武汉生物制品研究所免疫研究室主任、总技师、副所长、名誉所长等职[4]

(续表)

姓名	留学时间、国家及学位	国民政府救济情况	归国后社会任职概况
江希明	1937年进入德国慕尼黑大学动物研究所学习，1940年毕业获理科博士学位	1941年1月发补助费美金40元，旅费津贴美金80元	1941年回国，到当时在贵州的浙江大学生物系任教，先后担任副教授、教授、系主任等职。新中国成立后，调浙江师范学院任生物系主任、副院长，1958年调入杭州大学任副校长兼生物系教授[5]
江徐瑞云	1937年留学德国慕尼黑大学，获数学博士学位	1941年1月发补助费美金40元，旅费津贴美金80元	1941年4月回国后在浙江大学任教，1952年院系调整后任浙江大学数学教研组组长，1953年到浙江师范学院任数学系主任，后任杭州大学数学系主任[6]
张寿常	1935年赴德国，入波恩大学地质古生物研究所深造，1939年底获博士学位	教育部发给回国补助费美金40元	回国先后任西南联合大学地质系教授、中央研究院地质研究所研究员、山东大学地质矿物系教授、长春地质学院地质系教授、教研室主任等职。在构造地质学研究上有较深的理论造诣[7]
刘先志	1934年留学德国柏林工业大学，1939年获特许工程师学位，1945年获博士学位	1945年11月发给11月份救济金250法郎	1946年回国后，先应聘于上海工务局任正工程师，后应聘于同济大学任教授。中华人民共和国成立后，刘先志继续在同济大学任教，1950年，被同济大学师生推选为教务长[8]
季羡林	1935年9月赴德国入哥廷根大学，1941年获哲学博士学位	1940年1月发给旅费800元，1945年发给11月救济费250法郎	1946年回国后受聘为北京大学教授兼东方语言文学系主任，系主任职任至1983年。1956年被任命为中国科学院哲学社会科学部委员。1978年复出，继续担任北京大学东语系系主任，并被任命为北京大学副校长、北京大学南亚研究所所长[9]
过晋源	1937年留学德国，1939年毕业于慕尼黑大学医学院，获医学博士学位	1945年11月发给津贴费250瑞币	1946年回国，历任上海同济大学医学院教授、附属中美医院内科主任兼放射科主任。1949年后，历任武汉医学院（同济医科大学）教授、武汉医学院附属二院（同济医院）主任、教授[10]

资料来源：[1]许康编：《湖南历代科学家传略》，湖南大学出版社2012年版，第520—522页；[2]南开大学数学科学学院—师资队伍—退休人员：http://

sms.nankai.edu.cn/2016/1226/c5630a54927/page.htm；[3]北京林业大学校史编辑部编：《北京林业大学校史》，中国林业出版社1992年版，第52页；[4]李盛平主编：《中国近现代人名大辞典》，中国国际广播出版社1989年版，第699页；[5]佘之祥主编：《江苏历代名人录 科技卷》，江苏人民出版社2011年版，第230页；[6]郑小明、郑造桓主编：《杭州大学教授志》，杭州大学出版社1997年版，第151—152页；[7]王鹁宾等主编：《东北人物大辞典 第2卷 上》，辽宁古籍出版社，1996年版，第948页；[8]周川主编：《中国近现代高等教育人物辞典》福建教育出版社2012年版，第150页；[9]顾明远总主编：《中国教育大系 21世纪初中国教育》，湖北教育出版社2015年版，第972—973页；[10]金铮主编：《二十世纪中国医学首创者大辞典》，黑龙江人民出版社1994年版，第131页。

这些留学生多在全面抗战前后到德国留学，经过艰苦努力，都获得博士学位，在所学专业方面取得了优异的成绩。但在当时中国正遭受日本法西斯的侵略，而德国不久也发起侵略他国的战争，中国留德学生可谓内外交困、处境艰难。从国民政府的档案可知，他们或多或少地都得到了国民政府的救济，或补助生活费，或给予其回国旅费，虽然经费不多，但在当时十分困难的情况下也算是雪中送炭了。国民政府的微薄救济，再加上他们自身的努力，得以克服时艰，最终能带着优异的成绩回到国内，而且在各个行业做出了杰出的贡献。从表中可以看出，他们在高等教育方面任职的最多，在当时中国高等教育不甚发达，尤其是教师非常缺乏的情况下，他们回到国内，及时补充师资，为中国高等教育做出了重要贡献。

全面抗战时期滞留海外的留学生，他们因学识渊博而受到社会各界的高度重视，不仅为当时的中国做出了卓越贡献，而且为此后几十年甚至几百年的社会发展立下了汗马功劳。他们的贡献表现在诸多方面，非本书三言两语能阐述清楚，在此，仅以个别影响较大的归国留学生作为典型代表以窥见一斑。

这些留学生，他们往往因学业优秀而获得国民政府更多的经济救助，他们在克服困难取得优异的成绩回国后，为当时的中国及1949年后新中国的建设做出了巨大贡献，有一些归国留学生因贡献卓著而被选为科学院院士或工程院院士。"院士"是学术界给予科学家最高的荣誉称号，一般为终身荣誉。在中国，院士通常指中国科学院院士和中国工程院院士。在此,以前文涉及的曾获得国民政府救济的部分留德学生为例,将他们的留学经历及归国后的任职简况简述如下:

裘法祖:1936年留学德国慕尼黑大学医学院,1939年毕业获博士学位,1947年回国,1947—1954年任同济大学医学院附属中美医院外科主任、教授。1955—1984年任武汉医学院第二附属医院外科主任、教授。1978年后担任武汉医学院副院长兼器官移植研究所所长,1978—1984年任武汉医学院副院长、院长。1984年发起组织了中德医学协会任中方理事长。裘法祖是著名医学家,中国现代普通外科的主要开拓者、肝胆外科和器官移植外科的主要创始人和奠基人之一、晚期血吸虫病外科治疗的开创者,被誉为"中国外科之父"。1993年当选为中国科学院院士。[1]

支秉彝:1934年留学德国,先攻读于德累斯顿工业大学电机系,1937年转入莱比锡大学物理学院,1944年获该校自然科学博士,1946年回国,1947—1951年任浙江大学、同济大学、上海航务学院教授。1951—1953年任黄河理工仪器厂经理兼工程师,1954—1964年任上海电表厂副总工程师,1964—1967年任上海电工仪器研究所副所长兼总工程师,1978—1993年任上海仪器仪表研究所副所长、总工程师、所长、名誉所长。支秉彝是电工测量仪器专家,信息处理工程专家,汉字编码和汉字信息处理和系统研究的开拓者,率先解决汉字进入电子计算机的难题。1980年当选为中国科学院学部委员(院士)。[2]

赵宗燠:1935年留学德国柏林工科大学化工学院,

---

[1] 刘国新、贺耀敏、刘晓等主编:《中华人民共和国史长编 第7卷 人物卷》,天津人民出版社2010年版,第247—248页。

[2] 佘之祥主编:《江苏历代名人录 科技卷》,江苏人民出版社2011年版,第453页。

1939年获博士学位后回国,先后任职于国民政府军政部、同济大学,1955年调到石油工业部任生产技术司总工程师,并任科技委员会副主任。1965年起任石油工业部化工科学研究院总工程师、高级顾问。赵宗燠是著名燃料化工学家、能源和环境保护专家,为新中国石化建设做出了重大贡献。1957年当选为中国科学院学部委员(院士)。①

张维:1937年留学英国,1938年获伦敦帝国理工学院工学硕士学位,1944年获德国柏林高等工业学校工程博士学位。1946年回国,先后受聘于同济大学、北洋大学,1947年又受聘于清华大学,1952—1956年担任清华大学土木工程系主任,1958年筹建工程力学数学系并任第一任系主任,1957—1966年担任清华大学副校长,先后分工主管教学与科研,1983年出任深圳大学首任校长。张维长期从事结构力学和固体力学的教学和科研工作,为中国培养力学人才做出了贡献。三次参加中国科技长远发展规划并任土木建筑水利组组长和力学组副组长,推动了中国某些新兴学科的建立和发展。1955年选聘为中国科学院学部委员(院士),1994年当选为中国工程院院士。②

孙德和:1935—1938年先后在德国柏林工业大学钢铁冶金系和亚琛工业大学矿冶系学习,获工程师学位。1940—1943年在德国亚琛工业大学钢铁冶金系获工学博士学位。1946—1948年在上海任联合国善后救济总署工矿委员会委员、副主任;同济大学机械系教授,无锡开源机器厂厂长。1949—1952年任上海钢铁公司副经理兼上钢三厂厂长。1952—1955年任重工业部钢铁局设计公司大

---

① 顾树新、张士朗主编:《南京大学校友英华》,南京大学出版社1992年版,第248—249页。

② 《中国工程院院士》编委会编:《中国工程院院士1994/1995/1996.1》,高等教育出版社2000年版,第18页。

冶特殊钢厂工程设计总工程师。1955—1981年在冶金部北京钢铁设计院任专业总工程师、冶炼处处长、生产办公室副主任及院副总工程师。是中国钢中氢气行为规律研究领域的先驱者之一,氧气转炉炼钢和炉外精炼等技术工业化的开拓者之一。他集冶金学与工程学为一体,为中国冶金事业做出重要贡献。1955年当选为中国科学院学部委员(院士)。[①]

上述提及的仅是留德学生中部分优秀人才,抗战时期留学其他国家,曾获得国民政府救济而归国服务的优秀人才也非常多。比如,留英学生吴恩裕1936年留学英国伦敦政治经济学院,1939年获政治学博士学位,1939年9月国民政府发给其回国川资800元回国,1939—1946年任重庆中央大学政治学系教授,1946—1952年任北京大学政治学系教授,院系调整后,曾任北京政法学院教授、中国社科院研究员及北大法律系、国际政治系教授等职[②];留学比利时和加拿大的王云章,1938年获比利时卢万大学理学博士学位,1938—1939年在加拿大温尼伯自治领锈菌研究室做博士后研究工作,1939年8月国民政府教育部发给其回国旅费国币800元,1939年回国后历任国立浙江大学、四川大学、河南大学教授,新中国成立后任中国科学院一级教授,兼任中国植物学会常务理事、中国真菌学会理事长[③];留学美国加州理工学院的王俊奎,1937年和1938年先后获机械工程与航空工程双硕士学位,1940年又获美国斯坦福大学航空工程博士学位,国民政府曾于1940年1月发给其旅费800元,但他在1947年才回国,先后任西北工学院航空系、西北农学院教授,北京大学工学院机械系教授、系主任,华北大学工学院航空系教授、系主任,北京航空

[①] 尉志武、李兆陇主编:《清华化学历史人物》,清华大学出版社2011年版,第80—81页。
[②] 吴恩裕:《马克思的政治思想》,商务印书馆2014年版,第173—177页。
[③] 刘卫东主编:《河南大学百年人物志》,河南大学出版社2012年版,第337页。

学院教授、图书馆馆长①;留学比利时布鲁塞尔大学和法国巴黎大学的程一雄获医学博士学位,1939年国民政府发给回国旅费800元,回国后先后在云南省昆明医院附属昆华医院、云南大学医学院工作,1949年后任上海第二医科大学教授、瑞金医院泌尿外科主任,从事泌尿外科专业40余年,为学科建设和培养专业人才做出了卓著贡献②。他们都在国外取得了优异的成绩,曾或多或少地得到国民政府的救济,回国后在其研究的行业做出了杰出的贡献。他们是抗战时期留学海外的典型代表,也是归国服务的留学精英人才。

上述所列归国留学精英,多是在全面抗战之前出国留学的。全面抗战时期国民政府派遣的留学生虽少,但他们多在国内正遭受日本侵略的战火中忍辱负重出国留学,当时祖国所处的困境对他们的负重前行起到了针扎般的心里刺激,"落后就要挨打"就如一记响雷烙印在每个留学生的心中,民族的自尊心、为祖国崛起而读书的强烈愿望促使他们发奋图强。据不完全统计,全面抗战时期国民政府派遣的出国留学生,至少有114位获得院士(包括中国科学院院士和中国工程院院士)荣誉称号③。

全面抗战时期派遣的留学生对1949年后中华人民共和国的贡献突出地表现在对"两弹一星"的贡献上。"两弹一星"是20世纪六七十年代中华民族创建的辉煌伟业。1988年10月24日,邓小平同志在视察北京正负电子对撞机工程时说:"如果六十年代以来中国没有原子弹、氢弹,没有发射卫星,中国就不能叫有重要影响的大国,就没有现在这样的国际地位,这些东西反映一个民族的能力,也是一个民族、一个国家兴旺发达的标志。"④为中国"两弹一星"做出重要贡献

---

① 《中国科学家辞典》编委会编:《中国科学家辞典 现代第2分册》,山东科学技术出版社1983年版,第21—23页。
② 国家人事部专家司编:《中华人民共和国享受政府特殊津贴专家、学者、技术人员名录 1992年卷 第1分册》,中国国际广播出版社1995年版,第109页。
③ 李喜所主编,元青等著:《中国留学通史·民国卷》,广东教育出版社2010年版,第283页。
④ 邓小平:《邓小平文选》第3卷,人民出版社1993年版,第279页。

的人很多,尤其以1999年中央政府表彰的"两弹一星"元勋最为卓越。"两弹一星"功勋奖章获得者共23位,其中有10位是全面抗战时期选派出国留学的,他们的姓名、留学经历及获得院士、"两弹一星"元勋奖章情况如表6-9:

表6-9 10名"两弹一星"功勋奖章获得者简况

姓名	出国留学时间、国家、学校、学位	获得院士称号及"两弹一星"功勋奖章
屠守锷	1940年考取清华第五届公费留美,1943年获美国麻省理工学院航空系硕士学位	1986年当选国际宇航科学院院士,1991年当选中国科学院院士,1999年被授予"两弹一星元勋"奖章[1]
彭桓武	1938年赴英国爱丁堡大学理论物理系,1940年获哲学博士学位,1945年获科学博士学位	1948年被选为爱尔兰皇家科学院士,1955年当选为中国科学院院士,1999年获得"两弹一星元勋"奖章[2]
王大珩	1938年考取第六届中英庚款公费留学,赴英国伦敦帝国理工学院攻读应用光学,获理学硕士学位,1941—1942年在雪菲尔大学攻读博士学位	1955年当选为中国科学院院士,1985年被选为国际宇航科学院(IAA)院士,1994年获选中国工程院院士。1999年获"两弹一星元勋"奖章[3]
郭永怀	1940年赴加拿大留学,1941年获多伦多大学应用数学系硕士学位,1945年获美国加利福尼亚理工学院博士学位	1957年当选为中国科学院院士,1999年被授予"两弹一星元勋"奖章[4]
钱三强	1937—1939年在巴黎大学镭学研究所居里实验室研究,1940年获法国国家博士学位	1955年被选聘为中国科学院院士,1999年被授予"两弹一星元勋"奖章[5]
梁守槃	1938年赴美国麻省理工学院研究航空工程学,1939年获硕士学位	1980年当选为中国科学院院士,1985年当选为国际宇航科学院(IAA)院士;1999年被授予"两弹一星元勋"奖章[6]
吴自良	1943年赴美国匹兹堡卡内基理工学院冶金系学习,1948年获博士学位	1980年当选为中国科学院院士,1999年被授予"两弹一星元勋"奖章[7]
黄纬禄	1943年赴英国实习,1945年考入英国伦敦大学帝国学院无线电系攻读研究生,1947年获硕士学位	1986年当选为国际宇航科学院(IAA)院士;1991年当选为中国科学院院士,1999年被授予"两弹一星元勋"奖章[8]

(续表)

姓名	出国留学时间、国家、学校、学位	获得院士称号及"两弹一星"功勋奖章
任新民	1945年公费赴美国实习,随后考取美国密歇根大学研究生,获机械工程硕士和工程力学博士学位	1980年当选为中国科学院院士,1985年当选为国际宇航科学院(IAA)院士,1999年被授予"两弹一星元勋"奖章[9]
陈芳允	1944年同时考取英美两国留学机会,1945—1948年在伦敦A. C. Cossor无线电厂研究室从事滤波器等元器件及最新的海用雷达研究	1980年当选为中国科学院院士,1985年被选为国际宇航科学院院士,1999年被授予"两弹一星元勋"奖章[10]

资料来源:[1][2][4][5][8]宋健主编:《"两弹一星"元勋传 下》,清华大学出版社2001年版,第358、534、288、140、410页。[3][7][9][10]宋健主编:《"两弹一星"元勋传 上》,清华大学出版社2001年版,第78、460、378、480页。[6]中国科学技术协会编:《中国科学技术专家传略 工程技术编 航空航天卷1》,国防工业出版社1999年版,第241—248页。

注:因中国科学院学部委员后来称为院士,为统一起见,全部称为院士。

"两弹一星"是中华人民共和国最初几十年科技实力发展的标志性规划工程。中国在导弹、人造卫星、遥感与制控等方面的成就,也为以后中国航天的进一步发展打下了基础。2006年10月,钱学森、屠守锷、任新民、黄纬禄、梁守槃等5位专家获得"中国航天事业五十年最高荣誉奖",五人中除了钱学森是1934年考取清华大学第七届庚款留美之外,其余四人都是全面抗战时期选派的留学生。梁守槃、任新民、屠守锷、黄纬禄并称为中国"航天四老"①。

上述所列之各位归国留学生,无论是全面抗战之前就出国留学,还是全面抗战时期派遣出国的,他们中许多人都选择归国服务,而且对当时社会及1949年后中华人民共和国的建设都做出了杰出贡献。

国民政府对精英人才的重视,从主观上来说,是国民政府从国家未来发展的需要考虑的,其出发点是为国家建设培育和保护人才。从客观效果而言,确实有大批留学生获得救济并归国服务,但绝大多

---

① 贺青:《屠守锷院士传记》,中国宇航出版社2015年版,第52页。

数留学生回国贡献所学是因为心怀"报国"之志而不是感恩国民党政权,所以在国民党政权退居台湾之后,绝大多数留学生都选择留在祖国大陆为新政权服务。这种"前人栽树后人乘凉"的结果不是国民党政权所能完全把控的,但也不可否定,国民政府对海外留学生的举措,客观上确实为中国的社会发展保护了大批精英人才,其深远影响是不可估量的。

第三节　救助过程中存在的诸多问题

全面抗战时期,国民政府在对海外留学生的救济、接运海外留学生归国、对归国留学生的安置方面做了大量工作,其积极意义和深远影响是不容置疑的。但在救助海外留学生的过程中也存在一些问题,从总的来看,全面抗战时期国民政府对海外留学生的救助,全盘规划不够细密,而且在救助过程中协调力度不够,产生各种矛盾和问题。

一、全盘规划不够细密

全面抗战时期,国民政府在救助海外留学生的过程中存在许多问题,比如在前期救济海外留学生的过程中,国民政府为节省外汇,对申请救济的留学生审核非常严格,拖延时间较长,致使很多留学生不能及时获得救济;对与军事国防密切相关的学科特别重视,而对其他学科的留学生却相对漠视;对成绩优秀的留学生给予延长留学期限及奖励,而对于成绩不甚优秀的留学生不仅没有奖励而且还限期归国,这些特殊对待既有其时代所需的合理性一面,也存在一定的弊端。各种具体举措所带来的影响效果大小不一,从总的来说都是全盘规划不够细密导致的。在全面抗战时期及至战后,国民政府虽然制定海外留学生的救济方案,对海外留学生进行积极救济,也制颁回国留学生登记办法及服务简则,但从总的来看,都有应急性的特点,缺乏长远的全盘规划,或者说,在全盘规划方面还做得不够。

全面抗战初期，留日学生大规模返国，留学欧美的学生虽不像留日学生那么争先恐后地归国，但陆续归国的也并不少。对于蜂拥而至的归国留学生，国民政府没有及时制定出一个全面的安置措施。从1937年7月至10月留学生大规模返国，5 000名留日学子在不到三个月的时间里几乎全部归国，大多数学业尚未完成，急待安置进入国内高校就读；部分归国留学生能够自谋出路，但也有不少留学生急待政府安置。这期间大批留学生聚集在上海，工作、学习、生活都成问题。至1937年9月国民政府才颁布《留日返国学生救济办法》，有学者认为，这种名为"救济"的办法，在当时战争初期举国混乱之际，实际上是一种放任自流的消极处置。除了极少一部分被适当安置之外，大多归国学子只好自谋出路[1]。国民政府虽声明"凡志愿参加战时服务者，经教育部审查合格后介绍服务"，但真正介绍服务的并不是很多。对于当时散乱于各处的归国留学生，国民政府一方面担心他们会投身于抗日圣地延安，另一方面也觉得他们多是有为青年，应该给予重用，于是在教育部部长陈立夫建议下，在南京国民党中央政治学校设立特别训练班，并且专门针对留日学生成立了"留日同学特别训练班"。1937年10月，大约有600名归国学子参加了训练班，1940年7月又在重庆开办了第二期训练班，入班受训者只有166人[2]。两次培训班人数不足800人。迟至1939年1月，教育部才颁订《抗战期间回国留学生登记办法》，后又颁布《抗战期间回国留学生分发服务简则》，对于抗战初期大规模返国的留学生来说，已耗费了一年半的时间。而国民政府为节省外汇，在1938年又颁布限制留学政策，让海外留学生尽量早日归国服务，对于战时陆续归国的留学生，能给予安排合适工作的也并不多，至1940年底，共安置214人[3]。抗战初期颁布的《留日返国学生救济办法》明显具有应急性特点，而1939年颁订的登记办法与服务简则又具有滞后性特征。在现实的

---

[1] 余子侠：《民族危机下的教育应对》，华中师范大学出版社2001年版，第229页。
[2] 余子侠：《民族危机下的教育应对》，2001年版，第230页。
[3] 杜元载主编：《革命文献》第60辑，1972年版，第154页。

救济与安置过程中,实践与口号存在较大的差距。

为了尽快将大批归国留学生安排工作,教育部曾许诺,为任用归国留学生的各机关代发薪水,这使得各机关因归国留学生的薪水问题频繁与教育部交涉。在此以中央社会部任用归国留学生雷瑛关于薪金问题与教育部的往来函件为例。

1939年8月6日,中央社会部经济事业科科长郑兆展在签呈中说:"查本科雷瑛同志系教育部留学生登记及格人员,由部以服务员名义调派新村工作,其津贴自一月份起尚未发给,又该员教育部应发之生活费,自一月份起仍未拨发,拟请查案照发,并函教育部催发。"①8月15日,中央社会部总务处便催促教育部总务司,尽快将雷瑛的薪水转到该处②。至8月底,雷瑛又向社会部催发薪水:"……惟生活费原由教部发给,职自派钧部供职后,教部即停止发给,而七月份及本月份生活费尚未领下,特恳请核发以资应用而维生计。"③随即中央社会部再次催函教育部,直至9月5日,教育部才回复中央社会部:"……自应照办,暂以发至本年十二月底为止。"④至11月,教育部再次声明:"查本部并未停发该员生活费,前曾检寄该员发给生活费办法及调查表各一份,俟将该表填注缴还后即凭该员所填领款方法核发。"⑤由于教育部不能及时兑现归国留学生雷瑛的薪金,所以在雷瑛的多次催要下,社会部只好代为垫发,然后再向教育部索要:"查关于战时回国留学生雷瑛应领之十、十一两月份生活费,前经函请拨交本部转发在案,兹以该生一再催领,业由本部将其应领之十、十一、十二

---

① 《国民党中央社会部经济事业科科长郑兆展签呈》(1940年8月6日),国民党中央社会部档案,中国第二历史档案馆藏,全宗号:一一,案卷号:9829。
② 《中央社会部总务处致教育部总务司便函》(1940年8月15日),国民党中央社会部档案,中国第二历史档案馆藏,全宗号:一一,案卷号:9829。
③ 《归国留学生雷瑛致社会部事业科科郑兆展呈》(1939年8月29日),国民政府社会部档案,中国第二历史档案馆藏,全宗号:一一,案卷号:9829。
④ 《国民政府教育部致国民党中央执行委员会社会部公函》(1939年9月5日),国民党中央社会部档案,中国第二历史档案馆藏,全宗号:一一,案卷号:9829。
⑤ 《国民政府教育部致中央社会部公函》(1939年11月4日),国民党中央社会部档案,中国第二历史档案馆藏,全宗号:一一,案卷号:9829。

三个月生活费共一百五十元,先行垫发,相应函达,即希查照迅予拨还,以便归垫。"①从上述往来函件可以看出,教育部安排归国留学生的工作,原为政府的责任使然,为使聘用留学生的机构能乐意任用留学生,甚至同意由教育部来代付薪金,但在支付生活费的过程中,却又不能及时支付,在当时战乱的环境下,长期拖延发放生活费,给归国留学生的生活造成一定的困扰。另外,教育部为归国留学生推荐工作,原为临时服务性质,或者说为留学生归国后的工作提供一个缓冲期,服务期满,这些机关是否继续任用这些归国留学生?这些归国留学生是否愿意仍在此单位工作?留学生的薪金问题如何解决?这些留学生何去何从?所有这些问题都仍然是个未知数。可见,国民政府教育部在安置归国留学生方面也缺乏长远而完备的规划。

　　抗战胜利以后,长期滞留海外的中国留学生都急于归国,这一时期再次出现归国高潮。海外留学生认为"当此军事科学化时代,战时生产在在需用专长,我政府为发挥最高生产效能,于运用全国人才必有精密筹划,生等受国家十数年造就,幸得一技之长,自当即日归国,听从政府指挥工作",所以他们纷纷归国投效,恳请政府指示适宜机关录用,"俾得贡献所学专门技术效命国家"②。但事实上,国民政府根本没有"精密筹划",虽然教育部努力在向各部门推荐登记合格的归国留学生,在前期教育部承诺向聘用留学生的单位垫发该生的薪水,各单位还积极任用,但到后来教育部不再承诺此项费用,各机关也就多以不缺人员为借口,不予录用。现实对专业人才的大量需求,与各机关拒绝录用归国留学生之间又形成了巨大反差,这不得不归因于国民政府没有长远而完备的规划。

　　从另一个角度而言,国民政府欲通过"登记"的方式由教育部统一分配工作,以达到统制归国留学精英的做法,其结果只能是有心而

---

① 《国民党中央社会部总务处致教育部总务司便函》(1940年1月6日),国民党中央社会部档案,中国第二历史档案馆藏,全宗号:一一,案卷号:9829。

② 《留法学生王志民等致经济部呈》(1945年6月18日),国民政府经济部档案,中国第二历史档案馆藏,全宗号:四,案卷号:13702。

无力。一方面,全面抗战时期归国留学生人数较多,而且往往集中在一起归国,若同时全部登记任其安排,则国民政府在短期内也无法同时安置,其结果只能是让很多人白浪费时日。比如留英研习土木工程科的学生王振常,前曾致呈教育部,希望代为推荐工作。教育部告之"已令资源委员会核办迳知",可是王振常称"迄今三月未奉该会批示",1946年6月21日只好再次呈请经济部"核示",9月14日经济部才再次函询资源委员会,至11月30日资源委员会才告之经济部"该员本会水力发电工程总处尚属需要"[1]。前后耗去半年多时间,可见浪费时日之长。另一方面,国民政府颁布的一系列审核、登记要求,明显具有统制人才的意图,而学有专长的留学生多能自谋职业,有的甚至奔赴共产党领导的抗日根据地去,更有人留在日伪统治区谋生,不去教育部登记的不在少数。这就是说,国民政府欲控制所有归国精英人才的企图是不能实现的,既无能力安置这么多归国人才,归国留学生也不一定完全听其安排。这种矛盾的出现,就是没有精心制定全盘规划的结果。

对海外留学生的救济同样也存在应急性的特点。全面抗战开始以后,不仅留日学生大规模返国急需救济,而且海外留学生在断绝国内的经济来源之后,也急需政府伸出援助之手。在全面抗战爆发的两个月后,才开始实施《留日返国学生救济办法》。而对海外留学生的紧急救济问题,教育部也只是采取谁申请就审核谁的材料,并临时决定给予一定的生活费、回国旅费,这期间又因外汇紧张问题,财政部经常拖延不发,导致海外留学生的经济困难越发加重。国民政府一直到1939年6月才颁布《修订抗战期间国外留学生救济办法》,将前期制定的应急方案做了调整。事实上,该《救济办法》仅考虑哪些人能获得救济和如何救济问题,没有认真考虑战争时期海外的突发状况,比如通货膨胀、货币汇兑、交通运输等问题,甚至发放救济金的

---

[1] 《资源委员会委员长钱昌照致经济部公函》(1946年11月30日),国民政府经济部档案,中国第二历史档案馆藏,全宗号:四,案卷号:38963。

严密监管问题也被忽视。上述这些问题在整个救济过程中都表现出来,而且还带来不少麻烦和损失,显然是缺乏全盘规划或者说因规划不够完善而带来的结果。

二、过程协调力度不够

在对海外留学生的救助过程中,存在各种矛盾和问题,比如中央各部之间在审核留学生救济申请的问题上会存在分歧,驻外使馆作为对海外留学生直接负责的机构,在处理留学生的问题时也会存在诸多问题。另外,驻外使馆之间在救济款的运用方面也存在诸多问题,等等。各种问题的存在,既有人为因素,也与战争带来的各种困难密切关联。下文以教育部与财政部在审核留学生救济费时产生的矛盾及驻外使馆之间因误用救济费而产生的矛盾、驻外使馆与海外留学生之间的矛盾分别作案例分析。

1. 教育部与财政部之间的矛盾

教育部作为留学教育的主要负责部门,从保护留学精英人才的角度出发,希望能尽量多救济一些海外留学生,所以在审核海外留学生的救济申请时稍微宽仁一些。而财政部作为财政收支的出入口及外汇发放的审核部门,在政府三令五申要减少资金外流、节省外汇的口号下,对海外留学生救济费的审核就显得非常严格,因此两部门在关于留学生救济费的审核方面就存在一些分歧和矛盾。

为统筹救济海外留学生,1938年初,国民政府教育部两次令各驻外使馆调查确需救济的公自费留学生名单。此后不久,各驻外使馆纷纷将调查结果寄达教育部,教育部将这些急需救济者的名单审核整理后送给财政部审核。7月31日,财政部致函教育部:"案准贵部汉教字第五七三八号代电,为造送第一批救济留学生一览表,嘱部查明转知银行汇寄救济费等由,并附清单到部。查单载各生原籍,并非尽在战区,按各生家庭负担能力及平日学费来源,似无统由政府救济必要。据本部所知,留德学生丁基实早已由德回国,自无须再发救济费,其余为王章树、宋宜山、金祖年、张其楷、龚叔英等应需学膳费用,或已由家属筹之,或已由中央机关充分接济,均经本部先后核准交汇有案,拟请贵部从严考核,分别剔除,使政府不致增加不必要之负担,而确待救济之留学生,亦无流落异邦之虑。至单载各生出国已满三年者,当已函贵部查明限制留学暂行办法之规定,令招回国,其余出国未满三年而家庭无充裕负担能力者,为减轻政府负担,顾念该生等前途起见,可否将应发救济费改为回国川资,一次汇交驻外使馆,俟其起程回国时,分别转发,以免流落之处。"①此函内容十分明了,关于第一批发给留学生救济费名单,财政部认为教育部对于名单中需要救济的留学生没有调查清楚,希望教育部能够严加考核并剔除办理,文字中明显带有责怪之意。教育部为表明自身认真审核的负责态度,不得不做出辩解。

8月16日,教育部在回复财政部的公函中详加解释,首先说明本部已对送呈来的救济申请表做了严格审核,而且已经剔除了许多不合申请要求者:"查本部前准驻外各大公使馆先后函送留学生救济证书表,计各国留学生申请救济者共300余名,当即严加审核,凡非家在战区及未领留学证书者未核准发给救济费,故本部前送第一批救济留学生一览表仅有170余人,即系严加审核后之总数,其中虽有少数留学生原籍非在战区,然其家庭均寄居战区,财产遭受战事损失,不得不一体救济。"对于财政部函中所提及的几名留学生情况,教育部也分别做了说明:"至留德学生丁基实何时回国,本部未接该生报到,亦未准驻德大使馆函告,无从查考。惟本部为核实起见,当核准救济留学生名单时,早请驻外各大公使馆于发给救济时,凡本人已先期回国者,一律将救济费暂存不发。其王章树一名系委员长,令酌予救济。宋宜山等数名呈请救济皆在数月之前,既未能如期汇发,该生等家庭或中央机关另行接济亦属应急之举,兹拟将丁基实、宋宜山、金祖年、张其楷、龚叔英五名救济费暂行剔除,仍请查明丁基实回国日期及金祖年、张其楷二名家庭或中央机关所汇款数示复,以凭查

---

① 《财政部致教育部公函》(1938年7月31日),国民政府教育部档案,中国第二历史档案馆藏,全宗号:五,案卷号:15400。

核。"同时,教育部又从培植人才的角度,认为财政部不应仅考虑国家财力而不顾海外留学生的安危,希望财政部尽快拨款救济海外留学生:"又查留学生出国未满三年以上者,其所肄习未有相当成就,如仅为减轻政府负担计,一律发给回国川资,不独该生等学业半途而废,而回国以后学无专长,必致形成失业严重问题,仍须加以救济,是政府负担未见减轻,而数百青年已先失业失学,实足损伤国家元气。现值抗战建国期间,一方面固应顾及国家财力,他方面并应注重培植人才。况自抗战以来,异邦热心人士以我国留学生经济困难尚有起而筹款救济者,本国政府似应续予救济,毕竟所学以为国用。至继续救济办法,本部自当严格修订,既减轻政府之负担,而使成绩优秀之学生获得救济。迩来驻外各大公使馆及各界人士以请求救济学生早经本部核定而救济款迄未汇寄,纷电请求速汇,用再详述原委,务希贵部俯念留学生困难情形,除将丁基实等五名剔除外,迅予查明原案,转知中央银行,以便克日汇寄救济费。"①教育部更多的是从培植人才、从留学生的学业考虑是否给予救济,而财政部考虑更多的则是如何能最大限度地节省经费,减少资金外流,减轻政府的财政负担。二者的出发点不同,这是导致两部门意见不统一的主要原因。

  财政部不仅在审核留学生救济费方面非常严格,而且办理非常缓慢,致使急需救济的海外留学生迟迟得不到救济。教育部作为留学教育的负责人,每天收到各式各样的救济信息,对此非常着急,所以不断督促财政部赶紧办理。1938年9月24日,教育部总务司司长章益等人在致教育部长的签呈中说:"查第一批核准之留学生救济费,系六月初办出,现已将近四月,迄未经财部核准外汇,致始终未能汇发,本部一再函催,亦未见复。现驻外使馆及留学生个人函电纷催,如再不汇发,受救济各生势将无法维持生活,殊有失本部救济之初意,具第二批又经办出,似未便再延时日。拟请以部长名义,折呈

---

① 《教育部致财政部公函》(1938年8月16日),国民政府教育部档案,中国第二历史档案馆藏,全宗号:五,案卷号:15400。

孔院长,恳将第一、二批留学生救济费迅赐核准,俾使由部电汇,以符救济本旨。"①该签呈上有批示"如拟办理"字样。从教育部的签呈可以看出,对于财政部迟迟不给予办理救济费的拖延行为,教育部内部对此十分不满。但作为正常程序,又必须通过其办理,才能将救济费送达海外留学生手中,所以只好多次催促。由此可以看出,两部之间在留学生救济问题上存在诸多矛盾,其根本原因是全面抗战初期国家财政经济十分困难导致的,但在具体举措方面,各方出发点不同,在具体处理留学生救济事务时就因为经费问题而产生矛盾。二者之间的矛盾也反映了中央各部之间在救助海外留学生问题上协调不力,从而延误时机,影响救济效果。

2. 驻外使馆之间的矛盾

在海外留学生的救济过程中,出现一些本可以避免的人为因素,比如,留法学生的救济款被驻美使馆误用,留欧学生的救济款被驻土耳其使馆长期滞留,这些个别政府官员的渎职行为加剧了海外留学生的救济困难,也是国民政府驻外官员之间协调力度不够的表现。

(1) 留法学生救济款被驻美使馆误用

法国在二战期间很早就沦亡了,留法的学生多奔赴中立国瑞士,因驻法使馆撤销,救济留法学生的款项多汇给驻瑞士使馆。德国宣布投降后,驻法使馆重建,留德学生的救济问题也暂由驻法使馆办理。二战期间,即1944年,国民政府拨给留法学生的2万美金救济款,因当时汇款困难暂存驻美使馆,阴差阳错地被驻美使馆误用于留美学生身上。当时欧洲的环境要比美国差得多,留法学生也比留美学生更困难,这笔救济款的误用无疑会增加留法学生救济的难度。

1946年1月15日,驻法大使馆致电教育部部长朱家骅:"查贵部前年所发留法学生救济费美金2万元,曾于前年12月接驻美大使馆电告全数收到,其分配办法曾以第11号代电陈报在案,以汇款困难,

---

① 《教育部签呈》(1938年9月24日),国民政府教育部档案,中国第二历史档案馆藏,全宗号:五,案卷号:15400。

除拨一部分外,暂存美馆,一面由本馆向此间银行挪借用讫。现因银行催索偿款,经电请驻美大使馆照拨。不料事隔经年,忽接美馆电称,该项美金初以为系留法学生救济费,现经查明系属留美学生救济费,查该款早经本馆挪借用讫,未便变更。可否请电知驻美大使馆,将该款仍行拨付本馆,至留美学生如须救济,拟请另行拨汇。"①驻法使馆的电文很明确,留法学生的救济费2万美金除了少部分用于留法学生之外,其余全部被驻美使馆用于留美学生。而1月18日,驻美使馆徐公肃在致教育部次长杭立武的密电中却说这笔救济款本来就是用于救济留美学生的:"本馆前接贵部汇到美金2万元,注有学生救济费字样,适驻法钱大使迭电催询留法学生救济费,经将该款一部分美金6 100元转汇钱大使,事后查明该款系留美学生救济费,经电请驻法汇还,兹准电复款已用罄,并早将用途迳函贵部备案,等语。查该款系误拨,既经法馆提用备案,如贵部尚存有留法学生救济费,可否尽拨转账,否则拟电请法馆申请追加费用归垫,抑尊处尚有其他办法,统祈酌夺电复。"②驻美使馆不仅不愿归还留法学生的救济款,反而说留美学生救济款被驻法使馆误用了。

2万美金救济款究竟原本是用于哪个国家的留学生,从1946年2月8日,教育部致华盛顿驻美大使馆代电中可以明确:"关于留法学生救济费既发为留美学生救济费,无庸再改发,据本部业另行发款汇寄。"③从教育部的电文可知,驻美使馆确实将留法救济款误用了。也许是教育部没有在救济费上详细注明其具体用途,也许是驻美使馆有意为之,总之,留法学生救济款被驻美使馆挪用成为事实,这对于留法学生来说必然是雪上加霜。

留法学生救济款被驻美使馆误用,再加上战后初期法国通货膨

---

① 《驻法大使馆致教育部长朱家骅电》(1946年1月15日),国民政府教育部档案,中国第二历史档案馆藏,全宗号:五,案卷号:15374。
② 《驻美使馆徐公肃致教育部次长杭立武密电》(1946年2月4日收),国民政府教育部档案,中国第二历史档案馆藏,全宗号:五,案卷号:15374。
③ 《教育部致华盛顿驻美大使馆代电》(1946年2月8日),国民政府教育部档案,中国第二历史档案馆藏,全宗号:五,案卷号:15374。

胀严重,使得救济留法学生之事日益困难。1946年1月16日,驻法大使馆致电教育部:"留法学生经常救济费银行垫款日增,银行迭次表示希望汇还,此间除原救济生名单外,如有新请领救济费者是否仍斟酌情形发给,请电复。"①1月31日,驻法大使馆再次致电教育部:"各款尚未收到,近因佛郎不稳,请将各款汇纽约中国银行本馆存户,以便统筹支拨,务请勿汇法国,过去救济费收支情形当即列表补报,唯一收入仅有存美留法学生救济费2万美金,而此间银行挪措者早已超过此数。最近接美馆电称,该款系留美学生救济费,当即以第671号电朱部长请示在案,仍请核办电复。"②可见,留法学生救济款迟迟不能汇到,而原本指望救急之用的存于美国的2万美金却被驻美使馆误用了,这对于留法学生来说无疑是雪上加霜的后果。

从驻法使馆接二连三给教育部致电请求救援可知,一是留法学生请求救济者仍陆续不绝;二是所需救济款越来越多,而教育部答应拨汇的款项尚未收到;三是战后法国出现严重的通货膨胀,法币不稳。在驻法使馆万分焦急的情况下,2月8日教育部终于回复:"留法学生救济费既发为留美学生救济费,自无庸再改发,本部前后汇往贵馆之款,计有留法学生召回旅费美金3万元,及偿还因救济留法学生向法银行借贷之美金17 000元,均函中央银行直汇贵馆,又留德学生救济费美金5万元,业电驻英大使馆转汇,总共美金97 000元,谅足敷用。有再请领救济费者,请饬知准以官价购买外汇,但如确有经济极困难者,仍可酌发。"③在当时国内外都混乱的时局下,由国民政府汇出的各款项,若没有特别注明,或各驻外使馆理解有误(也可能存在故意行为),都可能使救济费被挪用、误用。

---

① 《巴黎驻法大使馆致教育部电》(1946年1月16日),国民政府教育部档案,中国第二历史档案馆藏,全宗号:五,案卷号:15374。
② 《驻法大使馆致教育部电》(1946年1月31日),国民政府教育部档案,中国第二历史档案馆藏,全宗号:五,案卷号:15374。
③ 《教育部致巴黎驻法大使馆代电》(1946年2月8日),国民政府教育部档案,中国第二历史档案馆藏,全宗号:五,案卷号:15374。

(2) 留欧学生救济款被驻土使馆长期滞留

二战后期,留欧学生救济费7万美金被长期滞留在驻土耳其使馆和纽约中国银行,此事给留欧学生的救济带来了更多的麻烦和困难。1944年8月,国民政府拨7万美金汇往土耳其使馆,因当时欧洲汇兑困难,希驻土使馆转汇纽约中国银行再汇往欧洲,并通知驻瑞使馆,留瑞学生补助金可先"请商驻土耳其使馆及纽约中国银行拨汇美金一万元",以后需要再继续拨汇。二战后期,几乎所有的留欧学生都集中在瑞士,驻瑞使馆救济费十分紧张,向驻美使馆请求拨款,"据中国银行称,学款除救济留法学生美金二万元外,余五万元教育部已收回",1945年1月16日,驻瑞士使馆致电教育部:"查本馆学款已罄,早经迭电查照在案,现各生纷纷来馆请求发给本月津贴,本馆无款可垫,可否请赐迅汇美金一万元,以资因应之处。"①教育部随即"电驻土耳其使馆速汇"。驻瑞士使馆因留学生救济情况十分紧急,所以不仅致电教育部、驻土耳其使馆催促、询问,而且多次请求外交部代为函询。驻瑞使馆在致外交部的电文中说:"近各该生等复先后来馆催询教育部如何答复,并请将每月所领津贴迅赐发给,以免冻馁。""查各该生等均系将来为国有用之材,现每月仅赖此区区之津贴聊维生活,可否请赐转行教育部查照,本馆前请迅予再汇美金一万元之处,谨电呈请核示。""该生等又跌次来馆催询,并已请求由本馆先行设法每生垫付若干以济眉急。""查教育部对留瑞士学生津贴是否继续发给,各该生所请由本馆先行借垫一节可否照准,统恳转行核办示复。"3月2日,外交部致电教育部,"即希迅予核办见复"②。从这些电文可知,驻瑞使馆关于留学生救济之事已经迫在眉睫了。

从教育部的档案文件可知,教育部拨汇欧洲的7万美金,经土耳其转汇美国,再转汇欧洲,中间经历许多环节,所以滋生的问题也很

---

① 《驻瑞士使馆致教育部电》(1945年1月16日),国民政府教育部档案,中国第二历史档案馆藏,全宗号:五(2),案卷号:1395。
② 《外交部致教育部快邮代电》(1945年3月2日),国民政府教育部档案,中国第二历史档案馆藏,全宗号:五,案卷号:15374。

多。1945年2月8日,外交部致函教育部,询问留欧学生救济费7万元的下落:"案查关于救济留欧学生返国一案,前准贵部1944年9月代电,留欧学生救济费共美金七万元,业经电请财政部改汇驻土公使馆收转等由。查该款是否已由财政部全部迳拨驻土公使馆,抑拨汇一部分,均未准通知到部。"①同时,外交部也电饬驻土使馆查报。3月7日,教育部函复外交部:"查阅本部救济留欧学生款项美金七万元一案,前曾电请报财政部改汇驻土公使馆收转,后复据驻瑞士使馆电称,此项款类须先汇由纽约中国银行转始可收到。当经电驻土使馆照办,迄未获复。该款是否悉数汇出,俟查照后再行函复。"②1944年9月即汇款至驻土使馆7万元,至1945年3月,教育部竟然不知"该款是否悉数汇出"。可见,当时国民政府教育部对于所汇救济款的使用情形了解不多,联系不密切,这也是滋生各种问题的重要原因。

从1945年3月驻土使馆呈文中可知,7万美金只汇出3万多元,其余皆存于土耳其使馆未再汇出。3月13日,外交部致函教育部:"兹据驻土耳其公使邹尚友本年2月3日呈称:查本馆所发学生救济费、遣送费及补助费等报销,均经陆续呈请转送教育部在案。前准教育部去年11月7日来电嘱拨汇驻法钱大使美金20 000元,另拨一部分款项汇驻瑞士使馆支配等由,本馆当已先后汇交纽约中国银行美金32 000元,分别拨汇驻法钱大使美金20 000元,驻瑞士使馆美金12 000元。去后,嗣据该行12月8日电称,关于教育部救济费一节无案可稽等语,故该款尚存该行,经已迭电教育部并请径与该行接洽在案,该款美金32 000元应由本馆3月2日第1005号呈文所报结存美金64 926.13元内划除,计本馆现时实存此项救济留欧学生款额为

---

① 《外交部致教育部公函》(1945年2月8日),国民政府教育部档案,中国第二历史档案馆藏,全宗号:五,案卷号:15374。
② 《教育部致外交部公函》(1945年3月7日),国民政府教育部档案,中国第二历史档案馆藏,全宗号:五,案卷号:15374。

美金32 926.13元。理合具文呈请转咨教育部备案。"①从这个电文可知,教育部于1944年9月核拨7万美金救济留欧学生,结果至1945年3月,一部分钱仍在纽约中国银行没有汇出,还有一部分钱仍在土耳其使馆没有汇出,所以驻欧使馆及留欧学生迟迟等不到救济款。

驻土耳其使馆未能及时将救济款汇往美国并转汇欧洲,导致赴瑞士留学生非常困难。1945年3月21日,驻土耳其公使馆在致教育部的代电中为自己的不作为辩解:"关于拨汇驻瑞士使馆款项事,以当时贵部电称划拨一部分,同时该馆来电请汇12 000元,故只照拨此数,并未错误。特查复。关于结余美金32 926元乃是否须即拨汇,请电复。"②在此电稿上有批字"结存土耳其使馆美金请暂存备用"。4月3日,教育部致电外交部:"查驻瑞使馆所需美金10 000元一节,兹已电请驻土使馆拨汇纽约中国银行本部,并曾电该行查照,速予转汇在案。该项救济费美金12 000元谅已汇达驻瑞使馆,另美金20 000元汇驻法使馆未准电复,不悉已否收到,相应电请分别电询驻法、驻瑞两使馆,以凭办理。至结存驻土使馆美金32 926.13元拟皆存备用,亦请电告。"③至此,教育部还不知汇往驻法使馆的2万美金是否收到。直至4月20日,外交部在致教育部代电中才说,"留法学生救济费美金2万元,前据驻法大使钱泰复电转据驻美大使馆电称,该款业已收到"。但是"关于留瑞学生救济费事,顷据驻瑞士代办任起华4月13日复电称,该款美金1万元尚未收到,现留瑞学生急待救济,已在教育部前汇救济来瑞留德学生美金4万元内先行移用美金1 500

---

① 《外交部致教育部公函》(1945年3月13日),国民政府教育部档案,中国第二历史档案馆藏,全宗号:五,案卷号:15374。
② 《中国驻土耳其公使馆致教育部代电》(1945年3月21日),国民政府教育部档案,中国第二历史档案馆藏,全宗号:五,案卷号:15374。
③ 《教育部致外交部代电》(1945年4月3日),国民政府教育部档案,中国第二历史档案馆藏,全宗号:五,案卷号:15374。

元发各该生等本月份津贴。"①可见,教育部与各使馆、银行之间没有及时交涉汇报,导致信息不通,情况不明。教育部以为,既已通知驻土耳其使馆及纽约中国银行速汇驻瑞使馆救济费,谅驻瑞使馆不久就会收到汇款。然而事实并非如此,这期间美国与瑞士之间也发生了货币汇兑的矛盾,导致纽约中国银行的救济款迟迟不能汇到瑞士。

由于驻瑞使馆多次向教育部报急,在尚未获得准确信息之前,1945年3月17日教育部致电外交部:"查关于留欧学生救济案,本部前已拨汇美金7万元请驻土耳其使馆转汇驻瑞使馆,作留欧学生救济费用,此类汇款现须经由纽约中国银行转汇,已电请驻土使馆查办,迄未获复。现留瑞学生急待救济,本部甚表关切。相应电请转知驻瑞使馆,于救济费未汇到以前,先予垫发。"②1945年4月16日,中国驻瑞士公使馆在致教育部代电中说:"查贵部前汇存此间款项早经告罄,自去年10月起本馆节经电请续汇,至今尚未收到。留瑞学生亦已2个月未发津贴,所嘱各节无法垫付。"③最终从留德学生的救济费4万美金中挪用1500美金作留瑞学生津贴。

此后旅瑞学生的救济款多挪用赴瑞留德学生的救济款,直至1945年12月21日,驻瑞士使馆在致教育部的电文中仍然强调没有收到纽约中国银行的汇款:"……旧存学款已罄,前开贵部拨留欧学生救济费7万元已到美,曾两次电中国银行拨汇美金1万元,迄未汇复,拟请电催速汇,否则一月份即无法续发。"④电稿纸上批字:"查救济款项已请驻土使馆汇,无复。"从这些电文可见,当时驻土使馆在转汇留欧学生救济款方面怠慢、不作为,给留学生的救济工作平添了许

---

① 《外交部致教育部快邮代电》(1945年4月20日),国民政府教育部档案,中国第二历史档案馆藏,全宗号:五,案卷号:15374。
② 《教育部致外交部代电稿》(1945年3月17日),国民政府教育部档案,中国第二历史档案馆藏。
③ 《中国驻瑞士公使馆致教育部代电》(1945年4月16日),国民政府教育部档案,中国第二历史档案馆藏,全宗号:五,案卷号:15374。
④ 《驻瑞士使馆致教育部电》(1945年12月21日),国民政府教育部档案,中国第二历史档案馆藏,全宗号:五,案卷号:15374。

多困难。

驻瑞士使馆多次向教育部、外交部请求速拨经费救济,但因为各国间货币汇兑不畅,再加上驻土耳其使馆理解错误和态度消极怠慢,致使国民政府早就拨发的救济款迟迟不能送达驻瑞士使馆手中。避居瑞士的中国留学生救济问题之所以非常困难,其中一个重要因素,就是驻土耳其使馆的不作为,将大部分留欧学生救济款滞留土耳其使馆,使留欧学生不能及时获得救济,从而使困难雪上加霜。这其中也包括教育部没有密切联系各驻外使馆并具体说明每笔救济款的用途,致使中间产生了许多误解。虽说驻外使馆不至于因救济款而产生矛盾,但毕竟因一方渎职行为而导致另一方在救济留学生方面滋生更多困难,双方之间必然会出现矛盾,归根结底也是政府协调不力导致的结果。

3. 留学生与驻外使馆之间的矛盾

驻外使馆是海外留学生与国内政府之间的重要桥梁。海外留学生的所有救济申请都经驻外使馆送达教育部审核,而教育部、财政部、行政院等部门审核通过的救济申请,其救济费由财政部直拨给驻外使馆,再由驻外使馆分发给每个申请救济者。驻外使馆的作用如此重要,当大量救济款汇达驻外使馆,是否有监管措施?尤其是太平洋战争爆发后,英美两国向国民政府提供大量信用借款,在海外留学生急需救济的情况下,国民政府从中拨出不少经费汇往驻外使馆,从最后各驻外使馆都有剩余救济款也足可说明,当时国民政府对海外留学生的救济费是比较充足的。但事实上仍有许多海外留学生在死亡线上挣扎,那么这些救济款有没有全部用于海外留学生的救济呢?驻外使馆是否有人利用救济款来中饱私囊?事实是,有许多海外留学生囊空如洗、度日如年,而驻外使馆却有大量救济款剩余,或巨额救济款不知去向,因此二者在救济费的分发问题上必然会产生矛盾。

从1945年4月16日中国驻瑞士公使馆在致教育部代电中的一句话就可以看出,当时已经有人在怀疑驻瑞使馆有贪污吃私的嫌疑了:"……嗣后凡用救济留法学生事件,可否准查照本馆63号呈外交部电,迳汇款我国驻法大使馆就近办理,以免各方不明内中情形,责唯本馆将贵部款项擅扣不发。"①这说明当时已有留法学生对驻瑞使馆产生了不满的情绪,而这种不满,不仅是因为驻瑞使馆对救济款的"擅扣不发",更有可能是怀疑驻瑞使馆中饱私囊。

真正反映驻瑞使馆有这一嫌疑的,是留德同学会在战后致国民政府的呈文中所提及的"一笔糊涂账"。柏林留德同学会在致国民政府的呈文中详列数据,检举前驻瑞士公使梁龙、代办任起华及前驻德军事代表缪培基等侵吞救济留德学生经费之事。留德同学会将梁龙、任起华及缪培基等侵吞留德学生救济款之事总结为"教部拨款十万元,梁龙克扣不作声;缪培基妄称余款,留德生仅得三万"几个字。关于十万元救济款,留德同学会说:"教育部战时战后拨发约十万元美金救济留德学生,其中十分之七用途不明。查教育部首次(民国卅三年)拨汇救济留德学生美金四万元,被驻瑞士公使馆代办任起华、公使梁龙一再挪用","民国卅五年初,教育部再拨救济留德学生专款五万美金,又遭梁龙及驻法大使馆藉口办理留德学生过境(前后不及五十人),扣去美金约万元,如何支付留德同学,无从知之。驻瑞、法二使馆亦从未移交或公布其帐目。"②

留德同学会将驻瑞士公使梁龙克扣留德学生救济费的具体情况在呈文中详述出来:"驻德军事代表团成立以后,桂永清团长曾在巴黎使馆晤及梁龙,即向其询问瑞士使馆扣存留德学生救济费四万美金事。梁氏伪称,该款已交驻法大使钱泰。桂氏立即向钱追问,钱氏答,该款仍在梁氏手中。最后桂氏邀梁、钱二氏当面对质。梁氏面红耳赤,无法抵赖。总计,梁氏经手之款,数逾五万元美金,支付经过,弊端百出,为人所共知。"据称,直至梁龙离瑞士赴捷克就任大使时,始交出1939年教育部令给1941年驻德使馆移存瑞馆之2 445元美

---

① 《中国驻瑞士公使馆致教育部代电》(1945年4月16日),国民政府教育部档案,中国第二历史档案馆藏,全宗号:五,案卷号:15374。
② 《国民政府总统府第二局致教育部公函》(1949年10月11日),国民政府教育部档案,中国第二历史档案馆藏,全宗号:五,案卷号:15399。

金,及所称救济余款 7 200 元美金,连同第二次教部救济余款 20 000 元,当时驻德军事代表团实际仅领到 29 000 余元美金,除资助返国同学 40 余人,连眷属补助费及留德同学救济费每人各 100 美金,支出数不过 7 000 余美金,再连陆续资助同学费用数千元外,最后仍剩余应发未发之款 14 000 元。留德同学会认为,"驻瑞士使馆挪用之款则已逾 50 000 元美金"①。其后桂永清奉调返国,代团长缪培基致电桂氏称:"留德同学催索救济费甚急,请克日汇还。"当驻瑞使馆将部分余款汇德后,缪培基又接教育部指令"救济余款不予分发"。此后,教育部不明真相,数度索还此宗所谓"余款"。而继任团长黄琪翔和缪培基二人"竟拨汇美金五千往美国"。

救济款被某些人从中图利,余款又不发给贫困学生,甚至还拨往他国,留德学生因此十分愤慨:"查教育部第一次救济费于卅三年汇发,当时留德学生困处敌境,饱受艰辛,死者收埋乏资,生者衣物尽毁,流离转徙,朝不保夕,炸死病故者达十人,急待救济情况可以想见,而在德学生却未尝领到分文救济费!卅五年后,教部函称,救济留学生办法已告结束,不再发给。天晓得,卅三年及卅五年两次救济费大部分未用之于留德学生身上,被梁、缪等一再藉故挪用拖延,作为买卖外汇资金,坐视留德学生困厄于不顾。教育部对留德同学甚厚,而办理救济留德学生之经手人梁、缪等,实是罪无可宥。"②可见,留德同学会对政府拨款救济十分感恩,但其救济费却被驻外使馆贪污或挪用,二者之间的矛盾积怨很深。

留德同学会称,战后军事代表团曾公告遣送留德学生返国办法,"规定每名发旅费美金四百,当时报名返国者逾廿人,均变卖衣物,辞退工作,速装待行,殊等候年余,迄无遣送消息,致生活益加困难,进退维谷。当时有同学程福秀者,根据代表团函告,经法返国,离德前

---

① 《国民政府总统府第二局致教育部公函》(1949 年 10 月 11 日),国民政府教育部档案,中国第二历史档案馆藏,全宗号:五,案卷号:15399。
② 《国民政府总统府第二局致教育部公函》(1949 年 10 月 11 日),国民政府教育部档案,中国第二历史档案馆藏,全宗号:五,案卷号:15399。

黄、缪二人曾允其到法后汇发路费。讵程君到法后,驻德军事团竟食言不理,程君一家四口旅居马赛,无法度日,致接受该地德俘帮助,藉资维持,流落半载,幸经驻法使馆代垫船费,始得返国。"而继任团长黄琪翔奉调返国,"临行挪用留德学生救济费美金一千元,充作夫人旅费,致黄氏移交时,留德学生救济专款仅余四千余美金矣"。留德同学会通过粗略统计,"教育部为救济留德学生,前后已拨发美金九万,连同前驻德使馆移交之款,合计已美金十万。历年返国同学及现尚在德国同学得到救济者,合计不及美金三万,其余七万如何支配,外人不得而知,经历任经手人侵占剥削后,现仅余美金四千余,且不得动用。而留德同学流落海外,历时数载,现仍无力返国。"①一边是某些官员贪污吃私,另一边是留学生在困境中艰难挣扎,二者在同一画面中出现,其对比反差确实令人怒不可遏。因此,留德同学会对于国民政府前后拨发巨款救济同学"表示深切感谢",同时也"为惩前毖后计",将梁龙、缪培基等渎职事实详呈教育部,希望能促起政府及海内外同胞之注意。

国民政府教育部收到总统府转来的留德同学会的检举信后,因其要求"查照办理见复以便转陈",所以教育部又命其职员查核原始往来文件,最后教育部职员将其调查情况做了详细说明,有些数据是有案可稽的,但有些情况就连教育部多方调查也无账可查。比如,教育部签呈的第一条:"本部卅三年第一次拨汇救济留德学生美金为四万元,被驻瑞士公使馆代办任起华及公使梁龙一再挪用事,据原登记账目驻瑞士公使馆项下,仅注明由留德生救济费美金五万元内拨美金一万元存该馆备用,余未详。"此条结论再次说明,五万美金救济款内仅拨一万元,其余四万美金则有被贪污嫌疑。第三条:"梁龙经手之款数逾五万元美金,支付经过弊端百出事,无详账可资查考,无法决定。至其移存驻士公使馆之二四四五美元,亦无账可查。"教育部

---

① 《国民政府总统府第二局致教育部公函》(1949年10月11日),国民政府教育部档案,中国第二历史档案馆藏,全宗号:五,案卷号:15399。

"无账可查"之语也说明了有贪污救济款的嫌疑。第六条:"卅三年及卅五年两次救济费大部份被梁、缪等借故挪用拖延,作为买卖外汇资金事,本部以往并无所知"。第十条:"驻德军事代表团前任团长黄琪翔去年奉调他国,挪用留德学生救济费美金一千元充作夫人回国旅费事,查确有其事。"[①]教育部职员所做出的"本部以往并无所知""查确有其事"都再一次证明,驻外使馆确实有隐藏事实和贪污救济款的嫌疑。

留德同学会称,全面抗战时期国民政府拨发给留德学生的救济费前后达10万美金,而真正用于救济留德学生的至多3万美金,其余7万美金去向不明。而且详列每笔款项数目,有理有据不容置疑。从教育部的调查来看,驻瑞使馆也确实存在问题,不少经费下落不明。在当时大部分留德学生急待救济的情况下,驻瑞使馆却不把救济费全部用在贫困的留学生身上,反而中饱私囊,留学生与驻外使馆之间的矛盾也就不可避免了。只是此事暴露出来的时候,国民党政权在国共内战中已无力回天,原驻瑞使馆贪污腐败的问题也就不了了之了。

除了被留学生揭露出来的驻外使馆人员的贪污案例,也可以想见,还有个别官员贪污未被揭露出来的可能。众所周知,国民党政权中官员贪污成风,驻外使馆贪污留学生救济款的行为只是其中的一个缩影。国民党政权最后在内战中败退台湾,其中一个重要的原因就是内部十分严重的腐败问题。前车之鉴,这对于后人来说也是一个必须吸取的教训。

本章小结

国民政府在定都南京以后,就十分重视留学精英人才。在全面

[①] 《国民政府教育部签呈》(1949年11月7日),国民政府教育部档案,中国第二历史档案馆藏,全宗号:五,案卷号:15399。

抗战时期,国民政府对海外留学生的救济、接运海外留学生归国及对其进行安置,无疑是其重视和保护精英人才的重要表现。重视和保护留学人才既是国家政权职责所在,也是抗战建国的时代背景下需才孔亟与人才紧缺的社会需要。全面抗战时期,国民政府重视和保护精英人才的结果,就是一大批海外留学精英获得了救济,而且他们绝大多数都学业有成并归国服务。但也也要看到,国民政府无论是对海外留学生的救济还是对归国留学生的安置,在全盘规划方面显得不够,其应急性特点十分明显。而且在救助海外留学生的过程中,各方协调、监管不力,存在各种矛盾和问题,这一点也不容讳言。

结　语

全面抗战时期,在外敌入侵、内政不稳的情况下,以蒋介石为首的国民政府坚持抗战建国方针,希望在抗战中完成建国工作,因而为统筹抗战,不断加强对政治、军事、经济、文化教育的"统制"。作为中央集权政府,国民政府把包括留学教育在内的所有教育工作统管起来是其应尽的职责,对留学教育实行集权统制也是完全必要的。应战时"统制"工作的需要,国民政府在留学教育方面不仅对国内留学生的派遣实行统一管理,而且对海外留学生的救济以及归国留学生的安置方面也实行统一管控,这种统制留学教育的管控方法必然对留学教育、留学生以及国家的未来发展都产生重要影响。

1937年7月日本蓄意发动的全面侵华战争,不仅打破了中国全面抗战之前留学教育的繁荣局面,而且深刻影响着国民政府的留学政策及对海外留学生的管理举措。国民政府自建都南京之后,即着手对留学教育进行调整和规划,使其处于规范有序的发展态势。战争全面爆发后,不仅留学教育的经济基础——国民经济损失惨重,而且与留学教育一体化的高等教育也遭到重创。作为高等教育的重要组成部分,留学教育也受到严重冲击。一方面,海外留学生纷纷返国,尤其是在敌国求学的留日学生更是争先恐后、纷拥而至;另一方面,国民政府受财政和外汇压力不得不实行限制留学政策,导致出国留学教育陷入低谷。而滞留海外的中国留学生,因日本发动了丧心病狂的侵华战争,而且不久二战又在欧洲爆发,因而陷入了进退维谷的艰难处境,经济来源断绝,外汇严重缺乏,安全没有保障,归国又交通不畅,既"居不易"又"行路难"成为他们的真实写照。对于困境中的海外留学生,要不要救济和如何救济成为国民政府必须面对的重要议题。作为主权国家,国民政府是派遣留学生的政权主体,政府救助困境中的子民是其义不容辞的责任;另一方面,抗战建国需才孔亟,而海外留学精英毕竟是国家未来建设的栋梁之材,因而对其尽力施救也是责无旁贷。但国民政府当时财政困难、外汇紧张,这必然对其施救方案的制定产生了深刻影响,从而也深刻影响其救济效果。

  在此时期,国内外形势瞬息万变,国民政府为统筹全国抗战,对留学教育实行统制政策,并因形势变化而做出了相应调整,在救助海外留学生方面也出台相应法规,以便为具体施救和安置工作提供政策依据。全面抗战之初,军事上节节失利,再加上经济和教育又遭到重创,因而变更教育、停派留学生的议论呼声甚高。但国民政府坚持"抗战建国"的方针,并期望在抗战中完成建国任务,因而需求大量的各式精英人才。财政捉襟见肘和对人才的大量需求迫使国民政府既不能完全放弃留学教育又不能完全放开留学教育,而是采取严格限制的留学政策,一面严格限制国内学生出国留学,同时也令海外留学生尽早归国服务。其结果,出国留学者极少而海外留学归国者赓续不绝。太平洋战争爆发后,随着国际环境的改善,国民政府在留学教育方面有所放宽。根据蒋介石所著的《中国之命运》,教育部拟定中短期留学计划,此后留学教育于是渐渐得以复苏。在救助海外留学生方面,国民政府针对大规模返国的留日学生和仍滞留海外的欧美留学生分别制定了救济方案,1939年又相继制颁了《修订抗战期间国外留学生救济办法》《回国留学生登记办法》及《回国留学生服务简则》,使救济海外留学生和安置归国留学生都有章可循。国民政府所制颁的留学政策及具体的救助方案,是根据当时国家的财力和抗战建国的需要而统筹制定的,抗战建国对人才的大量需求与国家财力不足之间的矛盾,使国民政府的留学政策及具体的救助海外留学生方案都是在有限制的前提下量力而行的,这就注定其在救助海外留学生时,既有保护精英人才的道义的一面,又有诸多限制的严苛一面。

  国民政府因战时需要而制颁的留学政策及各项救助方案,成为救助海外留学生的重要依据，但在具体实施时情况错综复杂。在救济海外留学生的过程中，驻外使馆成为国内政府和海外留学生之间的重要桥梁，也是国民政府救助海外留学生的主要施救机构。海外留学生救济的一般流程"手续繁重"而且耗时较长，但在危急情况下，国民政府也会采取紧急救济措施。欧战爆发后，海外留学环境恶劣，国民政府紧急批拨了几笔救济款；太平洋战争爆发后，国民政府更是利用英美信用借款来救济海外留学生；抗战胜利前后，国民政府再次加大救济力度。总体而言，全面抗战时期国民政府确实批拨了不少救济款，战后各驻外使馆都有救济款结余就是明证。但国民政府从国家财力和统筹抗战的需要出发，对海外留学生发放的回国旅费远多于生活费。不可否认，国民政府批拨的多笔救济款对于困境中的海外留学生来说确实是雪中送炭，使一大批海外留学生得以继续维持生活或顺利返回国内。

全面抗战时期及战后，国民政府除了给困境中的海外留学生发放救济费或将其转移到安全之所外，还需将大部分留学生安全接运归国。在此时期，除了少部分留学生自行归国外，还有不少留学生因囊中羞涩而踌躇不前；此外，交通不畅、运输工具缺乏也成为回归祖国的严重障碍。国民政府除了要为留学生提供所需的旅费之外，还设法为其联系车、船、飞机等交通工具。为使其回国途中免遭意外，驻外使馆、教育部、外交部、军令部等部门互相协作，为归国留学生联系接洽人员，保障其途中食宿及行程安全。可以肯定的是，国民政府在接运留学生归国方面做了不少工作，使大批海外留学生得以顺利、安全归国。这些留学生多数在国外求学多年，不仅学有所专而且学业优异，是未来国家建设不可多得的栋梁之材。从主观而言，国民政府保护海外留学精英是从国家发展需要出发的，也是国民党政权笼络人才为其服务的手段；就客观而言，大批海外留学精英被接运归国，对国家未来的长远发展具有深远影响，仅此而言就功不可没。

对归国留学生进行安置是国民政府救助海外留学生的重要一环。根据教育部制定的抗战期间回国留学生登记办法及服务简则，安置归国留学生是其既定的职责。为做好归国留学生的安置工作，国民政府不仅多次调查海外留学生的服务志愿，而且为已经归国或即将归国的留学生推荐就业。教育部、经济部等中央各部门及驻外使馆、各省教育厅等都对留学生的就业推荐起了重要作用，使得不少归国留学生得到合适的职业安排。虽然这些职业安置具有临时性、应急性特点，但无论对于归国留学生还是抗战中的各行各业来说都起到了缓冲作用，从某种程度上满足了双方的需求。归国留学生自身的语言优势和专业特长决定了他们多从事于编译、教育、研究等工作的职业特点。国民政府之所以热心于归国留学生的登记和职业安置，既有统筹人力为抗战建国服务的目的，也有管控高等精英人才为其所用的主观意图。

全面抗战时期及战后，国民政府救济海外留学生、接运海外留学生归国并对其进行安置，是国民政府统制留学政策和具体管理海外留学生方案的重要举措，也是其重视和爱护精英人才的重要表现。国民政府对留学精英人才的重视、保护和任用，既是国家政权职责所在，也是抗战建国的时代背景下需才孔殷与人才紧缺的社会需求，符合国家长远发展的需要。国民政府救助海外留学生既有道义、仁爱的一面，也有为国民党政权和国家建设笼络精英为我所用的主观目的，但在客观效果上，确实有大批海外留学生获得国民政府的救济并最终归国服务，在当时国家处于战乱的危机状况或战后百废待兴之际，这些留学精英毅然返国并贡献所学，无论是对当时的中国还是对其后的中国建设都功莫大焉，其深远影响是难以估量的。但也不可否认，国民政府在救助和安置海外留学生方面，全盘规划不够细密，其应急性特点十分明显，而且在救助海外留学生的过程中，各方协调力度不够，因而存在各种矛盾和问题。总而言之，国民党政权因抗战建国的需要而重视、保护、任用海外留学精英，也因其保护使得一大批海外留学精英获得救济并归国服务，其深远影响毋庸置疑，但其存在的问题同样也不可忽视。

附 件

附件1　国民政府教育部
《登记合格回国留学生名单》

姓名	国内学历	国外学历	分发工作	工作地址	生活费	备注
王象复	中央大学理学士	柏林工业大学研究二年	临时研究员	中央大学理学院研究室服务	80元	本年二月份起支
潘启基	复旦大学文学士	美国密西根大学硕士	临时编译员	编译馆服务	80元	同上
孙光普	上海远东大学法学士	日本早稻田大学大学院研究一年半	临时编译员	本部高等司服务	60元	同上
银艮	浙江春晖高级中学毕业	日本东京工业大学工学士	暂缓指派		70元	同上
胥日新	江西省立临川中学毕业	东京工业大学机械工学科工学士	暂缓指派		70元	同上
洪民生	浙江省立高级蚕桑科学校毕业	日本九州帝国大学农学部研究生	临时研究员	中央技术专科学校研究或服务	50元	同上
郭兆祺	江苏扬州师范专科毕业	日本东京专修大学经济科毕业，日本法政大学研究地方自治	暂缓指派		50元	同上
苏杰民	暨南大学文学士	日本东京帝国大学大学院	临时编译员	编译馆服务	80元	同上

(续表)

姓名	国内学历	国外学历	分发工作	工作地址	生活费	备注
袁顺武	北平私立朝阳学院法学士	日本仙台东北帝国大学研究生	暂缓指派		80元	同上
雷瑛	四川大学法文科毕业	东京日本大学拓殖科专业专攻部研究员	暂缓指派		50元	同上
郑彦澄	上海南洋中学毕业	法国帝雄(第戎)大学博士	临时编译员	编译馆服务	80元	同上
黄融	北平中法大学毕业	法国里昂大学研究经济三年	暂缓指派		80元	同上
郑代恩	持志学院学士	日本早稻田大学大学院研究一年	暂缓指派		60元	同上
龙克贤	清华学校	东京工业大学工学士	暂缓指派		80元	同上
王树基	中央大学苏州农业学校毕业	日本九州帝国大学农学部专攻农业经济学二年	暂缓指派		50元	同上
汪沅	东南大学理学士	英国伦敦大学大学院理学硕士	临时研究员	中央大学理学院研究或服务	80元	同上
傅谊荪	上海大陆大学修业一年	东京明治大学政治学士、经济学士(研究)	暂缓指派		60元	同上
王己	江西法政专门学校毕业	东京明治大学学士	暂缓指派		60元	同上
杨烈	四川大学文学士	日本东京法政大学研究一年,帝国大学研究一年	暂缓指派		80元	同上
王龙章	上海法学院政治学士	东京帝国大学研究一年,日本大学毕业	暂缓指派		80元	同上
唐学庠	上海大夏大学商学士	日本早稻田大学研究院一年	暂缓指派		60元	同上

(续表)

姓名	国内学历	国外学历	分发工作	工作地址	生活费	备注
茹迁焘	北平朝阳学院法学士	日本东北帝国大学研究	暂缓指派		80元	同上
郭履野	北平师范大学文学士	日本东京帝国大学大学院二年级	暂缓指派		80元	同上
李支	上海法学院法学士	日本法政大学大学院二年	暂缓指派		60元	同上
刘仰之	北平朝阳学院法学士	日本明治大学大学院一年	暂缓指派		60元	同上
顾学曾	金陵大学毕业	美国哈佛大学法学院一年	暂缓指派		80元	同上
李述礼	北京大学国文系学士	德国柏林大学文学院	临时编译员	本部高等司服务	80元	同上
刘振	国立武昌中山大学预科肄业	日本京都帝国大学学士	暂缓指派		70元	同上
吴慧铃	北平师范大学学士	爱荷华州立大学	暂缓指派		80元	同上
饶祝华	暨南大学毕业（文学士）	东京帝国大学研究院二年	暂缓指派		80元	同上
伍重光	朝阳学院毕业	日本大学社会科毕业，社会学士	暂缓指派		50元	同上
何斯谨	北平师范大学毕业 理学士	日本早稻田大学研究生	暂缓指派		60元	同上
廖捷祥	中山大学化学工程系毕业 工学士	京都帝国大学工业化学科研究生	暂缓指派		80元	同上
金铬	复旦大学政治学系毕业 法学士	明治大学新闻高等研究科毕业	暂缓指派		70元	同上
李定文	中央大学理学院算学系毕业	德国明兴大学研究数学二年	暂缓指派		80元	同上

(续表)

姓名	国内学历	国外学历	分发工作	工作地址	生活费	备注
谭庶潜	北平大学法商学院法律系毕业 法学士	日本东京帝国大学政治科研究二年半	临时编译员	编译馆服务	80元	同上
韩及宇	北平大学法学院毕业	日本东京商科大学研究院	暂缓指派		60元	同上
叶守济	中央大学经济系毕业 法学士	东京帝国大学大学院毕业	临时编辑员	本部高等司服务	80元	同上
蒋同庆	前江苏省立劳农学院毕业	日本广岛县立蚕业试验场研究一年，九州帝国大学农学部研究四年	第五中山中学			同上
尹名揆	湖南大学毕业	早稻田大学文学院	暂缓指派		60元	同上
姜达衢	浙江省立医院专科学校毕业（药师）	德国柏林大学化学博士	临时研究员	中央药物研究所服务	80元	同上
邓近鹗	南通学院农科毕业（农学士）	日本九州帝国大学农学部研究	临时研究员	金陵大学研究或服务	80元	同上
燕文若	中央大学毕业（文学士）	东京帝国大学院研究二年	暂缓指派		80元	同上
张季飞	浦东中学	东京高等师范学校毕业，九州帝国文学研究生	临时研究员	中央大学研究	50元	同上
刘国士	金陵大学农学院毕业（学士）	佛罗尼达大学研究院硕士	临时研究员	金陵大学研究或服务	80元	同上
周匡平	复旦大学毕业（学士）	英国伦敦大学经济学院研究员	暂缓指派		80元	同上

(续表)

姓名	国内学历	国外学历	分发工作	工作地址	生活费	备注
蔡荫恩	中央大学法律系毕业	纽约大学政治研究院，伦敦大学经济政治学院	暂缓指派		80元	同上
高文麟	复旦大学法学院一学期	东京铁道局教习所专门部毕业	暂缓指派		50元	同上
沈清泉	浙江省地方自治专修学校毕业	日本明治大学高等专攻科毕业学士	暂缓指派		80元	同上
张祖德	浙江省立医药专科学校医科毕业	柏林大学医科毕业，医学博士	临时编辑员	医学教育委员会服务	80元	同上
汪秀瑞	上海同德医专肄业二年	日本女子大学肄业二年半，德国柏林大学哲学院修业期满	暂缓指派		70元	同上
李书云	河南大学法律系毕业	日本法政大学研究院研究二年零四个月	暂缓指派		50元	同上
唐克衢	北平大学工学院毕业化工学士	东京帝国大学大学院研究三年	临时研究员	华西协合大学研究或服务	80元	同上
朱德超	震旦大学毕业	巴黎大学医学院毕业	暂缓指派		80元	同上
李杜	山西省立工业专科学校毕业	川崎东京制线株式会社，日活电线制造株式会社	暂缓指派		60元	同上
唐得源	清华大学毕业	美国哥伦比亚大学师范院硕士	暂缓指派		80元	同上
唐崇礼	北平大学工学院应用化学系毕业　工学士	伦敦大学化学硕士	临时研究员	武汉大学研究或服务	80元	同上

(续表)

姓名	国内学历	国外学历	分发工作	工作地址	生活费	备注
赵习恒	山西省立工业专门学校应用化学科	日本大藏省酿造试验所研究员	临时研究员	中央技艺专科学校研究或服务	70元	同上
李佑辰	中央大学政治系学士	东京帝国大学学士	暂缓指派		80元	同上
主心芳	国立劳动大学学士	比国鲁文大学酿造工程师	临时研究员	黄海化学研究社研究	80元	同上
陈珍干	复旦大学新闻系毕业（文学士）	日本明治大学高等新闻研究科毕业 研究员	暂缓指派		60元	同上
方浩	复旦大学	日本明治大学	暂缓指派		50元	同上
徐亚辉	东京法律学院毕业学士	美国印第安纳大学毕业博士	暂缓指派		80元	同上
李蔚潭	北平大学医学院卒业	德国哥廷根大学博士	暂缓指派		80元	同上
何守权	广东省立法官专门学校毕业	日本法政大学本科法学系毕业	暂缓指派		50元	同上
张顺理	武昌中山大学数学系修业	日本广岛高等师范数学科毕业（理学士）	临时研究员	武汉大学研究或服务	50元	同上
廖济寰	湖南岳云高中毕业	日本京都帝国大学经济部毕业	暂缓指派		70元	同上
童慎初	上海法科大学政治学士	东京早稻田大学大学院研究生	暂缓指派		60元	同上
张宜	北平朝阳大学经济系毕业	京都帝国大学文学部肄业三年	暂缓指派		80元	同上
陈兴杰		巴黎大学硕士	暂缓指派		80元	同上

(续表)

姓名	国内学历	国外学历	分发工作	工作地址	生活费	备注
黄敦涵	广州大学文科学院教育系毕业	日本国立文部省体育研究院研究	暂缓指派		60元	同上
于志臣	北平大学农学院毕业	法国巴黎大学理科博士	暂缓指派		80元	本年四月份起支
续光清	北平大学工学士	日本大藏省酿造试验所研究二年	暂缓指派		70元	同上
陈辉山	香港西南中学	梅隆大学工学院毕业	暂缓指派		60元	同上
何琦	北平燕京大学理学士	英国利物浦大学哲学博士	暂缓指派		80元	同上
谢先珍	江西省立一女中高中毕业	日本奈良女高师文科毕业，东京文理科大学肄业	社会教育司服务		60元	本年五月份起支

资料来源：《教育部致中央社会部公函》附件《登记合格回国留学生名单》，中国第二历史档案馆藏，国民政府社会部档案，全宗号：一一，案卷号：9829。

注：表中内容完全摘自原档案中留学生所填内容，笔者基本未作改动。

附件2 留德学生调查表
（截至1941年3月5日）

姓名	学科	经济情形	备考
宋鸿哲	明城大学数学	已准800元合美金48元,又准800元合美金46元	
季羡林	哥廷根大学习梵文俄语	已准800元合54美金	因经济困难,兼任该校中文讲师,月入130马克,难以维持生活
李恩波	已考完莱比锡大学数学博士学位	已准800元合61美金又加给经俄补助80美金	
刘德嘉	已考完柏林工大采矿特许工程师		该生已向经济部采金局报名请求录用,尚未得复
甘澄泽	明城大学机械科肄业	该生系广西省派来实习,由谦信洋行补助	谦信洋行汇到该生回国旅费450美金,留存300美金作旅费
张禾瑞	汉堡大学数学系肄业		
齐熙	但泽工大造船科,特许工程师	已准800元合48美金	该生系海军部官费
金舟鑫	汉堡大学数学科肄业	已准800元旅费尚未汇到	
郭志远	汉堡大学化学系肄业		
李淑贞（女）	已考完汉堡大学医学博士		
支秉彝	已在莱比锡大学弱电科毕业	已准800元合53美金	刻正在德国工厂任事
陆秀珍（女）	在哥廷根大学物理系肄业	已准800元合56美金	

(续表)

姓名	学科	经济情形	备考
陈循善	已考特许工程师,陶瓷及水泥工业		该生现正做工程师博士论文
叶东滋	已考柏林工大机械工程特许工程师	航委会旅费160美金,教部东北生补助60美金	
盛澄铿	已考完柏林大学医学博士		
姚章枢	柏林工大机械系肄业		
李淑家（女）	已考完明城大学医学博士		
叶景恩（女）	明城大学医科肄业		
王辅世	已考明城工大电科特许工程师		在西门子电厂任事
庄孝惠	已考明城大学动物学博士	已准800元合48美金	
马节	已考明城大学经济科毕业	已准800元合48美金	该生现正做博士论文
徐维铸	明城大学经济系肄业		
徐邦裕	明城工大肄业,机械科	已准800元合56美金	
林凤仪	明城大学森林系肄业	已准800元尚未汇到	
冯修吉	明城大学化学系肄业		该生系广西省派,由礼和洋行津贴学费
陈振铎	明城大学化学系肄业		该生家长在广东,自费留学已10年
庞文炳	明城工大土木特许工程师	已准东北补助60美金	
涂席珪	柏林工大建筑系肄业		

(续表)

姓名	学科	经济情形	备考
李士彤	柏林大学法科肄业	已准800元合美金48元	
王秉周	已考卞城工大化学特许工程师		
孙述先	莱比锡大学经济科（未毕业）	已准东北补助60美金，又加给经俄补助80美金	该生兼任莱大中文讲师，早要返国，已请签证，尚未动身
白金元	白城工大电科特许工程师	已准东北补助60美金，又加准补助80美金	已请签证，不久即将动身返国
万葆德	已考特许工程师及化学博士	已准800元合48美金，又加准80美金	已请签证，不久即将返国
谢毓晋	已考医学博士	已准750元合43美金，又加准80美金	
王宝楹	已考医学博士	已加准80美金	
陈曾同	在工程专门学校机械科肄业	已准生活费合45美金，留作回国旅费	
蔡光华	捷克工大毕业	已加准美金80元	该生刻患神经病由本馆补助生活费疗治中
夏一图	已考医学博士	已由河南省汇发回国旅费	
鲁冀参	已考柏林大学经济学博士	已准800元合48美金，又加准80美金	
上官性康	柏林大学经济系肄业		二十八年九月得教部补助旅费510马克，由本馆定购船票，该生临时向旅行社退票，将款提回自用。

(续表)

姓名	学科	经济情形	备考
严敦炯	柏林工大飞机工程科尚未毕业	该生系航委会补助生,已领该会旅费160美金	旅费存馆候动身时领作旅费
严卫明	已考白城工大机械特许工程师		
庞廷玮	已在工程师学校毕业（电机）	山西省派,已领旅费德币550自由马克	
罗万森	已考柏林大学经济学博士		该生现在使馆商务专员处办事
罗国华	已考柏林工大化学特许工程师		该生系兵工署官费生
关永山	土木工程,尚未考	已准东北补助费60美金	
阎惠元	柏林工大机械特许工程师	已准东北补助费60美金	该生在商专处办事
魏雄量			
邝公道	已考柏林大学医学博士		
邝敬贤	已考柏林大学医学博士		
蔡笃恭	柏林工大		
刘世烈	柏林大学	其家长汇存使馆350美金作旅费	
刘纪汉	已考柏林大学数学博士	已准东北补助60美金	
刘泰荫	柏林工大	已准东北补助60美金	
黎尚椎	已考佛府大学医学博士	已加准经俄旅费80美金	
廖宝贤	已考佛府大学经济学博士	已加准经俄旅费80美金	该生为佛府中国学院中文讲师

(续表)

姓名	学科	经济情形	备考
杨宝林	已考机械特许工程师	航委会准辅助国币800元,尚未汇到	
杨津基	柏林工大		
程福秀	已在工程学院电机科毕业	山西省已发旅费550自由马克	
陶声洋	柏林工大机械系肄业		
陶鹏飞	柏林大学新闻系肄业	大使馆甲种学习员	
麦英豪	达城工大机械系肄业		
闵乃大	已考柏林工大电机特许工程师	已准生活费750元,合56美金,留作旅费	刻在做博士论文
黄照柏			
陈育凤	柏林大学法科肄业	兼任柏林大学中文讲师	
胡惠剑	柏林工大矿科肄业		
黄明一	已考柏大医学博士		
黄卫禄	已考柏林工大化学特许工程师		
黄炳尧			
黄农	原在明城大学习化学刻未入校	已准800元合61美金	
程其襄	柏林大学物理系肄业		
程齐溟	柏林大学数学系肄业		
周誉侃	莱比锡大学习物理		
籍孝存	柏林大学经济系肄业		
刘祁明	德勒斯登高工肄业		
李国豪	已考达城[德国达姆施塔特(Darmstadt)]工大工学博士(土木)		
陈国符	已考达城工大化学特许工程师		

(续表)

姓名	学科	经济情形	备考
梁宣	矿科专校肄业		
程城武	矿科专校肄业		
王灵根	柏林大学心理系肄业		大使馆雇员
孟照琳	已考柏林大学医学博士		
赵东生	已考医学博士		
冯纪忠	维也纳大学建筑科肄业		
童光民	维也纳大学化学科肄业		
洪潘	维也纳大学习音乐		军政部已发回国旅费
黄锡宁	维也纳大学医学博士		
马缉云	哥廷根大学肄业		
杨家智	佛府大学理科	广西省派礼和洋行津贴	
姚克文	柏林工大电机特许工程师		在西门子工厂服务已七八年
徐士高	柏林工大电科肄业		
郑兆益	布雷斯劳工大机械科肄业		
郑轶群	柏林工大化学系工程师		郑轶群之妻有二小孩
陈佩鑫	柏林工大化学系肄业		
蒋潮	柏林工大机械科学生		其妻赵兰芳亦在柏林有二小孩
刘建人	明城大学医科		其妻亦在德
余明扬	柏林大学医科肄业		
钟作梁	柏林大学医科肄业		
熊伟	柏林大学林学博士		现任柏林大学中文讲师

(续表)

姓名	学科	经济情形	备考
高光世	柏林大学心理系肄业	已准生活费750元合43美金留作旅费	
郭如屏	柏林工大化学科肄业	山西官费存有400美金作旅费	携有家眷及二小孩在柏林
过晋源	已考慕尼黑大学医学博士		
李翔均	达城工大机械特许工程师	已准在此补助60美金	
王凤振	维也纳动物学博士	已准800元合53美金	
邓志雄	农科大学毕业		刻做博士论文
黄正	维也纳大学医科肄业		
黄足	维也纳大学工科肄业		
胡光熙	维也纳大学医科		
余国益	维也纳大学印刷科毕业	已准800元合46美金	
卞椎新	柏林大学医科肄业		其妻亦在柏林
刘先志	已考柏林工大机械特许工程师		刻做博士论文
腾宛君（女）	已考柏大医科国家考试	已准800元合55美金	
许巍文	已考明城工大机械特许工程师		
吴师佑	已考达城工大机械特许工程师		
张维	柏林工大土木肄业	中英庚款已发旅费	
盛澄渊	波恩大学大学农科肄业	已准800元合53美金	
张勋洋	哥廷根大学法科肄业	中央党部官费	

(续表)

姓名	学科	经济情形	备考
董维翰	已考博大工学博士		
高毓明	法国留学		该生未曾在德入学,在德汽车工厂实习过一年
程锡年	柏林大学物理科肄业		
王锡莹	柏大法科肄业		
王传亨	柏林工大电科肄业		
萧云来	柏林大学教育科肄业		
王人驹	柏大经济科肄业		
汪采雍	柏大物理系肄业		
陈琮	已考博大经济学博士		在使馆商专处办事
蔡喆生	已考博大经济学博士		
段其燧	已考达城工大土木特许工程师		
尹纯莱	柏林工大机械科肄业		其又在柏大开洗衣铺
陈谋玠	柏林工大化学特许工程师	已准800元合56美金,航委会发旅费160美金	
曾庆余	汉堡工程学校肄业		
韩奎章	莱比锡大学习经济	已准生活费750元,合56美金	
陈东生	阿亨工大习冶金		
吴模	柏林农大毕业	已准东北补助60美金	
裘法祖	已考医学博士	已准800元合54美金	
曹绪长	汉堡大学习医	已准生活费750元,合53美金	
李立聪	明城大学习化学		
冯维仁	柏林大学法学博士		

(续表)

姓名	学科	经济情形	备考
冯志理	工程学校肄业		大使馆乙种学习员
常俊彝	工程学校肄业	已领补助费10镑作其夫人回国旅费	
张潜	柏大习哲学		
刘诒娴（女）	柏大习生物		
张天麟	已考土平根大学哲学博士		现任中央日报驻德记者
陈维新	已考工学博士	已准800元合54美金，航委会旅费160美金	
陈承祚	柏林工大肄业		
陈家导	德勒斯登工大化学特许工程师		大使馆乙种学习员
陈家正	柏林工大机械科肄业		
孙德贞	威慈堡大学医学博士		
孙德和	阿亨工大冶金特许工程师		
翁真			
桂宗尧	柏林大学习经济		
林雄	柏林大学习经济		
周源桢	柏林工大习水利	已准800元合53美金	
黄私钧	维也纳大学医学博士	已准800元合56美金	
余克铬	柏林工大习机械		
吴绍璘	柏林工大建筑工程师		在德建筑公司任事
丁祖亮	柏林工大机械科肄业		
沈谅	达城工大特许工程师		

(续表)

姓名	学科	经济情形	备考
林增瑞	维也纳大学动物学博士		
何得萱	柏林工大习兵工	兵工署官费	
伍廷敏	柏林工大习机械厂		
任替黄	卞城工大机械特许工程师		使馆商专处办事
朱献熹	汉诺基工大肄业		
王澄如	波恩大学大学哲学博士	已领导离德费40美金	
王鸿尧	佛府大学牙医博士		刻在德经商
王正本	柏林工大特许工程师		使馆商专处办事
安裕琨	柏大法学博士		柏林大学中文讲师
孔令杰			大使馆乙种学习员
赵锡霖	柏林工大机械工程师		
王骐骥		已准东北补助60美金	
彭秀娥		已准东北补助60美金	王骐骥之妻
雷继彬	柏大航空机械工程师		该生二十八年考完即领导到航委会回国旅费
李明琛	已考汉堡大学医学博士		刻正大学医院任事
黄席椿	已考特许工程师	已准800元合48美金	
黄席棠	已考理科博士		
冷培根	柏林工大矿科肄业		
何泽慧	柏林工大工学博士	孔院长私人补助500美金尚未汇到	
魏需孔	柏林工大肄业		兹驻德公使魏宸祖之子

(续表)

姓名	学科	经济情形	备考
袁惕	波恩大学习哲学		该生为前驻德使馆一等招书,辞职留学
于瑞人	柏林政治经济系		
李金铎	已考完柏林大学医科博士		
李力仁	柏林工大习机械		
徐君宪	柏林工大习机械		
毛文静	柏林工大习机械		
黄宇常	柏林大学习化学		
黄植尧	马堡大学习经济		

资料来源:《留德学生调查表》,国民政府教育部档案,中国第二历史档案馆藏,全宗号:五,案卷号:15347。

注:① 表中学科、经济情形及备考等内容,完全摘自留学生在原表中所填内容,笔者未作改动。

② 表中"明城大学"系指德国慕尼黑(München)大学,当时留德学生多按照音译写成"明城大学"或"明兴(星)大学"。裘法祖院士《写我自己》中,提到在德国留学慕尼黑大学期间,有多个中国留学生,如表中马节、徐维铸、庄孝德、叶景恩、徐邦裕、李淑家等人,都是在慕尼黑大学留学。而表中这些人都填写"明城大学",可见"明城大学"就是德国慕尼黑大学。

参考文献

一、留学档案

（一）国民政府教育部档案，中国第二历史档案馆收藏

1.《接运留欧学生归国及留欧美学生救济补助费有关函件（1945—1949）》，全宗号：五，案卷号：15374。

2.《财政部等关于财政金融及留学生外汇问题议案（1938）》，全宗号：五(2)，案卷号：207。

3.《教育部核发机关单位及革命功勋子女留学等各项经费的有关文书（1936—1937）》，全宗号：五(2)，案卷号：347。

4.《国外留学规程、办法及选考须知、试题等文书》，全宗号：五(2)，案卷号：1391。

5.《教育部留学生考选委员会成立经过、组织概况及第一届自费留学考试工作人员名单（1945）》，全宗号：五(2)，案卷号：1392。

6.《留学生考选会历次会议记录及决议案暨教育部选出国留学生会议记录（1943—1947）》，全宗号：五(2)，案卷号：1393。

7.《教育部关于留学外汇各节与中央银行外汇审核处来往文件（1945—1946）》，全宗号：五(2)，案卷号：1395。

8.《教育部部长陈立夫就美教授传说该部控制留学生思想问题发表谈话的新闻稿》，全宗号：五(2)，案卷号：1404。

9.《中国驻日留学生监督处密查日本财阀有无收买留学生事件及有关文书（1935—1936）》，全宗号：五(2)，案卷号：1408。

10.《各方向教育部推荐公费留学生的有关函件（1943—1944）》，全宗号：五(2)，案卷号：1414。

11.《各方向教育部推荐公费留学生的有关函件（1943—1944）》，全宗号：五(2)，案卷号：1415。

12.《财政部关于公务回国、公派留学回国人员准汇国币与教育部的往来文书(1937—1940)》，全宗号：五，案卷号：986。

13.《教育部关于出国进修人员和留学生参加中训团受训的有关文书(1943—1944)》，全宗号：五，案卷号：1573。

14.《教育部与国外文化交流互派教授、专家及留学生等函件(1940—1947)》，全宗号：五，案卷号：15144。

15.中印交换留学生及教授案(1943—1945)》，全宗号：五，案卷号：15145。

16.《中英文教基金董事会第九届留英公费生名单及有关函件(1943—1947)》，全宗号：五，案卷号：15148。

17.《教育部函请各方填报中国留学及学术文化等方面团体组织活动情况表的有关文书（1942—1948）》，全宗号：五，案卷号：15170。

18.《驻外大使、在国外留学生对所在国学校情况、留学管理之介绍(1937—1948)》，全宗号：五，案卷号：15219。

19.《有关出国留学考察等各种规章办法及抗战期间回国学生分发服务简则和登记办法》，全宗号：五，案卷号：15274。

20.《教育部留学生考选委员会关于办理留学事务与各方往来函件(1944—1945)》，全宗号：五，案卷号：15281(1)。

21.《各地人员申请自费出国留学教育部信函(1944)》，全宗号：五，案卷号：15291(1)。

22.《各地人员申请自费出国留学致教育部信函(1944)》，全宗号：五，案卷号：15291(2)。

23.《各地人员申请自费出国留学致教育部信函(1944)》，全宗号：五，案卷号：15291(3)。

24.《有关留学事务之各种统计表册(1929—1949)》，全宗号：五，案卷号：15316。

25.《第一届自费留学考试报告及自费留学考试及格名单》,全宗号:五,案卷号:15322。

26.《抗战时期留学生名册》,全宗号:五,案卷号:15343。

27.《三十五年留欧学生返国登记表》,全宗号:五,案卷号:15344。

28.《留德学生调查表(1941年)》,全宗号:五,案卷号:15347。

29.《历年选派或自费在外留学生状况调查表及有关函件》,全宗号:五,案卷号:15349(1)。

30.《国外学生调查表》,全宗号:五,案卷号:15349(2)。

31.《留日学生1941年度八九月份津贴费收据》,全宗号:五,案卷号:15379。

32.《教育部考选留美空军学生函件》,全宗号:五,案卷号:15388。

33.《教育部办理出国留学相关事宜函件及有关文书(1937—1944)》,全宗号:五,案卷号:15400。

34.《抗战期间留日学生资格甄审委员会会议记录(1948)》,全宗号:五,案卷号:15362。

35.《教育部留日学生资格甄审委员会抗战期间留日学生登记审查总表(1946—1947)》,全宗号:五,案卷号:15365(1)。

36.《抗战期间留日学生提交给留日学生资格甄审委员会的自传读书报告证明书等(1941—1948)》,全宗号:五,案卷号:15365(2)。

37.《教育部关于专科以上学校失业教员及回国留学生登记及救济情况的报告》,全宗号:五,案卷号:2505。

38.《即将回国留学生调查表(中英文)(1945)》,全宗号:五,案卷号:15348。

39.《留日学生学籍科别人数统计表及学费来源统计表(1946)》,全宗号:五,案卷号:15363。

40.《中国留英、法、瑞、比、德同学录(1940—1944)》,全宗号:五,案卷号:15353。

41.《检发留学证书登记册(1932—1948)》,全宗号:五,案卷号:

15337。

42.《留学生返国分配工作函件及求职函件(1947—1949)》,全宗号:五,案卷号:15341。

43.《教育部次长杭立武的有关函件(1939—1947)》,全宗号:五,案卷号:1830。

44.《教育部关于出国进修人员和留学生参加中训团受训的有关文书(1943—1944)》,全宗号:五,案卷号:1573。

45.《教育部签呈登记簿、摘要及有关文书(1940—1945)》,全宗号:五,案卷号:1860(1)。

46.《教育部工作人员日记簿、大事记及公函底稿、通知、会笺等文书(1943—1945)》,全宗号:五,案卷号:1791(1)。

47.《教育部部长陈立夫朱家骅与有关部门、学校和个人的来往函件》,全宗号:五,案卷号:1826(1)。

48.《教育部部长陈立夫朱家骅与有关部门、学校和个人的来往函件》,全宗号:五,案卷号:1826(2)。

49.《教育部文件处理登记簿及有关文书(1942—1945)》,全宗号:五,案卷号:1860(6)。

50.《教育部东北青年教育救济处呈报救济费收支对照表、补习班学生名册及伪满奴化教育制度概况等文件(1942—1944)》,全宗号:五,案卷号:13543。

51.《教育部关于救济侨胞侨生的会议记录及与侨务委员会、外交部等来往文书(1938—1946)》,全宗号:五,案卷号:13275。

52.《教育部办理有关留学生呈请颁发出国证书结购外汇事宜及与外交部中央银行等机关和留学生个人的往来函件(1946—1949)》,全宗号:五,案卷号:15369。

53.《留学生国外就学生活费、旅费、治装费及有关报销单据函件(1946—1949)》,全宗号:五,案卷号:15402。

54.《考生呈请教育部发放留学考试的中英文版及格证书、留学证书及出国护照等函件(1943—1949)》,全宗号:五,案卷号:15380

(1)。

55.《留英、美、德学生记事》,全宗号:五,案卷号:15346。

56.《教育部选派人员出国考察研究案(附选派九十五名人员办法英文及这些人员与教育部通讯要求,1943—1946)》,全宗号:五,案卷号:15386。

57.《关于拨款训练我国一千二百名技术人员案(内有关于第一批派遣技术人员说明及办法,1944—1945)》,全宗号:五,案卷号:15390。

58.《教育部国际文教事业处核办出国留学人员有关国外准许入学学历证明、出国护照费用补助、购买外汇等往来函件及证明(1941—1949)》,全宗号:五,案卷号:15378.

59.《请发中英文考试及格证书、留学证书、出国护照等函件(1944—1948)》,全宗号:五,案卷号:15382(1)。

60.《教育部一九四四年选派英美公费研究生实习生名册(1944)》,全宗号:五,案卷号:15389。

61.《柏林留德同学会检举前驻瑞士使梁龙等侵吞教育部救济留德学生经费有关文书(1949年7月)》,全宗号:五,案卷号:15399。

62.《有关留学考察研究及国际科教文事业经费开支预算、概算外汇结存数(1944—1949)》,全宗号:五,案卷号:15401。

63.《教育部关于中等学校任用外籍教员及教员留学考选训练等问题的来往文书(1939—1944)》,全宗号:五,案卷号:6907。

64.《国立北洋工学院教员名册任免进修出国留学等有关文书(1943—1945)》,全宗号:五,案卷号:2719。

65.《有关出国留学考察等各种规章办法、抗战期间回国学生分发服务简则和登记办法(1943—1947)》,全宗号:五,案卷号:15274。

66.《教育文化小组审查"向盟国借用专门人才及派遣留学生方案"的意见及留学计划草案、提高国内学生外国语程度及改进大学科学教育方案(1945)》,全宗号:五,案卷号:15278。

67.《教育部函请各方填报中国留学生及学术文化等方面团体

组织活动情况表的有关文书(1942—1948)》,全宗号:五,案卷号:15170。

68.《教育部留学生考选委员会办理留学事务与各方往来函件及留英学生概况(1945—1946)》,全宗号:五,案卷号:15281(2)。

69.《教育部留学生考选委员会关于办理留学事务与各方往来函件(1945—1947)》,全宗号:五,案卷号:15281(3)。

70.《第一届自费留学人员考试及格名单(1943年12月)》,全宗号:五,案卷号:15321。

71.《第一届自费留学考试报告及自费留学考试及格名单(附第一届自费同学会呈请备案函,1943—1947)》,全宗号:五,案卷号:15322。

72.《出国考察、研究、留学、实习经费分配预算及追加预算的有关文书(1945—1948),全宗号:五,案卷号:15384。

73.《留考处与各区考试委员会有关留学考试试务往来函件(1945—1948)》,全宗号:五,案卷号:15280。

74.《留学考试章程、办法、试题及有关文书(1944—1948)》,全宗号:五,案卷号:15277。

75.《教育部对于询问出国留学手续问题的复函》,全宗号:五,案卷号:15290。

76.《教育部留学生考试命题人来往函件及有关文书》,全宗号:五,案卷号:15294(1)。

77.《教育部留学生考试评卷人来往函件及有关文书》,全宗号:五,案卷号:15294(2)。

(二) 国民政府经济部档案,中国第二历史档案馆收藏

1.《教育部函复经济部派遣留学生案(1943)》,全宗号:四,案卷号:11502。

2.《教育部函介第一届自费留学考试及格人员请任用案(1944)》,全宗号:四,案卷号:13406。

3.《中央建教合作委员会介绍战区专科以上学校教员及回国留

学生请选用案(1942)》,全宗号:四,案卷号:13644。

4.《教育部函关于登记战时回国留学生请尽量录用案(1939)》,全宗号:四,案卷号:13688。

5.《陈行健自费留学请由经济部给予名义案(1943)》,全宗号:四,案卷号:14767。

6.《美国洛氏基金补助中央农业试验所治虫经费、留学归国农业人员经费及购置图书仪器费有关文书(1938—1940)》,全宗号:四,案卷号:16344。

7.《织绸厂技师方柏容赴意考察并请资助留意学费有关文书(1937—1946)》,全宗号:四,案卷号:11601。

8.《留美学员高潜请派实际人员出洋实习汽车制造案(1938)》,全宗号:四,案卷号:11625。

9.《冯洪志、赖兴治赴美实习及暂不回国留美襄助考察工作有关文书(1944—1946)》,全宗号:四,案卷号:11870。

10.《管理中英庚款董事会朱家骅介绍留英学生陈彬工作有关文书(1940—1941)》,全宗号:四,案卷号:12153.

11.《教育部函为留英毕业学生回国服务有关文书(1943—1944)》,全宗号:四,案卷号:12217。

12.《驻英大使馆函介绍留英学生陈秉衡请予核用案(1940)》,全宗号:四,案卷号:13696.

13.《留法学生于道文等呈请返国效力案(1945)》,全宗号:四,案卷号:13702。

14.《广东省教育厅呈请录用本省留英德归国学生唐玉书案(1940)》,全宗号:四,案卷号:13730。

15.《中国驻德大使馆请录用留德学生董维翰案(1941)》,全宗号:四,案卷号:17254。

16.《经济部所属工矿调整处等机构人员进修及留学证明书案(1937—1947)》,全宗号:四,案卷号:18221。

17.《教育部高等教育司介绍留法国、比利时、瑞士学生工作的文书(1946)》,全宗号:四,案卷号:30218。

18.《教育部函请介绍留英学生沈淦工作的文书(1939)》,全宗号:四,案卷号:30246。

19.《经济部派遣出国人员姓名、任务及逗留期限清册》,全宗号:四,案卷号:30551。

20.《赴美实习员生免服兵役案(1942—1944)》,全宗号:四,案卷号:10796。

21.《经济部潘启先赴美实习案(1945)》,全宗号:四,案卷号:11737。

22.《经济部赴美实习人员莫根生等三人请求护照延期及张燕刚等请赴印度有关文书(1944)》,全宗号:四,案卷号:11867。

23.《中央建教合作委员会介绍战区专科以上学校教员及回国留学生请选用案(1942)》,全宗号:四,案卷号:13644。

24.《教育部函关于登记战时回国留学生请量录用案(1939)》,全宗号:四,案卷号:13688。

25.《驻德大使馆介绍自费生陈国符请予录用案转令中央工业试验所工矿处查酌声复以凭核办案》,全宗号:四,案卷号:13701。

26.《留法学生于道文等呈请返国效力案(1945)》,全宗号:四,案卷号:13702。

27.《广东省教育厅呈请录用本省留英德归国学生唐玉书案(1940)》,全宗号:四,案卷号:13730。

28.《中国驻德大使馆请录用留德学生维翰案(1941)》,全宗号:四,案卷号:17254。

29.《教育部高等教育司介绍留法国、比利时、瑞士学生工作的文书(1946)》,全宗号:四,案卷号:30218。

30.《陈果夫函请录用美国明尼苏达大学化学博士车竞的文书(1939)》,全宗号:四,案卷号:30237。

(三) 国民政府行政院档案,中国第二历史档案馆藏

1.《行政院秘书处致教育部笺函》,吕字第10222号,1939年9

月5日。

2.《教育部致行政院秘书处函》,渝字第245号,1939年9月6日。

3.《行政院秘书处致教育部笺函》,1939年9月9日。

4.《财政部致行政院秘书处公函》,渝钱汇字第12183号,1939年9月18日。

5.《国民政府致行政院训令》,渝文字第85号,1940年1月16日。

6.《教育部致行政院呈》,留五1字第21755号,1939年9月10日。

7.《教育部长陈立夫致行政院院长孔祥熙签呈》,1939年9月12日。

8.《行政院秘书处致教育部笺函》,吕字第10515号,1939年9月13日。

9.《财政部致行政院呈》,渝钱汇字第1265号,1939年9月20日。

10.《国民政府教育部致行政院呈》,留五字第23121号,1939年9月25日。

11.《行政院秘书处关于增拨救济留德学生费用签呈》,1939年9月26日。

12.《行政院第四三五次会议会议记录》,1939年10月11日。

13.《驻德大使馆武官桂永清致行政院长孔祥熙电》,1941年7月4日。

14.《行政院秘书处致侍从室第二处笺函》,五字第7301号,1942年4月22日。

15.《行政院关于迅即拨款救济搭法轮返国之旅欧侨生致财政部紧急命令》,急94号,1940年9月4日。

16.《教育部致行政院呈》,高字第42948号,1941年11月4日。

17.《国民政府致行政院训令》,渝文字第八五号,1940年1月

16日。

(四) 国民党中央设计局档案,中国第二历史档案馆收藏

1.《中央设计局职员邱昌渭留学欧美毕业论文题目调查表(1944年)》,全宗号:一七一,案卷号:334。

2.《中央设计局关于研拟一九四三年度派遣国外留学人员事项案(1943—1945)》,全宗号:一七一,案卷号:675。

3.《湖南省政府一九四四年度工作计划及中央设计局等的审核意见相关经费分配预算表以及派遣国外公费留学生计划(1944—1947)》,全宗号:一七一,案卷号:2045。

3.《教育部经济部等部门关于派遣国外留学人员函件(1943)》,全宗号:一七一,案卷号:4062。

4.《蒋介石与教育部等机构关于派遣国家留学人员名单的往来文书(1944—1945)》,全宗号:一七一,案卷号:4063。

5.《经济部教育部等机构关于派遣国外留学人员名单实习人员实习计划案(1945)》,全宗号:一七一,案卷号:4064。

6.《外交部交通部等机构关于派遣国外留学人员名单的函件(1945)》,全宗号:一七一,案卷号:4066。

7.《蒋介石与交通部教育部等机构关于派遣国外留学人员名额分配办法经费预算来往文书(1945)》,全宗号:一七一,案卷号:4068。

8.《国外留学生名册及派遣国外学习人员办法草案(1945)》,全宗号:一七一,案卷号:4069。

(五) 国民党中央社会部档案,中国第二历史档案馆藏

1.《国民党中央社会部经济事业科科长郑兆展签呈》,1940年8月6日,全宗号:一一,案卷号:9829。

2.《国民党中央社会部总务处致教育部总务司便函》,利运字第6930号,1940年8月15日,全宗号:一一,案卷号:9829。

3.《归国留学生雷瑛致国民党中央社会部事业科科郑兆展呈》,1939年8月29日,全宗号:一一,案卷号:9829。

4.《国民政府教育部致国民党中央社会部公函》,留十一3字第

21225号,1939年9月5日,全宗号:一一,案卷号:9829。

5.《国民政府教育部致国民党中央社会部公函》,留拾壹字第24189号,1939年11月4日,全宗号:一一,案卷号:9829。

6.《国民党中央社会部总务处致教育部总务司便函》,利字第788号,1940年1月6日,全宗号:一一,案卷号:9829。

7.《国民政府教育部致国民党中央社会部公函》,留拾壹3字第11465号,1939年5月18日,全宗号:一一,案卷号:9829。

8.《国民党中央社会部致教育部公函》,渝字4068号,1939年6月5日,全宗号:一一,案卷号:9829。

9.《国民政府教育部致国民党中央社会部公函》,留十一字第13653号,1939年6月14日,全宗号:一一,案卷号:9829。

10.《国民政府教育部致国民党中央社会部公函》留拾壹3字17596号,1939年7月28日,全宗号:一一,案卷号:9829。

11.《国民党中央社会部致教育部公函》渝字第5413号,1939年8月7日,全宗号:一一,案卷号:9829。

12.《国民政府教育部致国民党中央社会部公函》,字第23872号,1939年9月,全宗号:一一,案卷号:9829。

13.《国民党中央社会部致教育部公函》,渝字第6760号,1939年10月6日,全宗号:一一,案卷号:9829。

14.《国民党中央社会部致教育部公函》,渝字第6778号,1939年10月11日,全宗号:一一,案卷号:9829。

(六)台湾国史馆留学档案

1.《国民政府林森寿辰奖学金留学考试案》,台湾"国史馆"档案,档案号:00109052—002129。

2.《国民政府文官处致教育部公函》,1940年5月10日,渝文字第1786号,档号:001090520002171a,台湾"国史馆"藏。

3.《国民政府教育部致国民政府文官处公函》,1940年6月10日,高字17999号,档号:001090520002174a,台湾"国史馆"藏。

4.《寿辰奖学金生韩维邦致国民政府主席信》,1940年6月20

日,档号:001090520002189a,台湾"国史馆"藏。

(七) 北京市留学档案,北京市档案馆藏

1.《梁绍曾致中国银行北平支行的函及中国银行北平支行的复函》,1934年7月31日,档号:J031-001-00055-00042。

2.《程慎之关于呈请发给赴日留学证书给北平市社会局的呈》,1933年12月20日,档号:J002-003-00165-0030。

3.《北平市社会局关于奉教育部令将留学存款证明文件送本局再核转给程慎之函》,1934年8月28日,档号:J002-003-00165-0008。

4.《北平市政府社会局关于哈尔滨工业大学毕业生刘政因呈请发给留学美国证书等情给教育部的呈及教育部的指令》1935年3月18日,档号:J002-003-00274-0077。

5.《北平市政府社会局关于东北大学毕业生阚家楠请求发给自费赴美国留学证书一事给北平市政府的呈及北平市政府的指令》,1935年3月18日—1935年4月6日,档号:J002-003-00274-0109。

5.《教育部关于赴日留学自费生于出国前必须领留学证书给北平市社会局的训令》,1936年10月28日,北平社会局档案,档号:J002-003-00165-0081。

6.《北平市政府社会局关于奉教育部令赴日留学自费生于出国前必须领留学证书给北平市市立、私立各中等学校的训令》,1936年10月29日,北平市社会局档案,档号:J002-003-00165-0078。

7.《教育部关于一九三五年各省如举行国外留学生考试应于三月底以前将招考简章呈送本部核定给北平市政府社会局的训令》,1935年3月4日,北平市政府社会局档案,档号:J002-003-00274-0066。

8.《北平市社会局关于奉教育部令拟自费赴日本留学各生务必于出国前领留学证书给私立各大学学院的训令》,1934年2月22日,北平市社会局档案,档号:J002-003-00275-0001。

(八) 重庆市留学档案,重庆市档案馆藏

1.《重庆电力股份有限公司奖助职员自费出国留学办法》,1944年2

月7日,重庆电力股份有限公司档案,档号:02190002002350000025。

2.《重庆电力股份有限公司临时董事会议讨论废止奖助职员自费出国留学办法及职员奉派出国实习办法的会议记录》,1946年8月28日,重庆电力股份有限公司档案,档号:02190002001560000029。

3.《许文煦关于请准傅浙荪暂假出国实习并核准其出国期内月支薪津半数及补助旅费上陶丕显、曹科长的呈》,1943年12月13日,重庆电力股份有限公司档案,档号:02190002002350100068。

4.《重庆电力股份有限公司庶务股关于报送奖励职员自费出国留学办法及傅浙荪自费留学应领该公司一九四四年奖助薪津及误发多领薪津比较表上重庆电力股份有限公司的呈》,1944年11月25日,重庆电力股份有限公司档案,档号:02190002002350100005。

5.《关于请派盛泽闾出国实习上经济部的呈》,1944年3月23日,重庆电力股份有限公司档案,档号:02190002002350000028。

6.《重庆电力股份有限公司关于派张君鼎出国实习致张君鼎员的函》,1943年10月14日,重庆电力股份有限公司档案,档号:02190002002350000013。

7.《重庆电力公司工务科关于朱泰出国就学请酌给补助及预借薪津的呈》,1945年6月18日,重庆电力股份有限公司档案,档号:02190002002810000008。

8.《经济部协助民营各厂派员出国实习或考察办法》,档号:02190002002350000003。

9.《重庆电力股份有限公司职员奉派出国实习办法》,1945年3月9日,重庆电力股份有限公司档案,档号:02190002002350100012。

10.《经济部工矿调整处关于派技术人员出国实习给重庆电力股份有限公司的训令》,1944年10月,重庆电力股份有限公司档案,档号:02190002002350000038。

11.《重庆电力公司总务科关于张万楷出国实习薪津发放事宜致重庆电力公司会计科、稽核科的函》,重庆电力股份有限公司档案,档号:02190002002810000001。

12.《董员善关于张万楷出国中途辍学或发生意外及归国服务不满五年赔偿实习期内一切费用的担保书》,1946年7月12日,档号:02190020002810000024。

13.《重庆电力公司总务科关于按规定办理王德峻出国旅费及安家费等致重庆电力公司稽核科、庶务股等的函》,1944年12月5日,档号:02190020002810000016。

14.《关于报送吴克斌赴英国实习回国后仍在重庆电力股份有限公司服务上刘航琛、石体元的呈》,1938年3月31日,重庆电力股份有限公司档案,档号:02190020000600000011。

(九) 云南省留学档案,云南省档案馆藏

1.《云南省政府训令》,1941年5月7日,云南省教育厅档案:档号:1012-4-753。

2.《民国三十四年云南省选送留美公费学生一览表》,1945年6月30日,云南省教育厅档案:档号:1012-4-489。

3.《Yunnan provincial government scholarship student still in this county and the approximate date of their return is self-explanatory》,1949年11月10日,云南人民企业股份有限公司档案,档号:1125-1-4。

4.《函告留美公费生张秉钊郭培德二名离美返国日期及所乘船名由》,1948年10月19日,云南人民企业股份有限公司档案,档号:1125-6-12。

(十) 福建省留学档案,福建省档案馆藏

1.《教育部关于留学欧美专科以上学校毕业实习规程的给福建省教育厅的训令》,1931年4月2日,福建省教育厅档案,档号:0002-001-000004-0005。

2.《教育部关于准核福建省选派公费留学生规程及留学国外闽省自费生奖学金规程的训令》,1934年2月8日,档号:0002-001-000001-0164。

3.《1937年度选派国外公费留学生办法》,福建省教育厅档案,档号:0002-003-001419-0059。

4.《福建省教育厅呈教育部关于国外公费留学生实习规程》,1931年12月7日,福建省教育厅档案,档号:0002-001-000004-0009。

5.《选派国外公费留学生给费办法》,1931年8月25日,福建省教育厅档案,档号:0002-001-000002-0036。

6.《教育部关于准核福建省选派公费留学生规程及留学国外闽省自费生奖学金规程的训令》,1934年2月8日,档号:0002-001-000001-0164。

7.《教育部关于留学欧美专科以上学校毕业实习规程的给福建省教育厅的训令》,1931年4月2日,档号:0002-001-000004-0005。

8.《教育部关于为战时回国留学生介绍工作的公函》,1939年7月8日,档号:0002-005-003174-0013。

9.《教育部关于登记战时回国留学生一案的训令》,1939年5月,档号:0002-005-003174-0008。

(十一) 安徽省留学档案,安徽省档案馆藏

1.《安徽省教育厅关于留德学生姚克文应迅呈送学业报告表以备考核的批》,1931年5月2日,安徽省教育厅档案,档号:L001-002-0176-003。

2.《安徽省教育厅关于留德学生李立聪仍应报送二十四年度成绩证明书等件的批》,1936年10月26日,安徽省教育厅档案,档号:L001-002(1)-1648-012。

3.《安徽省教育厅关于留德学生李立聪奖学金发放问题的批》,1944年7月3日,安徽省教育厅档案,档号:L001-002(1)-1648-005。

4.《安徽省教育厅关于留德学生鲍训钟呈报二十二年六至九月份及学期学业报告表准予存查的批》,1933年11月22日,安徽省教育厅档案,档号:L001-002-0176-008。

5.《安徽省教育厅关于教育经费委员会转送驻德大使馆函送留德安徽学生学业报告表论文等件准予存查的公函》,1936年5月1日,档号:L001-002-0172-001。

6.《安徽省教育厅关于函请转饬留德及留比公费生及奖金生限期补报学业报告表问题给驻德大使馆及驻比公使馆的公函》,1936年4月13日,安徽省教育厅档案,档号:L001-002-0168-029。

7.《安徽省教育厅关于函请转饬留美等地安徽学生呈送成绩单问题给驻各国公使馆的公函》,1935年11月1日,安徽省教育厅档案,档号:L001-002-0168-027。

8.《安徽省政府关于举办战时回国留学生登记的代电》,1939年9月,档号:L001-002(1)-1739-008。

(十二) 其他留学档案

1.《教育部东北青年教育救济处招考东北留学欧美公费生简章》,1934年,档号:J109-04-0204-004,山东省档案馆藏。

2.《国外留学规程》,1933年4月29日教育部公布,档号:1001-001-1883,南京市档案馆藏。

3.《教育部抄发留日返国学生救济办法训令》,留五5字第16693号,1937年9月10日,金陵大学档案,全宗号:六四九,案卷号:580.中国第二历史档案馆收藏。

4.《军事委员会军训部关于开始考选1941年度留美学员致政治部公函》,1941年8月7日,训步二璧字5133号,军事委员会政治部档案,中国第二历史档案馆藏。

5.《国民政府军事委员会军训部代电》,训考璧字第零零一号,1944年12月14日,重庆卫戍总司令部档案,全宗号:八〇一,案卷号:507,中国第二历史档案馆藏。

6.《失学革命青年救济规程》,国民党中央执行委员会档案,全宗号:七一一(4),案卷号:95,中国第二历史档案馆藏。

7.《留美中国学生战时学术计划委员会工作概要》,中央研究院档案,全宗号:三九三,案卷号:1401,中国第二历史档案馆藏。

8. 国民党中央执行委员会档案,全宗号:七一一,案卷号:934,中国第二历史档案馆藏。

二、史料汇编

1. 黄季陆主编:《革命文献》第54辑,台北:"中央"文物供应社1971年版。

2. 黄季陆主编:《革命文献》第55辑,台北:"中央"文物供应社1971年版。

3. 杜元载主编:《革命文献》第56辑,台北:"中央"文物供应社1971年版。

4. 杜元载主编:《革命文献》第58辑,台北:"中央"文物供应社1972年版。

5. 杜元载主编:《革命文献》第60辑,台北:"中央"文物供应社1972年版。

6. 刘真主编,王焕琛编著:《留学教育:中国留学教育史料》,台北:"国立"编译馆1980年版。

7. 秦孝仪主编:《中华民国重要史料初编——对日抗战时期》第三编,台北:"中央"文物供应社1981年版。

8. 教育年鉴编纂委员会编:《第二次中国教育年鉴》,台北:文海出版社1986年版。

9. 朱有瓛主编:《中国近代学制史料》,华东师范大学出版社1987年版。

10. 陈学恂主编:《中国近代教育史教学参考资料》,人民教育出版社1987年版。

11. 宋恩荣、章咸主编:《中华民国教育法规选编(1912—1949)》,江苏教育出版社1990年版。

12. 陈学恂、田正平编:《中国近代教育史资料汇编　留学教育》,上海教育出版社1991年版。

13. 中国第二历史档案馆编:《中华民国史档案资料汇编》第三、

四、五辑,江苏古籍出版社1994年版、1997年版。

14. 林清芬编:《抗战时期我国留学教育史料》第1—5册,台北:"国史馆"1994—1998年版。

15. 张思敬等主编:《国立西南联合大学史料3 教学 科研卷》,云南教育出版社1998年版。

16. 周棉主编:《中国留学生大辞典》,南京大学出版社1999年版。

17. 李滔主编:《中华留学教育史录》,高等教育出版社2005年版。

18. 陈元晖主编:《中国近代教育史资料汇编·留学教育》,上海教育出版社2007年版。

三、研究专著

1. 舒新城:《近代中国留学史》,中华书局1933年影印版。

2. 留学生考选委员会编:《第一届自费留学生考试报告》,独立出版社1944年版。

3. 陈青之:《中国教育史》,商务印书馆1936年版。

4. 林子勋:《中国留学教育史(1847—1975)》,台北:华冈出版有限公司1976年版。

5. 郑世兴:《中国现代教育史》,台北:三民书局1981年版。

6. 清华大学校史编写组编:《清华大学校史稿》,中华书局1981年版。

7. 黄福庆:《清末留日学生》,台北:"中央研究院"近代史研究所编印1983年版。

8. [日]实藤惠秀:《中国人留学日本史》,生活·读书·新知三联书店1983年版。

9. 钟叔河主编:《走向世界丛书》第1辑第1册,岳麓书社1985年版。

10. 张允侯编:《留法勤工俭学》,上海人民出版社1986年版。

11. 李喜所:《近代中国的留学生》,人民出版社1987年版。

12. 毛礼锐、沈灌群:《中国教育通史》第五卷,山东教育出版社1988年版。

13. 中国社会科学院近代史研究所:《近代史资料》第74号,中国社会科学出版社1989年版。

14. 黄新宪:《中国留学教育的历史反思》,四川教育出版社1990年版。

15. [美]汪一驹(Y. C. Wang):《中国知识分子与西方》,梅寅生译,台北:久大文化股份有限公司1991年版。

16. 黄新宪:《中国近现代女子教育》,福建出版社1992年版。

17. 李长发、高广温主编:《中国留学史萃》,中国友谊出版公司1992年版。

18. 王奇生:《中国留学生的历史轨迹(1872—1949)》,湖北教育出版社1992年版。

19. 刘英杰:《中国教育大事典1840—1949》,浙江教育出版社1993年版。

20. 方晓主编:《留学教育文集》,厦门大学出版社1993年版。

21. 孙石月:《中国近代女子留学史》,北京中国和平出版社1995年版。

22. 王奇生:《留学与救国:抗战时期海外学人群像》,广西师范大学出版社1995年版。

23. 田正平:《留学生与中国教育近代化》,广东教育出版社1996年版。

24. 沈殿成主编:《中国人留学日本百年史(1896—1996)》,辽宁教育出版社1997年版。

25. 李华兴:《民国教育史》,上海教育出版社1997年版。

26. 吴霓:《中国人留学史话》,商务印书馆1997年版。

27. 周棉主编:《留学生与中国的社会发展》,中国矿业大学出版社1997年版。

28. 李喜所、刘集林等:《近代中国的留美教育》,天津古籍出版社 2000 年版。

29. 安宇、周棉主编:《留学生与中外文化交流》,南京大学出版社 2000 年版。

30. 石霓:《观念与悲剧——晚清留美幼童命运剖析》,上海人民出版社 2000 年版。

31. 李喜所主编:《留学生与中外文化》,南开大学出版社 2005 年版。

32. 刘晓琴:《中国近代留英教育史》,南开大学出版社 2005 年版。

33. 宋恩荣、余子侠主编:《日本侵华教育全史》第三卷,人民教育出版社 2005 年版。

34. 程新国:《庚款留学百年》,东方出版中心 2005 年版。

35. 李喜所:《近代留学生与中外文化》,天津教育出版社 2006 年版。

36. 谢长法:《中国留学教育史》,山西教育出版社 2006 年版。

37. 李喜所:《中国留学史论稿》,中华书局 2007 年版。

38. [美]马祖圣编著:《历年出国/回国科技人员总览(1840—1949)》,社会科学文献出版社 2007 年版。

39. 周一川:《近代中国女性日本留学史(1872—1945)》,社会科学文献出版社 2007 年版。

40. 李秀云:《留学生与中国新闻学》,南开大学出版社 2009 年版。

41. 胡延峰:《留学生与中国心理学》,南开大学出版社 2009 年版。

42. 徐玲:《留学生与中国考古学》,南开大学出版社 2009 年版。

41. 裴艳:《留学生与中国法学》,南开大学出版社 2009 年版。

44. 元青等:《中国留学通史(民国卷)》,广东教育出版社 2010 年版。

45. 冉春:《留学教育管理的嬗变》,山东教育出版社 2010 年版。

46. 吴汉全、王中平:《留学生与近代中国社会变迁》,吉林人民出版社 2012 年版。

47. 章开沅、余子侠主编:《中国人留学史》上下册,社会科学文献出版社 2013 年版。

四、民国报刊

1. 《申报》:1912 年—1949 年。

2. 《大公报》:1912 年—1949 年。

3. 《教育部公报》:1929 年—1949 年。

4. 《中央日报》:1928 年—1949 年。

5. 《东方杂志》:1912 年—1948 年。

6. 《留美学生季报》:1914 年—1928 年。

7. 《教育杂志》:1912 年—1948 年。

8. 《解放日报》:1941 年—1945 年。

9. 《教育通讯》:1937 年—1945 年。

10. 《新华日报》:1938 年—1945 年。

11. 《教育公报》:1914 年—1925 年。

五、工具书、回忆录、人物传记

1. 《中国科学家辞典》编委会编:《中国科学家辞典 现代第 2 分册》,山东科学技术出版社 1983 年版。

2. 李盛平主编:《中国近现代人名大辞典》,中国国际广播出版社 1989 年版。

3. 金铮主编:《二十世纪中国医学首创者大辞典》,黑龙江人民出版社 1994 年版。

4. 王鹆宾等主编:《东北人物大辞典 第 2 卷 上》,辽宁古籍出版社 1996 年版。

5. 周棉主编:《中国留学生大辞典》,南京大学出版社 1999 年版。

6. 周川主编:《中国近现代高等教育人物辞典》,福建教育出版社2012年版。

7. 季羡林、李国豪、张维、裘法祖等著:《旅德追忆——二十世纪几代中国留德学者回忆录》,商务印书馆2000年版。

8. 汤佩松:《资深院士回忆录》,上海科技教育出版社2003年版。

9. 顾树新、张士朗主编:《南京大学校友英华》,南京大学出版社1992年版。

10. 《中国工程院院士》编委会编:《中国工程院院士1994/1995/1996.1》,高等教育出版社2000年版。

11. 郑小明、郑造桓主编:《杭州大学教授志》,杭州大学出版社1997年版。

12. 中国科学技术协会编:《中国科学技术专家传略 工程技术编 航空航天卷1》,国防工业出版社1999年版。

13. 宋健主编:《"两弹一星"元勋传》上下,清华大学出版社2001年版。

14. 刘国新、贺耀敏、刘晓等主编:《中华人民共和国史长编 第7卷 人物卷》,天津人民出版社2010年版。

15. 佘之祥主编:《江苏历代名人录 科技卷》,江苏人民出版社2011年版。

16. 尉志武、李兆陇主编:《清华化学历史人物》,清华大学出版社2011年版。

17. 刘卫东主编:《河南大学百年人物志》,河南大学出版社2012年版。

18. 许康编:《湖南历代科学家传略》,湖南大学出版社2012年版。

19. 贺青:《屠守锷院士传记》,中国宇航出版社2015年版。

六、学术论文

(一) 期刊学术论文

1. 黄富庆:《清末留日学生》,台湾《"中央研究院"近代史所集刊》1975 年第 34 期。

2. 李喜所:《清末民初的留美学生》,《史学月刊》1982 年第 4 期。

3. 田久川:《日本陆军士官学校与该校中国留学生》,《辽宁师院学报》1982 年第 2 期。

4. 王宏基:《公费留学意利学习航空工程的 25 人概况》,《航空史研究》1994 年第 1 期。

5. 田正平:《嬗变中的留学潮流与民国初年的教育改革》,《华东师范大学学报(教育科学版)》1995 年第 2 期。

6. 许志成:《赴美学习回忆》,《航空史研究》1995 年第 4 期。

7. 温梁华:《云南的留学教育(续)》,《大理师专学报》1996 年第 3 期。

8. 刘杰:《浅谈中国近现代的女子留学教育》,《西南师范大学学报(哲学社会科学版)》1997 年第 3 期

9. 王春南:《抗战期间出国留学管理》,《学海》1997 年第 2 期。

10. 姜新:《留学欧美人士与中华民国的创建》,《民国档案》2002 年第 4 期。

11. 周棉:《留学生与中国科技的发展》,《教育评论》2003 年第 6 期。

12. 徐曼:《近代留美生留学特点考》,《内蒙古大学学报(人文社会科学版)》2003 年第 2 期。

13. 王佩琼:《留学归晋人员对民国时期山西工业建设的历史性贡献》,《徐州师范大学学报(哲学社会科学版)》2004 年第 5 期。

14. 余子侠:《日伪统治下的华北留日教育》,《近代史研究》2004 年第 5 期。

15. 孔繁岭:《抗战时期的中国留学教育》,《抗日战争研究》2005 年第 3 期。

16. 虞亚梅:《民国时期女性留学与发展定位》,《徐州师范大学学报(哲学社会科学版)》2006 年第 1 期。

17. 李玮、刘润民:《清末民初中国留学教育的多元趋向》,《教育

理论与实践》2006年第12期。

18. 周棉、李冲:《论庚款留学》,《江海学刊》2007年第5期。

19. 周一川:《近代中国留日学生人数考辨》,《文史哲》2008年第2期。

20. 徐志民:《抗战时期日本对蒙疆地区留日学生政策述论》,《内蒙古师范大学学报(哲学社会版)》,2009年第5期。

21. 姜新:《民国前期海军中的留学归国人员研究》,《史学月刊》2010年第11期。

22. 周棉、李冲:《抗战时期广西公费留学研究》,《民国档案》2010年第1期。

23. 周棉:《留学生与中国现代哲学学科的创建》,《天津师范大学学报(社会科学版)》2011年第6期。

24. 朱俊鹏、杨舰:《我国近代首次中外交换留学生制度的考察——国立清华大学与德国交换留学生制度的缘起、实施经过及成果》,《清华大学教育研究》2011年第3期。

25. 姜新:《留学归国人员与民国军事教育》,《河北师范大学学报(哲学社会科学版)》2011年第3期。

26. 周棉:《中国留美学生与国立西南联合大学》,《清华大学教育研究》2011年第3期。

27. 王建明:《我国近代航空留学生派遣情况述评》,《徐州师范大学学报(哲学社会科学版)》2011年第2期。

28. 周棉:《留学生群体与民国时期新式教育体制的建立》,《浙江学刊》2012年第5期。

29. 陈健:《清末军事留学生派遣考》,《江苏社会科学》2012年第4期。

30 徐吉、周棉:《留学归国人员与战时重工业发展——以资源委员会为中心》,《河北师范大学学报(哲社版)》2012年第4期。

31. 甘少杰、吴洪成:《近代海军留学教育发展历程及其影响》,《军事历史研究》2012年第3期。

32. 赵师红、周棉:《留学生群体与民国时期农业的发展》,《江苏师范大学学报(哲学社会科学版)》2013年第5期。

33. 高兴:《救国思潮与民国时期的留学观念》,《学习与实践》2013年第6期。

34. 张雷:《民国时期地理留学》,《地理学报》2013年第4期。

35. 陈元:《留学教育与民国大学研究院所的发展》,《教育评论》2014年第11期。

36. 文俊雄、刘长秀选辑:《中法教育基金委员会中国代表团史料一组(上)》,《民国档案》2014年第4期。

37. 陈滔娜、齐君:《民国时期高校教师中的留学归国人员探析》,《教育评论》2014年第2期。

38. 和丽琨、李艳:《云南留美预备班档案史料选编》,《云南档案》2014年第1期。

39. 曲铁华、薛冰:《民国时期留学教育政策的特征及现实启示——基于政策文本的分析》,《河北师范大学学报(教育科学版)》2016年第1期。

40. 田涛:《论近代天津归国留学人群》,《江苏师范大学学报(哲学社会科学版)》2016年第1期。

41. 陈健:《留学与兴学:"河南留学欧美预备学校"的创办》,《江苏师范大学学报(哲学社会科学版)》,2016年第2期。

42. 熊宗武、薛国瑞:《近代中国矿业留学述论》,《江苏师范大学学报(哲学社会科学版)》2016年第2期。

43. 曹必宏:《抗战时期关内日伪政权选派留日公费生考略》,《社会科学研究》2016年第4期。

44. 杜卫华:《1949年前留德法学博士的学习和影响》,《江苏师范大学学报(哲学社会科学版)》2016年第4期。

45. 徐志民:《接受留学与日本"国益"——近代日本的中国留学生接受政策》,《江苏师范大学学报(哲学社会科学版)》2016年第6期。

46. 粟明鲜:《中国人的第一波赴澳留学潮》,《江苏师范大学学报(哲学社会科学版)》,2017年第1期。

47. 牛桂晓:《留美生胡宣明与民国时期的公共卫生运动》,《江苏师范大学学报(哲学社会科学版)》,2017年第3期。

48. 林晓雯:《爱国主义情怀的世界主义者——留美青年胡适的侨易之旅》,《江苏师范大学学报(哲学社会科学版)》2017年第4期。

49. 谭皓:《侵华战前的特别留学:日本外务省留华学生委托培养问题》,《江苏师范大学学报(哲学社会科学版)》2017年第5期。

50. 周一川:《日华学会编民国时期"中国留日学生名簿"的史料价值》,《江苏师范大学学报(哲学社会科学版)》2017年第6期。

(二) 学位论文

1. 刘学琴:《清末留学政策研究》,西北师范大学2002年硕士论文。

2. 屈轶:《留学制度的演变与近现代中国的社会发展》,华中师范大学2003年硕士论文。

3. 李平:《当代中国留学教育的发展与政策分析》,华中师范大学2003年硕士论文。

4. 袁哲:《法学留学生与近代上海(清末—1937年)》,复旦大学2011年博士论文。

5. 湛峰:《南京国民政府时期的海军留学生》,南京大学2011年硕士论文。

6. 樊国福:《留日学生与直隶省教育近代化(1896—1928)》,河北大学2012年博士论文。

7. 潘越:《中国近代留学比利时研究(1903—1949)》,暨南大学2012年博士论文。

8. 王建明:《留学生与近代中国军事航空研究》,南开大学2012年博士论文。

9. 赖继年:《留英生与当代中国》,南开大学2012年博士论文。

10. 邵宝:《清末留日学生与日本社会》,苏州大学2013年博士论文。

11. 刘豪:《民国时期云南留美教育研究》,云南师范大学 2013 年硕士论文。

12. 王曼:《我国出国留学人员的回国就业》,山东大学 2014 年硕士论文。

13. 乐生发:《近代留学教育对中国大学教育的影响》,湖南师范大学 2014 年硕士论文。

14. 李团结:《中国留德学生与军事近代化》,安徽师范大学 2015 年硕士论文。

七、外文史料

1. Chin Meng. "The American Returned Students of China," *Pacific Affaires*, Vol. 4, No. 1(Jan. 1931).

2. FRUS, Washington. GPO, 1956[diplomatic papers, 1942. China; diplomatic papers, 1943. China; diplomatic papers, 1944. China Volume Ⅵ (1944); diplomatic papers, 1945. The Far East, China Volume Ⅶ (1945)]

3. Chinese students in the United States(1948-55), a study in government policy. Committee on Educational Interchange Policy, New York, 1956.

4. Arthur N Young. *China's Wartime Finance and Inflation 1937-1945*, Cambridge: Harvard University press, 1965.

5. Wilma Fairbank, *America's Cultural Experiment in China 1942-1949*. Cultural Relations Program of the U. S. Department of State: Historical Studies: Number 1, Bureau of Educational and Cultural Affairs of U. S. Department of State, Washington, D. C. ,1976.

6. Weihua DU. The List of Chinese Students in the Berlin University (1898-1949), mbvberlin mensch und buch verlag/2012.

索 引

A

安置 2,3,6,7,9,13,14,16,17,25-27,50,64,67,68,89,90,99,106,108,115,121,122,125,126,128,191,209,223,229,235,239,240,244,261,262,264,266-273,275-278,288,291,308-312,328-332

B

"八一三"事变 52

C

陈次溥 66,210,217
陈果夫 259,260
陈立夫 55,92,125,136,139,141,142,144,145,153,162,244,266,273,309

D

邓树光 69,70,136-138
第二次世界大战 26,45,68,83,84,86,100,133,141,145,206,208,292
第一届自费留学考试 61,269,270
董维翰 257,347
《废除排华律》 100,101

F

冯修吉 73,221,238,269,298,341

G

《革命文献》 4,48,49,53,182,198,206,267,269,272,273,276,284,288-291,309
庚款留学 9,18,38,39,47,58,59,111,130,152
《国民精神总动员纲要》 98
国民政府 1-9,11-17,20,22,24-35,37,38,40-50,53-55,57-61,63,64,66-70,72,74-78,80,81,86-94,96-113,115-122,124,127-135,137-171,

173-182,184-232,234-243,
245-272,274-280,282-294,
298-305,307-333,339,350

《国外留学办法》 103

《国外留学规程》 30-32,35-37,
42,47

《国外留学自费生派遣办法》 78,
103,134

《国外学生调查表》 72,74,77,78,
80,110,111,193,208

过晋源 188,296,300,346

H

韩维邦 74-76

汉堡奖学金 73,74,237

胡适 91,172

华侨 7,19,65,66,69,70,83,146,
196,207,209,224,230,250,251

黄纬禄 233,306,307

黄一寰 65,66,82,87,207,217

《回国留学生服务简则》 122,128,
261,268,330

J

季羡林 13,21,84,85,178,181,186,
188,225,293,294,297,300,340

蒋介石 41,93,94,96,98,101-103,
138,139,151,153,200,218,274,
285,286,329,330

蒋梦麟 31,54,280

蒋硕杰 88

教育部 4,14,15,25,29-37,41-
48,53,54,59-63,66,69,70,72,
74-78,80,86,90,92,94-99,
102-128,130-151,153-171,
173-182,184-189,191,193-
201,204-215,217-232,234-
246,250-255,257,260-277,
283-294,298,300,304,309-
327,330-333,339,350

《教育部第一届国外自费留学生考试
章程》 103

《教育部派遣国外公费学生管理办法》
133,134

《教育部三十年度工作成绩考察报告》
273

金经昌 73,221,238,269,297,298

经济部 25,88,103-105,120,212,
234,240-242,244-260,265,
268,276,311,312,332,338,340

救济费 71,72,78,79,86,97,106,
111,112,117-120,135-149,
152-159,161-163,165,167-
169,171,173-179,185,186,
188,189,192,194,195,197-
199,205,211-213,219-221,
289-291,299,300,313-327,
331

军事留学生 41,60-62,105,112,
270,271,294

K

《抗战建国纲领》 94-96,283,285

《抗战期间回国留学生登记办法》 123-125,262,266,309
《抗战期间回国留学生分发服务简则》 126,264,266,309
《抗战期间回国留学生名单》 245
孔祥熙(孔院长) 144,145,149,150,153,200,203,316,349

L

雷瑛 241,265,310,334
李国豪 84-86,221,296,344
李淑家 73,204,221,238,269,293,298,341,350
《联合国家共同宣言》 100
梁龙 324,326
梁守槃 306,307
"两弹一星元勋" 306,307
林森奖学金 59,74,75
刘先志 85,188,225,293,300,346
留德同学会 86,324-327
《留日返国学生救济办法》 113,240,261,262,266,309,312
《留日学生召回办法》 218,219
《留外学生救济登记名单》 166,181,290
《留学教育方案》 103,132,133,273,274
"卢沟桥事变"("七七"事变) 47,57,64-66,69,79,81,82,87,88,93,108,113,115,122,168,170
旅费 2,66,67,71,72,77,78,59,96,

97,99,104,112,116-120,126,140-146,148-151,156,157,159-161,164-171,174-182,184-193,195-202,205,206,208,209,212,213,216,220,224,228,245,257,264,267,268,272,275,289-291,299-301,304,305,312,318,325-327,331,340-349
罗斯福 61,101

M

马德骥 60
梅贻琦 54,280
缪培基 158,159,260,324-326

Q

钱三强 40,306
裘法祖 72-74,84-86,178,181,186,221,269,295-298,302,347,350

R

任新民 307

S

《三十二年度教育部遣派公费留学英美学生计划大纲》 103
《三十一年度留英公费研究生(B.C.F)调查表》 232
《三十一年度留英实习生调查表》

234

《失学革命青年救济规程》 39

《时事月报》 51,56,57

实藤惠秀 9,45,46

世界编译社 81,82

孙德和 223,303,348

T

太平洋战争 1,5,53,58,61,90,99-101,105,106,115,128,129,132,145,151,153,170,189,208,274,285,289,323,330,331

唐玉书 179,258,259

屠守锷 306,307

土耳其使馆 158,200,316,319-323

W

汪精卫 91,217,257

王俊奎 171,186,304

王荣瑸 60

王世杰 54,163

王云章 304

伪满洲国 217

吴俊升 91,149

X

西南联合大学(西南联大) 4,51,54,56,257,280-282,300

《限制留学暂行办法》 77,78,95-97,185,274

行政院 25,59,92,96,103,118,130,133,135,136,138-154,157,186,195-197,199,201-204,209,218,234,243,244,254,266,273,323

《修订抗战期间国外留学生救济办法》 117,120,166,312,330

《修正限制留学暂行办法》 78,96,97,119,185,274

学院院士 301,306,307

Y

杨樌 60

姚克文 260,345

英国工业协会 59,231,232,234

英国文化协会 59,231,232

Z

"珍珠港事件" 100

《战时各级教育实施方案纲要》 94,95,283

张伯苓 54,280,281

赵宗燠 179,302,303

支秉彝 73,179,237,269,297,302,340

中国工程院院士 302,303,305,306

中国科学院院士 120,302,305-307

《中国之命运》 101,102,274,285-287,330

《中华民国史档案资料汇编》 4,39,43,44,46,48,49,56,59,62,63,97,105,244,264,266,273,283

中央大学　43,52,54,56,258,280,
　　299,304,333-338
中央设计局　25,59,103
朱家骅(朱部长)　29,30,220,221,
　　227,246,260,275,294,316,317,
　　318

资源委员会　74,120,233,234,249,
　　250,253-255,257,259,260,312
《租借法案》　59,101,171
《最近教育统计简编》　182,205,206,
　　267,272

后 记

本书系由我的博士学位论文略加修改而成。大概每一本书的背后,都有一段或长或短的故事。

2014年,也是我决定考博的那一年,父亲得了癌症去世。两个月之后,与我相差两岁的二哥查出肺癌晚期。得此消息,我几乎哭晕过去。长姐不识字,作为一名清洁工,每个月的生活费仅一千有余。长兄作为过继之子(过继给我的伯父),一家人早就定居在外地,对我家大小之事不闻不问。而二哥查出癌症之时,原本在外地打工的二嫂却无故失联,自此再无消息。二哥自身救治都自顾不暇,何况于家中一对儿女的上学问题,还有常年病痛的老母亲。得知二哥生病后,我和长姐抱头痛哭,抹去眼泪之后,我便笑对长姐说:"没事,一切有我呢!"经济问题、人力问题,作为娘家人的顶梁柱,我的压力可想而知。其后,在爱人的帮助下,侄儿和侄女被接到县城寄读,老母亲也由农村接到县城由长姐看护。而一直在外地工作的我,在此多变之秋,却鬼使神差地坚持考博。也许我是想让自己的努力成为三个孩子的榜样,也许我是想让家庭能有更多的收入,以此来扶养侄儿侄女,还有多病的母亲。现在看来,当时的贪心(或者说是要强、上进),其理由是多么的苍白无力,毕竟陪伴才是最深情的爱。

2015年9月,我踏进南京大学校门,10月初,二哥便撒手人寰。在其去世的前一天晚上,我在电话中对他承诺,一定会把两个孩子抚养成人。毕竟哥哥才四十出头,而且我们兄妹情深,每每想起,我便彻夜难眠,有时在噩梦中惊醒,醒来便是泪流满面。雪上加霜的是,读博期间,婆婆老年痴呆,公公因喉癌到上海做手术,术后又到淮阴化疗,却出现持续高烧不退的状况,最后又转到南京继续抢救。这期间心里的煎熬无需多言,更难的是,护理病人期间要忍受诸多的无端斥责,心情常常处于崩溃的边缘。读博期间,家里除了二哥去世之外,还有奶奶去世、婆婆去世,再加上我母亲经常因心脏病到医院抢救,出现了很多家庭矛盾和问题,令我一度怀疑人生有何意义。往事不堪回首,如今都付诸笑谈中。

在这样酸涩的背景中进行博士论文的写作,似乎注定不会一帆风顺。曾经听说,读博的人都得脱层皮,初听者也许不在意,亲身经历过便深信不疑,我便如是。曾经自信地以为,作为编辑出身的我,已发表过十几篇论文,毕业论文的写作应该不是难事,事实上我被自己这种无厘头的自信弄得焦头烂额。论文修改的反反复复,一度使我怀疑自己的能力,甚至产生放弃科研的念头。重拾记忆,脑海中经常浮现某些叠加的画面。四十度的高温下,挥汗如雨地行走在查档的路上,寒风瑟瑟的南京街头,孤单地寻找充饥食物。寒来暑往,我泡在二档馆一年有余,既获得了充足的史料,也磨练了耐心久坐的心性。为寻找全面抗战时期出国留学生的蛛丝马迹,我翻阅了无数的纸质书籍和电子文档,因担心椎间盘突出症复发,被迫以各种各样的姿势来阅读史料,站着、坐着、躺着、趴着……一个姿势久了,常常会产生呕吐的感觉。上高中的儿子曾在作文中写道:"一直以为妈妈生活得很惬意,一日三餐之外,睡睡懒觉,看看电视,没有任何压力。如今看到妈妈桌子上、床上都堆满了书籍,才知妈妈也不容易。"我一时被理解的情绪涌上心头,竟无语凝噎。

我用三年半的时间完成毕业论文的写作,如今呈现出来的书稿,是在多位师长、专家的精心指导下修改而成的论文结晶。此书凝聚了诸多师长的心血和教诲,其中最令我感幸的是我的博导朱庆葆先生,从论文的最初选题到最后的定稿,先生忙里偷闲为我精心指导,除了论文之外,还对我的工作、家庭也时时给予关怀,让我深深感受到了师恩厚爱。我的硕导周棉先生是留学史研究的著名专家,先生对于我的博士论文不仅给予一些史料支持,而且在论文框架的构建和具体写作方面也提出了许多宝贵意见,更在我因家庭变故、论文写作带来的诸多烦恼中给予更多的精神安慰和温暖关怀,对此,弟子必将铭记。让我永远不会忘怀的是南开大学的留学史研究专家元青教授,他不仅对我的当面求教耐心讲解,而且还多次电话给予详细指导,如此关爱一位无名小辈,元老师着实令人敬仰,也是我毕生的荣幸。同时,南京大学历史学院的曹大臣教授、李玉教授,江苏省社科院的王卫星先生,中国社科院的徐志民先生,山东大学的魏建教授,都在我的论文写作过程中给予了不少帮助。还有当时同在南大读博的张卫杰小师妹,陪我哭,陪我笑,陪我查资料,我们之间的友谊早已超越了姐妹之情。饮水思源,谨向以上诸位师长和好友叩首致谢!另外,中国第二历史档案馆的诸位老师在我查档期间也给予了多次热心帮助,南京大学出版社的编辑老师们也对本书的编校工作付出了辛勤汗水,在此一并致以衷心的感谢!最后,对不善言辞、一直用行动在付出的爱人说声"谢谢!"也感谢自己,在经历了这么多变故之后,依然坚强地活着。

　　默默支持我一路求学的是我的姐姐。在重男轻女、经济困难的家庭里,若没有姐姐的支持,也许我永远也进不了学堂,更上不了大学。长大后,我以工作、读博之名一直在外奔波,把本该我担负的"娘家人"重担都压在了长姐身上。父亲得了癌症,治疗两年后从姐姐家里走了;二哥得了癌症,治疗一年后从姐姐家里走了;老母亲因腿部骨折长期瘫痪在床,去年也在中秋节后离世了,最后还是从姐姐家里走的;哥哥留下的两个孩子吃穿用度一直都是姐姐负责。劳心又劳力,"长姐如母"在我姐姐身上表现得淋漓尽致。如果"叩首"能表达我的感谢和歉意,我情愿长跪不起!谨以此书,献给我最亲爱的姐姐!

作　者
2022 年 1 月